Schriften zu Kooperations- und Mediensystemen · Band 35

Herausgegeben von Prof. Dr. Volker Wulf, Siegen, Prof. Dr. Jörg Haake, Hagen, Prof. Dr. Thomas Herrmann, Bochum, Prof. Dr. Helmut Krcmar, München, Prof. Dr. Johann Schlichter, München, Prof. Dr. Gerhard Schwabe, Zürich, und Prof. Dr.-Ing. Jürgen Ziegler, Duisburg

Dr. Claudia Müller

Praxisbasiertes Technologiedesign für die alternde Gesellschaft

Zwischen gesellschaftlichen Leitbildern und ihrer Operationalisierung im Design

Mit einem Geleitwort von Prof. Dr. Volker Wulf,
Universität Siegen

Bibliografische Information der Deutschen Nationalbibliothek

Die Deutsche Nationalbibliothek verzeichnet diese Publikation in der Deutschen Nationalbibliografie; detaillierte bibliografische Daten sind im Internet über <http://dnb.d-nb.de> abrufbar.

Dissertation, Universität Siegen, Fachbereich Wirtschaftswissenschaften, Wirtschaftsinformatik und Wirtschaftsrecht, 2013

Tag der Promotion: 05. September 2013

ISBN 978-3-8441-0331-1
1. Auflage Juni 2014

© JOSEF EUL VERLAG GmbH, Lohmar – Köln, 2014
Alle Rechte vorbehalten

Umschlaggestaltung: Luzia Sassen

JOSEF EUL VERLAG GmbH
Brandsberg 6
53797 Lohmar
Tel.: 0 22 05 / 90 10 6-6
Fax: 0 22 05 / 90 10 6-88
E-Mail: info@eul-verlag.de
http://www.eul-verlag.de

Bei der Herstellung unserer Bücher möchten wir die Umwelt schonen. Dieses Buch ist daher auf säurefreiem, 100% chlorfrei gebleichtem, alterungsbeständigem Papier nach DIN 6738 gedruckt.

Geleitwort

Die Gestaltung von IT-Artefakten für Anwendungsfelder, die bisher nur in geringem Maße technisch unterstützt werden, stellt eine erhebliche methodische Herausforderung dar. Dies trifft insbesondere auch für die Gestaltung von IT für die alternde Gesellschaft zu. IT-Design für Hochaltrige oder ältere Menschen mit sich verändernden geistigen und körperlichen Fähigkeiten erfordert Gestaltungstechniken, die an den Lebenspraktiken der jeweiligen Zielgruppe ansetzen. Der zu unterstützende Lebensalltag ist aber oft widersprüchlich, diffus, von Ängsten, Sorgen und Wünschen getragen, die häufig nicht unmittelbar artikulierbar und damit im Rahmen einer strukturierten Anforderungserhebung identifizierbar sind. Andererseits benötigen Entwickler konkrete Anforderungen in der Produktgestaltung. Daher müssen neue Wege gefunden werden, diesen Brückenbau zwischen Anforderungsformulierungen an die Technikgestaltung und der Anerkennung individueller Lebenssichten zu ermöglichen.

Die vorliegende Dissertation zeigt auf vorbildliche Weise, wie sich die Entwicklung anwendungsbezogener, innovativer IT-Systeme mit sozialwissenschaftlicher Fundierung und gestaltungswissenschaftlicher Theoriebildung verbinden lässt. Thematisch umfasst sie die Entwicklung digitaltechnischer Angebote für die alternde Gesellschaft anhand von drei Fallbeispielen. Aufgrund der Unterschiedlichkeit von Interessen, Konzepten und Bildern des Alters und des Alterns stellt sich die Autorin die anspruchsvolle Aufgabe, zu untersuchen, wie angesichts dieser Heterogenität Gestaltungsziele von Teilhabe und Autonomie so umgesetzt werden können, dass IT Artefakte ohne paternalistische Bevormundung entwickelt und in den Lebensalltag der Nutzer integriert werden können.

Die Dissertation ist an der Schnittstelle von Sozialwissenschaft und Wirtschaftsinformatik positioniert und bezieht sich auf eine Forschungslinie in der Wirtschaftsinformatik, die Entwicklung, Aneignung und Nutzung technischer Artefakte selbst als soziale Praxis betrachtet und auf dieser Basis Beiträge zur Gestaltung von interaktiver Technik im menschlichen Arbeitskontext erarbeitet. Dabei leistet sie wesentliche Beiträge zu den Forschungsfeldern Participatory Design (PD), Human-Computer-Interaction (CHI), Computer Supported Cooperative Work (CSCW) und Ubiquitous Computing.

In ihrer Arbeit entwickelt Müller erstmalig sozialwissenschaftlich fundierte Ansätze einer Konzeptbildung aus einem Vergleich von Designfallstudien. Sie demonstriert dabei solide methodische, informationstechnische und analytische Kompetenzen und ist damit ein ausgezeichnetes Beispiel für eine Dissertation in der gestaltungsorientierten Wirtschaftsinformatik. Auf technischer Ebene entwickelt sie in den drei Designfallstudien innovative IT-Anwendungen für die alternde Gesellschaft, die sich den vorgefunden Praxisanforderungen stellen. Ich möchte an dieser Stelle insbesondere die Gestaltung eines Location Trackers für Alzheimer Patenten hervorheben, die unter einem Laufsyndrom leiden. Claudia Müller hat neben einer profunden empirischen Vorstudie über Pflege- und Lebenspraktiken dieser Patientengruppe einen innovativen technischen Lösungsansatz entwickelt und dessen Aneignung in einer Familie und in zwei Pflegeheimen untersucht.

Während die in den drei Designfallstudien erzielten Ergebnisse hinsichtlich innovativer IT-Gestaltung sehr interessant sind, stellen die empirischen Befunde in Müllers Dissertation einen weiteren zentralen Erkenntnisfortschritt dar. Die detaillierten empirischen Befunde ziehen sich durch alle drei Designfallstudien und lassen ein vertieftes Verständnis verschiedener Lebenspraktiken älterer Menschen und deren sozialem Umfeld entstehen.

Auch auf methodischer Ebene bietet die Arbeit wichtige Erkenntnisse für das IT-Design für und mit älteren Menschen und weiteren in deren Alltagspraxis relevanten Stakeholdern. Die Dissertation zeigt in eindrucksvoller Weise, dass Beobachtungen aus ethnographischer Feldarbeit für die Stimulation und Evaluation von IT-Design von großer Bedeutung sein können.

Siegen, im Februar 2014   Prof. Dr. Volker Wulf

Danksagung

Eine Doktorarbeit entsteht in der angewandten Informatik typischerweise nicht als Einzelkämpfer-Projekt, sondern sie basiert auf vielfältigen Einflüssen und gegenseitigen Hilfestellungen in einem interdisziplinären Team. Daher möchte ich vielen Kollegen meinen herzlichsten Dank für ihre Unterstützung ausdrücken. Zuerst und am allermeisten danke ich meinem Chef und Mentor Prof. Dr. Volker Wulf, der mir stets viel Freiheit und großes Vertrauen geschenkt hat, ein am Lehrstuhl neues Forschungsfeld auf eigenen Wegen zu erkunden. Ich danke für die jederzeitige Offenheit für Gespräche, konstruktive Kritik und motivierende Impulse, die eine Strukturierung gegeben haben ohne einschränkend zu sein. Seine hohe Wertschätzung für das interdisziplinäre Arbeiten hat mir eine besondere Möglichkeit geboten, diese Dissertation in der vorliegenden Weise anzufertigen. In gleicher Weise bin ich meinem zweiten Gutachter und Mentor Prof. Dr. Volkmar Pipek zu großem Dank verpflichtet, der mir mit viel Engagement zur Seite stand und mit seinem umfassenden Wissen in den inhaltlichen Diskussionen immer ein wertvoller Gesprächspartner und Inspirationsmotor war.

Für die großartige Unterstützung während der Schreibphase der Arbeit danke ich besonders Prof. Dr. Dave Randall und Prof. Dr. Kjeld Schmidt. PD Dr. Bernhard Nett begleitet meinen Weg schon sehr lange als Freund und Mentor, er hat mir bereits während des Studiums die Tür zur angewandten Technikforschung geöffnet, und mir besonders während des Schreibprozesses geholfen, den Überblick und roten Faden nicht zu verlieren.

Jede Designfallstudie entstand im Rahmen eines Forschungsprojektes – gefördert durch BMBF, EU, und BMWi – und somit innerhalb unterschiedlichster Kooperationsbeziehungen, die sich jeweils als extrem wertvoll für mein Arbeiten erwiesen haben. Daher danke ich allen Kolleginnen und Kollegen, die den Fortschritt der Doktorarbeit sehr intensiv in der gemeinsamen Projektarbeit mit vorangetragen haben. Aber auch allen anderen möchte ich danken, die mir mit Rat und Tat zur Seite standen und in anregenden Diskussionen und vielfältiger Unterstützung darüber hinaus immer wieder wichtige Motivationsimpulse lieferten. Danken möchte ich hierfür ganz besonders Lin Wan, Cornelius Neufeldt, Magdalena Walczuch, Johanna Schnittert, Dominik Hornung, Dalibor Hrg, Lars

Henning, Ferdinand Linke, Timo Jakobi, Dr. Alexander Boden, Prof. Dr. Gunnar Stevens, Dr. Markus Rohde, Martin Stein, Johanna Meurer, Dr. Rainer Wieching, Torben Wiedenhöfer, Christian Reuter, Corinna Ogonowski, Jan Hess, Nico Castelli, Juri Dachtera, Marén Schorch, Benjamin Ley, Dr. Tim Reichling, Konstantin Aal, Anne Weibert, Thomas von Rekowski, Marco Durissini, Tobias Dyrks, Matthias Betz, Leonardo Ramirez, Adeel Muhammad, Thomas Ludwig und Nico Schönau.

Euch, Kai Schubert und Sebastian Draxler, dem „Diss-Team" danke ich besonders für eure guten inhaltlichen und methodischen Hinweise, eure Ausdauer und dass ihr dazu beigetragen habt, das Dissertationsprojekt im Rahmen der Lehrstuhlaufgaben nicht aus den Augen zu verlieren.

Allen Kolleginnen und Kollegen des Graduiertenkollegs „Situierte Medien/Locating Media" danke ich ganz herzlich für ihre wertvollen Beiträge aus medienwissenschaftlicher Perspektive, besonderer Dank gilt hierbei Dr. Gabriele Schabacher und Prof. Dr. Jens Schröter.

Ohne die Offenheit und das Vertrauen meiner Interviewpartnerinnen und -partner und ohne die Organisationen und Menschen, die mir Zugänge zu Familien und Einrichtungen ermöglicht haben, hätte diese Arbeit nicht entstehen können. Hierfür danke ich ganz besonders Gabriela Zander-Schneider und Wolfgang Schneider von der Alzheimer Selbsthilfe e.V. Köln, dem Vorstand und den Mitgliedern von AlterAKTIV e.V. Siegen-Wittgenstein und Stephan Berres, GSS Gesundheitsservice Siegen.

Es steht außer Frage, dass ohne die unschätzbare Hilfe meiner Familie und meiner Freunde dieses Projekt niemals hätte gelingen können. Denn auch in Zeiten zunehmender Aufmerksamkeit für familienfreundliches Arbeiten ist die Justierung von Familien- und Erziehungsarbeit und das Verfolgen einer Dissertation immer noch ein Drahtseilakt. Permanente Rollenkonflikte als Mutter, Promovendin und wissenschaftliche Mitarbeiterin und ein durchgehend schlechtes Gewissen gehören jahrelang zum Alltag. Meinem Kind habe ich viel Geduld abverlangt, trotzdem hat Julian fast nie gemeckert, im Gegenteil: als kleiner Technikprofi hat er die Entwicklung der Arbeit verfolgt und tolle Ideen entwickelt, womit er mir sehr viel Motivation und Freude gegeben hat. Wesentliches Fundament für meine Arbeit in den letzten Jahren waren meine Eltern Maria und Günter, sowohl mit ihrer tatkräftigen Hilfe in der Kinderbetreuung und in allen Alltagsdingen, aber auch mit ihrem liebevollen Zuspruch und ihrer Zuversicht, dass ich dieses Projekt zu einem guten Ende bringen würde. In besonderer Weise hat meine Freundin Willia viele Ausnahmesituationen geduldig mitgetragen und mir als Motivationsspenderin und „Back-up" sehr häufig Freiräume für das Arbeiten verschafft. Julian, meine Familie, meine Freunde und ganz besonders mein Partner Uwe haben mich sehr oft gestresst und abwesend erlebt während der Dissertationsphase. Trotzdem hatte ich jederzeit Verständnis, Unterstützung und ungefragt Hilfe von allen Seiten. Ich danke Euch von Herzen, dass Ihr diesen nicht immer einfachen Weg mit mir gegangen seid!

Bonn, im Februar 2014   Claudia Müller

Inhaltsverzeichnis

1. Einleitung 1

2. Stand der Forschung 7

2.1. *Alter im wissenschaftlichen Diskurs* 7

2.1.1. Versuche der Kategorisierung 7

2.1.2. Alter(n)sbilder 11

2.1.3. Theorien des Alterns 14

2.1.4. Soziale Teilhabe – Partizipation – Autonomie 19

2.2. *Technik und Alter* 24

2.2.1. Neue Medien in stationären Einrichtungen der Altenpflege – Diskurslinien 24

2.2.2. Gerontotechnik: Visionen und Realitäten 26

2.2.3. Informations- und Kommunikationstechnologie in häuslichen und stationären Bereichen zur Unterstützung von Teilhabe und Autonomie ... 32

2.2.4. Methodischen Herausforderungen und vorliegende Lösungsansätze im IKT-Design mit älteren Menschen im Feld HCI/CSCW 38

2.2.5. Ambient Assisted Living und der Stellenwert der Praxisorientierung im Forschungsförderungsdiskurs 45

2.3. *Zusammenfassung und Beschreibung des Forschungsdesiderats* 58

3. Die Fallstudien: Einleitende Vorbemerkungen 61

3.1. *Settings* 61

3.2. *Methoden* 63

4. Fallstudie I: Alzheimer Monitoring 71

4.1. *Demenz als Krankheit im Wandel: Konzepte der Gerontologie* 72

4.2. *Alzheimer Monitoring: Setting und Kontext* 75

4.3. Ergebnisse der Vorstudie **78**

4.3.1. Haltungen und Einschätzungen von professionellen Pflegekräften gegenüber Demenzpatienten und Bewohnern mit Laufverhalten 79

4.3.2. Strategien von Pflegekräften in stationären Einrichtungen zur Gewährleistung der Sicherheit von Demenzkranken mit Lauftendenz 87

4.3.3. Pflegerische Interventionen 96

4.3.4. Einschätzungen von pflegenden Angehörigen im familiären Kontext 105

4.3.5. Handling von Freiheitseinschränkenden Maßnahmen in der Praxis 111

4.3.6. Überlegungen der Pflegekräfte zur Befestigung des Trackers 115

4.3.7. Recherche des juristischen Sachverhalts 117

4.3.8. Diskussion der Ergebnisse der Vorstudie 126

4.4. Ergebnisse der Evaluationsstudie **141**

4.4.1. Zugang zum Feld 141

4.4.2. Forschungsinstrumente für die Evaluationsstudie 142

4.4.3. Evaluation im Heim Abendsonne 143

4.4.4. Evaluation im Heim Beate 149

4.4.5. Evaluation in Familie C 157

4.4.6. Diskussion der Ergebnisse der drei Evaluationsstudien der Fallstudie I ... 167

5. Fallstudie II: Social Display **175**

5.1. Social Display: Setting und Kontext **175**

5.2. Empirische Ergebnisse **176**

5.2.1. Bruchlinien zwischen früher und heute 179

5.2.2. „Internet-Aktionstage": ein handlungsorientierter Forschungsansatz – Das Setting 181

5.2.3. Interaktionen an den verschiedenen Internet-Stationen 182

5.2.4. Interaktionen zwischen Forscherteam und Bewohnern 188

5.3. Diskussion der Ergebnisse der Fallstudie II 188

5.3.1. Die „Internet-Tage": Kollaboratives Explorieren und der Aufbau eines gemeinsamen gedanklichen Möglichkeitsraums 188

5.3.2. Soziale Interaktionen, Vertrauen und Erinnerungen als sensibilisierende Konzepte 190

5.3.3. Erster Prototyp des Displays und Aneignungsprozesse 196

6. Fallstudie III: Neue Medien zu Hause 203

6.1. Neue Medien zu Hause: Setting und Kontext 203

6.2. Ergebnisse der Vorstudie (Sozialer Wohnungsbau und Betreutes Wohnen) 204

6.2.1. Problematik singulärer Zugänge zu technik-fernen, älteren Menschen .. 204

6.2.2. Leitthemen der Interviews 207

6.3. Soziotechnische Begleitmaßnahmen zum Aufbau eines Living Lab 212

6.3.1. Zugang zum Feld und Rekrutierung von Haushalten 212

6.3.2. Forscher-Teilnehmer-Interaktionen im Clubraum 214

6.4. Diskussion der Ergebnisse der Fallstudie III 216

6.4.1. Gestaltung des Zugangs zum Feld 217

6.4.2. Motivation für eine Teilnahme am Projekt im Rahmen des Living Lab 219

6.4.3. Ko-Konstruktion eines gemeinsamen gedanklichen Möglichkeitsraums.. 220

6.4.4. Aufbau von Vertrauen und Reziprozität („gleiche Augenhöhe") 220

7. Diskussion aller Fallstudien 223

7.1. Übergreifende Ergebnissichtung der Fallstudien 225

7.1.1. Zusammenfassende Beschreibung der Kernergebnisse der Vorstudien... 226

7.1.2. Designkontexte 240

7.1.3. Designimplikationen 248

7.1.4. Einführungs- und Aneignungsaspekte 253

7.1.5. Methodische Überlegungen 260

7.2. Sensibilisierende Konzepte für das IT-Design für die alternde Gesellschaft... 266

7.2.1. Blumers Ansatz der Theoriebildung 266

7.2.2. Bisherige Nutzung der Konzepte in der gestaltungsorientierten Literatur... 269

7.2.3. Sensibilisierende Konzepte für das Gestaltungsfeld „IT für die alternde Gesellschaft" 273

8. Schlussbetrachtung 289

9. Literatur 293

Abbildungsverzeichnis

Abbildung 1: Forschungsprozess nach Grounded Theory (Strübing 2008:15) 68

Abbildung 2: "Picotrack" 134

Abbildung 3: Anmeldung am Monitoring-System 135

Abbildung 4: Zuordnung der Nutzerrollen 136

Abbildung 5: Patienten und Betreuende hinzufügen 136

Abbildung 6: Monitoring 139

Abbildung 7: Digitaler Sicherheitsbereich 140

Abbildung 8: iPhone App 140

Abbildung 9: Screenshot im Benutzerhandbuch 143

Abbildung 10: Internettag 181

Abbildung 11: Gemeinsames Erkunden von Youtube-Inhalten 183

Abbildung 12: Gemeinsames Stöbern auf Facebook 184

Abbildung 13: Ein Bewohner „versinkt" im Archiv seines ehemaligen Vereins 185

Abbildung 14: Ein Sozialarbeiter teilt die Freude des Bewohners 186

Abbildung 15: Biographiearbeit vor dem Display 198

Tabellenverzeichnis

Tabelle 1: Altersdefinitionen nach Martin und Kliegel 2005:26-27............................... 8
Tabelle 2: Typen älterer Menschen in der Konsumforschung..................................... 10
Tabelle 3: Empirische Arbeit innerhalb der Case Study Alzheimer Monitoring 77

„Alter ist nur geehrt unter der Bedingung, dass es sich selbst verteidigt, seine Rechte behält, sich niemandem unterordnet und bis zum letzten Atemzug die eigene Domäne beherrscht."

(Cicero, De Senectute – Über das Alter)

Für Oma Emmi

1. Einleitung

Ab Mitte siebzig zeigten sich bei meiner Großmutter ernsthafte Erkrankungen im Herzkreislauf-Bereich und am Bewegungsapparat. Es deprimierte sie sehr, zunehmend ihre Eigenständigkeit zu verlieren und mit der Zeit tägliche Hilfe in Anspruch nehmen zu müssen. Trotzdem war sie bis zu ihrem Tod eine Optimistin und versuchte stets, für die guten Dinge im Leben dankbar zu sein. So war sie äußerst froh darüber, mit familiärer Unterstützung in ihren „eigenen vier Wänden" verbleiben zu können. Auch genoss sie als geliebtes Oberhaupt einer großen Familie häufige Besuche ihrer Kinder, Enkel und Urenkel.

Hinsichtlich der Ausstattung ihrer Wohnung war sie äußerst genügsam und vertrat die Meinung, dass ein alter Mensch nichts Neues mehr benötige. Sie beobachtete aber immer interessiert den technischen Fortschritt. Über ihre Enkelkinder konnte sie nah miterleben, wie sich die Welt zunehmend durch Handys, Computer und Spielekonsolen veränderte. Für sie selbst sah sie kein Erfordernis, solche neumodischen Geräte besitzen zu müssen. Eine zu Weihnachten geschenkte Stereoanlage hatte einen dekorativen Platz im Wohnzimmer, wurde aber von ihr nie benutzt, außer wenn ein Enkel vor Ort war, um eine Musik-CD für sie einzulegen. Sie hätte gerne mehr Musik gehört, aber alleine konnte sie die Anlage nicht bedienen, auch nicht nach zahlreichen Erklärungs- und anderen Unterstützungsversuchen, beispielsweise über angeklebte Post-it-Zettel mit situierten Bedienungshinweisen. Sie nahm das alles hin und beschwerte sich nicht, weil in ihrem Selbstkonzept klar war, dass moderne Technik für alte Menschen „nichts mehr ist".

Aufgrund eines voranschreitenden Altersdiabetes in ihren 80er Jahren musste ihr Blutzucker dreimal täglich mit einem Messgerät getestet werden. Es war für sie und alle Familienangehörigen gleichermaßen selbstverständlich, dass die Messungen von der im Haus lebenden Schwiegertochter durchgeführt werden mussten, die den größten Anteil an täglichen Hilfestellungen leistete. Der Gedanke, dass die Oma die Messung und die nachfolgende Insulin-Injektion selbst durchführen könnte, lag ihr selbst sowie der Familie aufgrund der vorliegenden Situation zunächst völlig fern. Dennoch lernte sie die Handhabung schließlich doch und führte die Messungen lange Zeit selbständig durch. Je nach Höhe des gemessenen Werts und der entsprechend zu injizierenden Insulinmenge überlegte sie dann, was und wie viel sie zu der entsprechenden Mahlzeit essen und trinken durfte.

Was war nun ihre Motivation, sich die Handhabung des Geräts anzueignen, wo doch so viele andere Versuche, ihr technische Geräte nahezubringen, nicht angenommen worden waren? Ein wichtiger Aspekt war vermutlich, dass sie mit der selbständigen Handhabung der Messung ein kleines Stück Selbständigkeit behalten konnte, was gleichzeitig eine Entlastung der schon stark eingebundenen Schwiegertochter mit sich brachte. Eine weitere Ursache für die Bereitschaft, diese Technikbarriere zu überwinden, liegt vermutlich darin begründet, dass die Messung in ihren letzten selbständigen Handlungsbereich eingerahmt war, nämlich in die Entscheidung darüber, was sie zu den Mahlzeiten essen und trinken mochte.

An diesem Beispiel meiner eigenen Großmutter – das allerdings für die Zeit in den 2000er Jahren skizziert wurde – lässt sich leicht aufzeigen, wie facettenreich das Thema „Technikdesign für die alternde Gesellschaft" ist. Denn wie könnte man sie als Techniknutzerin kategorisieren? War sie technikfeindlich, weil sie sich die Stereoanlage partout nicht aneignen wollte? Wie passt aber ihr generelles und doch recht starkes Interesse für die aktuellen Entwicklungen im Medienbereich damit zusammen?

War sie eher rückzugsorientiert im höheren Alter, weil sie sich mit vielen Widrigkeiten in ihrem Alltag abfand und keine Ansprüche stellte? Oder könnte man sie demgegenüber doch eher als junggebliebene und offene Seniorin kategorisieren, weil sie mit viel Lust die Welt mit ihren Kindern und Enkeln bei Kaffee und Kuchen diskutierte? Und wie würde man ihre Situation unter dem Gesichtspunkt der Förderung von Autonomie und sozialer Teilhabe beschreiben können? Von außen betrachtet, war sie in der Alltagsführung stark in ihrer Selbständigkeit eingeschränkt. Ihre soziale Teilhabe an der Gesellschaft war aufgrund ihrer zunehmenden Immobilität überwiegend auf den engeren Raum ihrer Wohnung begrenzt. Sie litt darunter, dass ihr Handlungs- und Bewegungsraum immer geringer wurde. Daher genoss sie andererseits die vielen Besuche ihrer Familienangehörigen, über die vermittelt sie an der Welt – wenn auch begrenzt – teilhaben konnte. Die kleinen täglichen Sequenzen der selbständigen Blutzuckermessung haben ihre gefühlte Abhängigkeit wohl enorm verringert. Und den Schritt hat sie geschafft, obwohl alle Beteiligten, sie selbst eingeschlossen, zunächst davon ausgingen, dass sie das nicht mehr könnte.

Neben dem Hinweis darauf, dass Autonomie und Teilhabe im Alter als Förderziele von Technikprojekten vielgestaltige Modalitäten aufweisen, wird auch deutlich, dass Altersbilder in den Köpfen der Jüngeren, aber auch der älteren Menschen selbst, das individuelle Handeln beeinflussen. Und jeder von uns, ob nun Designerin, Forscher oder auch Altenpfleger, hat diese Bilder im Kopf und kann ähnliche Geschichten erzählen von eigenen Eltern, Großeltern oder älteren Menschen im Bekanntenkreis, die zwischen den Polen einer hohen Techniknutzungsbereitschaft und der völligen Ablehnung gegenüber neuen Medien changieren.

In der informatischen Designpraxis steht man daher vielen unterschiedlichen Kategorisierungen und Bildern des Alters und des Alterns gegenüber, die explizit und implizit Gestaltungsvorgänge leiten. Daher erscheint es geboten, sich auch in der Designpraxis mit jenen gesellschaftlich konturierten Ansätzen auseinanderzusetzen. Denn diese diskursiven Bilder strukturieren (Design-)Handlungen, und werden im Rückbezug auch wiederum durch (informationstechnische) Produkte und Produktionsweisen geleitet. Vor diesem Hintergrund entstehen komplexe Theorien und fast beliebige Szenarien. Für die Designpraxis erscheint daher eine evolutionäre Entwicklung realistischer Szenarien notwendig, die es leistet, eine Überkomplexität von Szenarien dadurch zu verhindern, indem sie sich in einer Welt der Möglichkeiten auf viable Lösungen zu konzentrieren vermag.

In der Förderlinie des Ambient Assisted Living (AAL), ein Feld interdisziplinärer Technik- und Dienstleistungsforschung für die alternde Gesellschaft, zeichnet sich in den letzten Jahren vermehrt die Erkenntnis ab, dass technologische Lösungen mit sozialen Aspekten zu verbinden sind, um die Nutzerakzeptanz gegenüber neuen Medien im Alltag zu erhöhen. Diesen „social turn" zeigt beispielsweise die zweite Ausschreibung des AAL-Programms von 2009 mit dem Titel "ICT - Advancement of Social Interaction". Vormals im Vordergrund stehende biomedizinische Modelle von Gesundheit wurden durch soziale Aspekte des Wohlbefindens im Alltag ergänzt. Damit rücken die soziale Teilhabe und der

Erhalt und die Ermöglichung einer selbstbestimmten und selbständigen Lebensweise in das Zentrum der Förderansätze.

Mit diesem Perspektivenwechsel tun sich allerdings insofern Probleme auf, als dass die Förderziele (insbesondere Teilhabe und Autonomie) bisher nur relativ dünn mit empirischen Inhalten ausgefüttert sind. Es fehlt an empirischen Erkenntnissen zu individuell ausgeprägten Ausgestaltungen des häuslichen Alltags und es mangelt an einem ganzheitlichen Zugang zu Sichtweisen, Deutungs-, Handlungs- und Wertzuschreibungsmustern von alten Menschen und deren betreuenden Netzwerken. Was bedeuten soziale Teilhabe und Autonomie im Einzelfall, wie sind diese Begriffe in der Praxis mit Vorstellungen, Wünschen, Präferenzen und Bedürfnissen ausgekleidet? Und wie sind entsprechende Anforderungen schließlich in einem Designprojekt umzusetzen, in dem man Vertreter der avisierten Zielgruppe als selbstbestimmte Partner beteiligen möchte?

Die vorliegende Arbeit nimmt ihren Ausgangspunkt in der Sozioinformatik, einer Designperspektive, die technische Artefakte und damit die Entwicklung, Aneignung und Nutzung von Technik als soziale Praxis ansieht (Pipek & Wulf 2009, Wulf 2009, Rohde & Wulf 2011). Unter der Prämisse, dass Technik (-design) mit der sozialen Welt interagiert, und dies in dualer Weise, dass einerseits das Design durch die Praxis angeleitet wird und andererseits Technik wiederum neue Praxis hervorbringt, stehen insbesondere zwei Forschungsaspekte im Vordergrund der praxisbasierten Designforschung und -entwicklung: Zum einen ist ein holistisches Verständnis des avisierten Anwendungsfelds zu erlangen und zum anderen stellt sich die Frage nach der geeignetsten Forschungs- und Designmethode, die es möglich macht, Praxis gleichzeitig zu erfassen und zu verstehen und eine Hebelwirkung zu einer gewünschten Weiterentwicklung der vorgefundenen Praxis (-probleme) zu liefern (Rohde et al. 2009). Hier setzen unterschiedliche, auf aktionsforscherischen Paradigmen basierende Methoden und Forschungskonzepte der Sozioinformatik an, wie die Business Ethnographie (Stevens & Nett 2009), die integrierte Organisations- und Technikentwicklung (Wulf & Rohde 1995) oder die Design Case Studies (Wulf et al. 2011). Allen Ansätzen ist zu eigen, dass die prospektiven Nutzer als selbstbestimmte Individuen sowohl in ihrer Alltagsgestaltung als auch als Beteiligte an einem gemeinsamen Designprozess angenommen werden und dass Technik dazu dienen soll, Handlungsmöglichkeiten zu erweitern.

Auch in dezidierten AAL-Forschungsprojekten wird der Nutzerbeteiligung eine hohe Wichtigkeit zugesprochen, damit das Ziel erreicht werden kann, technische Artefakte sinnvoll in den Lebensalltag zu integrieren (Podtschaske et al. 2010). Die methodischen Zugänge sind unterschiedlich und die vorliegende Arbeit möchte konstatieren, dass sie für beide genannten Forschungsaspekte für die avisierte Zielgruppe dieser Arbeit Schwachstellen aufzeigen.

Ein Spezifikum von Designprojekten für die alternde Gesellschaft besteht darin, dass sie oftmals einen schwierigen und schmalen Grat zwischen Partizipation und Paternalismus ausbalancieren müssen, da ältere Menschen häufig dem Thema Technikunterstützung desinteressiert oder auch ablehnend gegenüberstehen (Pankoke 2002). Somit stellt sich die Arbeit mit älteren Menschen hochkomplex dar. Individuelle, lebensbiographische sowie gesellschaftliche Faktoren wirken sich auf Interessens- und Motivationslagen aus, die das Aufsetzen und die Durchführung eines Designprojektes essenziell konturieren. Dies gilt es profunder zu verstehen und in die Konzeption von Forschungsdesigns konstruktiv aufzunehmen, damit Prozesse, die auf die Förderung der Autonomie älterer Menschen abzielen, nicht unbemerkt in Disempowerment umschlagen (Barnes 2005).

Die vorliegende Arbeit möchte anhand von drei Fallstudien diese besonderen Aspekte und Probleme im partizipativen, soziotechnischen Design von IKT für die alternde Gesellschaft herausarbeiten, um einen Beitrag zur Erschließung der beschriebenen Leerstellen zu liefern: einerseits sollen die Begriffe „Autonomie" und „soziale Teilhabe" im Rahmen von Design Case Studies mit empirischen Phänomenen ausgefüllt werden, um ein besseres Verständnis für die Vielfältigkeit der jeweiligen Facetten und Konfigurationen zu erhalten. Darüber hinaus soll ein Vorschlag für einen methodischen Ansatz unterbreitet werden, der Designprojekten für und mit älteren Menschen vor dem Hintergrund der Spezifik der Zielgruppe besser gerecht wird.

Im folgenden Kapitel 2 wird der Stand der Forschung rekapituliert, der für das vorliegende Forschungsfeld aus unterschiedlichen, beteiligten Disziplinen entwickelt werden muss. So werden zunächst gerontologische Perspektiven auf das Alter und Altern gesichtet und nachgezeichnet, welche vorherrschenden Altersbilder und -kategorisierungen für die Beschreibung der vorliegenden Zielgruppe herangezogen werden. Schließlich erfolgt eine Betrachtung der Diskussion von sozialer Teilhabe und Autonomie aus Sicht der gerontologischen Forschung. Im Anschluss werden Diskurse in der Gerontotechnik aufgeführt als auch praxisbasierte, sozio-kulturelle Forschungs- und Entwicklungszugänge in den Bereichen Computer Supported Cooperative Work (CSCW) und Human Computer Interaction (HCI), die schließlich mit den derzeitigen AAL-Zugängen verglichen werden, um die vorgefundene Forschungslücke auszuformulieren.

Das Kapitel 3 führt in drei empirische Fallstudien ein, die in den Kapiteln 4, 5 und 6 jeweils ausführlich dargestellt werden. Jede Fallstudie konzentriert sich als Designfallstudie (vgl. Wulf et al. 2011) auf die Entwicklung einer IKT-Anwendung zur Unterstützung des Alltags älterer Menschen. Die Designfallstudien unterscheiden sich in der Darstellung aufgrund unterschiedlicher Forschungsstände. Für alle Studien werden ausführliche Vorstudien dargelegt, für die Studien I und II wird ein darauf folgender Designprozess beschrieben und Studie I umfasst darüber hinaus eine umfassende Evaluation, die ausführlich Darstellung findet.

Das Kapitel 7 vergleicht die Ergebnisse der drei Designfallstudien in einer übergreifenden Perspektive und stellt den Versuch an, praxisfundierte Kategorien im Sinne von Blumers (1954) „sensibilisierenden Konzepten" herauszuarbeiten, die die Besonderheiten der an den Studien beteiligten Senioren und deren sozialen Netzwerken und Betreuungspersonen vergleichbar und abstrahierbar machen, sodass sie der *scientific community* für eigene Forschungsarbeiten als kontextreiche, aber dennoch vergleichbare Inspirationsquelle zu dienen vermögen. Das Kapitel 8 liefert schließlich eine Zusammenfassung der gewonnenen Erkenntnisse.

2. Stand der Forschung

2.1. Alter im wissenschaftlichen Diskurs

2.1.1. Versuche der Kategorisierung

Eng verbunden mit der Diskussion über richtige oder falsche, positive oder negative Bilder des Alter(n)s sind die Versuche, das Alter und dessen Merkmale und Ausprägungen zu klassifizieren und Ordnungskriterien zu bilden. Ab welchem Ereignis oder Status ist ein Mensch alt?

Häufig wird das Alter über eine chronologische Einteilung kategorisiert. Seit den 60-er Jahren wird die Grenze häufig im Alter von 60 bzw. 65 Jahren gezogen. Mit zunehmender Alterung der Gesellschaft und steigender Hochaltrigkeit kommen weitere kulturell definierte Grenzziehungen hinzu, wie z.B. die Einteilungen in „Junge Alte" (bis Ende 60), „Betagte" (70-80) und „Hochbetagte" oder „Hochaltrige" (über 80) (Höpflinger 1994, 25). Eine weitere Einteilung bezieht sich auf das sog. „Dritte und Vierte Alter". Diese Stufen bezeichnen die eher noch rüstigen „jungen Alten" und schließlich die „alten Alten", ca. ab dem Alter von 85 Jahren (Martin und Kliegel 2005).

Andere Kategorisierungsversuche arbeiten mit den Begriffen „normales, erfolgreiches und pathologisches Alter", um mit der großen Unterschiedlichkeit der Altersformen umgehen zu können (Thomae 1983). Normales Alter bezeichnet in dieser Definition funktionale Aspekte, die mit typischen Entwicklungsverläufen einhergehen, die sich zum pathologischen Alter durch ein Freisein von chronischen oder schweren Erkrankungen auszeichnen (Gerok und Brandstädter 1992, Martin und Kliegel 2005). Einem erfolgreichen Altern werden Attribute zugeschrieben wie ein hoher Zufriedenheitszustand, der sich durch erfolgreiche Anpassungsprozesse an altersbedingte biologische, psychische und soziale Veränderungen auszeichnet (Havinghurst 1972). Insgesamt erscheinen diese Kategorisierungen alle nicht als zufriedenstellend, da im Einzelfall die Trennung subjektiver und objektiver Faktoren schwierig ist (Martin und Kliegel 2005, Lindenberger 2002).

Die folgende Tabelle 1 aus Martin und Kliegel (2005, 26-27) zeigt gängige chronologische Altersdefinitionen auf.

Tabelle 1: Altersdefinitionen nach Martin und Kliegel 2005, 26-27.

Alt ist man...	Weil...	Art der Definition
ab 30 Jahren (James, 1890)	es dann keine Veränderung mehr gäbe	hypothetisch
ab 50 (Hall, 1922)	ab dann die zweite Hälfte der maximalen Lebenslänge begänne	hypothetisch
ab 60	die meiste Forschungsliteratur diesen Altersbereich auswählt	pragmatisch, empirisch
ab 65 (WHO)	es in vielen Ländern die Grenze für die Berufstätigkeit ist	sozialstrukturell, normativ
ab 80 („Beginn 4. Alter")	es ungefähr die mittlere Lebenserwartung angibt, also wenn 50% eines Geburtsjahrgangs verstorben ist	empirisch-demografisch
ab 100	es den Beginn der Hochaltrigkeit markiert	pragmatisch
wenn man sich alt fühlt	die subjektive Bewertung individuell wichtige Informationen enthält	empirisch
wenn altersspezifische oder alterstypische Ereignisse eintreten (z.B. Pensionierung, Auszug der Kinder, Menopause, Geburt von Enkeln, Diabetes)	die Ereignisse Erfahrungen widerspiegeln, die von den Betroffenen auch bei unterschiedlichem kalendarischen Alter geteilt werden	empirisch, nicht-normativ
wenn körperliche Leistungsmaxima (z.B. Muskelkraft mit 30-40, Seh- und Hörfähigkeit mit 35-45) verlassen werden oder wenn körperliche oder geistige Beeinträchtigungen eintreten	die Veränderung ein unabhängiges Maß des körperlichen Abbaus darstellt, das den Alterungsprozess kennzeichnet	empirisch, normativ, funktional
je näher man dem Tod ist	das Ereignis meist im Alter auftritt und die individuellen Belastungen widerspiegelt, zeitlicher Abstand vom Tod als Gegenstück zum zeitlichen Abstand von der Geburt	empirisch, im Nachhinein

Da die numerische Einteilung aufgrund der hohen Unterschiedlichkeit der Zielgruppe meist als zu diffus und aussageschwach angesehen wird, versuchen andere Forscher, Ordnungskriterien über den Generationenbegriff zu definieren. Da jedoch häufig große Unterschiede zwischen Personen gleichen Alters bestehen können, steht auch der Generationenbegriff als Ordnungsversuch als zu diffus und aussageschwach in der Kritik (Martin und Kliegel 2005, 24).

Ein weiterer Ansatz zur Lösung der Klassifizierungsproblematik ist die Dreiteilung des Alters in biologisch-physiologisches, psychisches und soziales Alter. Die biologisch-physiologische Ebene bezeichnet altersbedingte körperliche Veränderungen und Verluste, z.B. Seh- und Hörfähigkeit, sinkende Organfunktionsfähigkeit wie auch muskuläre und motorische Veränderungen. Allerdings

2.1. Alter im wissenschaftlichen Diskurs

werden diese funktionalen Prozesse in Verbindung gestellt mit genetischen Dispositionen sowie allgemeiner körperlicher und geistiger Aktivität in der Lebensweise und mit Risikofaktoren und Erkrankungen in früheren Lebensphasen. Auch die subjektive Einschätzung spielt eine Rolle in Bezug auf körperliche bzw. gesundheitliche Veränderungsprozesse und empfundene Einschränkungen.

Die psychologische Ebene in der Deutung von Altersprozessen bezieht sich auf kognitive Veränderungen, wie Verringerungen in der Informationsverarbeitung und Abnahme der Lernfähigkeit. Diesen Prozessen wird andererseits eine Zunahme an erfahrungs-, wissens- und fertigkeitsbasierten Leistungen gegenübergestellt. Zwischen sensomotorischen Fähigkeiten und kognitiven Anstrengungen bestehen Zusammenhänge: Der kognitive Aufwand steigt bei sinkender sensomotorischer Fähigkeit (vgl. Schäfer et al. 2006).

Die soziale Ebene des Alterns ist insbesondere an Lebensereignissen wie das Ausscheiden aus dem Beruf oder an familiären Veränderungen, wie dem Auszug der erwachsenen Kinder, orientiert. Hiermit entstehen Erfordernisse und Möglichkeiten, alte Rollenverpflichtungen und -muster zu verlassen und neue Rollen- und Lebensentwürfe aufzubauen (Kruse et al. 2007).

Manche Autoren nähern sich der Komplexität des Alters über Forschungskonzepte aus der Lebensstilanalyse. Diese entwickelte sich auf der Basis der Ungleichheitsforschung über Schicht- und Klassenkonzepte mit Erweiterungen um Dimensionen wie subjektive Faktoren des individuellen Handlungsspielraums und im Lebenslauf (Tokarski 1993). Die Konzepte der Lebensstilanalyse von älteren Menschen hat inzwischen insbesondere in den Marketingbereich Einzug gehalten, wo beispielsweise nach Kriterien für die Produktbewerbung für „Best Ager" im Rahmen der „Silvereconomy" gesucht wird (Bauer Media Group 2007) (vgl. Tabelle 2).

Sechs Typen älterer Menschen in der vierten Lebensphase, (Basis: n=205 Verbraucher von 50 bis 91 Jahren, Mai 2005), Quelle: Kirchmair, 2005, S. 33, eigene Darstellung.

Tabelle 2: Typen älterer Menschen in der Konsumforschung

Sechs Typen älterer Menschen in der vierten Lebensphase, (Basis: n=205 Verbraucher von 50 bis 91 Jahren, Mai 2005), Quelle: Kirchmair, 2005, S. 33, eigene Darstellung.

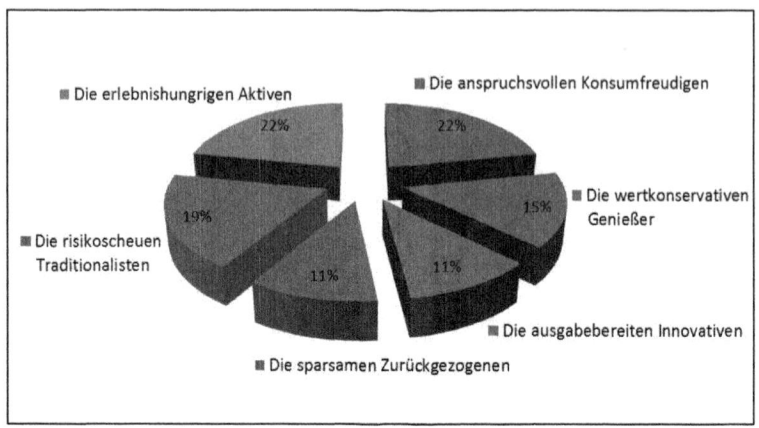

Die um Lebensstile erweiterten Schicht- und Einkommensmodelle erscheinen im Prinzip interessant für Fragen der Technikgestaltung, erweisen sich jedoch bei näherer Betrachtung als zu grob und vereinfachend.

Das Lebensstilmodell steht dahingehend in der Kritik, dass damit aufgezeigte Dimensionen wie Werte, Einstellungen, Meinungen, Haltungen, Distinktionen und Inszenierungen zwar von Relevanz sind, dass dieser Ansatz jedoch eher als Ergänzung zum soziologischen Schichtmodell angesehen werden sollte, welches hauptsächlich auf den Variablen Einkommen und Bildung basiert, die wiederum als die basalen Ressourcen in der Ausprägung von Lebensstilen angesehen werden (Janssen 2001).

Eine praktikable Annäherung an Kriterien und Umstände des Alterns liefern Martin und Kliegel (2005, 24), die sich auf die Gegenstandsdefinition der Gerontopsychologie beziehen:

> *„Gegenstand der Gerontopsychologie ist die Beschreibung und Erklärung der Veränderungen von Strukturen und Prozessen über die gesamte Lebensspanne, die menschliches Erleben und Verhalten und dessen interindividuelle Unterschiede bis ins extrem hohe Alter bedingen. Eine wichtige Aufgabe stellt die Untersuchung der psychischen Verarbeitung und Bewältigung des Alters bzw. der mit dem Älterwerden*

2.1. Alter im wissenschaftlichen Diskurs

verbundenen Defizite, Einschränkungen und Verluste dar. Von herausgehobener Bedeutung sind die soziale, emotionale und kognitive Entwicklung im höheren Erwachsenenalter sowie die Wechselwirkungen mit gesellschaftlichen, sozialen und räumlichen Rahmenbedingungen".

Damit ist die Vielfalt und Offenheit von individuellen Entwicklungssträngen, aber auch deren Wechselwirkungen mit Umweltfaktoren betont, die für sozioinformatische Forschung als ein günstiger Ausgangsrahmen gelten kann. Damit ist eine dynamische Sichtweise angesprochen, die sich auf Aktivitäten in der Auseinandersetzung und Aushandlung mit der Umwelt einerseits sowie der individuellen Lebenssituation andererseits ausrichtet und statt sich auf eine Reihenfolge von Ereignissen oder ein Stufenmodell zu fokussieren, eher die Vielfalt von Lebensthemen auszuloten versucht. Mit Thomae (1959) kann damit Lebensgeschichte „nicht einfach zu einer Abfolge formaler Strukturen, sondern zur Geschichte eines Themas und seiner Varianten" formuliert und konzeptualisiert werden.

Neuere ethnographische Ansätze im Bereich der Alter(n)skultur unterstützen diese Absicht, die Innenperspektive auf die Erfahrungswelt alternder Menschen zu rekonstruieren und zu verstehen, wie sich der Bezug zur Welt und zum Selbst während des Alterns verändert. Mittels ethnographischer Fallstudien wird das Aufdecken sozialer, kultureller und lebensweltlicher Aspekte avisiert, die das Altern als Praxis erfahrbar machen (Beck 2009, Shield und Aronson 2003). Die Verbindung dieser ethnographisch- kulturwissenschaftlichen Perspektive mit sozialgerontologischen Ansätzen erscheint für das Ziel der praxisorientierten Technikgestaltung als fruchtbare Grundlage und wird daher im weiteren Vorgehen um die Dimension des soziotechnischen Designs erweitert.

2.1.2. Alter(n)sbilder

Welche Bilder haben wir vom Alter und Altern, wie verlaufen die gesellschaftlichen Diskurse? Die Beschäftigung mit Altersbildern, deren Erklärung und Ausdeutung sowie auch die Korrektur von vermeintlich „falschen" Altersbildern sind ein wichtiges Anliegen der Gerontologie. So beschäftigt sich der sechste Altenbericht der Bundesregierung, der von führenden deutschen Gerontologen erstellt wurde, konkret mit dem Thema der aktuellen Alter(n)sbilder (BMFSFJ 2010).

Gerontologen agierten und agieren in diesem Feld häufig als „Fürsprecher" für den alten Menschen, dies ist besonders an den frühen Veröffentlichungen zu Gründungszeiten des Fachs in den 70er/80er Jahren ablesbar. Häufig geht es in den Publikationen darum, das „falsche Bild" des Alter(n)s als unwissenschaftlich zu entpuppen und diesem ein neues, wissenschaftliches und in der Folge eher positives Bild gegenüber zustellen:

> *"So ist das Bild vom alten Menschen in der Öffentlichkeit bestimmt als ein Bild des Zerfalls, des Abbaus, des Zurückbleibens hinter der unser menschliches Leben tragenden Norm. Gesehen wird er als Nörgler, der zum Zusammenleben schlicht unfähig ist ... Man bescheinigt ihm Reglosigkeit in seinem Denken ... und Abnahme von Intelligenz bis hin zur Debilität. Wollte man demgegenüber eine Liste von positiven Eigenschaften zusammenstellen, so würde man vergeblich nach allgemein anerkannten und 'modernen' Werten suchen. Das Bild ist rundweg negativ, und die wenigen positiven Ausnahmen stützen diese Aussage eher, als daß sie sie zu relativieren vermöchten." (Bätz et al. 1976, 23)*

Vergleichbare Diskurse finden sich u.a. in (Lehr 1964, Bleuel et al., 1976, vgl. www.kritische-gerontologie.de).

Die Diskussionen laufen häufig auf die Postulierung einer Anti-Altersideologie hinaus, den sog. „Ageism" oder die Altersfeindschaft (vgl. u.a. Becker 1973, Butler 1969).

Andere Gerontologen kritisieren diese Darstellung negativer Altersbilder als zu stark überzeichnet und zu einseitig und die wissenschaftliche Haltbarkeit der entsprechenden Thesen wird angezweifelt:

> *"Psychologen und Soziologen haben in den vergangenen drei Jahrzehnten viel Energie darauf verwendet, das Bild vom alten Menschen in unserer Gesellschaft zu ermitteln und auf seine Elemente hin zu untersuchen. Die einschlägigen Studien kommen dabei im Großen und Ganzen zum gleichen Ergebnis: Im Bild vom alten Menschen herrschen negative Züge vor. Mit dem Alter werden gewöhnlich Eigenschaften wie 'inflexibel', 'einsam', 'krank', 'hilfebedürftig' usw. verbunden. Beim Zustandekommen dieses Bildes spielt die unreflektierte Übernahme von Gehörtem und Gelesenem ebenso eine Rolle wie die Verallgemeinerung von Einzelerfahrungen." (Braun, 1992, 27) (vgl. auch www.kritische-gerontologie.de für eine Aufstellung entsprechender Zitate)*

2.1. Alter im wissenschaftlichen Diskurs

Erklärungsansätze für die Beharrlichkeit von negativen Alter(n)sbildern finden sich in der Stereotypen- und Diskriminierungsforschung, die vor allem eine starke gesellschaftliche Prägung von Alternsbildern mit normativen und wertenden Elementen und Verallgemeinerungen als Basis sieht. Massenmedien und Werbung gelten als starke Elemente, die zur Verfestigung der negativen Bilder beitragen und diese iterieren. Ein weiterer Aspekt ist die Annahme der Verschränkung von Stereotypen und Heterostereotypen, d.h. dass alte Menschen negative Bilder des Alter(n)s in ihr Selbstbild übernehmen: "*Das Selbstbild und die Realitätsorientierung des älteren Menschen werden von solchen Stereotypisierungen affiziert und bestimmen dann sein reales Verhalten.*" (Lehr, 1987, 253)

Weitere Sichtweisen zum Zustandekommen der beharrlichen Stereotype richten sich auf eine psychologische Komponente des Menschen, nämlich die subjektive Auseinandersetzung mit dem eigenen Alternsprozess und der Endlichkeit des Lebens, die als Ängste externalisiert werden:

> „*Es ist das Alter als Lebensphase, das mehr mit Befürchtungen denn mit Hoffnungen verknüpft ist und als unliebsamer Eindringling in das eigene Leben gesehen wird. Es sind die negativen Erwartungen an das Altwerden und Altsein, die im Altersstereotyp gebündelt sind und die unterschwellig unseren Umgang mit Älteren bestimmen. Es sind nicht eigentlich die Alten, auf die sich negative Bewertungen letztlich beziehen.*" (Filipp und Mayer, 1999, S. 273)

In historischer Perspektive kann festgestellt werden, dass die Auseinandersetzung über Generationenbeziehungen und die Ausdeutung der Stellung der Alten in der Gesellschaft ein Thema ist, das über mehrere Jahrhunderte bereits sehr divers und – abhängig von gesellschaftlichen Faktoren – durchaus unterschiedlich im öffentlichen Diskurs stand. Nicht zuletzt geben Redewendungen, literarische und künstlerische Themen und Werke der letzten Jahrhunderte darüber Aufschluss.

Im heutigen gerontologischen Diskurs über Bilder des Alters und Alterns kann davon ausgegangen werden, dass sowohl negative, aber auch positiv überzeichnete Altersstereotype verbreitet und in den Köpfen verankert werden. In Verbindung mit aktuellen gesundheitsökonomischen und politischen Diskursen leuchtet immer stärker ein Bild des „produktiven Alters" hervor, d.h. Senioren, die sich nach dem Renteneintritt weiterhin aktiv engagieren möchten, die eher gut situiert sind – vgl. Bezeichnungen wie „Silversurfer" oder „Silvermarket" (Bauer Media Group 2007) und über hohe Kaufkraft verfügen, die durch entsprechende Produkte am AAL-Markt bedient werden kann.

Als Fazit kann festgestellt werden, dass konkurrierende Bilder des Alter(n)s in ihrer positiven oder negativen Konnotation die Konflikte im gesellschaftlichen Diskurs beeinflussen, prägen und von ihnen geprägt werden. Es macht wahrscheinlich wenig Sinn für die praktische Arbeit in der Technikgestaltung, sich als Fürsprecher oder Gegner zu positionieren, sondern eher die Vielfalt und Gleichzeitigkeit von Bildern zu (er-)kennen und diese vor dem Hintergrund von Technikreflexions-, Aneignungs- und Nutzungsprozessen zu bedenken und im Design aktiv damit umzugehen, da sie als Teil der Alltagskultur einen wichtigen Stellenwert im sozio-technischen System einnehmen.

2.1.3. Theorien des Alterns

Der aktuelle gerontologische Zugang zur Konzeptionalisierung von Alter und Altern basiert auf zahlreichen Entwicklungs- und Alterstheorien, die in den letzten Jahrzehnten im Umfeld der Gerontologie, Psychologie und Soziologie entworfen wurden. Seit den 70er Jahren hat man sich von einem bis dahin dominierenden Defizitmodell des Alters abgewandt und eine Perspektive auf Altern als einen lebenslangen psychosozialen Prozess entworfen, der einerseits durch biologische, psychologische und biographische Voraussetzungen des Individuums konturiert wird und andererseits in einer räumlichen, sozialen und kulturellen Umwelt stattfindet (Wozniak 2011, Lehr 2007, Kruse 1996, Wahl und Oswald 1998).

Die sog. Disengagement-Theorie entwirft ein Bild des Alterns, das den Rückzug aus dem sozialen Leben beschreibt, der die Bewältigung von Anforderungen in der dritten und vierten Lebensphase ermöglicht. Diese Theorie basiert auf dem Strukturfunktionalismus (vgl. Parsons 1964), der institutionelle Normen als Basis des Handelns beschreibt, die sowohl die Grundlage gesellschaftlicher Erwartungen als auch individueller Interessen darstellen. Hier wird das höhere Lebensalter als eine in sich abgeschlossene Lebensstufe angesehen, die besondere persönliche und gesellschaftliche Aufgabenstellungen und Zielsetzungen beinhaltet. Im Vordergrund der Betrachtungsweise stehen physisch-psychische Ab-

2.1. Alter im wissenschaftlichen Diskurs

bauprozesse, die – gekoppelt an den individuellen Rückzug – eine natürliche innerpsychische Motivation für die soziale Distanzierung darstellen (Wozniak 2011, S. 14). Im Sinne einer natürlichen gesellschaftlichen Entwicklung können somit unproduktive Alte durch leistungsfähigere jüngere Gesellschaftsmitglieder ersetzt werden (Cumming und Henry 1961).

Die Diskurse über das Alter und Altern haben sich in den letzten Jahren grundlegend verändert (Kruse und Wahl 2010). Dabei ist die Disengagement-Theorie durch Altersichten zurückgedrängt worden, die auf Partizipation, soziale Teilhabe oder das „Aktive Altern" gerichtet sind. Dennoch hat die Disengagement-Theorie nach wie vor einen Erklärungsgehalt für bestimmte interindividuelle sowie intraindividuelle Phänomene, den die normativen, aktivitätsorientierte Zugängen nicht bieten, etwa beim Rückzug im hohen Alter, oder bei Sterben und Tod.

Interindividuelle und intraindividuelle Variabilität sind Definitionsbegriffe aus der Differentiellen Gerontologie und weisen auf die Multidirektionalität und Multidimensionalität von Entwicklungsprozessen im Alter hin (Thomae 1983), durch die sich Menschen einerseits voneinander in der je subjektiven Entwicklung unterscheiden sowie andererseits auch jedes Subjekt in sich, als Verschiedenheit individueller Entwicklungsstufen in der Lebenslaufperspektive des einzelnen Menschen (Wozniak 2011 S. 13, Baltes und Baltes 1992).

Die häufig als Gegenposition postulierte gerontologische Aktivitätstheorie betont eher die aktiveren Komponenten des Alterns, mit denen ein gesellschaftlich bedingter sozialer Rückzug eher verhindert werden soll. Im Gegensatz zur Disengagement-Theorie wird hier der Übergang von einer aktiven, d.h. berufstätigen Lebensstufe in das nachberufliche Leben nicht als Bruch angesehen, der mit gravierenden individuellen Veränderungen einhergeht, sondern es sollen psychisch-physische Abbauprozesse vermieden oder so lange wie möglich hinausgezögert werden, etwa durch eine aktive Lebensgestaltung und Betätigungsmöglichkeiten, die soziale, körperliche und geistige Aktivitäten fördern. Der Verlust habitualisierter Rollen durch die Pensionierung sollte durch alternative Rollenfindungen aktiv substituiert werden (Wozniak 2011, Havighurst et al. 1968).

Beide Theorien wurden in zahlreichen Studien überprüft und für beide wurden Grenzen in der jeweiligen Reichweite aufgezeigt. So wurde beispielsweise deutlich, dass für manche älteren Menschen Rückzug aus der beruflichen oder aktiven Familienrolle durchaus Lebenszufriedenheit bedeutet, sogar wenn dies mit einem gesellschaftlichen Rückzug verbunden ist. Andere ältere Menschen wiederum schöpfen Lebenszufriedenheit aus neu aufgenommenen Aktivitäten (beispielsweise sozialem Engagement und Ehrenamt). Die Vorliebe für ein aktives oder passives sozialen Leben wird daher eher mit Persönlichkeitsmerkmalen in Verbindung mit den biographischen und sozialen Lebensumständen erklärt (Costa und Mc Crae 1980, Lehr und Minnemann 1987).

Die Kontinuitätstheorie (Atchley 1999) betont eine Kontinuität im Lebenslauf über die verschiedenen Lebensaltersstufen hinweg. Es wird unterschieden zwischen der inneren und der äußeren Kontinuität. Elemente der inneren Kontinuität sind identitätsbezogene Eigenschaften wie Vorlieben oder persönliche Haltungen. Aspekte der äußeren Kontinuität finden sich beispielsweise in der räumlichen und sozialen Umwelt, in vertrauten sozialen Netzwerken und zwischenmenschlichen Interaktionen (Wozniak 2011, Lehr 2007). Diese Perspektive auf die Notwendigkeit von Kontinuität in der Lebensführung über die verschiedenen Lebensaltersstufen hinweg kann sich sowohl in einer sehr aktiven Lebensgestaltung im Alter ausdrücken als auch in einem eher passiven Verhalten, wenn dies auch schon vor dem späteren Erwachsenenalter das Lebensmuster begründete.

Kritik - u.a. aus der differentiellen Gerontologie - an den skizzierten drei psycho-sozial orientierten Alterstheorien richtet sich darauf, dass keine dieser Theorien der großen Bandbreite von Lebensformen im Alter gerecht werde und sie somit Gefahr liefen, interindividuelle Unterschiede zu ignorieren und eher stereotype und normative Verhaltens- und Unterstützungsvorgaben für ein gelingendes Altern zu entwerfen (Kruse und Schmitt 2004, Wozniak 2011).

Für die vorliegende Arbeit bieten die genannten psychosozialen Theorieansätze dennoch wichtige Orientierungspunkte, auch wenn die Erklärungskraft und Reichweite der einzelnen Theorien immer nur Einzelaspekte dessen herausstellen, was in Praxisfeldern vorfindlich ist. Die psychosozialen Theorien stellen daher wichtige Erklärungszusammenhänge dar, die sich in der Erschließung von Praxisphänomenen bewähren müssen; sie sind jedoch nicht dazu geeignet, sozioinformatische Technikforschung und -entwicklung einfach abzuleiten. Als Elemente der theoretischen Rahmung sind die Theorien jedoch unverzichtbar, da sie die Auseinandersetzung bzw. das Zusammenwirken von Individuen und ihrer Umwelt thematisieren (etwa ihren kulturellen, institutionellen, ökonomischen Kontext) - also gerade das, was etwa durch Ambient Assisted Living-Ansätze beeinflusst und verbessert werden soll.

Die interventionistische Orientierung der Ambient Assisted Living-Forschung ist nicht völlig neu. Die Gerontologie sieht schon lange in der Gestaltung positiver und unterstützender Lebenswelten einen wichtigen Auftrag, um alten Menschen proaktives und selbstbestimmtes Handeln zu ermöglichen. Kruse etwa (1987, 1996) fordert auf der Basis des Kompetenzmodells, den Blick vom stetigen Abbau von Kompetenzen im Alter eher auf Möglichkeiten zu richten, die Umwelt so zu gestalten, dass sie eine aktive Lebensführung und die Nutzung vorhandener Kompetenzen bzw. den Erwerb neuer Kompetenzen fördern kann. Diese Forderung ist für den Forschungsbereich der ökologischen Gerontologie, die die räumlich-soziale Umwelt als relevanten Förder- bzw. Hinderungsfaktor mit den Kompetenzen und der Kompetenzentwicklung für eine erfolgreiche Lebensgestaltung des individuellen alten Menschen verschränkt, konstitutiv geworden (Saup 1993, Wahl, Mollenkopf et al. 1999).

Der Zusammenhang von Individuum und Umwelt im Alter wird u.a. im „Umweltanforderungs-Kompetenz-Modell" dargelegt, das in seiner Ursprungsform von Lawton und Nahemow (1973) entwickelt wurde (vgl. Mollekopf et al. 2005). Das Modell setzt das Ausmaß an Kompetenz eines Individuums (im Sinne körperlich-geistiger Funktionstüchtigkeit) mit der Umwelt (als Umweltreize mit potentiellem Anforderungscharakter) (Mollenkopf et al. 2005) in Bezug, wobei das Ausmaß der jeweiligen Determinante eine aktuelle Situation bildet, die in der Folge ein bestimmtes Verhalten hervorbringt. Laut Mollenkopf et al. 2005 wurde dieses Modell kritisiert, weil es Umweltfaktoren ausschließlich auf Anforderungen beschränkte, und in der Folge von Lawton (1989) angepasst, indem auch förderliche Aspekte der Umwelt in Form von Ressourcen Berücksichtigung fanden. Die vorhergehende Perspektive auf Umwelt als vorgegebene Struktur, der alte Menschen passiv ausgesetzt sind („environmental docility") wurde somit erweitert definiert als „environmental richness" bzw. „environmental proactivity", also eine Umwelt, die durchaus aktiv geformt, angeeignet und genutzt werden kann von älteren Menschen.

In jüngerer Zeit wurde das Modell weiter differenziert und um bedeutungsorientierte Ansätze erweitert (Owald 1996), die das Modell der Umwelt-Kompetenz-Verbindung um Elemente von Identität und Individualität bereichert haben. Damit wurde an den funktionalen Beziehungen im Feld herausgestellt, dass sie von Sinnstiftung der Akteure begleitet und daher ohne diese nicht hinreichend verstanden werden können:

> „Wohnen bedeutet nicht nur räumlich-dingliche Barriere und Ressource, Gefahrenquelle und Unterstützung, sie bedeutet nicht nur Anregungsquelle und Gestaltungsfeld, sie bedeutet auch Autonomie, soziale Bindung, Geborgenheit, Vertrautheit oder biographische Verankerung und ist erst damit Ausdruck von Identität und Individualität."
> (Mollenkopf et al. 2005, S. 16).

Damit bekommt das individuelle Erleben des „Zuhauses" eine besondere Betonung, das „Aging in place" gegenüber eines von außen definierten „Umweltausschnittes Wohnung" („space") (Mollenkopf et al. 2005, S. 17) abgrenzt und somit „neben einer Orientierung an Funktion und Handlung auch Aspekte des Erlebens von und Bindung an die Umwelt berücksichtigt [...]. Der Stellenwert der „Docility-" oder „Proactivity-Hypothese" wird dadurch nicht geschmälert, die Überlegungen sollen vielmehr in einem Gesamtmodell sinnvoll zusammengefügt werden" (Mollenkopf et al. 2005, S. 17).

Diese Arbeit teilt dieses Interesse an der Weiterentwicklung von Theorie. Allerdings kann die Entwicklung von AAL-Technik nicht solange suspendiert werden, bis eine vermeintlich befriedigende Metatheorie entwickelt wurde, die alle Phänomene in einem Gesamtmodell integriert – was aufgrund der Komplexität gesellschaftlicher Differenzierung ohnehin nicht möglich wäre. Vielmehr stellt unserer Auffassung zufolge Technikentwicklung eine praktische Herausforderung dar, die aus den sich teilweise widersprechenden theoretischen Erklärungsmustern nicht einfach abgeleitet werden kann. Technikprojekte können diese theoretischen Erklärungsmuster jedoch zur kritischen Reflexion der eigenen Praxis nutzen und sie gleichzeitig dadurch prüfen und weiter entwickeln, dass ihre praktische Artikulation in antizipierten Anwendungsfeldern analysiert wird.

Daher sieht diese Arbeit in individualpsychologischen Betrachtungsweisen - trotz der skizzierten Probleme der Alternativen - keinen hinreichenden Zugang zu Gestaltungsherausforderungen, wie man sie im Bereich AAL antrifft. Vielmehr teilt diese Arbeit mit den psychosozialen Theorien den Anspruch, dass der soziokulturelle Kontext als eine wichtige Determinante im Alltagsleben älterer Menschen betrachtet werden muss, die eine erfolgreiche Lebensführung, Wohlbefinden und erlebte Lebensqualität wesentlich beeinflusst (Kruse und Wahl 2010, Naegele 2004, Wozniak 2011).

Der Ethnographie-basierte, mikrosoziologische Ansatz der Sozioinformatik (Rohde und Wulf 2011), auf den sich die vorliegende Arbeit stützt, verfolgt eine nutzer- und praxisbasierte Technikgestaltung. Mittels designinterventionistischer Methoden steht der soziokulturelle Kontext der Anwendungspartner in Technikentwicklungs-, -einführungs- und Aneignungsprozessen im Zentrum der Designaktivitäten und stellt auch den Handlungsraum dar in Evaluationsphasen. Daher kann der sozioinformatische Wissenskorpus möglicherweise einen signifikanten Beitrag leisten zur Theoriebildung an gerontologischen Schnittstellen zu den Themenfeldern AAL und IKT für die alternde Gesellschaft.

2.1.4. Soziale Teilhabe – Partizipation – Autonomie

Die Begriffe „soziale Teilhabe", „Partizipation" und „Autonomie" sind in der gerontologischen Literatur mit unterschiedlichen Inhalten und Visionen unterlegt, stehen teilweise nebeneinander, werden aber auch, insbesondere bei interventionistischen sozialgerontologischen Diskussionen miteinander in Bezug gesetzt. Es erscheint insbesondere in Bezug auf Fragen des Technikzugangs und hinsichtlich methodischer Fragestellungen zielführend, diese Konzepte miteinander in Bezug zusetzen, da aus der Erfahrung der Case Studies Spannungen sichtbar geworden sind im Hinblick auf die inhaltlichen Wert- und Deutungszuschreibungen der Begriffe sowohl vor dem Hintergrund individueller Alltagspraxis als auch bezüglich der Verschränkungen der jeweiligen Visionen und Handlungsräume, die durch die Konzepte bezeichnet werden.

Im vierten Altenbericht der Bundesregierung (BMFSFJ 2002) wird Autonomie durch folgende Kennzeichen definiert: Autonomie ist die Freiheit zur Selbstbestimmung. In der deutschen Sozialgesetzgebung ist die Gewährleistung von Selbstbestimmung im SGB XI (Soziale Pflegeversicherung) sowie im SGB IX (Rehabilitation und Teilhabe behinderter Menschen) verankert (vgl. *BMFSFJ 2002, 355*). Auf das höhere Lebensalter bezogen sind

> „auch den Ergebnissen der modernen Alternsforschung [...] keine Begründungen für eine zunehmende Begrenzung selbstbestimmter Entscheidungen zu entnehmen. Dies gilt auch für die Phase der Hochaltrigkeit, obwohl natürlich der individuelle Aktionsradius für die Ausführung und Umsetzung selbstbestimmter Entscheidungen durch altersoder krankheitsbedingte Einschränkungen der Sensorik und Motorik begrenzt sein kann" (BMFSFJ 2002, 355).

Einschränkungen und Aufhebungen autonomer Entscheidungen sind gesetzlich verankert und können „nur aufgrund psychischer oder geistiger Erkrankung erfolgen" *(BMFSFJ 2002, 355)*. Entsprechende Einschränkungen sind u.a. im Betreuungsgesetz juristisch geregelt oder im Passus zu freiheitsentziehenden Maßnahmen, die für stationäre Einrichtungen mit Handlungsvorschriften genauestens ausgestaltet sind. Der Gesetzgebung steht allerdings die Reflexion und Legitimation von Handlungen in spezifischen Praxissituationen und -konstellationen gegenüber.

Wie Autonomie reflektiert und gehandhabt wird, kann im Einzelfall bestimmte Nuancen annehmen, insbesondere im Bereich der Betreuung von Menschen mit Demenz. Die Lage kann sich verschärfen, wenn Technologien eingesetzt werden, die einen Eingriff in die Selbstbestimmung und Privatheit von Menschen bedeuten, wie beispielsweise Ortungstechnologien bei Menschen mit Lauftendenz. Aber auch bereits „low tech"- Maßnahmen, wie z.B. die Verhüllung von Türen, um beispielsweise verwirrte Patienten von Stationsausgängen abzulenken, werden teilweise ganz unterschiedlich reflektiert und bewertet in der situativen Praxis.

Es scheint daher wichtig, die Praxis der Autonomiewahrung und den Umgang mit spezifischen Praktiken genauer zu beobachten, um zu verstehen, wie soziale Probleme im Spannungsfeld zwischen gesetzlicher Verankerung und spezifischer Praxisanforderung gelöst werden bzw. welche Art von Kompromissen

2.1. Alter im wissenschaftlichen Diskurs

eingegangen wird. Dazu kann bisher in Bezug auf qualitative, verstehende Studien in der gerontologischen Literatur eine Forschungslücke konstatiert werden. Diese Kritik beinhaltet auch ein Manko hinsichtlich der Perspektive auf handelnde Personen, die zum betreuenden Netzwerk gehören und in der Beziehungsgestaltung mit älteren Menschen Autonomiediskurse täglich leben, sowohl im institutionellen, aber auch im häuslichen, privaten Bereich.

Ein sprechendes Beispiel für einen Konflikt, der sich sehr häufig als Autonomie-Sicherheits-Dilemma zeigt, ist eine häufig zu hörende Diskussion um das Belassen oder Entfernen von Teppichläufern in Wohnungen von gangunsicheren älteren Menschen:

> *„Damit ist auch klar, dass der subjektive Maßstab des älteren Menschen im Hinblick auf Wohnqualität nur in Grenzen hilfreich ist. Dieser tendiert zum positiven Pol und zwar auch bei objektiv klaren Substandardwohnverhältnissen. Aus diesem Grunde hat es stets darum zu gehen, dem alten Menschen die Möglichkeiten einer Wohnungsverbesserung deutlich und überzeugend im Sinne eines profunden Angebots der ihm zur Verfügung stehenden Handlungsoptionen vor Augen zu führen. Entscheidungen selbst werden sich stets als komplexes Wechselspiel zwischen objektiven Wohngegebenheiten und subjektiven Prioritäten und Einstellungen ergeben. Insofern existiert hier nicht die eine „richtige" Wohnentscheidung, sondern diese ergibt sich als „Aushandlung" unterschiedlicher Inputs des älteren Menschen, seiner Angehörigen sowie von Professionellen"* (Seniorenpolitik-aktuell.de 2010).

Der nicht fixierte Läufer im Wohnzimmer einer allein lebenden älteren Person, der möglicherweise eine Sturzquelle sein kann, ist ein häufig bemühtes Praxisbeispiel unter Gerontologen oder Sozialarbeitern, die in der Wohnberatung tätig sind. Legitimationsstrategien entweder dafür, den Läufer so zu belassen, weil es der ältere Mensch wünscht und weil es seinem Autonomiegefühl und Wohlbefinden zuträglich ist, oder dagegen, um eine mögliche Sturzgefahr zu beseitigen, variieren sehr stark und können sowohl paternalistische als auch eher partizipative Denk- und Handlungsstrukturen aufzeigen. Selbst der Hinweis auf die Wichtigkeit der „Aushandlung", also ein eher partizipativer Ansatz, ist nicht immer davor gefeit, dass Expertensichten diese Auseinandersetzung dominieren.

In diesen vielfältigen Diskursen sind Fragen nach Technikreflexion, -aneignung und -nutzung aufgespannt, und es ist das Ziel dieser Arbeit, entsprechende

Praktiken anhand der vorliegenden Case Studies näher zu beleuchten. Diese Aspekte sind in der Folge unmittelbar mit der Frage verbunden, wie IKT-Entwicklungsprojekte für und mit ältere(n) Menschen aufgesetzt und durchgeführt werden können oder sollten.

In Bezug auf interventionistische Ansätze in der Altenarbeit – zu der IKT-Interventionen zählen, beispielsweise auch in Bezug auf neue Medien in der häuslichen oder institutionellen Wohnumgebung, zeigt sich häufig ein weiteres Autonomie-Dilemma, das in sozialgerontologischen Studien thematisiert wird, die Spannung zwischen dem Auftrag, soziale Teilhabe zu fördern und gleichzeitig Autonomie zu sichern.

Dieser Diskurs erstreckt sich zentral über die Frage, was notwendig ist, um unabhängig von individuellen Lebensumständen Partizipation, d.h. soziale Teilhabe, zu ermöglichen. Kaufmann (2003) teilt soziale Teilhabe in vier Dimensionen ein: Status, Ressourcen, Gelegenheiten sowie Kompetenzen die mit spezifischen Bedingungen verbunden sind, damit Teilhabe ermöglicht werden kann, wie rechtliche, finanzielle und bildungsmäßige Voraussetzungen. Soziale Teilhabe sollte auch nicht gänzlich unabhängig von anderen Formen der Teilhabe, wie kulturelle, ökonomische oder politische Teilhabe diskutiert werden.

Kümpers (2011) weist mit Bezug auf die Berliner Altersstudie (BASE) darauf hin, dass insbesondere der Bildungsstatus die Beteiligungschancen älterer Menschen beeinflusst. In diesem Kontext bezeichnet Pankoke (2002) eine gravierende Spaltung zwischen „hochaktiven Eliten" und „sozial und politisch verdrossenen kleinen Leuten" (zit. nach Kümpers 2011, 16).

Dieser Zustand mündet in der praktischen Arbeit im sog. *Beteiligungsparadox* oder auch in Bezug auf Gesundheitsförderung im sog. *Präventionsdilemma*: Projekte, die auf den Abbau von sozialer, gesundheitlicher, etc. Benachteiligung ausgerichtet sind, erreichen immer eher jene Personen, die bereits einen guten Zugang zu Angeboten haben. Jene, die eher ausgeschlossen sind, aber von den Angeboten profitieren könnten, sind hingegen häufig nur sehr schwer zu erreichen.

2.1. Alter im wissenschaftlichen Diskurs

Mit Bourdieus Konzept der sozialen Distinktion lässt sich dieses Phänomen insofern erklären, als dass ein bestimmter kultureller Konsum (der auch auf Bildungsressourcen basiert) auch mit einem bestimmten Status in der Gesellschaft verbunden ist, der kulturelle, soziale und politische Interessen formiert (Bourdieu 1982). Es stellt sich damit die Frage, wie man Interessenlagen erfasst und diese als Anknüpfungspunkte für erfolgreiche Partizipationsstrukturen formuliert. Dies wird derzeit z.b. stark im Kontext der Förderung des ehrenamtlichen Engagements diskutiert, aber auch für Technikentwicklungsprozesse im Bereich der alternden Gesellschaft ist dies eine zentrale Frage, die sich darauf richtet, wie man ältere Menschen für die Teilnahme in einem Projekt motivieren kann.

Nach Pankoke sollte man bei einer ablehnenden Haltung nicht vorschnell resignieren und die geringe Bereitschaft der Teilnahme beklagen, sondern genau hinterfragen, *„durch welche [Umstände] sich viele Menschen in die Passivität getrieben sehen"* (Pankoke 2002, 75, zit. nach Kümpers 2011, 17). In der Durchführung der Case Studies gab es etliche Probleme, ältere Menschen für unsere Projekte zu begeistern und sie zur Partizipation zu bewegen. Das Hinterfragen ihrer Zurückhaltung bzw. auch Ablehnung erschien uns relevant, um einerseits die Hintergründe besser zu verstehen und – über das Verständnis für Barrieren und Motivationen hinaus – unsere Methoden entsprechend anpassen zu können, um eine gemeinsame Aktivität im Projekt zu ermöglichen. Hier stellte sich u.a. auch die Frage, ob wir nicht paternalistisch agieren, wenn wir zu stark auf eine Teilnahme insistieren, in dem Versuch, die möglichen Vorteile von neuen Medien aufzuzeigen und dadurch möglicherweise ihr Interesse zu wecken. Wäre dies nicht auch ein Eingriff in die Autonomie älterer Menschen, wenn man trotz deren Absage weiterhin versucht, sie für ein Projekt zu interessieren? Barnes (2005) sieht es für Beteiligungsprozesse von älteren Menschen als wichtig an, anstatt sie in ihrer vollständigen Autonomie zu überlassen, eher Formen der aktiven und sachkundigen Unterstützung zu wählen:

> *[...] that skilled and active facilitation, rather than complete autonomy in conducting affairs can sometimes be helpful if not necessary in ensuring the participation of those most likely to be excluded from decision-making processes (Barnes 2005, 257).*

Sie weist also darauf hin, nicht nur die Ergebnisse der Beteiligungsprozesse vor Augen zu haben, sondern auch ein besonderes Gewicht auf Zugangsbarrieren benachteiligter Gruppen und entsprechende angemessene Methoden der Beteiligung zu legen.

Zugangsbarrieren zu sozialen und kulturelle Angeboten, die gesellschaftliche Teilhabe ausmachen, aber auch zu Angeboten im Rahmen der Gesundheitsförderung oder hinsichtlich Möglichkeiten der Pflegeunterstützung müssen auch aus der Perspektive des betreuenden oder beratenden Netzwerks betrachtet werden. So konstatiert die Deutsche Gesellschaft für Geriatrie und Gerontologie in einem aktuellen Positionspapier, dass ein erheblicher Beratungsbedarf bestehe und unzureichende Beratung Zugangshürden immens vergrößere (www.dggg-online.de, 2012).

Die Ausführungen der Expertenkommission „Ziele in der Altenpolitik. Bildungschancen schaffen, Bildungschancen nutzen" (2007, 13) beleuchten das Thema der gesellschaftlichen Teilhabe aus dem Fokus angemessener Bildungsangebote für Ältere. Sie fordert, dass Bildungsangebote auch zum Ziel haben müssen, *„[...] ältere Menschen auch in die Lage [zu] versetzen, ihre Bedürfnisse, Wünsche und Präferenzen zu artikulieren und als kompetente Verbraucher aufzutreten."* Älteren Menschen zu helfen, ihre Bedürfnisse zu artikulieren, erscheint in Bezug auf Technikprojekte als ein weiterer wesentlicher Aspekt, dem hohe Aufmerksamkeit zukommen sollte. Denn wenn man nicht weiß, welche Möglichkeiten neue Medien bieten, ist es kaum möglich, sich darüber Gedanken zu machen, welchen Vorteil diese im Alltag bieten könnten. Auch dieser Aspekt sollte in der Organisation und Durchführung von Beteiligungsprozessen in der Technikgestaltung mit älteren Menschen eine wichtige Rolle spielen.

2.2. Technik und Alter

2.2.1. Neue Medien in stationären Einrichtungen der Altenpflege – Diskurslinien

Dass das Anwendungsfeld „Altenheim" bisher nur randständig beachtet wird, hat einerseits damit zu tun, dass hochaltrige Menschen neuen Medien oft mit Desinteresse oder auch Ablehnung begegnen. Es mangelt also an einer gedank-

2.2. Technik und Alter

lichen sowie physischen Nähe zu den neuen Medien im Alltag. Andererseits gibt es aber auch Barrieren die sich „von außen" gegen eine Partizipation hochaltriger Menschen richten, z.b. seitens der Technikforschung oder auch von Seiten der Forschungsförderung. In beiden Bereichen wird das Thema „seniorengerechte IKT in stationären Lebensumgebungen" – und damit verbunden die Themen „soziale Teilhabe", „gesellschaftliche Partizipation" und „soziale bzw. digitale Exklusion" –, meistens trivialisiert oder als bloße Herausforderung für den Forschungsbereich Benutzerfreundlichkeit/Usability behandelt (vgl. Clarkson 2003; Newell et al. 2007). Dies gipfelt teilweise in der zynischen Frage, ob es sich überhaupt „lohnt", neue Medien ins Altenheim zu bringen (vgl. Blythe et al. 2010).

In den unterschiedlichen Positionierungen der Forschungsdisziplinen manifestieren sich diametral gegensätzliche alterstheoretische Annahmen. Häufig dominieren defizitorientierte Theorien des Alter(n)s in der Reflexion darüber, ob und in welcher Form alte Menschen in Altersheimen mit neuen Medien konfrontiert werden sollten oder eben lieber nicht (mehr).

Demgegenüber stehen Ansätze im Themenfeld „neue Medien für alte Menschen", die eher auf aktivitäts- und kontinuitätsorientierten Theorien des Alter(n)s basieren. Aus dieser Perspektive wird mit IKT ein hohes Potential für die Linderung altersbedingter Problemlagen auf individueller Ebene sowie für die Lösung sozialer und ökonomischer Probleme in gesamtgesellschaftlicher Sicht vor dem Hintergrund des demographischen Wandels verbunden (vgl. Piper et al. 2010).

Entlang dieser letztgenannten Diskurslinie wird neuerdings die Lebensqualität von alten Heimbewohnern in den Vordergrund gestellt (vgl. Sowarka 2000). Hier ist eine Neuausrichtung von Kriterien in der Altenversorgung zu erkennen, die individuelle, bewohnerorientierte Wünsche und Bedürfnisse in den Vordergrund stellen und von einem jahrzehntelang dominierenden Fokus auf eine optimale gesundheitliche Versorgung als bestmögliche Pflege abrücken. Soziale und individuelle Bedürfnisse, wie beispielsweise der Wunsch nach autonomer Entscheidungsmöglichkeit oder Privatsphäre bilden in den letzten Jahren neue Diskussionslinien in einem breiten Diskurs. Ein Praxisbeispiel dafür ist u.a. die Einführung des Qualitätssiegels „Der grüne Haken"[1], mit dem das Bundesfamilienministerium stationäre Einrichtungen auszeichnet, die sich besonders um eine hohe Lebensqualität für ihre Bewohner bemühen. Die genannten Diskurslinien münden in Altersbildern, die explizite und implizite Grundlagen für den jeweiligen wissenschaftlichen oder auch alltagsweltlichen Umgang mit der Thematik schaffen.

Insgesamt kann konstatiert werden, dass die Frage nach einem adäquaten Technikangebot in stationären Einrichtungen der Altenversorgung höchst unterschiedliche Sichtweisen offeriert, je nachdem ob sie aus gesundheitsökonomischen, sozialpolitischen oder technikorientierten Perspektiven diskutiert werden. Dies wiederum hat Konsequenzen für die Entwicklung von Auto- und Heterostereotypen innerhalb der Zielgruppe, also derjenigen alten Menschen, die in stationären Einrichtungen leben sowie der Beschäftigten vor Ort. Die Initiierung und Durchführung eines gemeinsamen Projektes zwischen Technikdesignern, Altenheimbewohnern und Mitarbeitern ist folglich auch eingerahmt in diese unterschiedlichen Diskurslinien.

2.2.2. Gerontotechnik: Visionen und Realitäten

Die Gerontotechnik oder Gerotechnik bzw. *Gerontechnology* hat sich seit den 90er Jahren als eigenständiges Forschungsfeld etabliert, oft aus Projektverbünden zwischen Ingenieurswissenschaftlern und Sozialwissenschaftlern. Entsprechend gab es schon vor dem Ambient Assisted Living-Programm einzelne Visionen einer nutzerfreundlicheren Technik für ältere Menschen, früh etwa in den Bereichen Kommunikation & Information, soziale Teilhabe, Selbständigkeit und Autonomie und Bewahrung der Mobilität für ältere Menschen in ihrem angestammten häuslichen Umfeld (vgl. Mollenkopf und Fozard 2004, Graafmans

---

[1] http://www.bmelv.de/SharedDocs/Standardartikel/Verbraucherschutz/ gesundheitsmarkt /Pflege/ LebensqualitaetInHeimen.html (20.04.2011).

2.2. Technik und Alter

und Taipale 1998). Schon damals sollte das wirtschaftliche Potential neuer Medien in der Domäne ausgelotet und so vermieden werden, dass durch nicht nutzbare Technologien ältere Menschen gesellschaftlich ausgeschlossen werden:

> *„Umgekehrt können technische Geräte und Systeme durch ungünstiges Design, komplizierte Handhabung, mögliche Fehlbedienung und Störanfälligkeit die Autonomie und sozialer Teilhabe alter Menschen, die in ihrer Bewegungs- oder Wahrnehmungsfähigkeit eingeschränkt sind, beträchtlich erschweren" (Mollenkopf et al. 2005, 2.)*

Sozialwissenschaftler übernahmen in den Kooperationsverbünden den Part der Vertretung der Nutzerinteressen, und der wissenschaftlichen Validierung entsprechender Forschungsergebnisse. Dabei standen mit Nutzerfreundlichkeit zunächst meist ergonomische Fragen im Vordergrund:

> *„In Forschungsarbeiten zu Alter und Technik werden drei Hauptprobleme immer wieder genannt. An erster Stelle steht die geringe Benutzerfreundlichkeit von Geräten und Systemen, also Probleme der Bedienung, Handhabung, Funktionalität und Komplexität. Die Gründe dafür sind eine gewisse Expertenblindheit und die geringe Kenntnis der wirklichen Bedürfnisse und Fähigkeiten alter Menschen, die Missachtung natürlicher Handlungsabläufe sowie die häufig eingeengte Perspektive der Problemlösungsversuche." (Mollenkopf et al. 2005, 6)*

Neben ergonomischen Fragestellungen werden weitere Aspekte aus der Alltagswelt der prospektiven Techniknutzer adressiert, die besonders häufig in der Frage nach Herstellung von Technikakzeptanz und Erreichbarkeit der Zielgruppe münden:

> *„Bei der alltäglichen Nutzung von Technik spielen jedoch nicht nur ergonomische Aspekte, sondern auch ästhetische, mentale und soziale Gesichtspunkte eine Rolle. Diese berühren als weitere Probleme die Fragen der Akzeptanz und des Zugangs." (Mollenkopf et al. 2005, 7)*

Auch wenn die Untersuchung von lebensweltlichen Aspekten explizit gefordert wird, so stehen doch ergonomische und Akzeptanz-orientierte Fragestellungen eher im Vordergrund der Auseinandersetzung in der Frage, wie Technik älteren Menschen nützlich sein könnte.

Ergonomie richtet sich auf die Anpassung von Maschinen an allgemeine anthropologische Voraussetzungen. Entsprechend sind ergonomische Ergebnisse – ihrem Selbstverständnis zufolge – per se universell und damit allgemein. Medizinische und psychologische Messdaten bestimmen in der Ergonomie die Gestaltung, aber Nutzungskontexte tauchen nur in der Form physikalisch-chemischer Bedingungen auf.

Wenn teilweise auch eine gewisse Expertenblindheit der technischen bzw. ingenieursmäßigen Fächer angemahnt wird, so kann man dies in Grundzügen auch den beteiligten Sozialwissenschaften vorhalten, die häufig aus einer technikgetriebenen Perspektive heraus Nutzerbedürfnisse zu identifizieren suchen. Ein sprechendes Beispiel hierfür ist eine Interviewstudie zu Techniknutzung von älteren Menschen und die Reflexion der Ergebnisse in Bezug auf Handy-Nutzung:

> *„Die Befunde zu Mobiltelefon und Computer zeigen deutliche Divergenzen: Die meisten Älteren haben ein Mobiltelefon, nutzen es jedoch kaum bzw. reduziert auf die Telefonfunktion." (Jakobs et al. 2008, 2)*

Es wird eine gewisse Grundhaltung der Forscher gegenüber der Forschungsthematik sichtbar, die eher weniger die Lebenswelten älterer Menschen detaillierter zu analysieren und zu verstehen, stattdessen erfolgen viele Studien mit der Vorstellung einer gewissen Technologie als gegeben, um diese herum wird die sozialwissenschaftliche Forschung aufgestellt in der Suche nach möglichen Modifikationen, um eine Nutzerfreundlichkeit zu gestalten. Man könnte das im Zitat genannte Ergebnis auch positiv formulieren und es so verstehen, dass die Telefonfunktion für mobile Bedarfe vieler älterer Menschen zunächst ausreichend erscheint.

In einem Übersichtsartikel zu sozialwissenschaftlichen Studien im Gerontotechnik-Feld im Zeitraum 1983-2002 kommt die Autorin zu einem ähnlichen Urteil, indem sie konstatiert, dass Technologie häufig als eine unabhängige Variable konstatiert würde, die immer schon da sei: *„Technology is, for the most part, accepted as a given in the material in question"* (Östlund 2004, 55). Die sozialwissenschaftliche Forschung konzentriere sich daher eher auf Modifikationen von Technologien anstatt grundsätzlich in Frage zu stellen, ob die vorliegenden Technikideen überhaupt sinnvoll sind vor dem Hintergrund der Alltagswelt der Menschen:

2.2. Technik und Alter

> *"The assumptions which more or less explicitly serve to guide the authors are that technology is a given, but does afford certain possibilities of modification to suit the elderly" (Östlund 2004, 56).*

Diese technikzentrierte Ausgangsposition wird auch in folgender Aussage deutlich: *"Gesellschaftliche Teilhabe bedeutet Partizipation an moderner Alltagstechnik"* (Jakobs et al. 2008, 5).

Es entsteht der Eindruck, dass eher Visionen entwickelt werden, wie Technik potentiell eingesetzt werden könnte, hierbei werden immer wieder die gleichen Schlagworte bemüht, die keineswegs als falsch erscheinen, aber man erfährt kaum, wie diese Visionen aus der Sicht älterer Menschen reflektiert werden:

> *"Das Selbstverständnis der Zielgruppe ist eng mit dem Gedanken der Partizipation und selbst bestimmter Lebensgestaltung verbunden. Wichtige Ziele sind Mobilität, Gesundheit und die Aufrechterhaltung sozialer Beziehungen. Besonders wichtig ist der Wunsch zu reisen"* (Jakobs 2008, 101).

Im Anschluss an diese Ausführungen erfolgen Hinweise auf Unterstützungssysteme für die Planung und Durchführung von Reisen. Dass das Reisen so stark betont wird und entsprechende Handlungsempfehlungen für Technikentwicklung für diesen Bereich im Folgenden ausgeführt werden, zeigt den tendenziell eher oberflächlichen Umgang mit lebensweltlichen Fragestellungen, Wert- und Deutungsmustern und auch eher geringe Reflexion und Analyse der einzelnen postulierten Ziele in Bezug auf Partizipation und selbständige Lebensgestaltung aus Sicht von Vertretern der Zielgruppe.

Methodisch richtet sich der Fokus innerhalb des Feldes der Gerontotechnik eher auf quantifizierende Verfahren, deren systematische Umsetzung noch als defizitär beschrieben wird, wie in einer Literaturstudie über Technikentwicklungsprojekte im Demenzbereich aufgezeigt wird:

> *"Abgesehen von sehr kleinen Stichproben betrifft dies vor allem fehlende Kontrollgruppen und systematische Operationalisierungen. Außerdem fehlen gemeinsame Standards, was sich im interdisziplinären Kontext von Studien zum Technikeinsatz bei Personen mit Demenz besonders nachteilig auswirken kann"* (Mollenkopf et al. 2005, 43).

Östlund kritisiert im Gegensatz dazu einen Mangel an qualitativ-empirischen Studien, die mehr Aufschluss über tatsächliche Alltagspraxis liefern können: *"The lack of empirical studies concerning the daily lives oft he elderly creates a fertile ground for erroneous assumptions"* (S. 57).

Östlund kommt dabei zu dem Schluss, dass im Feld der Gerontotechnik ein ambivalenter Umgang mit Forschungsrationalen vorherrsche, der einerseits auf Basis überwiegend quantitativer Erhebungen generalisierte Forschungsergebnisse präsentiere, auf der anderen Seite jedoch immerzu die Heterogenität der Zielgruppe betone:

> *"On the one hand researchers seem ambivalent towards an instrumental rationality because they are dependent on calculations of predictable processes and generalisations. On the other hand they learn from social science that daily life of old people is very much context-dependent. This is especially true for gerontechnologists who are dependent on the image of elderly having a need to compensate or prevent for deterioration of ageing to fit their analytical approach. At the same time they learn about the heterogeneity of ageing and that the use and meaning of technology is a result of social practise rather than technical data"* (Östlund, 2004, 55).

Dies weist auf das generelle Problem und die Spannung in Bezug auf die Nutzung von Ergebnissen empirischer Forschung im Design sowie deren Übertragbarkeit und Generalisierung hin. Häufig erscheinen Statistiken und verallgemeinerte Informationen über die alternde Gesellschaft als nicht besonders hilfreich in praktischen Design- und Forschungsprojekten, die eher mit qualitativen Ansätzen den Ausgangspunkt der Forschung und Entwicklung in der Lebensumgebung einiger weniger beteiligter Anwendungspartner suchen.

So liegt die epistemologische Basis der Sozioinformatik-Forschung in der Prämisse, dass jegliche Forschungsergebnisse und Technikaneignungs- und Nutzungspraktiken zutiefst kontextabhängig sind. Andererseits besteht auch hier eine Problematik in der Generalisierung der im Kontext von Fallstudien erhaltenen Ergebnisse und es stellt sich beispielsweise die Frage, in welcher Form diese Ergebnisse zu veröffentlichen sind, sodass sie andere Forscher auf weitere Kontexte übertragen können. Ein Vorschlag soll in dieser Arbeit gemacht werden, und zwar, Forschungs- und Entwicklungsergebnisse in Form von „sensitizing concepts" (Blumer 1954) zu präsentieren, als Technikreflexions- und An-

2.2. Technik und Alter

eignungsstudien, die helfen, Spannungen und unterschiedliche Sichtweisen in Bezug auf die allgemeiner postulierten Zielstellungen der AAL-Forschung zu erkennen.

Ein weiterer Gedankengang in diesem Zusammenhang ist, dass auch statistische Daten und Übersichtsstudien, wie sie überwiegend in der gerontotechnischen Forschung erstellt werden, durchaus wichtige Hinweise liefern können für die Arbeit innerhalb von Design Case Studies. Als zusätzliche Informationen helfen sie, den Diskurs (wissenschaftlich, öffentlich, politisch, etc.) zu erschließen, in dem Handeln stattfindet, und zwar das von älteren Menschen selbst, aber auch das der Forscher aus unterschiedlichen Disziplinen und ebenso das politischer Akteure und Fachkräfte im Feld der Altenversorgung. Da alle Akteure sich mehr oder weniger auf den Diskurs beziehen und innerhalb desselben handeln, wird es als wesentlich angesehen, diesen als „Makroebene" in die Forschung miteinzubeziehen.

Als ein weiterer zu hinterfragender Problembereich wird in der Literatur die Aufgabenteilung zwischen Technikentwicklern und Sozialwissenschaftlern im Gerontotechnikfeld genannt. Laut Östlund stehen sich *social science researchers* und *technology developers* eher gegenüber als dass sie gemeinsame Prozesse planen und durchführen. Flyvbjerg (2001) geht in der Argumentation sogar so weit festzustellen, dass die Sozialwissenschaft in diesem Feld ihre Basis verliere, indem sie versuche, sich methodisch den wissenschaftlichen Vorgehensweisen der Naturwissenschaften anzupassen und damit den Fokus auf das genuin Soziale zu verlieren. Daher besteht die Forderung nach einer Neukonzeptionalisierung der theoretischen Fundierung:

> *"With this the social science perspective on technology and the elderly leaves a good deal to be desired. One encounters here, not only a need for knowledge about the role of technology in the lives of the elderly and about ageing in a modern technical society, but fundamental theoretical challenges to be faced as well"* (vgl. Östlund 2004, 59).

Die Sozioinformatik kann hierfür eine andere Konzeption der forscherischen Grundprämissen anbieten: Technikentwicklung findet statt in enger Kopplung mit empirischer Forschung innerhalb interdisziplinärer Teams. Disziplinen operieren entlang eigener Theorien und Praxen, auch bei inter-disziplinären

Projekten. In diesen stellen sich Probleme und Handlungszwänge jedoch nicht entsprechend der disziplinären Zugänge, sondern kontingent. Dass es bei der Lösung kontingenter Probleme für alle beteiligten Disziplinen notwendig sein kann, aus den Zugängen anderer Disziplinen Schlüsse für mögliche sinnvolle Erweiterungen der eigenen disziplinären Perspektive zu ziehen, prägt das Verständnis der Sozioinformatik für Interdisziplinarität, die damit nicht als bloßes Nebeneinander von Zugängen akzeptiert wird. Dadurch wird die Organisation und Reflexion des Austauschs von Expertenwissen selbst zum Teil der Gestaltungsaufgabe, vgl. entsprechende Ansätze in OTE (Wulf & Rohde 1995), Metadesign (Fischer 2007) oder im Konzept der Businessethnographie (Stevens & Nett 2007).

2.2.3. Informations- und Kommunikationstechnologie in häuslichen und stationären Bereichen zur Unterstützung von Teilhabe und Autonomie

Forschungsarbeiten, die sich auf den Erhalt und die Förderung von sozialen Beziehungen, von Teilhabe und Selbständigkeit im der häuslichen Wohnumgebung mit Hilfe des Einsatzes von Informations- und Kommunikationstechnologien richten, stellen entsprechend spezifische Handlungs- und Deutungsmuster der Zielgruppe in Bezug auf Kommunikations- und Beziehungsstrukturen in den Vordergrund. Fragestellungen richten sich auf IT-gestützte Formen von Awareness, d.h. das Sichtbarmachen von Alltagsaktivitäten von verteilt lebenden Menschen und damit die Förderung sozialer Interaktionen in unterschiedlichen Immersionsgraden (Mynatt et al. 2001, Consolvo et al. 2004, Abowd et al. 2006, Wittenberg-Lyles et al. 2010). Monitoring wird als ein weiteres wesentliches Konzept zwischen älteren Menschen und dem pflegenden Netzwerk erforscht, u.a. von Morris et al. 2003, Le et al. 2007. Demiris 2009 und Petrakou 2008 verfolgen den Ansatz der Inklusion, indem Monitoring- und Awareness-Technologien für den älteren Menschen im Zentrum der Bemühungen offen gestaltet werden, sodass dieser aktiv an der Planung seines Alltags und der Pflege teilhaben kann.

Christensen und Groenvall (2011) weisen darauf hin, dass Werte und Haltungen der einzelnen Akeursgruppen (die älteren Menschen selbst, informelle Pflegende wie Familienangehörige und professionelles Pflegepersonal) wichtige Einflussfaktoren hinsichtlich der Nutzung von Kooperations- und Kommunika-

2.2. Technik und Alter

tionsunterstützenden Technologien sind und stärker beachtet werden müssen in der weitergehenden Forschung.

Sichtweisen und Wertvorstellungen von älteren Menschen in Bezug auf Kommunikations- und emotionale Beziehungen in ihren sozialen Netzwerken und Möglichkeiten der ITK-Unterstützung untersuchen u.a. Lindley et al. (2009) mit einem besonderen Fokus auf Wertsetzungen und Qualitäten von Beziehungen in den Netzwerken. Ein wesentlicher Forschungsstrang beschäftigt sich mit der Unterstützung von Familienmitgliedern, die verteilt leben, z.B. mittels technischer Artefakte wie Miyajima et al's Family Planter (2005), eine Sensor-betrieben Pflanze, die durch Bewegungssensoren Informationen über einen entfernt lebenden Verwandten aufzeigt und damit ein Gefühl der Verbundenheit unterstützen kann.

Lindley et al. (2008, 2009) weisen auf unterschiedliche Bedürfnisse im Beziehungsmanagement innerhalb von Familien hin. Als eine wesentliche Kategorie beschreiben sie Asymmetrie als eine Norm in familiären Beziehungen zwischen Großeltern und erwachsenen Kindern bzw. Enkeln. Großeltern haben demzufolge typischerweise ein höheres Bedürfnis, über dezidierte Aktivitäten im Alltag ihrer Nachkommen informiert zu sein, haben mehr Zeit und möchten mehr Zuwendung geben als nehmen.

Andere Arbeiten richten sich auf den Erhalt oder die Neufindung sozialer Kontakte von älteren Menschen, u.a. Morris et al. (2005) und Keyani et al. (2005). Lindley et al. (2009) kritisieren an den bestehenden Ansätzen, dass sich bisher nur wenige Arbeiten mit den tatsächlichen Bedürfnissen, Wertvorstellungen und Haltungen von älteren Menschen in ihren Aktivitäten der Pflege sozialer Kontakte oder der Neuinitiierung beschäftigen. Dickinson und Hill (2007) berichten in diesem Zusammenhang über typische Kommunikationsmedienpräferenzen von älteren Menschen, die eher eine reichhaltige und unmittelbare Kommunikation unterstützen, wie Telefon und Email. Ergebnisse aus Fokusgruppen-Studien mit älteren Menschen von Lindley et al. 2009 weisen auf, dass ältere Menschen von leichtgewichtigen Kommunikationsformaten wie SMS, Instant Messaging oder Twitterfunktionaliäten eher weniger profitieren, da sie eher das Bedürfnis nach intimer und personalisierter Kommunikation haben.

Dazu gehört auch, dass der Kontext mittransportiert wird oder auch z.B. die Tonlage der Stimme, wie beim Telefon.

Ein weiteres Ergebnis ist das Bedürfnis nach der Strukturierung von Kommunikationsgelegenheiten. So werden definierte Zeiten für Kommunikationsgelegenheiten favorisiert. Dies erscheint auch aus dem Grund wichtig, eventuelle Ängste zu minimieren, als störend empfunden zu werden. Weiterhin wurden Akteure in den individuellen Netzwerken kategorisiert hinsichtlich des Wunsches in der Häufigkeit von Kommunikationsgelegenheiten. Neustädter et al. (2006) bezeichnen diese Kategorien als „intimate" und „extended socials".

Reciprocity, also der Wunsch nach einem Ausgleich zwischen Geben und Nehmen ist ein weiteres Wertprinizip in Kommunikationsbedürfnissen von älteren Menschen laut der Studie von Lindley et al. (2009). Zusammenfassend weisen die Forschungsergebnisse darauf hin, dass die Beziehungsgestaltung älterer Menschen bestimmte und besondere Aspekte beinhaltet, die sich vom Kommunikationsverhalten jüngerer Menschen unterscheiden, was nicht ohne Auswirkung auf technische Unterstützungsmöglichkeiten bleiben kann. Dies ist nicht nur in Bezug auf Bedürfnisse nach reichhaltiger Kommunikation und intensivem Austausch der Fall, sondern auch in Bezug auf mögliche Nebeneffekte der Interaktion, z.B. Befürchtungen als Last empfunden zu werden (vgl. King und Forlizzi (2007)). Generell ergeben Studien, dass ältere Menschen nicht per se neuen Medien und Kommunikationsformaten abgeneigt sind, wenn ihre Wertvorstellungen und Bedürfnisse adäquat adressiert werden und technikbezogene Barrieren in Form von Usability- und Aneignungsproblemen ausreichend Beachtung finden (vgl. Dickinson et al. 2005; Wiley et al. 2006; Turner et al. 2007).

Wie ältere Menschen soziale Situationen und ihre sozialen Interaktionen im häuslichen Nahumfeld moderieren, untersuchen Sokoler und Svensson (2008) im Hinblick auf die Gestaltung von Anwendungen des sozialen Fernsehens. Sie kommen mit Bezug auf Goffmans Konzepte des „Impression Managements" bzw. des „Face Works" (Goffman 1959, 1967) zu dem Ergebnis, dass es ein zentrales Anliegen – nicht nur für ältere Menschen – ist, soziale Situationen in einer Weise zu moderieren, die eine positive Selbstdarstellung ermöglichen bzw. mögliche negative Rezeptionen des Selbst durch andere zu minimieren. Dies kann zur Folge haben, dass Menschen sich von bestimmten Aktivitäten oder Si-

2.2. Technik und Alter

tuationen distanzieren oder zurückziehen, die das Selbstbild möglicherweise destabilisieren und damit gefährden können. Sokoler und Svensson beziehen entsprechende empirische Erkenntnisse in die Gestaltung von Kommunikationsanwendungen für Social TV ein und versuchen, alltägliche Themen zu identifizieren, die eine unverfängliche Kommunikationsaufnahme via TV ermöglichen und nicht die Gefahr beinhalten, sich möglicherweise zu blamieren und damit sein Gesicht zu verlieren. Harvey Sacks nennt solche Anlässe „tickets-to-talk" (Sacks 1992).

Neben diesen Hinweisen auf besondere Aspekte des Managements des Sozialen für die Domäne der alternden Gesellschaft richten sich andere Forscher auf den Umgang mit Erinnerungen von älteren Menschen, da diese einen zentralen Raum einnehmen in der Bewerkstelligung des Lebensalltags, wie bspw. Harper et al. (2008) in ihrer SenseCam-Forschung, die darauf abzielt, sich bei leichter Vergesslichkeit kürzlich vergangene Aktivitäten wieder vor Augen führen und sich aktiv damit auseinander setzen zu können.

Für den Bereich der IKT-Unterstützung des stationären Wohnens von älteren Menschen gibt es bisher nur wenige Forschungsbeiträge, die sich mit der Förderung von Lebensqualität, Teilhabe und Autonomiestärkung auseinandersetzen. Einige Stimmen fragen sogar danach, ob sich denn die Beschäftigung mit IKT-Einsatz in diesem Feld überhaupt noch lohne (vgl. Blythe et al. 2010) – eine m.E. zynische Haltung.

Altenheimbewohner stellen eine Gruppe dar, deren fehlende Integration in digitale Formen von Interaktion und Öffentlichkeit eine ohnehin vorhandene soziale Ausgrenzung verstärkt. Der Zusammenhang zwischen Lebensumfeld älterer Menschen und IKT-Design wird dabei auch deshalb aktuell, weil in westlichen (aber auch in vielen asiatischen Ländern) die zunehmende Verkleinerung der Haushalte bis hin zum Singlehaushalt Fragen nach möglichen Lebensformen für ältere Menschen, die Lebensqualität und soziale Teilhabe sichern, auf die Agenda setzt.

Biemanns und van Dijk (2009) richten ihr Augenmerk auf die Ermöglichung sozialer Interaktionen mit Verwandten mittels digitaler Bilderrahmen, auf welche die Verwandten von außen Fotos aus dem Familiengeschehen senden können.

Sie finden heraus, dass diese Interaktionen die Beziehungsgestaltung zwischen stationär lebenden alten Eltern bzw. Großeltern und entfernt lebenden Kindern und Enkelkindern positiv bereichern können. Für die Interaktionen von Bewohnern innerhalb des Hauses haben Blythe et al. (2010) aus ihrer Beschäftigung mit künstlerischen Ansätzen in einem Altenheim den Begriff „Interpassivity" extrahiert. Damit beschreiben sie ein vorgefundenes Bedürfnis der teilweise hochaltrigen Heimbewohner, am Tagesgeschehen und an Aktivitäten nur noch zuschauend und eher passiv teilnehmen zu wollen.

Es fehlt bisher insgesamt an Wissen über Lebensbedingungen in stationären Einrichtungen, und welchen Stellenwert moderne Medien in den Häusern einnehmen können. Sind ältere Menschen in Heimen eher passiv, weil sie sich an den geringeren Handlungsspielraum, der ihnen zur Verfügung steht, angepasst haben, wie funktioniert das soziale Miteinander in einer Einrichtung, haben Forschungsergebnisse wie für den häuslichen Bereich dargestellt, auch im stationären Kontext Geltung? Welche Aspekte sind wichtig für die Kommunikation der Bewohner untereinander und mit anderen Menschen, wie dem Pflegepersonal oder den Verwandten? Die Feldstudien möchten das Wissen über Lebensbedingungen von älteren Menschen sowohl im häuslichen als auch im stationären Kontext erweitern und die beschriebenen Forschungsergebnisse ergänzen.

Im Kontext der Entwicklung von GPS-Technologien sind einige Arbeiten über die Lebensbedingungen von älteren Menschen mit chronischen Krankheiten (bspw. Demenz) und Unterstützungsmöglichkeiten mit IKT vorgelegt worden. Generell weisen Forschungen auf die hohe soziale Einbettung solcher ortsbasierter Systemen hin und zeigen verschiedene Strategien auf, die Menschen anwenden, um die hohe Spannung zwischen dem Bewahren der Privatheit und der Förderung und Einrichtung von Awareness, z.B. in sozialen Netzwerken, zu moderieren (Tsai et al. 2007). Im Feld der Demenzversorgung zeigen Forschungsarbeiten vor allem eine Spannung zwischen der Wahrung der Privatsphäre und Autonomie der Erkrankten und der Gewährleistung ihrer Sicherheit und körperlichen Unversehrtheit auf (Landau et al. 2009; Landau et al. 2010).

2.2. Technik und Alter

Einige Studien stützen sich aufgrund der offensichtlichen Wertkonflikte, die in der Übernahme der Verantwortung für einen anderen Menschen durch Verwandte oder Pflegepersonal entstehen, auf den Ansatz des Value-based Design (Friedman & Kuhn 2003), das diese Wertkonflikte als zentrale Themen diskutier- und damit aushandelbar avisiert. Hierbei geht es meist um die Problematik der direkten Interaktionen zwischen Demenzkranken und deren Bezugspersonen. So werden beispielsweise unterschiedliche Wertsetzungen in Bezug auf Selbständigkeit und Sicherheit bei Erkrankten selbst und ihren Bezugspersonen herausgearbeitet und vor dem Hintergrund angemessener Designansätze diskutiert (Lindsay et al. 2012).

Dahl und Holbø (2012) kritisieren, dass es mittlerweile ausreichend Beschäftigung mit allgemeinen Fragen im Umgang mit der Krankheit gebe und sie sehen es als wesentlich an, über konkrete Designvorschläge mit allen Beteiligten zu diskutieren, um zu praxistauglichen GPS-Lösungen zu kommen. Dabei stützen sie sich in der Konzeptualisierung des soziokulturellen Kontexts ihrer Anwendungspartner auf neue Demenzpflege-Ansätze, die sog. Person Centered Care (PCC) von Kitwood (2002) und postulieren diese als allgemein anerkannte und genutzte Pflegeprämissen im Demenzfeld. PCC beschreibt einen Wandel in der Konzeptionierung der Demenz: von früheren stark biomedizinisch geprägten Sichtweisen richtet sich nun die Perspektive auf psycho-soziale Aspekte wie die Erfahrungen, das Erleben und die Emotionen der erkrankten Person. Dieser Perspektivwandel beinhaltet auch eine Betonung der *agency* der Betroffenen.

In einer Überblicksdarstellung fordern Fitzpatrick und Ellingsen (2012) eine kritische Revision von AAL-Ansätzen, die vor allem in der Automatisierung von häuslichen Umgebungen für ältere Menschen zum Zweck des Erhalts ihrer Selbständigkeit und Selbstbestimmtheit große Potentiale sehen. Die Autoren warnen davor, die Komplexität und Subtilität der Alltagswelt von älteren Menschen zu ignorieren und stattdessen daran zu glauben, dass AAL-Systeme sich problemlos in Alltagsumgebungen integrieren lassen:

> *"Other CSCW lessons on how far systems can be automated and where the 'intelligence' balance lies also suggest some caution around emerging home automation and ambient assisted living (AAL) systems; here the current rhetoric suggests that these AAL systems will be able to routinely and correctly infer activities of daily living for older people*

whereas CSCW research suggests that there might be much more subtle and complex issues entailed in how these should be interpreted and by whom." (Fitzpatrick, Ellingsen 2012: 45)

Im Hinblick auf die bisher noch eher geringen Vermarktungspotentiale von Produktinnovationen für ältere Konsumenten wird generell auf das fehlende Bewusstsein des kommerziellen Sektors für die hohe Variabilität der Zielgruppe und deren individuellen Konzeptionen, z.b. in der Selbstwahrnehmung und bezüglich Hoffnungen, Werten und Bedürfnissen, hingewiesen (Rice 2011; Nesta 2009; Coughlin 2006). Zudem wird konstatiert, dass in erster Linie die Vorstellungen und Vorannahmen der Designer in die Produkte eingebracht werden, wie bspw. der Wunsch, ein hochinnovatives Produkt zu designen. Dies stehe dann oftmals dem Bedürfnis älterer Menschen gegenüber, die mehr Wert auf die Nutzbarkeit und Sinnhaftigkeit von Produkten legen (vgl. Coughlin 2006).

2.2.4. Methodischen Herausforderungen und vorliegende Lösungsansätze im IKT-Design mit älteren Menschen im Feld HCI/CSCW

Die Ansätze der Nutzerbeteiligung sind unterschiedlich und rangieren zwischen verschieden starken Beteiligungsgraden. Ein großer Teil der Forschung stützt sich auf Participatory Design-Methoden im Rahmen von Anforderungs- und Evaluationsstudien (Mueller 2003). Die Arbeit mit älteren, häufig nicht technikaffinen Nutzern wird generell mit unterschiedlichen Herausforderungen beschrieben als die Durchführung von nutzerzentrierter Forschung mit jüngeren Zielgruppen (vgl. Lindsay et al. 2012a; Lindsay et al. 2012 b; Massimi, Baecker 2006; Waterworth et al. 2012).

Insbesondere die folgenden Aspekte werden als besondere Herausforderungen beschrieben:

Häufig fällt es technikfernen, älteren Menschen schwer, sich zukünftige Technologien vorzustellen (Lindsay et al. 2012a, Massimi und Baecker 2006). Es werden unterschiedliche Methoden und Vorgehensweise eingesetzt, um die Vorstellungswelt älterer Projektteilnehmer zu unterstützten, z.B. in Workshops eingesetzte Visualisierungstechniken. Dazu gehört beispielsweise der Einsatz von Videofilmen, mit denen bestimmte Szenarien oder Nutzungssituationen dargestellt werden (Briggs und Olivier 2009; Hook et al. 2011; Raijmaker et al.

2.2. Technik und Alter

2006, Vines et al. 2012) bis hin zu sehr aufwendigen Theaterperformances (Newell et al. 2006), die andererseits auch darauf ausgerichtet sind, Designern die Lebenswelt von älteren Menschen näher zu bringen, z.B. von Demenzkranken, deren Lebenswelt man ansonsten kaum erfassen kann.

Auch Prototyping in unterschiedlichen Abstufungen ist eine verbreitete Methode, einen gemeinsamen Vorstellungsrahmen zu kreieren und älteren Menschen zu helfen, Designfragen vor dem Hintergrund ihrer Lebenswelt erfassen zu können. Die Arbeit mit Prototypen reicht von Workshops, in denen gemeinsam einfache Papier-Mock-ups erstellt werden über die Diskussion von story board mock-ups (vgl. u.a. Vines et al. 2012; Lindsay et al. 2012, die die PICTIVE-Methode (Mueller 1993) in Designworkshops anwenden) bis zu wizzard-of-oz Methoden und der Testung funktionsfähiger Prototypen (Rice und Carmichael 2011). Obwohl einige Forscher über positive Ergebnisse aus diesen Sitzungen berichten, so stellen andere das Format von eher kontextarmen Designsitzungen hinsichtlich ihrer Eignung für die Erforschung komplexer sozio-kultureller Aspekte der Lebenswelt von älteren Menschen in Frage (u.a. Hawthorn 2007; Rice, Carmichael 2011).

Andere Ansätze, die die Forschungsmethoden mehr in die Lebenswelten und in Alltagskontexte verlagern, sind beispielsweise Methoden auf der Basis von *cultural probes*. Hiermit werden Instrumente zur Dokumentation und Reflexion von Alltagserfahrungen, Problemen und Wünschen den älteren Menschen in ihrer häuslichen Umgebung in die Hand gegeben. So nutzen u.a. Gaver et al. (1999) Alltagsartefakte wie Kameras, Landkarten, Postkarten oder Post-its, die einen eher spielerischen bzw. lustvollen Zugang zur Dokumentation von Alltagserfahrungen anregen sollen. Auf der Suche nach Erhebungsmethoden, die die Interessen und Erfahrungen der zukünftigen Techniknutzer bestmöglich erfassen, konstatieren einige Autoren das Problem, dass in vielen Projekten die Beiträge der alten Menschen trotzdem häufig zu wenig gewürdigt und anerkannt würden (Massimi und Baecker 2006).

Ein weiteres Problem wird in der Artikulationsfähigkeit älterer Menschen in Bezug auf ihre (Technikunterstützungs-) Bedürfnisse gesehen. Darauf wiesen manche Studien hin, jedoch wird diese Problematik durchweg recht oberflächlich behandelt (vgl. u.a. Lindsay et al. 2012a; Rice, Carmichael 2011).

Einige Forscher argumentieren auf der Ebene konkreter PD-Sitzungen und beschreiben Probleme und Herausforderungen, die hier entstehen können und wie man diese im konkreten Prozess überwinden kann (Lindsay et al. 2012a):

- Unter anderem wird Flexibilität als sehr wichtig beschrieben hinsichtlich der eigenen Design-Ideen, die man mit den Leuten besprechen möchte. Die Erfahrung hat gezeigt, dass, wenn man nicht nah an den Erfahrungen und Lebenswelten der Gruppe bleibt, dass das Interesse dann schnell sinken kann und das Gefühl aufkommen kann, dass sie sich die Workshopteilnehmer nicht ernst genommen fühlen.
- Generell sollten die Sitzungen nicht zu lang und zu anstrengend sein. Es wird darüber berichtet, dass ältere Workshopteilnehmer schnell vom Thema abschweifen können und dass es geboten sei, dass die Designer Struktur und Fokussierung aufrechterhalten (u.a. Barrett und Kirk 2000; Line und Hone 2004). Was hier als ein Problem benannt wird, kann allerdings aus einer anderen Perspektive als ein möglicher Nutzen angesehen werden, der zum Verständnis der Lebenswelten beitragen kann. Diese Sichtweise findet sich jedoch bisher kaum in Veröffentlichungen. Desweiteren wird die Einrichtung einer „friendly atmosphere" als wichtig beschrieben. Dies wird u.a. dadurch erreicht, dass man den Workshopteilnehmern das Gefühl geben soll, dass sie keine falschen Dinge sagen können und dass alles wichtig ist, was sie zum Thema beitragen (Lindsay 2012a, 3). Auch die Wahl der richtigen, alltagsnahen Sprache seitens der Designer trage dazu bei. Insgesamt gehe es darum, geduldig zu sein, auch wenn die älteren Teilnehmer gerne vom Thema abschweifen und Anekdoten erzählen.
- All diese Maßnahmen führen idealerweise zum Aufbau eines gemeinsamen Referenzrahmens („common frame of reference", Lindsay 2012a, 3), der sich durch die Entwicklung eines geteilten Jargons auszeichnet, der es den Teilnehmern letztlich vereinfacht, ihre Gedanken in Bezug auf das Design zu äußern. Dieser gemeinsame Referenzrahmen *"[...] helps create a sense of community or shared purpose within the group by giving them their own „insider" lan-*

2.2. Technik und Alter

guage and can inspire a sense of agency in the older adult group." (Lindsay 2012a, 3).

Hier stellt sich die Frage, ob es tatsächlich das Ziel sein sollte, einen *"sense of agency"* aufzubauen und anzuvisieren, oder geht der Gedanke des Participatory Design nicht darüber hinaus und zielt auf die Anerkennung der vollen Agency aller Beteiligen ab? Es stellt sich also auch in der Arbeit mit älteren Menschen, die nicht kognitiv eingeschränkt sind, wie bspw. im Falle einer Demenzerkrankung, die Frage, inwiefern im Design Agency und Selbstbestimmtheit der avisierten Zielgruppe generell gehandhabt wird bzw. werden sollte.

Die Betrachtung der Selbständigkeit älterer Menschen, die körperliche Beeinträchtigungen haben und daher in unterschiedlichen Graden abhängig von ihren sozialen Netzwerken und von informellen und formellen Pflegepersonen sind, wird in unterschiedlicher Weise in sozio-informatischen Forschungsfeldern diskutiert. Relevanz für weitergehende Reflexionen wird beispielsweise bereits in der Konzeptualisierung „des Patienten" oder „des älteren Menschen" gesehen. Im vorherrschenden Modell, das vielen AAL-Ansätzen zugrunde liegt, wird die Einbettung von älteren Menschen in ihre relevanten, unterstützenden Netzwerke häufig ignoriert. Die prospektiven Techniknutzer sind aber nicht nur die älteren Menschen, die als Zielgruppe definiert werden. Vielmehr sollte Technikdesign das gesamte soziale Netzwerk miteinbeziehen. Beispielsweise bezeichnen Fitzgerald et al. (2010) diese weiteren Rollen als das „extended ‚user' network". Die Autoren möchten mit diesem Konzept darauf hinweisen, dass sich je nach dem Grad des Erfordernis der Übernahme von Alltagsverrichtungen durch Pflegende der Handlungsspielraum der Betroffenen entsprechend minimiere. Dies bezeichnen die Autoren dann als „dependent autonomy" (S. 61). Designprojekte im Feld der Unterstützung von Demenzkranken und deren Betreuungspersonen stoßen hier am unmittelbarsten auf Autonomieprobleme sowohl in den Versuchen, die entsprechenden Lebenswelten zu verstehen, aber auch im konkreten Designprozess.

Eine weitere Unterscheidung für das Design mit Menschen, die nicht die Möglichkeit haben, *„to fully participate in an inclusive design process, for example due to sickness, handicap or phobia"* (Groenvall und Kyng 2012, 190), bringen Grönvall und Kyng mit den Begriffen "to design for" und „to design with" und beschreiben damit unterschiedliche Beteiligungsgrade von älteren Menschen in Participatory Design-Projekten. Sie weisen damit auf den großen Bedarf hin, sich mit den ethischen Implikationen und Perspektiven der Einbindung von „weak users" oder „less resourceful users" (S. 190) intensiver auseinander zu setzen. So weisen die Autoren auch auf mögliche schadenbringende Konsequenzen von PD-Prozessen hin, z.B. in der Arbeit mit depressiven Patienten (vgl. auch Crabtree et al. 2003).

Coleman et al. (2010) betrachten die Problemlage aus der Perspektive des Desinteresses älterer Menschen an neuen Medien als ein Designproblem, das überwunden werden muss. Sie fordern die Entwicklung neuer Designmethoden in Form von Erweiterungen herkömmlicher Methoden des Participatory Design. Für sie ist der Empowerment- Gedanke zentral, indem sie betonen, dass alte Menschen grundlegend einbezogen werden sollen in Projekten und dass der (übermächtige) Status des Designers zu reduzieren sei. Sie schlagen dafür die Durchführung von frühen Interviews vor, die zur Aufstellung eines „story respository" führen sollen, in dem Lebensgeschichten bzw. relevante Aspekte in Bezug auf Techniknutzung gesammelt werden sollen, damit Designer ein besseres Verständnis der Lebenswelten der älteren Menschen erhalten. Insgesamt bleiben die Autoren jedoch mit ihren Ausführungen recht oberflächlich in Bezug auf Methoden zur Stärkung des Empowerment älterer, technikferner Menschen.

Ein weiteres Problem wird in den unterschiedlichen Lebens- und Denkwelten von jungen Designern (resp. Entwicklern, Forschern) und älteren Menschen identifiziert, dem zu wenig Rechnung getragen werde (Gregor, Newell 2001; Newell 2007; Waterworth et al. 2012). Dies führe dann zu Verkürzungen von Weltbildern und zu impliziten Vorannahmen, in denen alte Menschen zu stark über vorherrschende altersbedingte, defizitorientierte Leitbilder definiert würden (Whitney, Keith 2009). Auch wenn altersbedingte körperliche Prozesse häufig vorliegen, wie schwindende Seh- und Hörkraft oder sinkende motorische Fähigkeiten, so stehen diese häufig zu stark im Vordergrund, und verhindern es in der Folge, ältere Menschen als eigenständige Individuen mit komplexen sozialen und emotionalen Bedürfnissen und Wünschen wahrzunehmen. Whitney und Keith (2009) bringen dies folgendermaßen auf den Punkt: *"[...] an old person is not just the sum of their acquired impairments"*(S. 1). Die Autoren diskutie-

2.2. Technik und Alter

ren diese oftmals verkürzten Sichtweisen in Verbindung mit der historischen Entwicklung der HCI-Forschung, die den Nutzer ursprünglich als „information processor" konzeptionalisierte und dabei das Erleben und aktive Handeln im Kontext von Techniknutzung zu stark ignorierte (Lindsay et al. 2012a; Whitney, Keith 2009).

Damit in Zusammenhang steht die Beobachtung, dass häufig Metaphern, v. a. aus der EDV-Welt, im Design unreflektiert übertragen werden, die vor dem Hintergrund der Alltagswelten häufig auf Unverständnis stoßen und den Designer-Anwender-Abstand zusätzlich vergrößern (Gregor et al. 2002).

Der Wandel von Designparadigmen zu einer mehr Erfahrungs-zentrierten Sichtweise auf Technikdesign-Methoden, die durch die sog. „third wave of HCI thinking" Betonung finden, erfolgte im Zuge der Diffusion von IKT aus der Arbeitswelt heraus in immer weitere Bereiche der Alltags- und Freizeitwelt (Wright, Mc Carthy 2004). Es wird allerdings konstatiert, dass dieses Denken bisher noch nicht ausreichend im IKT- Design für ältere Menschen angekommen sei (Lindsay et al. 2012a). Beweis dafür sei die immer noch zu starke Fokussierung auf unmittelbare funktionalen Einschränkungen, auf die sich Technikdesign richte, und eine zu ungenügende Einbettung der Technikentwicklung in der Alltagswelt auf der Basis eines holistischeren Designverständnisses.

Ein weiteres, häufig adressiertes Problem für das IKT-Design wird darin gesehen, dass die Gruppe der Menschen über 60 Jahre extrem divers ist. So besteht die Herausforderung darin, mit einer hohen Variabilität in vielen Bereichen umgehen zu müssen. Als Unterscheidungskriterien werden bspw. Kognitive Fähigkeiten, Lebensführungen, Alter über mehrere Generationen, Einkommens- und Bildungsunterschiede genannt (Lindsay 2012a). Dies macht das Erfordernis deutlich, dass die individuelle Erfahrung in den Vordergrund zu stellen und folglich auch nach dem möglichen und notwendigen Grad an Generalisierungen von Forschungsergebnissen zu fragen ist. Ein Lösungsansatz wird häufig darin verfolgt, in der Rekrutierung von Projektteilnehmern eine ausreichende Diversität zu erreichen. Nach welchen Kriterien die Auswahl stattfindet, wird jedoch in den Forschungsberichten selten beantwortet. Generell wird wenig darüber berichtet, wie Rekrutierungsprozesse von älteren Menschen im Rahmen von Forschungsprojekten stattfinden, obwohl dies offensichtlich ein Problembereich ist, der einer intensiveren Auseinandersetzung bedarf. Insgesamt bleiben die Publikationen hier auf einem sehr oberflächlichen Level und zeigen ein eher inkonsistentes Bild (vgl. Dickinson et al. 2007). Rice und Carmichael (2011) fassen diesbezüglich zusammen: *„However, while some research has identified practical issues in the recruitment of older adults for, and attendance at, research sessions [...], the related literature paints a rather fragmented and occasionnally inconsistent picture."*

Für die sozio-informatische Forschung kann zusammengefasst werden, dass einige Forschungsergebnisse vorliegen, die einen umfassenden Einblick in Kommunikations- und Beziehungsgestaltung von älteren Menschen im häuslichen Bereich vorweisen und hilfreiche Konzepte liefern wie das der Asymmetrie in intergenerationellen Kommunikationsbeziehungen (Lindsay et al. 2006) oder der Stellenwert von Darstellungsmangement und Aspekte der Stigmatisierung bei älteren Menschen (Sokoler und Svensson 2008). Anderseits liegen noch Forschungslücken vor für den Bereich der stationären Versorgung und den Umgang mit der chronischen Krankheitsform der Demenz, sowohl im häuslichen wie auch im stationären Bereich.

Auf methodischer Ebene werden inklusive, beteiligende Verfahren als wichtig betrachtet, doch die aktuelle Durchführung ist oftmals unbefriedigend für ein umfassendes Verständnis. Dazu gehören auch Fragen des Zugangs zum Feld, die bisher in sozioinformatischen Forschungsfragen kaum beachtet und das eigene Vorgehen nur selten zur Diskussion gestellt wurde. Bleiben diese Fragen unreflektiert, besteht die Gefahr, dass bestehende Ausgrenzungen das Disempowerment von älteren Menschen sich verstetigen.

Obwohl mittlerweile eine Sichtweise vorherrscht in sozioinformatischer Forschung und Entwicklung, dass Technik immer wertgeladen ist und entsprechende Wertkonflikte im Rahmen der Erforschung sozio-kultureller Kontexte eine umfassende Beachtung benötigen, so ergibt sich auf der konkreten Ebene der Umsetzung der Projekte häufig doch wieder ein eher oberflächliches und stereotypisierendes Bild. Mit Dahl und Holbø (2012) können in der Erfassung der soziokulturellen Umstände von IKT-Reflexion und –Nutzung durch ältere Menschen und deren soziale Netzwerke zwei Ansätze beschrieben werden. So beschäftigen sich einige Ansätze mit konkreten technologischen Features und diskutieren Nutzungsaspekte auf dieser konkreten Ebene. Andere gehen unter der Berücksichtigung holistischerer Forschungsansätze vor, um das komplexe Feld der Lebenswelten älterer Menschen zunächst besser zu erfassen und zu verstehen. Die Vorliegende Arbeit möchte aufzeigen, dass beide Ansätze ihre Berechtigung und Notwendigkeit haben und ergänzend aufeinander abgestimmt werden müssen, wenn man auch den Anspruch erheben möchte, bereits beim Studiendesign Fragen des Empowerments aktiv aufzunehmen. So zeigen die Feldstudien, dass es signifikante Unterschiede in Haltungen und Reflexionen über neue Medien sowie deren Aneignungs- und Nutzungsweisen gibt, die in einem holistischen Ansatz unter Einbezug meso- und makrosoziologischer Zusammenhänge analysiert werden müssen. Diese sind andererseits mit Mikropolitiken im Feld abzugleichen, mit Fragen wie tägliche Pflege- oder Alltagsprobleme in konkreten Situationen gelöst bzw. ausbalanciert werden. Wie sind damit schließlich Stakeholder-Sichtweisen verbunden, welche Kommunikationsregeln gelten in Organisationen aber auch in Familien, die wiederum auf subjektive Technikreflexion, -aneignung und -nutzung zurückwirken.

Zusammenfassend kann mit Blick auf die Forschungsansätze und Ergebnisse, die unter dem inhaltlichen Schirm der Gerontotechnologie firmieren, festgestellt werden, dass Besonderheiten des IKT-Designs für und/oder mit älteren Menschen hervorgehoben werden. Dies erfolgt aus unterschiedlichen disziplinären bzw. interdisziplinären Perspektiven auf der Basis jeweiliger Wissenschaftszugänge. Die bisherigen Arbeiten haben eine Fülle von Ergebnissen hervorgebracht, doch ist die Einordnung und Nutzung einzelner Ergebnisse für konkrete Designprozesse oftmals schwierig, da sie auf einer Bandbreite von ein Einzelergebnissen bis zu globalen Aussagen und Theorieangeboten changieren.

2.2.5. Ambient Assisted Living und der Stellenwert der Praxisorientierung im Forschungsförderungsdiskurs

Ambient Assisted Living ist eine aktuelle förderpolitische Positionierung der EU-Länder, die über die Förderung von internationalen Verbundprojekten Technikentwicklung auf dem Gebiet des Umgebungsgestützten Lebens vorantreiben möchten, um den sich abzeichnenden Problemen des demographischen Wandels entgegen zu stellen.

Die Vision AAL beinhaltet die Verbindung von IKT und Dienstleistungen zur Unterstützung älterer Menschen in ihrer gewohnten Wohnumgebung auf der Basis ambienter, kontextspezifischer und adaptiver Systeme (vgl. Bick et al 2008). Unter der Trägerschaft des BMBF mit dem VDI/VDE Innovation und Technik als Projektträger werden die AAL-Inhalte entwickelt (VDI/VDE 2009).

Im Laufe der Zeit haben sich Definitionen und Inhalte von AAL verschoben und an unterschiedlichen Diskursen orientiert. So standen unter der Prämisse, das Leben in den eigenen vier Wänden solange wie möglich mittels Technik zu ermöglichen, zunächst ambiente Technologien im häuslichen Bereich im Vordergrund, z.B. Monitoringtechnologien oder Hausautomatisierung. Zunehmend rücken soziale Lebenswelten in den Blick, in dem beispielsweise auch ein Fokus auf Mobilitätsförderung oder den Einbezug der sozialen Netzwerke älterer Menschen gerichtet wurde. Insgesamt steht die Kostenreduktion als Kernargument im Raum, dies hat zur Folge, dass kaum ältere Menschen in institutionalisierten Lebenskontexten Beachtung finden. Diese volkswirtschaftliche Sichtweise wird dennoch auch durch sozialethische Argumente ergänzt, in dem z.B. soziale Isolation als ein Problem definiert wird, das mit der Förderung sozialer Interaktionen durch IKT, wie z.B. im 3. AAL Call, adressiert wird. Für den institutionalisierten Kontext wie z.B. Pflegeheime, steht die Perspektive der Rationalisierung von Arbeit im Vordergrund und soziale Aspekte bleiben eher unterbeachtet (vgl. Georgieff 2008).

Nutzerintegration ist von Beginn an eine wichtige Forderung in Ausschreibungen und Texten über das Forschungsfeld. Zum einen wird die Integration von Endnutzern gefordert, um zu vermeiden, dass technische Entwicklungen an den Bedürfnissen der Nutzer vorbei betrieben werden und somit F&E-Projekte letztlich ins Leere laufen und sich die Chance nehmen, Produkte erfolgreich am Markt zu platzieren. Zum anderen wird eine Perspektivenöffnung sichtbar, die sich von einer rein gesundheits- bzw. krankheitsorientierten Sichtweise in der Technikentwicklung hin zu einer eher ganzheitlichen Beschäftigung mit Lebensbedingungen im Alter orientiert. Damit wird neben der technischen, assistiven Unterstützung der physischen und psychischen Gesundheit auch das soziale Wohlbefinden in den politischen Fokus gestellt, und damit das Sozialleben bzw. das sozio-kulturelle Umfeld von älteren Menschen und entsprechende

2.2. Technik und Alter

Potentiale der technischen Unterstützung durch moderne Informations- und Kommunikationstechnologien.

Das AAL JP (Ambient Assisted Living Joint Programme) ist ein Forschungsförderprogramm der europäischen Kommission in Kooperation mit den Mitgliedsstaaten. Ziel des Förderprogramms ist die Entwicklung von Informations- und Kommunikationstechnologien in Verbindung mit Dienstleistungslösungen, die ein Altern in möglichst hoher Selbständigkeit und sozialer Eingebundenheit ermöglichen. Modernen Informations- und Kommunikationstechnologien in der Koppelung mit sozialen Innovationen wird ein großes Potential für die Lösung oder Erleichterung von Problemen zugesprochen, die der demografische Wandel durch eine steigende Lebenserwartung und damit einhergehende gravierende (gesundheits-) ökonomische Kosten, sinkende Verfügbarkeit von Pflegepersonal und weitere zukünftige Trends, wie die zunehmende Singularisierung der Gesellschaft mit sich bringt. Eine Definition des BMBF verweist insbesondere auf den Bezug zwischen Individuum und Umwelt, d.h. den sozio-kulturellen Kontext:

> *„Unter „Ambient Assisted Living" (AAL) werden Konzepte, Produkte und Dienstleistungen verstanden, die neue Technologien und soziales Umfeld miteinander verbinden und verbessern mit dem Ziel, die Lebensqualität für Menschen in allen Lebensabschnitten, vor allem im Alter, zu erhöhen. Übersetzen könnte man AAL am besten mit „Altersgerechte Assistenzsysteme für ein gesundes und unabhängiges Leben". Damit wird auch schon skizziert, dass AAL in erster Linie etwas mit dem Individuum in seiner direkten Umwelt zu tun hat."* (BMBF 2012)

Das AAL JP verfolgt damit eine besondere Förderpolitische Positionierung in Bezug auf Technologie und Innovation, die darauf abzielt, Technologie und soziale Innovation zu vereinbaren, nämlich Technologieentwicklung mit der Gestaltung innovativer Service- und Businessmodelle, in deren Zentrum ältere Menschen und deren Pflegende stehen zu verbinden. Alle bisherigen AAL JP-Ausschreibungen („Calls") betonen die Wichtigkeit der Verbindung von Innovationen, hoher Marktnähe (Forderung nach Umsetzung von Produkten in 2-3 Jahren) und Nutzerorientiertung, die eine Integration von primären, sekundären und tertiären End-Nutzern in den Projektkonsortien vorgibt.

Hinsichtlich der Nutzerorientierung ergibt sich allerdings aufgrund der Interdisziplinarität sowohl der Projektkonsortien als auch der evaluierenden Stellen ein heterogenes Bild über entsprechende einzusetzende Vorgehensweisen und Methoden.

Die Nutzerorientierung wird aus zweifacher Perspektive betrieben, zum einen in der Integration von primären, sekundären und tertiären Endnutzern in die Verbundprojekte. Zum anderen wird der Praxiserfolg in der Integration von Sozial- und Geisteswissenschaften für praxisnahe Begleitforschung verfolgt. In einem Interview mit dem Staatssekretär Thomas Rahel und dem VDE-Chef Dr. Hans Heinz Zimmermann über die Chancen und Risiken von AAL betont Rahel die Notwendigkeit der sozial- und geisteswissenschaftlichen Begleitforschung:

> *„Gezielte Begleitforschung soll verhindern helfen, dass technologisch exzellente, aber gesellschaftlich umstrittene bzw. inakzeptable Lösungen entstehen. Geistes- und Sozialwissenschaften dürfen nicht nur als Begleiter oder gar als bloße Akzeptanzbeschaffer eingesetzt werden. Sie müssen vielmehr Treiber für die Technologieentwicklung sein. Es geht darum, frühzeitig die Richtung vorzugeben und dazu aufzufordern, ethisch und sozioökonomisch verantwortbare Lösungen zu entwickeln."* (AAL Magazin 2010, S. 21)

Der Ansatz, die Sozial- und Geisteswissenschaften als die Treiber für Technologieentwicklung anzusehen, demonstriert ein Verständnis für praxis- und nutzerorientierte Gestaltungsnotwendigkeiten und zeigt, dass wichtige definitorische Schritte gegangen werden von einer eher technikzentrierten zu einer stärker nutzerorientierten Technikgestaltung im Feld „IKT für die alternde Gesellschaft". Dennoch lässt der erste Satz der Zitatpassage aufhorchen, der postuliert, dass Technik exzellent sein kann, auch wenn sie andererseits als unakzeptabel und damit nicht nutzbar erscheint. Aus Sicht einer sozioinformatischen Gestaltungsperspektive erscheint es relevant, dass Erfahrungen aus Gestaltungsprojekten stärker zur Kenntnis genommen werden sollten für die Bewertung der Erfolgs oder Misserfolgs von Produktentwicklungen, um diese stärker vor dem realen Hintergrund von vorliegenden Praxiserfordernissen und Lebenswelten der avisierten Zielgruppe bewerten zu können.

Die zweite Strategie, Technik praxistauglich zu gestalten, findet sich in der Forderung der Integration von Endnutzern in Verbundprojekte. Strategien und An-

2.2. Technik und Alter

sätze variieren hier und es fehlt bisher ein eindeutiges, überzeugendes Konzept. Ein Evaluationsbericht der EU Kommission zu AAL-Projekten aus dem Jahr 2010 betont eine bisher fehlende Strategie zur konsistenten Integration von Endnutzern. Sie warnt davor, dass der Fokus in den Projekten zu stark technik- statt benutzerorientiert scheint: *"There appears to be some risk that work does not sufficiently involve users and service providers, and may be overly driven by the technology."* (Independent Panel Group 2010, S. 26).

Ein Bericht im Auftrag des BMBF zur Evaluation von Maßnahmen zur Nutzerintegration innerhalb der ersten AAL-Projekte ab dem Jahr 2009 kritisiert die bisher deutlich fehlende Integration von Nutzern in AAL-Projekten ebenso:

> *„Ambient Assisted Living (AAL)-Produkte und -Dienstleistungen sollen älteren Menschen helfen, ein sicheres und weitgehend selbstbestimmtes Leben in ihrer vertrauten Umgebung zu führen. Die Entwicklung dieser Produkte und Dienstleistungen erfolgt bisher stark technologiegetrieben. Eine Berücksichtigung der tatsächlichen Bedürfnisse der Anwender findet hingegen kaum statt. Für den Erfolg assistiver Technologien ist die Zustimmung der Anwender jedoch unerlässlich."* (Podtschaske et al. 2010, S. 3)

Die Autoren des genannten Beitrags schlagen daher die Integration nutzerorientierter Produktgestaltungsmethoden bereits in frühen Projektstadien vor und liefern eine Aufstellung an entsprechenden Forschungsinstrumenten, die sich hauptsächlich an Maßnahmen zur Verbesserung der Ergonomie und Nutzerfreundlichkeit (Usability) orientieren. Das Ziel der Maßnahmen besteht gemäß der Autoren in einer eindeutigen Identifikation von Nutzerbedürfnissen, die letztendlich die Akzeptanz der Zielgruppe für AAL-Produkte erhöhen und sich auf das Kauf- und Nutzungsverhalten positiv auswirken. Insgesamt orientieren sich die genannten Methoden und Instrumente an Kreativtechniken, Usability-Test- und Evaluations-Verfahren, die eher punktuell in Form von Workshops und Evaluationen im Projektverlauf eine Nutzerintegration verfolgen (vgl. ebd., eine Auflistung von Methodenbeschreibungen auf S. 87).

Es wird eine Vielzahl an Methoden aufgelistet, die sich insgesamt an klassischen Paradigmen aus dem Arbeitsbereich orientieren: es geht um die Steigerung von Effektivität und Effizienz in der Bearbeitung einer bestimmten Aufgabe mittels IKT.

Beringer et al. (2011) hinterfragen die Entwicklungsparadigmen im AAL-Feld und stellen sie in einen Zusammenhang mit der Sichtweise auf die Konstruktion der Probleme älterer Menschen, die mittels AAL-Technologien adressiert werden:

> "Almost 5 decades ago, Jacques Ellul [...] made the following statement when discussing the evolution of technology: "The further we advance into the technological society, the more convinced we become that, in any sphere whatever, there are nothing but technical problems. We conceive all problems in their technical aspect, and think that solutions to them can only appear by means of further perfecting techniques" (p.414)" (S. 165).

Die Autoren argumentieren hier mit Bezug auf Ellul, dass die Konzeptionalisierung des Alters als Problem ein falscher Ausgangspunkt sei, der dann dazu führe, dass technische Lösungen in Form von AAL-Technologien zu simplifizierend gedacht seien. Ballinger und Payne argumentieren an dieser Stelle, dass Probleme zu Risiken umdefiniert werden und dies aus einer ausschließlich rationalen Perspektive von technischen Experten (Ballinger und Payne 2002).

Insbesondere für die Themenfelder Unabhängigkeit, Sicherheit und Privatsphäre hinterfragen Beringer et al. (2011), ob die Konstruktion von entsprechenden Risiken in der Lebenswelt älterer Menschen nicht eher durch (technische) Experten erfolgt als durch die älteren Menschen selbst: „This raises the question that the apparent assumption of AAL, that older adults want to be protected from every imaginable risk, may in fact be misguided" (S. 165). Sie kritisieren hier insbesondere den häufig vorzufindenden Ansatz in Studien, sich auf die Akzeptanz von Technik durch ältere Menschen zu richten, anstatt sich damit zu beschäftigen, wie Alltagspraxis funktioniert, welche Bedeutung die heimische Umgebung hat und welchen Platz eine solche Technik in der vorliegenden Praxis einnehmen könnte.

Hier werden zwei weitere Teilaspekte im Umgang mit dem Sozialen im AAL-Feld sichtbar: es geht in Nutzerstudien häufig um Technikakzeptanz. Viele Autoren sehen in der Erreichung der Akzeptanz letztlich das Ziel, das eine erfolgreiche Umsetzung von AAL-Technik möglich macht. Hierzu wird im folgenden Kapitel weiter eingegangen.

2.2. Technik und Alter

Der zweite Aspekt ist die Frage nach den passenden Methoden, die anzuwenden sind, um ein besseres Verständnis für die Alltagspraxis und -kultur älterer Menschen zu erhalten und Technikunterstützung inhaltlich schärfer reflektieren zu können.

Eine Reihe von Studien, die Methoden reflektieren, die im AAL-Umfeld genutzt werden, kritisieren quantitative Erhebungen, z.B. in Form von Fragebogenstudien:

> „Much of the previous research into AAL and assistive technologies evaluated older adults' perceptions of AAL with the use of yes/no type questionnaires and questions with Likert scales." (Beringer et al. 2011, S. 165).

Dies führe in der Folge zu Wissenslücken über die tatsächliche Alltagspraxis und Lebensgestaltung und entsprechendem Unvermögen, darauf zu schließen, wie ambiente Technologien möglicherweise von älteren Menschen in ihr Leben integriert werden können. Ebenso wird oft nicht berücksichtigt, welche Sichtweisen, Haltungen und Sorgen über mögliche Technikunterstützung bei alten Menschen bestehen oder auch wie Probleme des täglichen Lebens wie beispielsweise der genannte Umgang mit Lebensrisiken aus Sicht der Betroffenen konzipiert werden, (vgl. Beringer et al. 2011, Demiris et al. 2004, Mahmood et al. 2008). Aus dieser Perspektive wird klar, dass es sehr schwierig, wenn nicht unmöglich ist, Nutzerbedürfnisse im Vorfeld der Entwicklungsphase „eindeutig" zu identifizieren und mit Begriffen wie dem Wunsch nach Autonomie, Sicherheit und sozialer Eingebundenheit eindeutig zu skizzieren. So wie es bisher nicht gelungen ist, „den Nutzer" bzw. „End-Nutzer" eindeutig zu klassifizieren, auf den sich AAL-Produkte richten, bedarf es auch einer stärkeren Auseinandersetzung mit den formulierten Zielen bzw. den postulierten Problemen, für die Lösungen gesucht werden sollen.

Daher wird zunehmend die Forderung ausgesprochen, methodologische Probleme anzuschauen und Methoden entsprechend zu justieren, z.B. durch eine stärkere Aufnahme von qualitativen Forschungsmethoden, um der Lebenswelt älterer Menschen näher zu kommen (Ekeland, Bowes, und Flottorp 2012) und – darüber hinaus gehend – als Forscher mit älteren Menschen in Interaktion zu treten.

In der AAL-Literatur gibt es also eine zunehmende Forderung, prospektive Nutzer stärker in F&E-Tätigkeiten zu involvieren. Manche Autoren hinterfragen die zugrundeliegenden Paradigmen und entsprechend die darauf basierenden Forschungsmethoden und -ansätze.

An diese eher skeptische Position schließen sich aus Sicht des User-Centered Design weitere Fragen an, wie die Frage, ob es überhaupt möglich ist, Nutzerbedürfnisse „eindeutig" zu identifizieren mit Kreativtechniken oder Methoden aus dem Usability-Test-Spektrum (wie von Podtschaske et al. (2010) vorgeschlagen), die eher punktuelle Schlaglichter auf Nutzerpraxis werfen bzw. punktuell Reflexionen stimulieren. Damit im Zusammenhang steht ein weiterer Problemaspekt, nämlich ganz pragmatisch die Frage, wie man prospektive Nutzer in ein Forschungsprojekt integrieren kann, die bis dato dem Thema eher ablehnend oder neutral gegenüberstehen, weil sie beispielsweise bisher keinen Kontakt zu neuen Medien hatten. Der Zugang zum Forschungsfeld erweist sich als enormes Problem, das bisher kaum in Studien oder Projektberichten thematisiert wurde, welches aus der Erfahrung der vorliegenden Feldstudien jedoch für eine Projektdurchführung hochrelevant ist.

„Technikakzeptanz" ist ein Punkt, der immer wieder aufkommt und deren Erreichung als wesentlich angesehen wird, wenn die Phase der Produktvermarktung in den Fokus gelangt. Jedoch beginnt die Beschäftigung mit der Frage des Zugangs zum Feld doch bereits mit der Konstruktion des Projektkonsortiums und der Auswahl der End-Nutzer-Gruppen, die über die Projektlaufzeit als Anwendungspartner beteiligt sein sollen.

Das heißt konkret, der Zugang zu älteren Menschen, sowohl auf der Forschungsebene, aber auch aus späterer Produkt- und Marketingsicht – nämlich wie man eine neue Käuferschicht erschließen kann – bleibt eine große Herausforderung und wird in der AAL-Literatur bisher eher oberflächlich diskutiert.

Im User-Centered Design wird der Aspekt des Zugangs zum Feld und auch im Sinne des Aufbaus einer längerfristigen Kooperation unter dem Begriff der „User-Designer-" Beziehung diskutiert (Voss et al. 2008). Der Ansatzpunkt ist hier die Annahme, dass IKT und die Adoptions- und Aneignungsprozesse von Technik gegenseitig sozial konstruiert werden und sich gegenseitig bedingen. Man

2.2. Technik und Alter

geht davon aus, dass die Auseinandersetzung in einem kontinuierlichen Prozess in dem jeweiligen Nutzungskontext geschieht.

Dies impliziert eine Notwendigkeit nach reflexiven Forschungsmethoden, die die Perspektive der Nutzer- Designer-Beziehung mit einschließen, um letztlich ein ganzheitliches Bild des Forschungsfeldes zu erhalten, in dem man sich aufhält und in das neue Technologien gebracht und im Alltag verankert werden sollen. Die Siegener Living Lab Methode (Hess, Ogonowski 2010) ist eine solche reflexive Forschungs- und Designmethode, in der die Nutzer von Projektbeginn an als aktive Projektpartner an der Technikgestaltung teilhaben, in der aber auch über Motivation der Teilnahme und über die Gestaltung der Nutzer- Designer-Beziehung reflektiert und entsprechend methodisch agiert wird. Mit der Anwendung der Living Lab-Methode ist der Forschungsprozess als Prozess des gegenseitigen Lernens konzeptionalisiert. Dieser Prozess basiert auf qualitativen Methoden, die einen sukzessiven Prozess qualitativer Datenerhebung, Analyse, Interpretation und Prototypentwicklung unter enger Einbeziehung des sozio-kulturellen Umfelds ermöglichen.

In der Konzeption von Szenarien für IKT-Unterstützung von älteren Menschen in der AAL-Literatur impliziert das sozio-kulturelle Umfeld zumeist die soziale Interaktion in Netzwerken, mit Verwandten und Freunden, sowie die nähere Nachbarschaft und das Nahumfeld mit Blick auf verfügbare Angebote und Services zur Sicherung des täglichen Lebens, wie z.B. kommerzielle oder kulturelle Infrastrukturen im Wohnumfeld. Eher selten richtet sich der Blick bei der Nennung des sozio-kulturellen Kontexts auf situative oder habituelle Aspekte im Bezug auf die Bewertung, Aneignung oder Nutzung einer bestimmten Technologie. Diese kann als die „situated action" (vgl. Suchman 1987) bezeichnet werden, d.h. vor welchem Hintergrund an Werthaltungen, Verhaltensmustern, und Einschätzungen findet eine technische Anwendung ihren Platz im Alltags- oder Berufsleben? Dieser sozio-kulturelle Kontext ist eher der direkte, räumliche, gedankliche und habituelle Nutzungskontext, in dem die (zukünftige) Interaktion mit der Technik stattfindet.

Damit Technik überhaupt einen nahtlosen, störungsfreien Platz im Alltagsleben finden kann, und das sowohl wörtlich als auch im übertragenen Sinne, ist es wichtig, sich mit ebenjener Alltagskultur zu beschäftigen. Es ist zu fragen nach

Wert- und Deutungsmustern im Umgang mit dem Alter, wie Alltag sich gestaltet und – in Bezug auf Technik – welche möglichen „Ankerpunkte" im Alltagsleben eine Verbindung mit Unterstützungstechnologien sinnvoll erscheinen lassen, sodass auch für die älteren Menschen die Hinwendung zu neuen Medien Sinn und Lust macht. Es liegt die Vermutung nahe, dass entsprechende Forschungsfragen mit den überwiegend genutzten quantitativen Methoden und auch mit punktuell im Projekt durchgeführten Workshops oder Usability Tests jedoch nicht ausreichend zu beantworten sind, da ein großes Problem darin besteht, dass Menschen das, was sie nicht kennen, auch nicht ausreichend benennen oder vor dem Hintergrund ihrer Praxis in kurzfristigen Sitzungen auch nicht ausreichend reflektieren können.

Auf die zunehmende Wichtigkeit von reflexiven Methoden, die nicht nur Nutzerbedürfnisse abprüfen, sondern auch den prospektiven Nutzern neue Handlungs- und Reflexionsräume aufbauen helfen, weisen auch die Ergebnisse einer aktuellen internationalen Vergleichsstudie des Münchner Kreises hin. Die Ergebnisse für die Diffusion von neuen Medien im AAL-Feld innerhalb der Studie „Zukunftsbilder der digitalen Welt – Nutzerperspektiven im internationalen Vergleich" zeigen auf, dass zumindest für die beteiligten Länder Deutschland, USA und Schweden große Akzeptanzbarrieren bestehen, beispielsweise gegenüber einer ausschließlich digitalen Möglichkeit des Umgangs mit Finanz-Angelegenheiten, wie die Eröffnung eines Kontos und dessen ausschließlich elektronische Verwaltung:

> *„In Bezug auf die Möglichkeiten einer Online-Kontoeröffnung ohne Medienbrüche in Verbindung mit einer elektronischen Verwaltung von Rechnungen spiegelt sich die ohnehin bezüglich Online-Bankgeschäften existierende Spaltung der Gesellschaft in Befürworter und Skeptiker wider. Während über ein Drittel der Befragten in Deutschland und die Mehrheit in den übrigen Ländern den sofortigen Einsatz als möglich sieht, hofft in Deutschland ein nicht kleiner Teil der Befragten, dass dies nie möglich sein wird. Die Ablehnung ist wiederum in Deutschland und in den USA am größten, während China, Brasilien oder Schweden der Anwendung deutlich offener gegenüberstehen. So würde in Deutschland und in den USA mehr als ein Drittel der Bevölkerung den Dienst selbst dann nicht nutzen, wenn er kostenlos zur Verfügung stehen würde."* (Münchner Kreis et al. 2011, S. 37)

2.2. Technik und Alter

Aus der Perspektive einer sozioinformatischen Forschungslinie ist eine stärkere Orientierung zum Sozialen in der Technik, sprich zu mehr Soziotechnik evident. Allerdings fällt mit den zitierten Studien auf, dass die entsprechenden Diskurse, die im sehr interdisziplinären AAL-Feld aus verschiedenen Disziplinen wie der Ökonomie, Informatik, Soziologie, etc. gespeist werden, an vielen Stellen noch häufig unscharf und eher oberflächlich bleiben.

Dies zeigt auch eine weitere aktuelle Studie des BMBF/VDE (BMBF/VDE Innovationspartnerschaft AAL, 2012), die den Umschwung von eingebetteten Systemen hin zu soziotechnischen Systemen als Zukunftsperspektive verfolgt. Interessant ist hier, wie die Studie sich auf den Begriff „soziotechnisches System" bezieht und welche Handlungsaufforderungen für zukünftige Projekte sich daraus erschließen. Eine bisher zu starke Fokussierung von Sensortechnik wird kritisch angemerkt und stattdessen auf den wachsenden Bedarf an Informations- und Prozessmanagement hingewiesen. Eine systematische Informationsverarbeitung mit Archivierung, Auswertung und Bereitstellung von generierten Daten in Haushalten älterer Menschen sowie die Interoperabilität von Systemen und Netzwerken wird hier als wichtige zukünftige Forschungs- und Entwicklungsaufgabe im Zusammenhang mit soziotechnischen System genannt, die zweifelsohne wichtige Aufgaben darstellen. Die Zukunftsvision geht hier zudem noch einen Schritt weiter, nämlich zu technisch zu lösenden Aufgaben, die den Bereich der Notfallerkennung im Haushalt erweitern und im Falle einer *„geeigneten Weiterverarbeitung zur Früherkennung von gesundheitlichen Problemen und zur Prävention genutzt werden [können]"* (BMBF/VDE Innovationspartnerschaft AAL, 2012). Da bisher Nutzerorientierung und Nutzerintegration aus soziotechnischer Sicht immer noch eine große Herausforderung im AAL-Bereich darstellen, und Erwerb und Nutzung von auf dem Markt befindlichen Systemen noch sehr zögerlich durch die Zielgruppe erfolgen, ist zu vermuten, dass eine technische Lösung auf der Basis von Daten- und Prozessmanagement für präventive Szenarien wiederum zu kurz greift. Die weiteren Aspekte soziotechnischer Systeme im AAL-Feld, nämlich soziale, ethische und lebensweltliche Komponenten scheinen auch hier unterbeachtet.

Nach Ropohl (1999, 142) ist ein „soziotechnisches System [...] ein Handlungs- oder Arbeitssystem, in dem menschliche und sachtechnische Subsysteme eine integrale Einheit bilden". Technik wird damit als ein soziales „Phänomen" verstanden; dies bedeutet, dass nicht nur das Artefakt betrachtet wird, sondern auch die Entstehungs- und Verwendungszusammenhänge, d.h. dass die sozialen Kontexte mit einbezogen werden müssen in die Analyse (Banse/Hauser 2009, 136). Den Kontext spezifiziert Hörning weiterhin dahingehend, dass Technik in „ihre[m] Einsatz und ihre[m] alltäglichen Gebrauch [...] in einem sozio-kulturellen Kontext, im Kontext kollektiver Interpretationen und Deutungen" analysiert werden soll (Hörning 1985, 199).

Technik, als etwas mit bestimmten Intentionen „Gemachtes" bietet dennoch immer viele Handlungsspielräume in der Nutzung und Aneignung. Nutzungserwartungen sind konturiert durch *„Wertung und Werbung sowie eingebettet in bestimmte gesellschaftliche und technische Infrastrukturen."* (Banse, Hauser 2009:137). Daraus folgert, dass die Akzeptanz und *„Nützlichkeit von Technik [...] immer auch etwas kulturell interpretiertes [ist]"* (Hörning 1985, 200). Damit stoßen Nutzungserwartungen in ein Konglomerat von Perspektiven auf mögliche Nutzungskontexte, die mit qualitativen Instrumenten eruiert werden können, jedenfalls aber – insbesondere im technik-fernen Forschungsfeld der alternden Gesellschaft – spezifischer beleuchtet werden müssen.

Ein weiterer wesentlicher Aspekt, der im Zusammenhang mit der Begriffsdefinition soziotechnischer Systeme steht, ist die Langzeitwirkung von IKT-Artefakten auf soziale Praktiken und damit die Wechselwirkung zwischen Artefakt und Praxis (Rohde und Wulf 2011). Diese Perspektive wird bisher in AAL-Studien kaum eingenommen, nicht mit Blick auf tatsächliche Aneignungs- und Nutzungspraktiken in der realen Alltagswelt, aber auch nicht im Bereich methodischer Fragen, die ebenso aus Sicht der Praxis diskutiert werden müssen.

Kritik an einer nicht ausreichenden Berücksichtigung realer Lebenswelten älterer Menschen erfolgt auch aus dem Bereich der Ethik bzw. Sozialethik. Mit dem Hinweis auf eine starke Technikzentrierung in der Entwicklung von AAL-Technologien wird die Vernachlässigung der Reflexion über die mögliche Einbettung der Technik in das reale Lebensumfeld von älteren Menschen kritisiert:

> *„In den EU-Forschungsprogrammen ist zwar immer auch eine Evaluation der entwickelten Prototypen vorgesehen, doch häufig handelt es*

2.2. Technik und Alter

sich um bereits fertige Konzepte, die im Labor und anhand von Fragebogenerhebungen, aber nicht in realen Anwendungssituationen getestet werden" (Bioethikkommission 2009, S. 18).

Die Autoren stellen diese Vorgehensweise der etablierten Methode des partizipativen Designs gegenüber und wundern sich über die bisher kaum erfolgte Rezeption solcher Ansätze im AAL-Feld:

> „Dies ist erstaunlich, da die ursprünglich in den skandinavischen Ländern entwickelten Methoden des partizipativen Designs seit über 20 Jahren praktiziert und in wissenschaftlichen Untersuchungen dargestellt werden. Partizipative Technikentwicklung als Methode nimmt von den Lebensgewohnheiten, Erwartungen, Motivationen, Wohnsituationen usw. der alten Menschen Ausgang und bezieht auch das Umfeld von Familie und BetreuerInnen mit ein" (Bioethikkommission, S. 18).

Eine weitere meist nicht in Frage gestellte Grundannahme besteht darin, dass das Leben im Alter in der eigenen Wohnumgebung dem Wunsch nach Autonomie am ehesten gerecht wird. Es ist allerdings bisher kein gesichertes Wissen darüber verfügbar, ob der Verbleib in der häuslichen Umgebung in jedem Falle von alten Menschen als positiv empfunden wird (Health Council of the Netherlands 2004). Es werden entsprechende Einflussfaktoren genannt wie beispielsweise der Betroffenheitsgrad bei Erkrankungen. Dies bedeutet, dass

> „Autonomie [...] relativ [ist], bezogen auf Fähigkeiten, Umstände, Hilfsmöglichkeiten, Ressourcen usw. In jedem Fall steigt mit der häuslichen Versorgung die Abhängigkeit der PatientInnen von mitbetreuenden Angehörigen oder anderen informellen BeteuerInnen. (Bioethikkommission 2009)

In diesem Zusammenhang ist auch der Hinweis der genannten Studie relevant, dass „Autonomie der Patientenentscheidung als solche [...] nichts [aussagt] über die ethische Validität von Entscheidungen und Handlungen" (Bioethikkommission 2009, S. 15).

Zusammenfassend wird festgestellt, dass im AAL-Umfeld eine hohe Sensibilität für Praxisorientierung und die Integration von Endnutzern in F&E-Projekte besteht. Allerdings sind die Konzeptionen von entsprechenden Fragestellungen sowie die Einschätzung und Nutzung der dafür angewendeten Methoden sehr divergent. Quantifizierende Methoden überwiegen und deren Auswahl basiert auf einem bestimmten Design-Paradigma, das vom Arbeitsbereich auf häusliche Situationen übertragen wurde und dessen Angemessenheit hinterfragt werden sollte. Dies führt in den meisten Studien zu einer spezifischen Haltung gegenüber den vorliegenden sozialen Problemen älterer Menschen, die mittels AAL-Lösungen adressiert werden: In den Studien wird meist nicht daran gezweifelt, dass die Beschreibung der Lage älterer Menschen und deren Problemfelder ausreichend bekannt und evident sind. Demgegenüber liefern die vorliegenden Feldstudien in dieser Arbeit ein differenzierteres Bild hinsichtlich der Kenntnis über soziale Lebenswelten älterer Menschen sowie über methodische Fragestellungen. Was bedeuten Autonomie, soziale Eingebundenheit und Selbständigkeit im Einzelfall, wie werden solche Begriffe eingeordnet und vor welchem Hintergrund an Deutungsmustern und Wertvorstellungen? Es erscheint wesentlich, die Begriffe mit tatsächlich vorliegenden Problemen zu kontrastieren, damit ein differenzierteres Bild über die Endnutzer in der AAL-Domäne entsteht.

2.3. Zusammenfassung und Beschreibung des Forschungsdesiderats

Die Literaturstudie hat gezeigt, dass die Entwicklungsdomäne "IKT für die alternde Gesellschaft" ein herausforderndes, neues Feld innerhalb der IT-Landschaft darstellt. Aufgrund der hohen internen Variabiliät der älteren Generationen und der Problematik der Klassifizierung von Bedürfnissen, Wünschen und Problemen einer alternden Gesellschaft und der möglichen Unterstützungspotentiale mit neuen Medien erscheint der inhaltliche Charakter von Zieldefinitionen wie den „Erhalt von Selbständigkeit und Autonomie" oder die „Förderung sozialer Teilhabe und sozialer Interaktionen" häufig zu wenig mit tatsächlichen Praxissichten untermauert und daher recht unkonkret zu sein. Unter einer sozioinformatischen Gestaltungsperspektive stellt sich zudem die Frage, wie zielführend solche Leitbegriffe für einzelne Entwicklungsprojekte sind, unter der Annahme, dass Technikeinführungs-, -aneignungs- und -nutzungsprozesse sich je nach spezifischem Anwendungskontext unterschiedlich entwickeln können, selbst wenn es sich um dieselbe Domäne handelt.

2.3. Zusammenfassung und Beschreibung des Forschungsdesiderats

Im nächsten Schritt, nach der Identifizierung entsprechender sozialer Konstruktionen geht es schließlich um die Frage, welche Rolle soziale Konstruktionen bei Problemlösungsprozessen einnehmen. In der Literatur lassen sich zusammenfassend zwei verschiedene Modelle identifizieren: Leitbilder wie die Förderung von Autonomie und Teilhabe werden als (Pauschal-) Legitimationen für gestalterische Maßnahmen und Interventionen herangezogen und reproduzieren damit aber ein paternalistisches Modell, in dem die Leitbilder in der praktischen Arbeit eher eine untergeordnete Rolle spielen und nur peripher Berücksichtigung finden. Demgegenüber lässt sich ein zweites Modell identifizieren, das eine Überwindung paternalistischer Strukturen mittels Partizipation von älteren Menschen an Gestaltungsprozessen und -entscheidungen anstrebt. Hierbei entsteht – wenn man den Anspruch ernst nimmt – jedoch ein schier unlösbares Problem auf praktischer Ebene: Alle Versuche, Partizipation und Autonomie zu organisieren sind wiederum selbst Eingriffe von außen und müssten selbst wiederum zur Diskussion gestellt werden. Hierbei würde man auf vielerlei Grenzen stoßen, wie beispielsweise, dass ältere, technikferne Menschen ihre Bedürfnisse kaum ad hoc artikulieren können und entsprechend gedankliche Vorstellungsmöglichkeiten fehlen, die eine aktive Teilnahme an gemeinsamen Projekten von vornherein limitieren könnten.

Beide Vorgehensmodelle liegen in Ansätzen in der Techniklandschaft vor und sollten auf praktikable Weise miteinander verbunden werden, sodass es möglich wird, im Einzelfall legitime Partizipationsstrukturen aufbauen zu können, die zielführend sind für alle beteiligten Akteure. Dabei muss eher die Praxis selbst als die avisierten Probleme und Lösungen als ein Theorieproblem angesehen werden, eben in der Frage, wie Partizipationsprozesse zu gestalten sind und die Widersprüche zwischen den beiden Positionen abgebaut werden können.

Damit zeigt sich ein Kern innerhalb des Forschungsdesiderats darin, dass die theoretischen Konzepte zur Autonomie und Teilhabe im Alter sich widersprechen. Dennoch werden sie benötigt zur Interpretation praktischer Situationen. Szenarien unterstellen praktische Situationen, können jedoch spekulativ gebildet werden, so wie jedes Zukunftsszenario im Kern spekulativ ist. Und doch gibt es offenbar realistischere und unrealistischere Szenarien. Mit Szenarien können

Zusammenhänge zwischen Technik, Alter und Autonomie diskutiert werden, ohne funktioniert dies nur schwer. Aber wie kann man Szenarien bzw. ihren Realismus diskutieren? Zudem gibt es auch paternalistische Praxen in der Konstruktion von Szenarien bzw. davon abgeleiteter Entwicklungsansätzen. Daher stellt sich die Kernfrage, wie man realistische, menschengerechte Szenarien auf nichtpaternalistische Weise findet. Als Ergebnis kann vorweggenommen werden, dass dies weder möglich ist, indem man auf Szenarien verzichtet, noch indem man Szenarien deterministisch verwendet.

Entsprechende Lösungsansätze, die in der vorliegenden Arbeit verfolgt werden, erstrecken sich auf folgende Aspekte:

- Die Einbettung von Technikdesign in umfassende empirische Arbeitsschritte, um ein möglichst tiefgreifendes Verständnis für Alltagswirklichkeiten älterer Menschen zu erlangen.
- Kontinuierliche Reflektion von technischen Lösungsansätzen gemeinsam mit den Betroffenen sowie einer gemeinsamen evolutionär-partizipativen Erprobung von Prototypen.
- Neue Versuche der Kategorisierung von Begriffsbildung zwischen theoriegeleiteten, praxisfernen Szenarien und im Prinzip unendlich vielen empirischen Praxisergebnissen für ein praxis- und nutzergerechteres Technologiedesign.

Dazu möchte die vorliegende Arbeit in drei Case Studies mittels qualitativ-empirischer Forschung die Begriffe Autonomie und Soziale Teilhabe/ Interaktion um in den Forschungsfeldern vorgefundene empirische Phänomene bereichern. Damit soll ein fundierteres Praxisverständnis für Autonomie- und Teilhabebezogene Fragestellungen aus der alltagsweltlichen Perspektive von älteren Menschen und deren sozialen Netzwerken erlangt werden.

Mit dem Ansatz des „sensibilisierenden Konzepts" (Blumer 1954) wird ein Vorschlag erarbeitet, den „sozio-technical gap" (Dourish 2006) für die bisher noch relativ wenig ausdifferenzierte Domäne „IT für die alternde Gesellschaft" zu minimieren.

3. Die Fallstudien: Einleitende Vorbemerkungen

3.1. Settings

Im vorliegenden empirischen Kapitel dieser Arbeit werden drei verschiedene Fallstudien vorgestellt, die unterschiedliche IKT-Anwendungen zur Unterstützung des Alltagslebens älterer Menschen verfolgen. Die Fallstudien wurden ausgewählt, weil sie geeignet sind, spezifische Kontexte um Autonomie- und Teilhabefragen von älteren Menschen aus einer verstehenden Praxisperspektive zu beleuchten.

Alle drei Fallstudien basieren auf einem qualitativ-empirischen Methodenzugang, mit dem intendiert wurde, Praxisperspektiven sowie Wert- und Deutungsmuster von älteren Menschen und deren sozialen Netzwerken in Bezug auf Autonomie- und Teilhabefragen sowie möglicher IKT-Unterstützung in individuellen Alltagskontexten zu erheben.

Alle Case Studies berühren gleichermaßen zahlreiche Facetten um Autonomie und soziale Teilhabe aus Sicht der InterviewpartnerInnen; die spezifischen Fokussierungen der Studien (a) auf den Bereich der Demenzversorgung sowie (b) der sozialen Interaktion von alten Menschen in einer stationären Einrichtung und (c) im eigenen häuslichen Umfeld ermöglicht es zusätzlich, lebensnahe und derzeit gesellschaftlich verbreitete Problembereiche im Detail zu beleuchten.

Die drei Case Studies sind alle Bestandteil unterschiedlicher IKT-Entwicklungsprojekte am Lehrstuhl Wirtschaftsinformatik und Neue Medien an der Universität Siegen. Die Projekte sind als „Design Case Studies" Wulf et al. 2011) konzipiert, die die Designphasen „Vorstudie", „Prototypentwicklung" und „Evaluation des Prototypen" umfassen. Die vorliegenden Case Studies sind unterschiedlichen Zeitpunkten im Rahmen der jeweiligen Design Case Study-Projekte entnommen, so beinhaltet die erste Case Study „Alzheimer Monitoring" den gesamten Prozess von der Vorstudie über die Prototypenentwicklung eines Ortungssystems bis hin zur Evaluation der Anwendung. Die zweite Case Study „Social Display" liefert Erkenntnisse im Rahmen einer Vorstudie und daraus ermittelte

Implikationen für das Design neuer Medien zur Verbesserung des Lebensalltags in stationären Einrichtungen. Die dritte Case Study „Neue Medien zu Hause" beleuchtet schwerpunktmäßig die Anfangsphase eines Designprojekts mit selbständig zu Hause lebenden Senioren, in der insbesondere Fragen des Zugangs zu älteren Menschen, die man im Rahmen eines längerfristigen F&E-Projekts als Forschungspartner gewinnen möchte, im Rahmen der Vorstudie verfolgt werden. Folgend werden die Case Studies im Einzelnen kurz eingeführt:

(a)   Alzheimer Monitoring

Die Design Case Study *Alzheimer Monitoring* erstreckt sich über den gesamten Entwicklungsprozess eines Ortungssystems für Demenzkranke bzw. deren Betreuungspersonen. Das Projekt wurde von 2009 bis 2011 vom Bundesministerium für Wirtschaft und Technologie gefördert und gemeinsam von der Universität Siegen und dem Unternehmen ITSS, Köln, durchgeführt.

In dieser Fallstudie werden Forschungsaktivitäten beschrieben, die die Ethnographie-gestützte Entwicklung des Systems für Demenzkranke und deren Betreuungspersonen sowohl im häuslichen Umfeld als auch in der stationären Versorgung zum Ziel haben. Die hier zu beschreibenden Fallstudien wurden im Rahmen einer Interview-Vorstudie sowie der im Anschluss an die Systementwicklung durchgeführten, mehrmonatigen Evaluationsphase erhoben. Somit erstreckt sich die Darstellung der einzelnen Fallstudien im Rahmen des Projektes Alzheimer Monitoring über den gesamten Entwicklungszeitraum und liefert eine Design-Fallstudie im klassischen Verständnis.

(b)   Social Display

Das Projekt *Social Display* erforscht Möglichkeiten des IKT-Einsatzes in stationären Einrichtungen der Altenpflege zur Verbesserung der Lebensqualität von Heimbewohnern, wofür beispielsweise die Förderung sozialer Interaktionen untereinander und sozialer, aber auch medialer Teilhabe hilfreich sein kann. In einer umfassenden Vorstudie, bestehend aus Interviews, teilnehmender Beobachtung und Aktionsforschungs-Elementen wurden mögliche Einsatzfelder für moderne Informations- und Kommunikationstechnologien in Verbindung mit einem großformatigen Bildschirm als Ausgabegerät eruiert. Das Projekt wird in Kooperation mit einem lokalen Altenheim durchgeführt. Die Vorstudie beleuchtet insbesondere Fragen der sozialen Interaktion und sozialen Alltagsprobleme von Menschen, die in stationären Einrichtungen leben und damit in Verbindung stehende Herausforderungen für partizipative Designmethoden mit hochaltrigen Menschen in diesem besonderen Setting, die bisher keine Erfahrung mit neuen Medien haben und entsprechend geringe Nutzungsmotivationen und -interesse aufweisen. Die Durchführung und die Ergebnisse der Vorstudie werden in dieser Arbeit besprochen.

(c)   Neue Medien zu Hause

Die Fallstudie *Neue Medien zu Hause* basiert auf den Ergebnissen einer Vorstudie im Rahmen des AAL EU/BMBF-Projekts FoSIBLE (Fostering Social Interaction for a Better Life of the Elderly). Projektziele von FoSIBLE richten sich auf die Entwicklung von Social Media-Anwendungen, die technisch auf Ansätzen des interaktiven Fernsehens basieren. Inhaltliche Ziele sind die Förderung von Selbständigkeit, sozialen Interaktionen und sozialer Teilhabe von älteren allein lebenden Menschen oder Ehepaaren mittels moderner IKT, in ihrem häuslichen Umfeld.

Anwendungs- und Interviewpartner sind Senioren, die Mitglieder eines lokalen Senioren-Computer-Clubs sind. In der vorliegenden Arbeit wird Material aus der Vorstudie herangezogen, das sowohl in Interviews mit Senioren in ihrem häuslichen Umfeld gewonnen wurde als auch auf teilnehmenden Beobachtungen und aktionsforscherischen Anteilen mit den Senioren in ihrem Clubraum basiert. In dieser Arbeit werden zum einen empirische Ergebnisse vorgestellt, die eine tiefere Auseinandersetzung mit den Themen „Soziale Interaktionen" und „Autonomie" im häuslichen Bereich älterer Menschen ermöglichen. Andererseits werden anhand dieser Studie besondere methodische Herausforderungen für die Living Lab-Forschung mit älteren Menschen herausgestellt.

3.2. Methoden

Das Konzept der Design Case Studies (Wulf et al. 2011) liefert den methodischen Rahmen bezogen auf die Funktionen der einzelnen Case Studies in den gesamten jeweiligen IKT-Entwicklungsprojekten. Wie oben beschrieben, beleuchten die zu beschreibenden Case Studies unterschiedliche Abschnitte der jeweiligen genannten Designprojekte.

Idealtypisch erstrecken sich Design Case Studies auf drei große Projektabschnitte: (I.) eine umfassende Vorstudie, die dazu dient, ein Verständnis für das Anwendungsfeld zu erhalten und die Alltagspraktiken, Probleme und Bedürfnisse sowie auch Reflexionen und Haltungen gegenüber möglicher Technikunterstützung detailliert zu verstehen und zu beschreiben. (II.) die Entwicklungsphase von Mock-ups und Prototypen, die sich über mehrere Designzyklen erstreckt. Die Artefakte werden regelmäßig mit den Anwendungspartnern sowie mit den weiteren Stakeholdern des Gesamtdesignteams diskutiert und reflektiert. (III.) die Evaluationsphase, in der fortgeschrittene Prototypen über einen längeren Zeitraum von Testnutzern in deren lebensweltlichen, realen Alltags- oder Arbeitskontext genutzt und getestet werden.

Übergreifendes Erkenntnisziel von Design Case Studies ist deren Vergleich in folgenden Kriterien: die mit IKT zu unterstützende Praxis in einer spezifischen Branche, IT-Funktionalitäten, Entwicklungsprozess sowie Erhebungs- und Einführungsmethodik. Es sollen damit Querschnittsthemen identifiziert werden, die dazu beitragen, die Theorie praxisorientierter Informatik fortzuentwickeln. Mögliche Querschnittthemen könnten folgende Aspekte umfassen: Eignung bestimmter Gestaltungsprinzipien zur Lösung bestimmter Probleme sozialer Praxis, zur Antizipation der Veränderung sozialer Praxis, sowie die Eignung spezifischer Einführungsmethoden von IT-Artefakten für unterschiedliche soziale Praxisfelder (vgl. Wulf et al. 2011).

Da die in dieser Arbeit zu besprechenden Fallstudien nicht die kompletten idealtypischen Schritte im Sinne des Design Case Study-Konzepts durchlaufen haben, wird der Querschnittsvergleich insbesondere auf Ergebnisse der Vorstudien konzentriert. Dabei sollen zwei wesentliche Erkenntnisziele erreicht werden: Die Entwicklung von sensibilisierenden Konzepten für das Design (vgl. Müller et al. 2012a, Blumer 1973), d.h. übergreifende Leitideen, die das Design von IKT für die alternde Gesellschaft auf der Basis eines fundierteren Praxisverständnisses anleiten können, sowie eine Reflexion von Erhebungs- und Einführungsmethoden in IKT-Gestaltungsprozessen, die für die Zielgruppe der älteren und Technik-nicht-affinen Menschen angemessen sind.

3.2. Methoden

Ein hier in unterschiedlichem Ausmaß angewandtes Forschungsinstrument im Rahmen des Design Case Study-Konzepts ist der Living Lab-Ansatz (Müller et al. 2012b; Budweg et al. 2012; Hess, Ogonowski 2011), der die Lebens- und Arbeitswelt der prospektiven Zielgruppen in das Zentrum der Forschungs- und Entwicklungstätigkeiten verlegt. Dies bedeutet einerseits, dass von Projektbeginn an – von der ersten Reflexion möglicher Technikideen bis zur Prototypentwicklung und -evaluation – das spätere realräumliche Einsatzfeld der Technik und der soziotechnische Kontext der prospektiven Nutzer einen wesentlichen Raum einnehmen. Eine weitere wesentliche Komponente des Living Lab-Ansatzes besteht in der umfassenden Gestaltung und Reflexion der Beziehung zwischen Nutzern bzw. Vertretern der prospektiven Zielgruppe und allen anderen Projektbeteiligten wie Forschern, Designern und Industrievertretern.

In allen drei Case Studies werden die Nutzer-Forscher/Designer-Beziehungen für die Klärung der oben skizzierten methodischen Fragestellungen in besonderem Maße betrachtet, da für die Zielgruppe der älteren Menschen neue Herausforderungen im Aufbau von Living Labs bestehen.

Da in soziotechnischen Gestaltungsprozessen die Rekonstruktion subjektiver Sichtweisen und Wert- und Deutungsmuster innerhalb der anvisierten Zielgruppe bzw. prospektiven Nutzergruppe essenziell ist, damit die zu entwickelnden technischen Artefakte einen angemessenen Sitz im Lebens- bzw. Arbeitsalltag der Menschen einnehmen können, basiert der grundlegende Forschungsansatz auf qualitativ-empirischen Methoden der Sozialforschung. So wie in der Sozialforschung das qualitative Forschungsparadigma zur Erschließung von Wirklichkeitsbereichen, über die wenig bekannt ist, verfolgt wird (vgl. Flick et al. 2000), gilt dies im Prinzip für jedes einzelne IKT-Gestaltungsprojekt, das sich zum einen in individuellen Praxiskontexten platzieren muss, und darüber hinaus soziale Praxis mittels IKT wiederum in jedem Einzelfall verändert. Daher basiert auch die soziotechnische IT-Gestaltung auf dem qualitativen Paradigma, das darauf abzielt, „Lebenswelten von innen heraus" aus der Sicht der sozialen Akteure zu verstehen (Flick et al. 2000, 14).

Die hier gewählte Erhebungsmethode in den Vorstudien ist die Ethnographie, basierend auf einem Mix aus Teilnehmender Beobachtung, semi-strukturierten und informellen Interviews, die zum Ziel haben, ein Verständnis zu entwickeln für menschliche Verhaltensweisen, die vor dem Hintergrund individueller Lebensentwürfe reflektiert werden (Blomberg et al. 1993). Rode (2011) hat jüngst eine Debatte angestoßen über die Nutzung ethnographischer Methoden im Forschungsfeld Mensch-Computer- Interaktion (HCI). Sie hat Ethnographie-gestützte Designansätze in der Forschungscommunity verglichen und herausgestellt, dass die überwiegende Anzahl von Veröffentlichungen sich auf *„realist ethnography"*-Ansätze stützen (S. 125). Rode beschreibt diese Form der Darstellung ethnographischer Ergebnisse für das Design, bezugnehmend auf Van Maanen (1998), als eher nüchterne Darstellung von im Feld erhobenen „Fakten", die die Subjektivität des Feldforschers größtenteils ausblenden und somit auch die Interaktionen, die sich zwischen Forschungssubjekten und dem/der Forscher/in vollziehen. Sie kritisiert diese Form der ethnographischen Ergebnisdarstellung, die für sie in erster Linie durch folgende Kriterien gekennzeichnet ist: Autorität des Schreibers der Ethnographie, eine unterkomplexe Darstellung des „native's point of view" und damit ein genereller Hang zu wenig reflexiv zu sein. Zum Aspekt „native's point of view" zieht sie Geertz (1973) heran, der das Konzept der „Dichten Beschreibung" entwickelte und forderte, nicht nur die Aktivitäten und Äußerungen der Informanten zu paraphrasieren. Stattdessen ist für ihn das Ziel einer Ethnographie, ein reichhaltigeres Verständnis darüber zu entwickeln, was hinter den beobachtbaren Verhaltensweisen der Informanten steht:

> *„Der Kulturbegriff den ich vertrete und dessen Nützlichkeit ich in den folgenden Aufsätzen zeigen möchte, ist wesentlich ein semiotischer. Ich meine mit Max Weber, daß der Mensch ein Wesen ist, das in selbstgesponnene Bedeutungsgewebe verstrickt ist, wobei ich Kultur als dieses Gewebe ansehe. Ihre Untersuchung ist daher keine experimentelle Wissenschaft, die nach Gesetzen sucht, sondern eine interpretierende, die nach Bedeutungen sucht. Mir geht es um Erläuterungen, um das Deuten gesellschaftlicher Ausdrucksformen, die zunächst rätselhaft erscheinen." (Geertz 1983, 9)*

Rode zitiert beispielsweise Crabtree et al. 2003, Park et al. 2006 sowie Taylor und Swan 2005 als Vertreter dieser „realist ethnography", ein Verfahren, das sie u.a. in ethnomethodologischen Studien verortet sieht.

Sie nennt nach Van Maanen (1993) zwei weitere Stile ethnographischen Schreibens, und zwar *„confessional"* und *„impressionistic"*. *Confessional* beschreibt

3.2. Methoden

Darstellungen, in der der Forscher auch über seine persönlichen Bezüge und Involviertheiten im Feld berichtet und auch z.b. über Probleme des Zugangs zum Feld reflektiert. Ein impressionistischer Schreibstil versucht, über ausführliche Beschreibungen dem Leser einen Eindruck der Alltagsvollzüge und -routinen der Beobachteten zu liefern. Für die letztgenannten Ansätze ist ein reflexiver Umgang in der Präsentation der erhobenen Daten typisch, z.b. beinhalten solche Berichte auch Probleme in der Kontaktaufnahme mit der Zielgruppe und deren Reflexion sowie eine Darstellung von Maßnahmen des Forschers, solche Probleme zu überwinden. Rode stellt entsprechend die Herstellung eines „rapport" in den Vordergrund, die laut ihrer Einschätzung im HCI-Feld bisher nur wenig thematisiert werde (127):

> "When an anthropologist speaks of "creating rapport" with their informants they speak of their actions to ensure mutual understanding and trust which will in turn facilitate the ethnographic encounter. Rapport facilitates access, not only physically reaching participants, but also getting them to open up and share their stories, even if they are embarrassing or taboo."

Die vorliegenden Studien wurden in natürlichen, lebensweltlichen Settings in Anlehnung an impressionistische Darstellungsformen durchgeführt und darüber hinaus angeleitet durch das Vorgehen der Grounded Theory (Strauss, Corbin 1990) in Verbindung mit Ansätzen aus Aktionsforschung (Lewin 1946; Argyris et al. 1985) und des Participatory Design (Kensing & Blomberg 1998).

Vor der Datenerhebung wurden relevante Forschungsinstrumente in Form von Interviewleitfäden und Beobachtungsleitfäden erstellt. Die Kontaktierung und Auswahl der Interviewpartner erfolgte auf der Basis des „constant comparison", d.h. es wurde nach Möglichkeit eine Vielzahl an Unterscheidungen ausgewählt, um konstrastierende Fälle aufzunehmen hinsichtlich der Lebens- und Arbeitsbedingungen der sozialen Akteure. Die Interviewleitfäden wurden entsprechend neuer Erkenntnisse fortlaufend angepasst. Die Datenanalyse begann gemäß den Prinzipien der Grounded Theory bereits nach der ersten Datensammlung, sodass die Datenerhebung, -analyse und Theoriebildung in einer Kombination und Gleichzeitigkeit der verschiedenen Schritte erfolgte (vgl. Strübing 2008, Abb. 1).

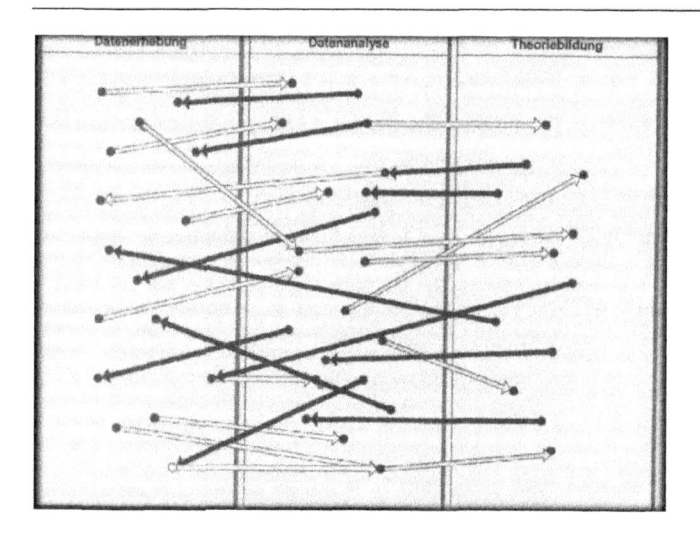

Abbildung 1: Forschungsprozess nach Grounded Theory (Strübing 2008:15)

Nach dem Prinzip des *theoretical sampling* stoppte die Datensammlung zu einem Zeitpunkt, an dem angenommen werden konnte, dass keine signifikanten neuen Erkenntnisse mehr erhoben würden. Daher ist die Zahl der Interviews und Sitzungen des teilnehmenden Beobachtens nicht von vornherein bestimmt gewesen, sondern hat sich im Verlauf der Forschungsprozesse ergeben.

Die Interviews wurden mittels Audiorecorder aufgenommen und wörtlich transkribiert. Sitzungen teilnehmender Beobachtung wurden in Form von Beobachtungsprotokollen verschriftlicht. Für die Auswertung wurde die Software „MaxQDA" zur Strukturierung der qualitativen Datenbearbeitung genutzt. Die Bearbeitung erfolgte in mehreren Schritten: Zunächst wurden die Texte mittels des „offenen Kodierens" in einzelne Bestandteile zerlegt, um wesentliche Konzepte zu identifizieren. Mittels Kodes wurden sie in Bezug auf bestimmte Eigenschaften und Dimensionen zu Kategorien zusammengefasst. Im zweiten Schritt, dem „axialen Kodieren", wurden die vorläufig vorhandenen Kategorien verfeinert, differenziert und systematisiert bezüglich der empirischen Zusammenhänge zwischen den Kategorien. Im letzten Schritt, dem „selektiven Kodieren", wurden die Ergebnisse des axialen Kodierschritts im Hinblick auf analytische Leitideen ausgearbeitet, die in Kernkategorien für die vorliegende Arbeit münden.

3.2. Methoden

Ergänzend zur qualitativ-empirischen Arbeit wurden in Fallstudie 2 und 3 aktionsforscherische Elemente hinzugezogen. Diese Ansätze basieren auf Lewins (1946) Prämissen, der Aktionsforschung als eine Methode für die kollaborative Problemidentifikation in sozialen Feldern und eine darauf folgende gemeinsame Lösungsfindung in demokratischer Form formuliert. In den genannten Studien mussten aktionsforscherische Elemente zusätzlich zu herkömmlichen Methoden der qualitativen Datensammlung erfolgen, da hiermit insbesondere motivatorische Probleme, wie im Einzelnen zu zeigen sein wird, gelöst werden konnten.

Ein methodisches Ziel der Arbeit besteht in der Entwicklung von Vergleichskriterien, die dabei helfen, Ergebnisse einzelner Design Case Studies übertragen zu können und diese damit einem weiter gefassten wissenschaftlichen Diskurs zugänglich zu machen und einen Beitrag zur Theorieentwicklung für die IT-Gestaltung in der Domäne der alternden Gesellschaft zu leisten. Die Arbeit legt den Vorschlag vor, Blumers „sensibilisierende Konzepte" (1954) als Querschnittskategorien von Design Case Studies einer Domäne zu formulieren.

Der Begriff *sensitizing concept* wird heute häufig in Zusammenhang mit empirischen Studien genannt, die theoriegenerierende Verfahren in Anlehnung an die Grounded Theory (Strauss & Corbin 1990) verfolgen. Für einige Forscher stehen *sensitizing concepts* am Beginn einer qualitativ-empirischen Studie, um damit das theoretische Vorwissen des Forschers zu dokumentieren, das er in die Studie einbringt. Dieses offenzulegende Vorwissen wird in der Erhebungsphase als heuristisch-analytischer Rahmen genutzt, um Frageideen und Perspektiven des Forschers zu generieren und zu strukturieren (vgl. Bowen 2006).

Andere Autoren nutzen *sensitizing concepts* eher im Auswertungsprozess einer empirischen Studie, um das theoretische Wissen, das in der Analyse generiert wird, auszuformulieren. Auf der Basis eines iterativen, empirisch basierten Theoriegenerierungsprozesses fungieren diese Konzepte hier als elastische Zwischenschritte des Erkenntnisprozesses, die in der fortlaufenden Analyse fortentwickelt, verfeinert und mit empirisch begründeten Hypothesen am Datenmaterial verfestigt werden (Witzel 2000). *Sensitizing concepts* dienen damit – sowohl am Beginn einer empirischen Studie, als auch im fortlaufenden Analyseprozess als Vehikel, den changierenden Forschungsprozess zwischen Vorannahmen und Konzeptbildung im Kopf des Forschers und fortlaufender Überprüfung am Datenmaterial zu dokumentieren und damit eine möglichst große Praxisnähe zu garantieren.

Sensitizing concepts bilden somit wesentliche Operationalisierungsstufen in theoriegenerierenden Verfahren auf Basis der Grounded Theory. Zum einen versinnbildlichen sie eine generelle Kritik – in Blumers Ansinnen (1954) – an einer soziologischen hypothetico-deduktiven Vorgehensweise, die auf der forschungsmethodologischen Grundannahme basiert, dass eine empirische Datensammlung und -analyse auf im Vorfeld ausformulierten Operationalisierungsschritten basieren muss und damit letztlich bestehende Hypothesen zu prüfen hat. Auf der anderen Seite haben sie einen forschungspragmatischen Stellenwert, da sie mit Strauss & Corbin (1990) die Sichtweise manifestieren, dass ein jeglicher Forschungsprozess auf Vorannahmen und Vorwissen des Forschers beruht und eine „naiv-induktivistische Position des ‚soziologischen Naturalismus'" niemals realistisch einlösbar ist (vgl. Witzel 2000, Hoffmann-Riem 1980). Diese Perspektive richtet sich gegen die Forderung einer prinzipiellen Offenheit des Forschers gegenüber der Empirie als „tabula rasa", d.h. unter vollständiger Ausklammerung des Vorwissens (Witzel 2000, Kelle 1996). Nach Strauss & Corbin (1990) soll es demgegenüber darum gehen, Vorwissen und auch theoretisches Wissen, das im Verlauf der empirischen Studie erlangt wurde, z.B. durch ergänzende Literaturrechen, aktiv in die Datenbasis einzubeziehen in einem fortlaufenden Prozess der Datensammlung, Theoriegenerierung und Analyse.

Die Übertragung sensibilisierender Konzepte auf den Bereich der IT-Gestaltung im Feld der alternden Gesellschaft wird in Kapitel 4.2., vor dem Hintergrund der Ergebnisdarstellung der Design Case Studies, detailliert dargelegt.

4. Fallstudie I: Alzheimer Monitoring

In diesem Kapitel werden Ergebnisse von Case Studies vorgestellt, die im Rahmen eines Gestaltungsprojektes durchgeführt wurden, das die Entwicklung eines GPS-basierten Ortungssystems für Demenzkranke mit Lauftendenz bzw. für deren Betreuungspersonen – sowohl innerhalb häuslicher Lebensumgebungen als auch in stationären Betreuungsbereichen – umfasst.

Die wichtigste Komponente eines solchen Systems ist ein Gerät, das von der demenzkranken Person an der Kleidung getragen wird (im Folgenden als Tracker bezeichnet), das GPS-Signale empfängt und die eigene Position über ein Mobilfunkmodul an einen Server weiterleitet, die schließlich von einer Betreuungsperson mittels einer digitalen Karte abgelesen werden kann. Diese Karte sowie weitere relevante patientenbezogene Einstellungen können über eine spezifische Website eingesehen werden.

Da bereits ähnliche Anwendungen auf dem Markt verfügbar sind, diese jedoch von Betreuenden von Demenzkranken bisher kaum genutzt werden, bestand ein wesentliches Ziel des Projektes in der Entwicklung eines umfassenden Verständnisses für die spezifischen Problemlagen und Bedürfnisse der avisierten Nutzergruppe. Es kann davon ausgegangen werden, dass die vorliegenden Produkte am Markt bisher zu oberflächlich die spezifischen Problemlagen sowie auch Fragen der Haltungen gegenüber Technikunterstützung und Technikaneignungsaspekten angesprochen haben.

Die Ergebnisse der Vorstudie flossen teilweise in die Gestaltung des Prototypen mit ein. Allerdings waren die Ergebnisse häufig eher spezifischere Fragen, die aus der Praxiswelt prospektiver Nutzer gespeist wurden, als fest definierte Antworten, die bereits zur Gestaltung fixer Systemfunktionalitäten leiten konnten. Daher musste an dieser Übergabestelle von Empirieergebnissen an die Entwickler, die diese in Systemfunktionalitäten einbringen mussten, zunächst auch zahlreiche Kompromisse gemacht werden, die zusätzlich durch technische Spezifika, wie den damaligen Stand der Technik sowie die Auswahl der Portalumgebung (open source), erschwert wurden.

Die Prototypentwicklung erfolgte für eine Web-Anwendung, die sowohl über einen internetfähigen PC als auch über eine iPhone-App zugänglich ist. Die Tracking-Geräte, die die Patienten bei sich tragen, wurden nach einem Marktvergleich unter Kosten-Nutzen-Gesichtspunkten käuflich erworben.

In einer mehrmonatigen Evaluationsphase wurde der funktionsfähige Prototyp schließlich in einer Familie (PC-Anwendung) und zwei stationären Einrichtungen (PC-Anwendung und PC-/mobile Anwendung) getestet.

4.1. Demenz als Krankheit im Wandel: Konzepte der Gerontologie

Neuere Forschungsarbeiten auf dem Gebiet der sozio-therapeutischen Behandlungs- und Pflegeansätze für Demenzkranke orientieren sich häufig an einer neuen Blickrichtung auf Krankheit und Gesundheit generell. Es geht im Kern um eine Abwendung von der bisher dominanten westlichen Biomedizin hin zu einem ganzheitlichen bio-kulturellen (Morris 2000) bzw. bio-psycho-sozialen Krankheitsmodell (Willi & Heim 1986). Beide Modelle verfolgen ein verbessertes Verständnis für Zusammenhänge zwischen Krankheit und sozialem Kontext, z.B. Geschlecht, Alter und Gesellschaft. Sie weisen darauf hin, dass Krankheit u.a. auch in Bezug auf die jeweilige Biographie betrachtet werden sollte. So bekommen bestimmte Krankheiten im Rahmen einer Lebensgeschichte einen ganz spezifischen Deutungsgehalt.

Ein wichtiger Vertreter eines neuen Demenzpflegemodells, das auf dem genannten erweiterten medizinischen Weltbild basiert, ist der britische Sozialpsychologe T. Kitwood, der den „personenzentrierten Ansatz" als Demenzpflegeleitbild in den 1980er Jahren entwickelt hat (Kitwood 2000). Im Kern seiner Argumentation steht der Begriff des „Personseins" *(personhood)*. Er bezeichnet einen Stand oder Status, der dem einzelnen Menschen im Kontext sozialer Beziehungen und sozialem Sein von anderen verliehen wird. Der Begriff „Personsein" impliziert Anerkennung, Respekt und Vertrauen (Kitwood, 2000).

Nach Kitwoods Auffassung hat sich das „Personsein" in der Folge gesellschaftlicher Individualisierungstendenzen auf zwei wesentliche Kriterien reduziert: auf Autonomie und Rationalität. Dies habe zur Folge, dass Menschen, auf die diese beiden Kriterien nicht zutreffen, aus dem Kreis der *Personen* ausgeschlossen

4.1. Demenz als Krankheit im Wandel: Konzepte der Gerontologie 73

werden. Insbesondere Menschen mit seelischer oder körperlicher Behinderung, und speziell Menschen mit Demenz würde damit der Status des „Personsein" häufig in Abrede gestellt.

Diesen Vorgang bezeichnet Kitwood als „Depersonalisierung". Durch diesen Vorgang wird aus der Demenz häufig ein Angst- und Tabuthema. Kitwood kritisiert, dass gängige Modelle und Grundlagen der Demenzversorgung und -pflege zu stark einem bio-medizinisch geprägten Krankheits- und Gesundheitsmodell verhaftet sind. Diese Einschätzung wird von einigen Forschern im Bereich der Pflegewissenschaften und Pflegeethik geteilt und als Basis für neue ethische Ansatzpunkte verwandt (vgl. z.B. Wetzstein 2005).

Konkret kritisiert Kitwood Grundhaltungen auf der Basis biomedizinischer Ansätze in der Demenzpflege, die negative Auswirkungen auf den Umgang mit Menschen mit Demenz zeigen können, d.h., dass meist neurologisch-pathologische Befunde vor sozialpsychologischen Veränderungen als Bewertungsmaßstäbe für Therapie und Versorgung von Demenzkranken als gültig angesehen werden. Diese vorgegebene neuro-pathologische Perspektive führe häufig dazu, dass die Einzigartigkeit, das „Personsein" des demenzkranken Menschen vernachlässigt würde. Dadurch, dass das Krankheitsbild der Person in den Vordergrund gestellt wird, z.B. abnehmende kognitive Leistungsfähigkeit, wird gleichzeitig ein deterministische Sichtweise eingenommen, die die medizinische Behandlung betont und sozio-therapeutische Ansätze in den Hintergrund stellt.

Im Prinzip resultieren bio-medizinische Ansätze, die den neuropathologischen Prozess in den Mittelpunkt stellen, in der Annahme des hirnorganischen Psychosyndroms als geistigen Tod, der den Körper als lebende Hülle zurücklässt. Überspitzt formuliert konzentriert sich die Biomedizin auf die Versorgung des „noch lebenden Körpers". Ihre Aufgabe wird darin gesehen, *„[...]eine professionelle Grundpflege zu garantieren, den Betroffenen notfalls mit freiheitsbeschränkenden Maßnahmen eine sichere Umgebung zu gewährleisten und mit Hilfe von Psychopharmaka Verhaltensauffälligkeiten zu mindern."* (Richter o.J.)

Der personenzentrierte Ansatz von Kitwood beinhaltet die folgenden Grundansichten: Eine an der dementen Person ausgerichtete Pflege kann die Erkrankung positiv beeinflussen, und neurologische Befunde und sozialpsychologisch motivierte Pflege beeinflussen sich wechselseitig.

Das Wohl und der Erhalt der Persönlichkeit des Menschen sind zentrale Ziele. Damit einher geht die Anerkennung und Befriedigung der Bedürfnisse der dementen Person, wie das Bedürfnis nach Liebe, Trost, Stärkung des Sicherheitsgefühls und Wohlbefindens, nach Teilhabe am sozialen Umfeld und Kommunikation und nach sinnvoller Beschäftigung und Finden der eigenen Identität. Diese Bedürfnisse stehen in Relation zur Pflegebeziehung und bedürfen positiver Interaktionen, wie Anerkennung, Zusammenarbeit und Validation (Kitwood 2000, Wetzstein 2005).

Insgesamt besteht das Ziel der personenzentrierten Pflege darin, die demente Person und ihr Erscheinen und ihre Wahrnehmung in den Mittelpunkt zu stellen und damit ein neues Demenz-Pflegemodell zu etablieren.

Ein Ansatz, die personenzentrierte Demenzpflege systematisch einzusetzen, wurde als Dementia Care Mapping (DCM) (vgl. Müller-Hergl 2000) an der Universität Bradford entwickelt und eingeführt. Ziel des DCM ist es, auf systematische Weise das Wohl oder Unwohlsein eines Menschen festzustellen, der nicht mehr in der Lage ist, diese Information selbst verbal zu äußern. Mittels pflegerischer Dokumentationsarbeit im Zusammenhang mit Biographiearbeit wird eine strukturierte Sicht über das Wohlergehen und die Zufriedenheit einer Person erarbeitet. Auch sollen Veränderungen festgestellt werden, auf die dann adäquat reagiert werden kann. Auf der Basis dieser Dokumentation werden schließlich Feedback-Gespräche geführt und Bewertungen zur Qualität der pflegerischen Maßnahmen erstellt, die dann in optimierte Handlungspläne umgesetzt werden. DCM findet in Deutschland zunehmend Verbreitung, allerdings bisher hauptsächlich auf der Ebene speziell ausgebildeter Demenzpflege-Fachkräfte. Eine Diffusion der neuen Demenzpflegeansätze und -methoden steht in Deutschland noch weitestgehend aus.

Andere in Deutschland mittlerweile beachtete, aber teilweise in der praktischen Umsetzung noch eher selten verbreitete Ansätze, die im Kern den würdevollen Umgang mit Personen mit Demenz in das Zentrum stellen, sind neben anderen das Konzept der Validation von Naomi Feil (2005) sowie das psychobiographische Pflegemodell von Erwin Böhm (2004). Allen gemeinsam ist der Versuch einer Überwindung der stark bio-medizinisch geprägten Sichtweise auf die Pflege dementiell verwirrter Menschen.

Diese heute teilweise noch konkurrierenden medizinischen Weltbilder wurden in der empirischen Erhebung im Rahmen der Anforderungsanalyse häufig vorgefunden. Teilweise wurde insbesondere von Führungskräften und Demenzpflege-Profis diese neue Pflegekultur als Basis des pflegerischen Handelns zugrunde gelegt. Die jeweilige Orientierung an einer eher bio-medizinisch oder dem neuen Pflegeleitbild zugrunde liegenden Pflegekultur wurde sprachlich an den für eine Lauftendenz benutzten Ausdrücken „Weglauftendenz" vs. „Hinlauftendenz" deutlich. „Weglauftendenz" wurde primär als sprachlicher Ausdruck von Ärzten oder Pflegenden (Angehörigen) benutzt, die eher ihre Aufmerksamkeit auf den Erhalt der körperlichen Unversehrtheit bzw. die Sicherheit des Kranken legen. Mit „Hinlauftendenz" wurde seitens Personen, die sich an neueren biopsycho-sozialen Pflegeleitbildern orientieren, das „Personsein" des Kranken über die kognitiven Veränderungen hinweg impliziert und damit die Blickrichtung eher auf Wohlsein und Lebensqualität trotz oder gerade wegen starker kognitiver Veränderungen gerichtet.

4.2. Alzheimer Monitoring: Setting und Kontext

Das Ziel der Vorstudie bestand in der Erhebung spezifischer Praktiken von familiären und professionellen Pflegenden im Umgang mit der Lauftendenz eines demenzkranken Angehörigen oder Bewohners. Fragen richteten sich an die Art und Weise, wie mit den Symptomen der Demenzkrankheit im Alltag umgegangen wurde, wie die Krankheit generell reflektiert wurde und ob in diesem Zusammenhang auch mögliche technische Hilfsgeräte, wie die GPS-Ortung, Verwendung finden könnten.

Nach einer umfassenden Literaturanalyse wurden insgesamt 21 halb-standardisierte Interviews durchgeführt, in der Durchführung orientiert am Konzept der Grounded Theory nach Strauss und Corbin (1990) in Datenerhebung und -analyse. Zusätzlich wurden in der zweijährigen Projektlaufzeit zahlreiche Treffen mit einer Alzheimer- Selbsthilfeorganisation durchgeführt und die Interviews reflektiert. Von diesen Gesprächen wurden Interviewnotizen erstellt, die in die Analyse miteinflossen. Die Interviews wurden in zwei Feldern durchgeführt: einerseits in Familien, in denen ein Familienmitglied an Demenz erkrankt war, das entweder zu Hause mit dem oder den Angehörigen lebte oder vor Kurzem in eine Einrichtung umgezogen war. Entsprechend wurden Gespräche mit Töchtern, Söhnen, Ehefrauen und Ehemännern geführt. Andererseits wurden stationäre Einrichtungen betrachtet, und hier wurde Pflegepersonal aus Altenheimen, Krankenhäusern mit Demenzspezialisierung sowie aus sogenannten Demenz-Wohngemeinschaften als InterviewpartnerInnen mit einbezogen. Demenz-Wohngemeinschaften zeichnen sich in der Regel dadurch aus, dass mehrere Familien eine Gemeinschaft gründen und eine große Wohnung anmieten, in der erkrankte Angehörige zusammenleben und durch einen ambulanten Pflegedienst 24 Stunden betreut und gepflegt werden. Daher ist eine Demenz-WG de jure keine stationäre Einrichtung, da sie nicht dem Heimgesetz unterliegt.

Unter den professionellen InterviewpartnerInnen wurde weiterhin zwischen Leitungspersonal und Stationspersonal unterschieden. Insgesamt wurden sechs Angehörige interviewt (4 Frauen, 2 Männer), darunter zwei Ehefrauen und ein Ehemann einer/s Demenzkranken sowie zwei Töchter und ein Schwiegersohn. Es wurden insgesamt 15 professionelle Pflegekräfte interviewt, davon sechs Stationsschwestern bzw. -pfleger sowie neun Heim- bzw. Pflegedienstleiter. Die Interviewpartner konnten teilweise mithilfe der Selbsthilfeorganisation gewonnen werden. In manchen Fällen war deren Vermittlung sehr wichtig, da hierdurch ein Vertrauensvorschuss gewonnen werden konnte bei Interviewpartnern, die sehr skeptisch gegenüber einem potentiellen Technikeinsatz waren, und die aufgrund dessen einem Interview gegenüber zunächst nicht aufgeschlossen gewesen waren. Zusätzlich zu den Interviews fanden sowohl während der Vorphase als auch in der Evaluationsphase mehrstündige Teilnehmende Beobachtungen in Einrichtungen und in Familien statt (vgl. Abb. 4).

In allen drei Projektphasen fanden regelmäßige Treffen und Workshops statt, an denen das Forscherteam und die entwickelnde Firma teilnahmen, um Ergebnisse aus dem Feld an das Entwicklungsteam der Firma zu spiegeln und hinsichtlich der Systemfunktionalitäten zu diskutieren. Nach der Fertigstellung der

4.2 Alzheimer Monitoring: Setting und Kontext

stationären sowie der ambulanten Anwendung wurde das System in drei verschiedenen Anwendungsfeldern über einen Zeitraum von drei bis fünf Monaten getestet, und zwar in einer Familie sowie in zwei stationären Einrichtungen. Eine differenzierte Beschreibung der Einrichtungen erfolgt in Kapitel 4.4.

Tabelle 3: Empirische Arbeit innerhalb der Case Study Alzheimer Monitoring

Projektphase	Techniken	Settings
Vorstudie	21 halb-standardisierte Interviews	- Familienangehörige (Ehepartner, erwachsene Kinder) - Leitungspersonal und Stationspflegekräfte in stationären Einrichtungen: Geriatriestationen in Krankenhäusern, Pflegeheime, Demenz-Wohngemeinschaften, Pflegestation für Menschen mit Schädel-Hirn-Traumata
	Teilnehmende Beobachtung	- Altenheim (10 Std.) - Demenz-WG (10 Std.)
Entwicklungsphase	Regelmäßige Workshops und Treffen des gesamten Projektteams (Forscher der Universität und Entwickler des Unternehmens)	- Universität oder Unternehmen
Evaluationsphase	Living Lab-Ansatz: Nutzung der funktionsfähigen Prototypen in realen lebensweltlichen Kontexten über einen Zeitraum von drei Monaten	- Eine Familie, erkrankter Ehemann - Zwei Pflegeeinrichtungen: ein Altenheim mit Demenzpflege-Schwerpunkt sowie eine Station für Patienten mit Schädel-Hirn-Trauma
	Nutzertagebücher	- In allen drei Testumgebungen
	Regelmäßige Besuche und Interviews vor Ort	- In allen drei Testumgebungen

Zur Datenerhebung fanden regelmäßige Besuche der Testfelder in zwei- bis vierwöchigen Abständen statt. Im Rahmen der Besuche wurden Interviews durchgeführt zur Ermittlung der Erfahrungen, Probleme und Reflexionen über das System. Zusätzlich wurden für die Datensammlung Tagebücher an die Nutzer übergeben, die rückblickend unterschiedlich erfolgreich ausgefüllt wurden. Die Eintragungen in die Tagebücher wurden während der Interviews jeweils besprochen.

Alle Interviews, sowohl während der Vorphase als auch während der Evaluationsphase dauerten im Schnitt anderthalb bis zwei Stunden und wurden mit einem Audiogerät aufgenommen.

Alle Interviewpartner, bis auf ein Heim innerhalb der Vorstudie, hatten zum Zeitpunkt der Erhebung keine Erfahrung mit dem Einsatz von GPS-Technologie im Rahmen der Pflege von Demenzkranken. Die meisten hatten sich jedoch bereits früher informiert und Gedanken über einen möglichen Einsatz gemacht. Dies ist eine relativ repräsentative Situation für Deutschland, wo es interessanterweise doch einige Anbieter von GPS-Lösungen für den Demenzbereich auf dem Markt gibt. Die Situation ist aber meist so, dass die Angebote in Sprache und Form, z.B. auf Webseiten, sich durchweg an ein technisch versiertes Publikum richten, die im Prinzip genau wissen, wonach sie suchen, und dann auch entsprechende Informationen auf den Anbieter-Webseiten finden. Für Suchende mit weniger ausgeprägten Technikkompetenzen sind diese Anbieterseiten jedoch häufig zu unübersichtlich und unverständlich, sodass eine erste Recherche oftmals im Keim erstickt und die Interessenten ihre Suche schnell wieder aufgeben.

4.3. Ergebnisse der Vorstudie

Dieses Kapitel liefert Erkenntnisse über die Sichtweisen pflegender Betreuungspersonen gegenüber Menschen mit Demenz und Lauftendenz. In 3.2.3.1. werden Ergebnisse aus stationären Einrichtungen präsentiert und in 4.2.2. die Analyse der Interviews mit Angehörigen von Demenzkranken. Da das Thema der „freiheitsentziehenden Maßnahmen" als Aspekt sehr häufig von den Interviewpartnern aufgebracht wurde, widmet sich das Folgekapitel (3.2.3.2.) dieser Thematik. Im Anschluss daran werden die Strategien professionell Pflegender zur Sicherung demenzkranker Bewohner bzw. Patienten mit Lauftendenz aufgelistet (Kapitel 3.2.3.4./ 3.2.3.5.). Da in den Gesprächen immer wieder offensichtlich wurde, dass über juristische Fragestellungen im Hinblick auf GPS-System-Nutzung eine große Unsicherheit besteht, wurde zusätzlich zu den Interviews eine Recherche durchgeführt zum juristischen Sachverhalt, der in Kapitel 3.2.3.6. dargelegt wird.

4.3. Ergebnisse der Vorstudie

4.3.1. Haltungen und Einschätzungen von professionellen Pflegekräften gegenüber Demenzpatienten und Bewohnern mit Laufverhalten

4.3.1.1. „Ob man einen Erkrankten alleine laufen lässt, muss im Einzelfall geprüft werden"

Hinsichtlich der Fragestellung, ob und in welchem Maße demenzkranken Läufern Bewegungsfreiheit zugestanden wird, sagen die meisten Interviewpartner, dass dies in jedem Einzelfall geprüft werden müsse. *„Man müsste genau schauen, ob es vertretbar ist, jemanden alleine raus zu lassen"* (Int. Hr. V.) und ob ein Ortungssystem dann in diesem Fall auch eine Hilfe sein könne. Die Basis der Einschätzung müsse eine exakte Beobachtung der Person sein: *„Sie müssen schauen, welche Person ist das? Es muss in jedem Einzelfall überprüft werden, wenn die Lauftendenz vorliegt, es ist wichtig dass man sich fragt: Fühlt er oder sie sich wohl, wenn man ihn oder sie alleine nach draußen lässt?"* (Int. Hr. V.)

Interessanterweise ist häufig nicht der aktuelle geistige Zustand, d.h. der Grad der Verwirrtheit, das hauptsächliche Kriterium für die Bewertung, ob man jemanden (noch) alleine loslaufen lassen würde, sondern eher die Frage, wie es der Person damit geht. Ein Pflegedienstleiter berichtet hierzu entsprechend:

> *„Ich erinnere mich an Frau F. Sie war so fix und fertig, dass ich selber fast geweint hätte, als ich sie auf der Straße fand, wo sie total orientierungslos und aufgeregt stand. In diesem Fall würde ich absolut entscheiden: nein! Sie stand da und wusste überhaupt nicht, wo soll ich hingehen. Als sie mich sah, war sie so froh und erleichtert, dass ich sie zu unserem Haus zurückbegleiten würde."*

Derselbe Interviewpartner kann es sich andererseits durchaus vorstellen, dass für andere Bewohner eine GPS-Technologie eine Hilfe sein könnte, damit sie wieder alleine das Haus verlassen könnten: *„Ich könnte mir schon vorstellen, dass manche sehr froh darüber wären, mal wieder ganz alleine raus zu können und nicht immer in Begleitung von uns."*

4.3.1.2. „Jeder Mensch hat ein persönliches Lebensrisiko"

Diese Aussage erfolgte von einer Heimleiterin auf die Frage, nach welchen Kriterien sie entscheide, ob sie eine demenzkranke Person alleine nach draußen lassen würde. Sie nähme einen hohen Grad der Gefährdung in Kauf, z.B. im Straßenverkehr, um dem Freiheitsrecht jedes Menschen gerecht zu werden:

> *"Wissen sie, jeder Mensch hat ein persönliches Lebensrisiko, egal jetzt ob demenzkrank oder nicht. Das muss man einfach akzeptieren. Wenn eine Bewohnerin es gewohnt ist, jeden Tag zum Büdchen an der Ecke zu spazieren und wenn sie das glücklich macht. Dann ist das wichtig für sie, das ist ein bekannter Ort und das Hinlaufen gibt ihr auch eine Tagesstruktur und damit auch eine gewisse Sicherheit." (Int. Fr. O.)*

Eine andere Heimleiterin hat eine ähnliche Sicht auf die Frage, inwiefern Demenzkranken ein freier Bewegungsraum zugestanden werden soll:

> *"Okay, man sollte es vielleicht nicht provozieren, dass ein demenzkranker Mensch die Einrichtung alleine verlässt. Aber auf der anderen Seite müssen wir uns auch fragen: ‚Was ist unser höchstes Gut?' Menschen haben für diese Freiheit auf der Straße demonstriert und tun es teilweise heute noch. Es ist ein wertvolles Gut, dass wir unseren Willen frei äußern können. Und wenn eine demenzkranke Person sagt, dass sie rausgehen möchte, und nicht nur in den geschützten Garten, dann muss ich sie gehen lassen. Und wenn ich die Person nicht überzeugen kann, dass der geschützte Außenbereich besser für sie wäre, dann muss ich sie eben laufen lassen." (Int. Fr. L.)*

Diese Aussagen, die in ähnlicher Form meist von Leitungspersonal geäußert wurden, zeigen, dass die häufig vorliegende auf Sicherheit abzielende Motivation von Entwicklern von GPS-Ortungssystemen nicht die einzige ist, die in diesem Feld die Frage einer möglichen Nutzung bestimmen kann. Ein vorliegendes Sicherheitsrisiko bzw. die Gewährleistung der Sicherheit von Demenzkranken in stationären Einrichtungen scheint also nicht der einzige Aspekt zu sein, auf dessen Basis über eine mögliche Nutzung entschieden würde. Dies zeigt auch, dass ein GPS-System nicht per se als hilfreich eingeschätzt wird, nicht nur unter kritischen Datenschutzaspekten, die auch häufig hinterfragt werden.

Kontrastiert man die Einschätzungen von Leitungspersonal mit Sichtweisen von Pflegenden, die auf den Stationen unmittelbar mit den Bewohnern zusammenarbeiten, zeigt sich allerdings häufig ein anderes Bild, das oftmals ein viel vorsichtigeres Agieren aufzeigt. Die Aussagen der Leitungspersonen erscheinen somit häufig im Kontext mit aktuellen Demenz-Pflegeleitbildern zu stehen, die eine personen-orientierte, subjektive Pflege zugrunde legen. Bezeichnend für das Vorhandensein konkurrierender Pflegeleitbilder und entsprechend unter-

4.3. Ergebnisse der Vorstudie

schiedliche Werthaltungen und auch Praktiken im Arbeitsalltag sind die immer wieder vorgefunden Bezeichnungen „Weglauftendenz" und „Hinlauftendenz".

Der Begriff der „Weglauftendenz" wurde eher von Pflegenden benutzt, die ihre Aufmerksamkeit stärker auf den Erhalt der körperlichen Unversehrtheit bzw. die Sicherheit des Kranken legen. Demgegenüber benutzten alle Leitungskräfte den Begriff der „Hinlauftendenz", um damit ihr Pflegeverständnis auszudrücken, das sich am Personsein orientiert und dass das Laufen als eine für den Demenzkranken wichtige Tätigkeit definiert, die oftmals die letzte mögliche Form des individuellen Ausdrucks ist, wenn verbale Äußerungen nicht mehr möglich sind.

Zusätzlich werden die eher „liberalen" Sichtweisen des Leitungspersonals oftmals auch durch juristische Regelungen untermauert. Für stationäre Einrichtungen in Deutschland gelten strenge Regeln über die Anwendung freiheitsentziehender Maßnahmen, um Bewohner vor illegaler Fixierung, insbesondere durch körpernahe Fixiermittel wie z.B. Bauchgurte, zu schützen. Die Leitungspersonen sprechen das Thema der freiheitsentziehenden Maßnahmen sehr häufig an. Oft werden weitere Maßnahmen, wie Bettgitter oder auch das „ zum-Bleiben-Überreden" eines Menschen, der auf dem Weg ist, die Einrichtung zu verlassen, als eine solche Maßnahme von ihnen definiert. Somit stellt das Leitungspersonal das Risiko, gegen juristische Regelungen zu verstoßen, dem Sicherheitsrisiko sowie der Autonomiebeschneidung von Bewohnern gegenüber.

Die Äußerungen können insgesamt auch als Bestreben bewertet werden, eine rhetorische politische Korrektheit zu präsentieren. Diese Vermutung erhärtet sich, wenn man entsprechende Sichtweisen des Stationspersonals gegenüberstellt. Denn Pflegekräfte, die täglich unmittelbar mit demenzkranken Bewohnern zusammen sind, haben häufig eine andere Sichtweise auf die Themen Autonomiewahrung, freiheitsentziehende Maßnahmen und bewohnerbezogene Sicherheitsrisiken, wenn sie sich in einer unmittelbaren Situation befinden, wenn ein Bewohner die Station verlassen möchte. Hier steht dann meist die Bewohnersicherheit – und damit das empfundene berufliche Haftungsrisiko – im Vordergrund der Abwägung. Eine Haltung, wie sie von den Leitungskräften geäußert wird, wird hier als oft völlige unrealistische Option angesehen. Verstärkend wirken sich Ängste aus, die vor dem Hintergrund vergangener Erfahrungen mit verlorengegangenen Bewohnern entstanden sind.

4.3.1.3. Organisationale Erfordernisse versus individuelle Bewohner-zentrierte Pflegemodelle

Gefahr des Reputationsverlusts der Einrichtung

Häufig besteht das Problem, das Risiko einer schlechten Pflege mit dem Risiko der schlechten Außenwirkung der Einrichtung ausbalancieren zu müssen. Dieser Zusammenhang wird von einer Pflegedienstleiterin mit folgender Anekdote erläutert: Eine demenzkranke alte Bewohnerin hatte das Haus unbemerkt verlassen und es geschafft, in einen Zug zu steigen, mit dem sie in ihren 500 km entfernten Heimatort gefahren war. Vor Ort war sie dann anderen Passagieren aufgefallen, die sie zur Polizei gebracht hatten. Auf der Polizeiwache war die Frau nicht in der Lage zu äußern, wo sie herkam oder hinwollte. Einzig der Name der 500 km entfernten Einrichtung fiel ihr ein. Nach einer Recherche war den Polizisten die Sachlage schließlich klar geworden, sodass sie eine Taxi-Rückfahrt zur Einrichtung organisiert hatten.

> „Es war eine große Aufregung. Wir waren so happy, dass sie sich zumindest an den Namen unserer Einrichtung erinnert hatte und dann unversehrt mit dem Taxi zurückkam. Aber unterm Strich war offensichtlich, dass sie so happy war, als sie aus dem Taxi ausstieg. Wahrscheinlich darüber, dass ihr dieser Ausflug gelungen war. Man konnte sehen, dass sie richtige Glücksgefühle hatte" (Int. Fr. L.).

Die Interviewpartnerin betonte die Glücksgefühle, die sie der Bewohnerin angesehen hatte, um zu unterstreichen, dass für sie ein hohes Maß an Freiheit und Autonomie auch bei einer Demenzerkrankung noch sehr wichtig ist.

Diese Aussagen wurden jedoch unmittelbar relativiert, als sie von der Gefahr des Reputationsverlustes der Einrichtung zu sprechen begann. Nach ihrer Ansicht sei die Presse in Deutschland besonders rücksichtslos, wenn es darum ginge, negative Schlagzeilen über Altenheime zu vermelden:

> „Als die Frau dann hier ankam, dachte ich auch, was alles hätte passieren können. Man hat ja direkt die Schlagzeile vor Augen: ‚Altenheim

4.3. Ergebnisse der Vorstudie

verliert Bewohnerin!' Das ist eine Katastrophe für die öffentliche Wahrnehmung."

Dieser Aspekt war allen Leitungspersonen in den Interviews präsent und die Reflexion eines Einsatzes von GPS-Ortungstechnologie fand auch vor dem Hintergrund dieser Ängste und Bedenken statt. In diesem Zusammenhang wurden Sorgen bezüglich der Verletzung des Datenschutzes und der Persönlichkeitsrechte genannt, die möglicherweise negative Presseschlagzeilen provozieren könnten und somit eher als ein Argument gegen einen Technologieeinsatz wären.

„All inclusive"-Erwartungen der Angehörigen versus Praxisbedingungen in Einrichtungen

Die teilweise als unrealistisch und störend angesehenen Erwartungen von Angehörigen wurden als ein weiterer Aspekt in der Reflexion über eine mögliche Freiheitserweiterung mittels GPS-Technologie für Demenzkranke angebracht:

> *„Es ist unmöglich, jemanden an 365 Tage im Jahr 24 Stunden täglich zu überwachen. Wir können hier einfach keine Garantie geben. Aber da ist diese Erwartung der Angehörigen: ‚Wir bezahlen dafür, dass unser Verwandter hier quasi all inclusive versorgt wird und die Türen immer zu sind'" (Int. Fr. H.).*

Diese aus der Sicht der Interviewpartner häufig zu hoch gesteckten und unrealistischen Ziele würden oft zu einer unfairen Bewertung der Einrichtungen führen. Dies hätte sogar häufig zur Folge, dass Heimleiter sich dazu verpflichtet fühlten, dieser Erwartung äußerlich zu entsprechen: *„Jeder Heimleiter, der behauptet, in meinem Haus ist noch nie einer weggelaufen, der lügt."* (Int. Fr. H.)

An dieser Stelle wird ein Gegensatz in der Bewertung dessen offensichtlich, was unter Pflegepersonal und Angehörigen als „gute Pflege" angesehen wird. Aufgrund der emotionalen Bindung und damit verbundenen Sorgen und Ängste würden die Verwandten aus Sicht der Pflegedienstleiter eher Sicherheitsaspekte betrachten. Dies steht dann den Ansätzen der Heime, die versuchen, neue Bewohner-zentrierte Pflegekonzepte umzusetzen, gegenüber.

Personalschlüssel verhindert die Umsetzung von Autonomie-orientierter Pflege

> *„Jedem Demenzkranken ein GPS-Gerät mitzugeben wäre meiner Ansicht nach zu extrem. Weil ich glaube, dass manche Menschen halt diesen starken Impuls haben zu laufen. Und denen muss man auch die Freiheit geben, zu laufen. Wir können diese Menschen nicht permanent hier behalten oder unter Aufsicht stellen." (Int. Fr. L.)*

Diese sehr liberale und Bewohner-orientierte Sichtweise wird von derselben Interviewten selbst relativiert, als sie auf das Personalproblem in deutschen Altenheimen zu sprechen kommt. Die Personalsituation sei eines der häufigsten Probleme, die die konsequente Umsetzung Bewohner-zentrierter Pflegekonzepte verhindere, da es aus ihrer Sicht unmöglich sei, jedem, der die Einrichtung verlassen möchte, einen Begleiter zur Seite zu stellen, was von ihr als ein Kompromiss im Sinne der neuen Pflege angesehen würde. Zwar hinterfragt sie dies auch wiederum, da sie meint, dass nicht jeder Mensch permanent begleitet werden möchte. Hier erscheint dann ein GPS-System als ein machbarer Kompromiss vor dem Hintergrund der angespannten Personalsituation.

4.3.1.4. Bedarf nach neuen Formen der Kooperation für Entscheidungssicherheit

In Bezug auf die Entscheidung über den Bewegungsfreiraum einer demenzkranken Person mit Lauftendenz berichten die Pflegenden, dass sie kompetent wären, diese zu treffen. Häufig genannte Kriterien sind hier das beobachtete Wohlbefinden (fühlt sie/er sich gut, wenn sie/er alleine draußen ist?), das Gefahrenlevel in Bezug auf den Status der Symptome der Demenz (zeitliche, räumliche, personenbezogene Orientierung) sowie das generelle Verhalten der Personen (geht sie/er immer den gleichen Weg, oder gibt es häufig Abweichungen?).

Demgegenüber fühlen sich die Pflegekräfte in der Frage des Einsatzes von Monitoringtechnologien nicht ausreichend kompetent. Sie denken, dass diese Entscheidung ihre Kompetenzen als auch ihre Verantwortlichkeit überschreiten würde. Entsprechend sähe ein Pflegedienstleiter seine Aufgabe eher als Moderator eines solchen Entscheidungsprozesses:

> *„Was denken die Angehörigen über einen möglichen GPS-Einsatz und was möchten die Kinder? Es ist mein Job, die Pflege zu organisieren*

> *und zu schauen, dass alles korrekt abläuft. Für die Philosophie des Lebens – wenn einer Person, ausgestattet mit einem GPS-System, die Freiheit gegeben wird, durch die Eingangstür hinauszugehen – und das ist eine Philosophie – damit fühle ich mich total überfordert. Ich würde mich eher als Moderator sehen zwischen den verschiedenen Parteien [wie Ehepartner, Kinder, behandelnder Arzt, Pflegepersonal]. Ich könnte eine solche Technologie einführen und dann würde ich sagen: „Schaut mal, wir haben die und die Optionen, was sollen wir nun machen?"* (Int. Hr. V.)

Es kommt mitunter vor, dass die Verantwortlichkeit zwischen den Angehörigen und stationären Einrichtungen hin und her geschoben wird, nicht vollständig geklärt ist, oder auch dass sich neue Kooperationsformen ergeben. Zum einen hat dies damit zu tun, dass sich die Angehörigen bei der Heimeinweisung 100%-ige Sicherheit wünschen, dies aber mit offeneren Pflegekonzepten korreliert. So kam es bei einer Ehefrau, die ihren Mann aufgrund psychischer Überforderung in ein Heim übermittelt hatte, in der Anfangszeit zu ständigen Anrufen, wenn der Ehemann sich aus dem Heim entfernte, was sie allerdings so sehr in Aufregung versetzte, dass sie darum bat, nicht mehr angerufen zu werden und dass innerhalb des Hauses für eine sicherere Umgebung gesorgt würde: *„Ich möchte nicht jedes Mal gerufen werden, wenn er wieder aus dem Heim entwischt ist. Es ist für mich eine zu hohe nervliche Belastung."* (Int. Fr. A.)

Eine andere Kooperationssituation im eher positiven Sinne zwischen einer Einrichtung und den Angehörigen erfolgte in einem anderen Zusammenhang: Hier hatte die Pflegedienstleitung die Ehefrau und Söhne eines Bewohners gebeten, eine geschlossene Einrichtung für ihren Angehörigen zu suchen. Der Bewohner hatte es trotz umfangreicher Sicherungsmaßnahmen mehrmals geschafft, die Einrichtung zu verlassen, und die permanent notwendigen Suchprozesse hatten die Einrichtung aus Sicht der Leiterin überfordert. Die Familie wollte jedoch gerne, dass der Mann in der Einrichtung verbleibt, weil so die Ehefrau aufgrund der räumlichen Nähe ihn jederzeit besuchen konnte. Die Familie schlug dann die Anschaffung einer GPS-Lösung vor. Die Einrichtung ließ sich unter der Bedingung, dass die Familienangehörigen sich um die Anschaffung kümmern, auf die Bitte ein.

Viele Pflegekräfte berichten über das Problem der häufig grundsätzlich differierenden Sichtweisen zwischen stationärem Personal und Angehörigen über das richtige Maß der Pflege und Betreuung der stationär lebenden Familienmitglieder. Aus Sicht des Personals werden Angehörige häufig als viel zu ängstlich wahrgenommen, was sie auf die enge emotionale Bindung zurückführen. Dies führe häufig zu extremen Eingriffen in die Persönlichkeitsrechte von Demenzkranken. Diesem Gedanken folgend, befürchten einige Pflegende, dass Angehörige sich zu schnell für ein GPS-System entscheiden könnten:

> „Die Verwandten sind oft viel ängstlicher, was auf einer anderen Form der Nähe basiert, im Unterschied zu uns. Wir haben hier eine professionelle Distanz. Es ist auch unser Job, die Angehörigen zu beraten und zu beruhigen, indem wir auch sagen ‚Hey, als professionell Pflegende kann ich die Verantwortung dafür übernehmen und sie sollten das auch akzeptieren'" (Int. Fr. W.).

Manchmal sehen sich die professionell Pflegenden sogar als „Anwälte" für an Demenz Erkrankte, deren Rechte sie durch die Angehörigen gefährdet sehen. Eine Pflegerin spricht eine Problemlage an, die häufig in der Anfangsphase einer beginnenden Demenzerkrankung entstehe, die sehr oft zunächst mit einer hohen Unsicherheit und Schamgefühlen bei allen Familienangehörigen einhergehe, was nicht selten dazu führe, dass der Erkrankte zu Hause „versteckt" und von der Öffentlichkeit ferngehalten würde:

> „Manchmal ist es der Friseur, der als Erstes hört, dass mit dem Ehemann was nicht stimmt, wenn die Kundin sagt ‚Ich habe meinen Mann zu Hause eingeschlossen, weil ich nicht weiß, wo der sonst wieder hinlaufen würde'" (Int. Fr. U.).

4.3.1.5. Entscheidungsfindungen müssen besser abgesichert werden

Viele Pflegekräfte haben Bedenken, dass die Einführung eines GPS-Gerätes neue Probleme mit sich bringen könnte in Bezug auf die Wahrung der Persönlichkeit und Autonomie von Bewohnern in stationären Einrichtungen. Daher möchten sie häufig nicht alleine gelassen werden mit der Entscheidung und fordern, dass diese zukünftig besser abgesichert werden müsste. Eine Pflegekraft betont den Aspekt, dass entsprechende Entscheidungen immer für eine Person getroffen werden müssen, die ihr Einverständnis nicht mehr dazu geben kann und dass dies auch für andere Fragestellungen immer eine schwierige Lage darstelle, *„eine Entscheidung zu treffen im Sinne eines Bewohners und dessen Wohlbefinden"*

4.3. Ergebnisse der Vorstudie

(Int. Fr. P.). Eine häufig genutzte Strategie ist es, möglichst viele Stakeholder um den Bewohner herum in solche Prozesse einzubinden:

> „Wir überlegen immer viel hin und her, um unsere Interventionen abzusichern: Maßnahmen werden immer mit dem behandelnden Arzt, mit den Angehörigen, und wenn möglich, mit dem Bewohner besprochen" (Int. Fr. P.).

In der Reflexion einer möglichen GPS-System-Nutzung beschäftigen die Pflegekräfte in erster Linie rechtliche Fragen und Unsicherheiten, d.h., es besteht ein hohes Bedürfnis, sich rechtlich abzusichern. Immer wieder wird das GPS-System hier gedanklich in den Kontext freiheitsentziehender Maßnahmen gestellt, wie beispielsweise Fixierungen im Bett oder am Stuhl oder auch mit Bettgittern. Zwar gibt es hier eindeutige gesetzliche Vorgaben, jedoch treten in der Praxis auch immer wieder Unsicherheiten und Unklarheiten auf. Beispielsweise berichtet eine Pflegedienstleiterin von dem Problem, dass Amtsrichter, die entsprechende Maßnahmen abzeichnen müssen, teilweise unterschiedliche Anforderungen stellen. So sind einige strenger in der Kontrolle und fordern die Beantragung jeder einzelnen Maßnahme und andere wiederum sind eher genervt, wenn das Heim wegen jedes einzelnen Bettgitters einen Antrag schickt. Wenn Bewohner aus verschiedenen Amtsbezirken kommen, kommt es vor, dass das Heim mit mehreren Amtsrichtern in Kontakt ist, und sich dann jeweils auf die individuellen Anforderungen einlassen muss. Diese Umstände führen dazu, dass eine hohe Unsicherheit besteht in der Frage des juristisch korrekten Verhaltens im Einzelfall und zusätzlich eine Absicherung durch die Einbeziehung weiterer relevanter Ansprechpartner, wie Ärzte und Angehörige erfolgt.

4.3.2. Strategien von Pflegekräften in stationären Einrichtungen zur Gewährleistung der Sicherheit von Demenzkranken mit Lauftendenz

Die Pflege von Patienten mit Laufsyndrom ist für Pflegekräfte in stationären Einrichtungen meist eine große Herausforderung. Ethische, juristische und pflegetheoretische Aspekte bilden meist den Rahmen für entsprechende Maßnahmen, um die Beaufsichtigung von Läufern sicherzustellen. In den Interviews im Rahmen der Vorstudie sowie während der Beobachtungen während der Evaluation konnten die folgenden Maßnahmenbereiche unterschieden werden:

4.3.2.1. Bauliche Maßnahmen

Beim Neubau von Stationen für Demenzpflege werden bauliche Maßnahmen, soweit möglich, in das Demenzpflegekonzept einbezogen. Für solche „offenen Stationen" gilt, dass die Ausgangstüren jederzeit offen und passierbar sein müssen, was für die Pflege von Laufpatienten eine hohe Herausforderung darstellt. Beim Neubau wird daher beispielsweise darauf geachtet, dass die Stationen in Seitenteilen angelegt werden, damit generell wenig „Durchgangsverkehr" auf den Fluren entsteht, der für Unruhe bei den Patienten sowie dem Personal sorgen könnte. Häufig werden zusätzlich Türen eingebaut, die mechanisch erschwert werden und somit mit einem erhöhten Kraftaufwand geöffnet werden müssen. Auch kommen verschiedene Arten des Kaschierens vor, so wird undurchsichtiges Material, wie z.B. Milchglas, verbaut, um von der Ausgangstür abzulenken und die Aktivitäten dahinter zu verbergen.

Endlos-Flure sind eine weitere Maßnahme, die in Neubauten eingesetzt wird, wie u.a. in einer Demenz-WG. Hier werden Flure im Kreis angelegt um einen gemeinsamen Aufenthaltsbereich in der Mitte herum. Die Patientenzimmer sowie die Funktionszimmer befinden sich an der Außenseite des Flurs. So können die Bewohner sich auf dem Flur bewegen und landen im Prinzip niemals am Ausgang. Dieses neue Prinzip der Stationsanordnung wird allerdings von manchen Gegnern unter den Interviewpartnern kritisiert und als unmenschlich bezeichnet, da die Kranken damit niemals einen Anfang oder ein Ende sehen und damit zusätzlich verwirrt würden.

Verfügen die Stationen über einen Außenbereich, so wird dieser meist durch einen Gartenzaun abgegrenzt. In allen Einrichtungen mit solchen Außengeländen wird berichtet, dass Bewohner bereits über den Zaun gestiegen sind. Daher wird in allen Einrichtungen betont, dass es keine 100%ige Sicherheit geben kann und daher das Personal jederzeit aufpassen müsse.

In einer großstädtischen Demenz-WG ist ein großer, eingezäunter Garten über eine kleine Terrasse, die sich an den Aufenthaltsraum anschließt, erreichbar. Dieser wird von Angehörigen bepflanzt und gepflegt. Der Garten ist durch einen Zaun mit zwei dünnen Drähten abgetrennt, durch den eine Bewohnerin aktuell durchgeklettert war. Daher bestehen derzeit Pläne, den Garten durch bauliche

4.3. Ergebnisse der Vorstudie

Veränderungen etwas mehr abzusichern, indem etwa ein undurchlässiger Zaun installiert werden soll. Zusätzlich sollen langfristig Hecken vor dem Zaun als Gartenbegrenzung angepflanzt werden. So wie bei den baulichen Maßnahmen innerhalb der Einrichtungen wird auch bei solchen im Außenbereich darauf geachtet, dass keine der Maßnahmen als Freiheitsbeschränkung interpretiert werden kann, sondern wie ein „normales" Alltagsartefakt erscheint.

Die Demenz-WG hat ein weiteres Problem mit dem Gartentor, das ebenfalls nicht abgeschlossen werden kann, da der Zaun auch einen anliegenden Spielplatz mit umschließt, den weitere Mieter des Wohnviertels nutzen. Ein Weg innerhalb des Gartens führt direkt auf den Ausgang zu, womit die Aufmerksamkeit unmittelbar auf das Tor gelenkt wird. Daher ist nun eine Veränderung des angelegten Weges in Planung, und zwar diesen in Form einer Acht anzulegen, um die Bewohner damit vom Ausgang abzulenken.

4.3.2.2. Technische Anlagen

Videokameras

Im Aufenthaltsraum einer Einrichtung, der gleichzeitig das Esszimmer der Stationspatienten ist, ist eine Kamera in der Decke installiert, die jedoch seit Eröffnung der Station vor einigen Monaten noch nicht in Gebrauch ist. Die Kamera wurde auf Wunsch des Klinikleiters beim Neubau mit eingebaut, um eventuelle nachträgliche Baumaßnahmen unnötig zu machen. Es wurde aber vor Inbetriebnahme der Kameras die eindeutige Klärung der juristischen Sachlage von allen Entscheidern des Hauses gefordert. Dazu laufen seit einigen Monaten Recherchen und Gespräche mit Juristen, sodass insgesamt keine zügige Lösung vom Personal erwartet wird.

In einer anderen Einrichtung, einem Seniorenheim mit zugehöriger Demenzstation, werden Videokameras am Haupteingang eingesetzt. In seiner Argumentation betont der Heimleiter die „Offenheit" der Einrichtung in dem Sinne, dass es keine festen Besuchszeiten für Besucher gebe, damit Verwandte ihre hier lebenden Angehörigen zu jeder Tageszeit besuchen können. Damit sollen möglicherweise bestehende Hemmschwellen gegenüber dem Haus möglichst niedrig gehalten werden. Diese Offenheit bereitete jedoch wiederum Probleme in

Bezug auf das Sicherheitsgefühl der Bewohner: Diese hatten Angst, da mehrmals in der Nacht vor dem Eingangsbereich unbekannte Personen wahrgenommen worden waren. Daraufhin wurde der Eingangsbereich mit Kameras ausgestattet. Da die Bewohner trotz dieser Maßnahme immer noch ängstlich waren und den Zugang von Unbekannten befürchteten, habe man sich schließlich darauf verständigt, mit dem Einverständnis der Bewohner die Eingangstüren nachts abzuschließen.

Das zweite Beispiel zeigt, dass Kameraüberwachung, je nach Definition der potentiellen Gefahr, als möglich und sicherheitsfördernd, im anderen Fall aber als zu klärender, weil gravierender Eingriff in die Privatsphäre definiert werden kann. Es ist zudem auch abhängig vom Standort der Kamera, ob sie z.B. im Haus oder vor der Eingangstür installiert wurde. Im zweiten Beispiel dreht sich die Problematik der Spannung „Sicherheit gewährleisten vs. Privatsphäre schützen" in die Richtung, das Sicherheitsgefühl der gesamten Heimbewohnerschaft zu stärken. Da entsprechende Technik auf ausdrücklichen Wunsch der Bewohner installiert wurde, konnte hier in gegenseitigem Einverständnis agiert werden und die Problematik der Bewertung als freiheitsentziehende Maßnahme umgangen werden. Dieser Eindruck wird verstärkt durch den Bericht der zusätzlichen Sicherung des Hauses durch das Abschließen der Eingangstür in der Nacht.

Das Abschließen der Eingangstür wird auch in einer anderen Einrichtung praktiziert, hier allerdings aus dem Grund, dass der/die LaufpatientIn dann nicht entwischen kann. Hier beruft man sich argumentativ darauf, dass auch die meisten „Privatmenschen" nachts ihre Häuser abschließen und ältere Menschen sich auch häufiger tagsüber einschließen aufgrund eines erhöhten Sicherheitsbedürfnisses.

Türsicherungssysteme

Türsicherungssysteme sind in vielen stationären Einrichtungen bekannt und werden mehr oder weniger erfolgreich und konsequent genutzt.

In einem Altenheim ist die Stationstür der Demenzstation mit einem Sensorsystem ausgestattet und fünf Bewohner tragen ein entsprechendes Armband, das

4.3. Ergebnisse der Vorstudie

bei Passieren der Tür einen Alarm auf dem Stationstelefon auslöst. Obwohl auch auf den anderen Stationen mitunter Demenzkranke mit Lauftendenz untergebracht sind, wurden diese Türen nicht mit einem Alarmsystem ausgestattet. Meine Frage, ob man diese Stationen nicht technisch nachrüsten möchte, wird verneint und damit begründet, dass dies technisch sehr kompliziert sei und *"wenn man das ganze Haus verkabelt, dann ist es wie in einem Gefängnis"* [Int. Leitung Al1].

Neben einer eher ambivalenten Haltung gegenüber Türsicherungen wirken im vorliegenden Fall vermutlich weitere Faktoren auf diese unsichere Situation ein: So sei zwar die Akzeptanz seitens der Bewohner, die die Armbänder tragen, gegeben. Es handelt sich dabei um eine Art Gummiband mit einer flachen, runden Scheibe, ähnlich dem bekannten Hausnotrufsystem. Laut Aussage des Hausmeisters werde die Scheibe als Uhr wahrgenommen und deshalb akzeptiert. Allerdings wäre das Band selbst von schlechter Qualität, da es schnell ausleiere und auch schnell abgenutzt aussehe, was sich auf Tragekomfort und Optik auswirke.

Größere Probleme sieht der Hausmeister hinsichtlich der Verlässlichkeit und Performance des Systems: Es sei mehrmals vorgekommen, dass der Alarm nicht ausgelöst wurde und das Personal konnte jeweils den Grund dafür nicht nachvollziehen. In diesem Falle übergibt das Personal die Geräte an den Hausmeister, der diese dann zur Reparatur oder zum Austausch einschickt. Das Personal müsse dann häufig über einen längeren, mehrwöchigen Zeitraum ohne das Gerät klarkommen, da die Firma kein Ersatzgerät angeboten habe und dies seitens des Personals auch bisher nicht erfragt worden sei.

Ein weiteres Problem wird in der Akkuleistung und Akkukontrolle gesehen. Dass die Batterien leer sind, bemerke man erst, wenn das Gerät nicht mehr funktioniere. Bei sehr aktiven Bewohnern hält der Akku laut Hausmeister ca. drei Monate. Wenn die Batterien leer sind, wendet sich das Personal an den Hausmeister, der diese auswechselt. Im Gespräch wundert sich der Leiter über die vom Hausmeister genannte Akkudauer, da er die Annahme hatte, dass die Batterien zwei Jahre halten. Insgesamt ist der Heimleiter während des gemeinsamen Gesprächs erstaunt, dass der Hausmeister von so vielen Problemen berichtet, da er selbst der Annahme war, dass das System reibungslos funktioniere. Auch über Probleme in der praktischen Handhabung wird seitens des Hausmeisters berichtet. So müsse das Armband selbst häufig gesucht werden: *"Wo liegt das Ding im Patientenzimmer?"*

Zusätzlich wird über Unzulänglichkeiten des Systems in der Praxis geklagt, die aber als unveränderbarer Zustand angenommen werden: Wenn ein Bewohner mit einem Armband die Tür öffnet, dann erscheint ein Alarm auf dem schnurlosen Stationstelefon. Neben der Alarmierung über den Klingelton erscheint die Anzeige „Tür offen" auf dem Display. Dies ist für die Pflegerin eine zu ungenaue Angabe, die ihren Arbeitsablauf sehr stören kann. Denn von den fünf Armbandträgern entwischen einige sehr schnell, wenn sie die Tür passiert haben, andere gehen sehr langsam und bleiben im Türbereich längere Zeit stehen. Wenn die Pflegerin in einem Zimmer ist und einen Bewohner versorgt, weiß sie daher bei Alarmauslösung nicht, ob sie sich entsprechend beeilen muss oder die Verrichtung im Patientenzimmer noch beenden kann.

Dass der Name des jeweiligen Bewohners auf dem Display erscheint, sei laut Heimleitung nicht erlaubt. Er berichtet, dass man dafür eine amtsrichterliche Genehmigung benötige, da es sich bei der Transparenz des Namens um eine freiheitsentziehende Maßnahme handle. Dies werde von Kreis zu Kreis allerdings unterschiedlich gehandhabt. Im vorliegenden Fall hätte man sich auf das genannte Procedere mit dem zuständigen Amtsrichter geeinigt, was für das Personal weniger gut, aber dafür juristisch einwandfrei sei. Auffällig ist der offensichtliche Gleichmut des Personals gegenüber der schlechten Performace und Stabilität der Technik, auch Usability-Verbesserungen werden kaum eingefordert. Dies weist auf den derzeitig anscheinend eher geringen Stellenwert von technischen Unterstützungsmaßnahmen hin. Auch ist möglicherweise ein Grund für die geringe Auseinandersetzung des Personals mit der Technologie, dass deren Einführung meist top-down über die Leitungsebene erfolgt und das Personal nicht in den Anschaffungsprozess involviert wird. Zudem verunsichern unklare Funktionalitäten wie Reichweiten und Stabilität zusätzlich und machen herkömmliche Maßnahmen der Betreuung weiterhin notwendig.

Aus einer weiteren Einrichtung, einer Demenz-WG, werden ähnliche Probleme berichtet: Es gibt eine Telefonanlage mit zwei mobilen Telefonen, die mit einem Alarmsystem verbunden sind. Dieses Alarmsystem von TeleAlarm besteht aus

4.3. Ergebnisse der Vorstudie

einem Sensor, der in ein Armband integriert ist, das ein akustisches Signal an der Wohnungstür und gleichzeitig per Telefon verursacht, wenn eine Bewohnerin, die das Armband trägt, sich der Wohnungstür nähert.

Die Telefonanlage wird vom pflegerischen Leiter der WG als sehr wartungsanfällig beschrieben. Beim Kauf der Telefone haben die Angehörigen in erster Linie darauf geachtet, dass sie den technologischen Anforderungen gerecht werden und robust (stoß- und wasserfest) sind. Im täglichen Alltag des Pflegepersonals werden die Telefone aufgrund ihrer Größe als sehr unpraktisch empfunden. Obwohl der Plan war, dass die Pflegekräfte die Telefone ständig bei sich tragen, werden sie im Aufenthaltsraum abgelegt, da sie zu groß und unhandlich sind.

Für die Bewohner ist es irritierend, wenn der Alarm gleichzeitig per Türklingel und Telefon losgeht. Wünschenswert aus Sicht des Personals wäre ein kleines, tragbares Telefon, das abgestufte Alarme (Anruf/Türklingel/Alarm) ermöglicht.

Ein weiteres Problem stellt eine Unsicherheit über die Funktionsfähigkeit des TeleAlarm-Geräts dar. Zum einen gab es die Situation, dass der Alarm nicht auslöste, als die Bewohnerin, die das Armband trug, sich der Wohnungstür näherte. Ein gerufener Techniker der Firma erklärte, dass dies im Zusammenhang stehen könnte mit der Funkausrüstung einer nahen Großbäckerei, ein anderes Mal waren Störungen durch die U-Bahn die Erklärung, dann die Menge der Funk-basierten Geräte in der Wohnung (Telefonanlage, Feuermelder, Funkverstärker in der Küche). Zum anderen bestehen Unsicherheiten über den Ladezustand der Batterie im Armband. Das Armband ist mit einem kleinen Leuchtpunkt ausgestattet, der in gewissen Abständen aufleuchtet bei ausreichendem Ladezustand. Das Aufleuchten ist allerdings sehr schwierig zu erkennen. Auch die Auskunft des Technikers über die Haltedauer der Batterie („mit einem halben Jahr sind sie ungefähr dabei") ist zu ungenau und verstärkt die Unsicherheit des Personals. Über einen Wechsel zu einem anderen Anbieter wurde auf meine Frage hin offensichtlich bisher noch nicht nachgedacht und mit Hinweis darauf, dass die Angehörigen sich für den Kauf der Geräte entscheiden würden, ausweichend beantwortet.

Hierin zeigt sich offensichtlich eine der Schwierigkeiten der Organisationsform – „jeder ist verantwortlich und doch keiner" [Int. Pfleger DWG 1]. Hinzu komme eine Haltung, die in der ambulanten Pflege typisch sei: Die Pflegebedingungen seien oft nicht so gut wie in der stationären Pflege und man müsse daher aus den Gegebenheiten das Beste machen oder den jeweiligen Zustand schlicht akzeptieren und „Abstriche" machen in seinem Professionalitätsverständnis.

In einer anderen Demenz-WG, die aus drei Stationen besteht, davon zwei mit einem Flur miteinander verbunden, ist die Eingangstür zum Flur mit einem Sicherheitsmechanismus ausgestattet. Die pflegerische Leitung einer Station demonstriert mir die Handhabung folgendermaßen: die Tür hat einen Drehknopf, und diese Handlung des Drehens *„können die Demenzkranken kognitiv nicht mehr leisten"* [Int DWG 2, Schwester]. Zusätzlich müsse jeder, der durch die Tür wolle, von außen einen grünen Schalter drücken, der außen neben der Tür an der Wand angebracht ist. Wenn dieser Schalter nicht betätigt würde, würde ein Alarm auf dem Telefon erscheinen. Auf meine Frage, ob alle Besucher, Küchen-, Lieferpersonal etc. dies wüssten und immer dran denken würden und ob das System funktioniere, antwortet sie mir, dass die Handhabung kein Problem darstelle und von allen durchgeführt würde. Ich werde daraufhin noch instruiert, den Knopf beim Verlassen des Hauses zu betätigen, damit kein Alarm ausgelöst wird.

In weiteren kurzen Gesprächen tauchen zusätzliche Handhabungen und Umgangsweisen mit diesem Türmechanismus auf: In einem Gespräch mit einer Angehörigen, die ihre Mutter in der WG besucht, und einer Mitarbeiterin des Betreuungsdienstes wird mir berichtet, dass der Mechanismus zurzeit nicht richtig funktionieren würde. Zudem wäre das System generell nicht sehr sicher. Die Mutter hätte auch Laufphasen gehabt vor einiger Zeit und wäre zweimal durch die gesicherte Tür gegangen. Die Mitarbeiterin des Betreuungsdienstes, die seit drei Wochen im Haus angestellt ist, äußert mir gegenüber: *„Das Drehen ist die Sicherung."* Der Alarm würde auch auslösen, wenn die Tür ohne Drehen des Knopfes geöffnet würde.

Ein Praktikant, den ich beim Verlassen der Einrichtung frage, was ich nun tun müsse, um durch die Tür zu gehen, meinte, dass ich einfach nur raus gehen soll ohne irgendeine Aktion. Dies mache ich auch und es geschieht nichts. Zusam-

4.3. Ergebnisse der Vorstudie

menfassend wird mir hier die Türfunktionalität auf drei verschiedene Weisen erklärt: Drehknopf drehen, Drehknopf drehen und grünen Außenknopf drücken, gar nichts machen, da das System nicht eingeschaltet ist.

Über eine weitere Variante technisch gesicherter Ausgangstüren verfügt ein großes Altenheim in einer ländlichen Umgebung. Dort ist seit mehreren Jahren ein sogenanntes „Chip-System" für zurzeit neun Bewohner mit Lauftendenz eingebaut. Dazu werden kleine, dünne Plättchen (die Chips) in den Schuh gelegt, teilweise wurden diese durch einen Schuster permanent im Schuh befestigt. Alle vier Ausgänge der Einrichtung zu einem umgebenden Parkgelände sind mit Induktionsschleifen ausgerüstet, die einen Alarm auf einen Piepser auslösen, sobald ein Patient mit Chip eine entsprechende Induktionsschiene an einem der vier Ausgänge übertritt. Die Heimleiterin äußert mir gegenüber überwiegend positive Erfahrungen mit diesem Ausgangssicherungssystem, insbesondere betont sie folgende Eigenschaften: Durch die Nichtsichtbarkeit der in die Schuhe einzulegenden Chips würden die Bewohner nicht äußerlich sichtbar stigmatisiert, was sie als sehr wichtig einschätzt. Zusätzlich sei das System kaum fehleranfällig, die Chips seien flach und würden daher von den Bewohnern nicht bemerkt oder als störend empfunden. Es gebe auch keine Akku-Ladeproblematik, die sie von einigen anderen Systemen kenne. Der Alarm würde im entscheidenden Moment bisher zuverlässig ausgelöst. Entscheidend sei jedoch, dass das Personal sicherstelle, dass die betreffenden Bewohner die Schuhe tragen, in denen die Chips befestigt oder eingelegt wurden. Das Personal habe dafür gewisse Routinen im Pflegeablauf entwickelt und dies funktioniere mittlerweile gut.

Dennoch sei die Gewährleistung, dass die Bewohner die Schuhe jederzeit tragen, ein kritischer Faktor, der permanent überprüft werden müsse und der im Arbeitsalltag viel Stress und Unruhe bereite. Ein zusätzliches Erlebnis mit einem sehr mobilen Bewohner habe sie dazu bewogen, sich mit einer möglichen Umstellung oder Erweiterung des Systems zu beschäftigen. Dieser habe nämlich bereits mehrmals die Ausgänge umgangen und sei erst aus einem ebenerdigen Fenster und anschließend über den Zaun der umgebenden Parkanlage gestiegen und habe sich dann sehr weit vom Haus entfernt.

Die Firma, deren System man derzeit nutze, würde ein verbessertes System anbieten, welches anstatt mit Schuh-Einlagen mittels Sensoren in Armbändern funktioniere. Die Armbänder kämen aber eigentlich nicht für sie infrage, da sie als Permanent-Armbänder angelegt würden, die über einen komplizierten Sicherheitsmechanismus zu öffnen und zu schließen und damit für die Kranken nicht abnehmbar seien. Einen solchen Sicherheitsverschluss empfindet die Interviewpartnerin als „feste, unverrückbare Kennzeichnung nach außen", als „Markierung". Dies würde sie den Bewohnern aus ethischer Sicht nicht zumuten wollen und müsse daher weitere Möglichkeiten der Verbesserung sichten und überdenken.

Insgesamt finden sich viele ambivalenten Aussagen und Praktiken bezüglich elektronischer Türsicherungen in vielen anderen Einrichtungen wieder.

Sensormatten

In einer Einrichtung werden bei sturzgefährdeten Laufpatienten Sensormatten vor dem Bett eingesetzt. Die Schwestern bekommen insbesondere in der Nacht ein Signal, sobald der Patient das Bett verlassen hat und können entsprechend Hilfestellung leisten. Die Diskussion des Themas Sensormatte wird mit dem Leiter einer anderen Einrichtung in eine völlig andere Richtung geführt. Dieser lehnt solche Hilfsmittel energisch ab, da er das Patientenzimmer als zu schützende Privatsphäre ansieht, die durch den Einsatz von Sensormatten im Zimmer untolerierbar beeinträchtigt würde. Dies gelte insbesondere für demente Patienten mit Laufdrang, die außerhalb ihres Zimmer permanent beobachtet werden müssten und daher nur in ihrem Zimmer die Freiheit hätten, sich ungezwungen zu verhalten, ohne durch das Pflegepersonal kontrolliert zu werden.

4.3.3. Pflegerische Interventionen

4.3.3.1. Patientenfotos zur Unterstützung der Suche nach Patienten

Patienten werden bei der Aufnahme in stationäre Einrichtungen meistens fotografiert, um eine eventuelle Suche zu erleichtern. Die Fotos werden bei einer Suche u.a. Kollegen im Haus und in der Nachbarschaft gezeigt oder auch an die Vermisstenstelle der örtlichen Polizei gegeben. Die Speicherung der Fotos wird sehr unterschiedlich gehandhabt. In manchen Einrichtungen sind sie Bestand-

4.3. Ergebnisse der Vorstudie

teil der Patientenakte und können dann entweder als Ausdruck der Akte entnommen oder als digitale Vorlage per E-Mail weitergeleitet werden.

In einem Krankenhaus werden die Fotos aus Datenschutzgründen nur auf der Kamera gespeichert, und im Bedarfsfall geht ein Mitarbeiter mit der Kamera durch das Haus, um Kollegen zu fragen, ob sie den betreffenden Patienten gesehen haben. Die Stationsschwester erklärt dazu:

„Also, das wird nicht irgendwie in die Akte eingeflochten, sondern es bleibt dann auf der Karte und wird dann auch gelöscht. [...] Das Problem ist auch, dass jede Station nur auf ihre Patienten zugreifen kann in der elektronischen Akte. Also es würde dann nichts bringen, wenn ich dann sage: Gucken sie bitte. Das ist halt das Problem. Ein Bild per E-Mail an den Pförtner zu schicken ist auch datenschutzrechtlich verboten. Hier bei dem Thema, steht man immer mit einem Fuß irgendwie im Datenschutzfettnapf." [Int. Schwester KH]

Ob der Pförtner über Fotos von Laufpatienten verfügt oder nicht, ist im ausgewählten Sample sehr unterschiedlich. In einigen Häusern ist es Standard, dass Fotos von Läufern an der Pforte ausgehängt werden, um dem Pförtner ein schnelles Reagieren zu ermöglichen. Besonders gravierend erscheint, dass sich die meisten Häuser des Samples in demselben Bundesland befinden und die Handhabung bezüglich Datenschutz-Aspekten trotzdem so unterschiedlich ist. Auch hier ist oftmals die Aussage des zuständigen Amtsrichters die Basis der jeweiligen gewählten Praxis, so wie im Falle der Einschätzung freiheitsentziehender Maßnahmen, vgl. Kap. 4.2.2.

Neben der Unsicherheit bezüglich des korrekten Verhaltens in Datenschutzfragen kommt erschwerend für die Koordination unter den Stationen hinzu, dass benachbarte Stationen jeweils keinen Zugriff auf die elektronischen Patientenakten der Nebenstation haben. Ärzte hingegen, erläutert die Schwester später, hätten diesen Zugang, da sie häufig stationsübergreifende Dienste durchführen und deshalb den Zugriff auf alle Patientenakten benötigen.

Zur Suchstrategie erläutert sie, dass meist zunächst das nähere Umfeld abgesucht würde, wenn ein Patient vermisst wird:

> *„Wenn dann jemand weggelaufen ist, dann werden wirklich erst mal alle Stationen abtelefoniert und ein Mitarbeiter macht sich dann auch auf den Weg, um zu suchen. Meistens sind es dann erst mal aber die kurzen Wege. Das man sich erst mal alle Toiletten anguckt, durch die Patientenzimmer geht und manchmal, wenn man Glück hat melden sich dann auch schon die anderen Patienten: Hier ist jemand der gehört nicht zu uns, das man das dann schon weiß. Dass man dann wirklich auch alle Stationen dann informiert: Wir haben jemanden, der uns fehlt."* [Int. Schwester KH]

Auch in anderen Einrichtungen wird berichtet, dass die Patienten sich oftmals innerhalb des Hauses verirren:

> *„Der Patient war nicht in seinem Bett. Das war im Nachtdienst und dann ist auch erst mal auf Station gesucht worden und der lag dann selig, charmant mit einem anderen Patienten im Bett. Das war ja dann süß. Da ist auch nichts passiert, das waren zwei demente Patienten, das hat die nicht gestört. Das war schon etwas lustig nach dem ersten Schreck."* [Int. Schwester Ev2]

Obwohl diese Erzählung einer Krankenschwester eher belustigend wirkt, wurde auch von dramatischen Gegebenheiten berichtet, bei denen Patienten sich in Kellerräumen verirrt hatten und erst nach Tagen schwer krank oder sogar bereits verstorben wieder aufgefunden wurden. Dies zeigt, dass das Verlaufen und spätes Auffinden innerhalb des Hauses ebenso gefährlich sein kann wie außerhalb einer Einrichtung.

Eine Ortungsmöglichkeit und diskrete Überwachungsmöglichkeit zum Einsatz innerhalb des Hauses wird von einigen Pflegenden als wünschenswert angesehen. So könnte man innerhalb des Hauses toleranter sein gegenüber dem Lauf- und Freiheitsdrang der Bewohner:

> *„Und das ich dann auch denken könnte, der Patient ist noch auf der Etage. Ich kann noch einen Moment warten, bevor ich jetzt Alarm schlage. Das fände ich auch schon sehr beruhigend. Das man dann die Leute auch wirklich laufen lassen kann und ihren Freiheitsdrang dann nicht einschränkt. Das fände ich auch wichtig und wäre sehr hilfreich im Alltag."*

4.3.3.2. Patienten markieren

In einem Krankenhaus wurden vor einigen Jahren wandernden Patienten Zettel mit ihrem Namen und der Station auf den Rücken geklebt, um sie zuordnen zu können. Die Stationsschwester meint dazu, dass dies heute nicht mehr durchgeführt würde:

> „Da sind wir auch von abgekommen. Erst mal Datenschutz und dann halt auch, um dann den Patienten nicht noch bloßzustellen. Das ist jetzt aber auch schon einige Jahre her und das sieht man jetzt auch gar nicht mehr hier im Haus, das jetzt irgendjemand mit einem Zettel auf dem Rücken durch die Gegend läuft."

Im Laufe der letzten Jahre hat damit in diesem Haus die Wichtigkeit von Datenschutzaspekten und von Entstigmatisierung zugenommen. Eine Sensibilisierung für diese Themen ist auch in anderen Häusern zu beobachten.

4.3.3.3. Kaschieren von Bereichen

Neben dem Sichtschutz beim Neubau von Stationen, z. B. durch Milchglastüren, erfolgt häufig auch eine nachträgliche Kaschierung von Ausgangstüren und Bereichen, die den Laufpatienten nicht zugänglich sein sollen. So werden Ausgangstüren oder Türen zu Feuertreppen, die nicht abgeschlossen werden dürfen, mit Vorhängen verhüllt oder auch in einer Einrichtung mit einer spanischen Wand kaschiert. Ein anderes Heim hat die Ausgangstür mit Gardinen dekoriert, um den Eindruck eines Fensters zu erwecken. Diese Maßnahmen werden – wie im Falle der Endlosgänge – unter den Pflegepersonen äußerst unterschiedlich bewertet. Auf der einen Seite werden diese Maßnahmen als legitime Notbehelfe angesehen, um die Überwachung von Laufpatienten handhabbar zu machen, ohne gegen FEM zu verstoßen. Andere Professionelle wiederum schätzen solche Maßnahmen als gegen die Menschenwürde verstoßend ein, da hiermit den Patienten eine nicht vorhandene Wirklichkeit vorgegaukelt werde und sie damit bewusst – aus pragmatischen Gründen – getäuscht würden, was für keinen Menschen – auch nicht für Demenzkranke – als akzeptabel angesehen werden könne.

4.3.3.4. Periphere Awareness – „mit einem Ohr hören und aufpassen"

In vielen Einrichtungen besteht für die Pflegekräfte das Problem, den Überblick über Bewegungen auf der Station zu behalten, wenn sie pflegerische Tätigkeiten in einzelnen Patientenzimmern durchführen.

Daher ist es üblich, bei der Verrichtung im Patientenzimmer auf Geräusche auf dem Flur zu achten und diese entsprechend einzuordnen. Dazu wird häufig die Zimmertür offen gelassen. In einer Einrichtung werden von den Schwestern große Gegenstände auf dem Flur platziert, damit diese Geräusche verursachen, wenn Demenzpatienten dagegen laufen. Diese Gegenstände sind beispielsweise der Pflegewagen, der bei der morgendlichen und abendlichen Pflegerunde benutzt wird, oder Toilettenstühle. Diese Maßnahme wird laut der Schwester besonders in der Spätschicht eingesetzt, wenn zu wenig Personal anwesend ist. Wenn dann alle PflegerInnen in den Zimmern beschäftigt sind, müsse man sich mit solchen Maßnahmen behelfen, um die Sicherheit der Laufpatienten zu gewährleisten:

„Das ist dann schon anstrengend für alle Beteiligten. Denn es ist ja dann auch so: Der Spätdienst ist dünner besetzt als der Frühdienst, und wenn wir dann abends unterwegs sind in den Patientenzimmern, dann ist halt nicht immer jemand präsent und dann muss man ja wirklich auch immer noch mit einem Ohr da beobachten und hören, was dann noch so passiert. Das ist dann schon schwierig." [Int. Schwester KH]

4.3.3.5. Permanentes Beobachten und Einschätzen

In Häusern, die eine höhere Fluktuation von Demenzpatienten haben, wie z.B. auf der Demenzstation in einem Krankenhaus, besteht erschwerend die Problematik, dass man neue Patienten in Bezug auf eine mögliche Lauftendenz nicht gut einschätzen kann. In Langzeitpflegeeinrichtungen besteht diese Problematik in der Anfangszeit nach der Patientenaufnahme. Es können sich jedoch auch im Laufe der Zeit Faktoren verändern. Daher ist eine genaue, tägliche Beobachtung notwendig und eine permanente Einschätzung der aktuellen Situation. Die Stationsschwester einer Krankenhaus-Demenzstation beschreibt:

„Also, meistens weiß man das ja nicht, dass diese Lauftendenz besteht. Das merkt man dann ja auch manchmal in so Ritualen, die dann der Patient durchführt, wie, sich den Mantel anzuziehen oder dann auch den Schlafanzug abzulegen, die Straßenkleidung anzuziehen oder dann auch die Koffer zu packen und sich dann einfach in Richtung Stationsausgang zu bewegen. Also, wenn er dann so bepackt ist, dann muss man natürlich vorher schon einmal eingreifen und fragen, was denn so der Plan ist." [Int. Schwester KH]

4.3. Ergebnisse der Vorstudie

Das besondere Problem der Einschätzung in Krankenhäusern ist, dass Patienten hierhin primär aufgrund einer anderen Haupterkrankung eingewiesen werden und demenzspezifische Problemlagen häufig erst nach und nach im Verlauf des Aufenthalts auftreten, was dann oft zu einer krankenhausinternen Verlegung der Patienten auf die Demenzstation führt.

4.3.3.6. Bereichs- und stationsübergreifende Kooperationen

In Häusern, die mehrere Stationen haben oder Stationen, die nach dem Bereichspflegekonzept arbeiten (eine Pflegeperson ist zuständig für eine bestimmte Anzahl an Zimmern pro Schicht) erfolgt die Überwachung von Laufpatienten meist durch alle Kollegen stations- und bereichsübergreifend gemeinsam:

> *„Häufig ist es so, dass wir dann schon mal auf der Nachbarstation anrufen: ‚Da kommt gleich Frau so und so. Kannst du die bitte wieder zurückschicken?' Das funktioniert dann auch mal so."* [Int. Schwester KH]

> *„Hier hat das Personal der gegenüberliegenden Station die Bewohner immer mit im Auge. Alle passen mit auf, wer wo ist, auch die Kollegen der anderen Station. Die beiden Läuferinnen wandern auch immer über beide Stationen, sodass alle immer involviert sind beim Aufpassen."* [Int DWG 2, Leiterin]

Insgesamt bedeutet dies einen hohen Koordinationsaufwand für die Beschäftigten auf allen Stationen.

4.3.3.7. Zusammenarbeit mit den Angehörigen

Bei starker Unruhe und Laufdrang der Bewohner werden die Angehörigen mitunter telefonisch kontaktiert. Das Telefongespräch kann dann beruhigend auf den Patienten wirken, denn

> *„es geht ja meint darum: ‚Ich muss nach Hause; meine Frau wartet auf mich' oder ähnliche Sachen. Es können ja schon die Angehörigen durch das Telefon etwas beruhigen, oder auch wenn dann die Information kommt: ‚Ich komme gleich'. Das ist dann auch für uns als Pflegepersonal beruhigend [Int. DWG 2, Schwester].*

Häufig bringen sich Angehörige in den Häusern auch bei der Versorgung der Bewohner stark ein, indem sie häufig zu Besuch kommen und die Bewohner beschäftigen, z.B. durch gemeinsame Spaziergänge.

Insgesamt wird bei der Diskussion und Reflexion möglicher Maßnahmen zur Sicherung und Beobachtung demenzkranker Laufpatienten häufig darauf geachtet, dass die Verwandten in die Entscheidungsfindung einbezogen werden. Die gemeinsame Entscheidungsbasis von Pflegepersonal, Verwandten und auch involvierten Ärzten wird als zusätzlicher Sicherheitsfaktor angesehen, wenn es darum geht, Entscheidungen über Eingriffe in die Persönlichkeit zu fällen.

In einem Heim konnte nur durch die starke Involvierung der Angehörigen die weitere Betreuung eines Laufpatienten längerfristig gesichert werden. Dieser Patient war durch das oben beschriebene System von Chips in den Schuhen und Induktionsschleifen an den Ausgängen des Hauses gesichert.

Er kletterte allerdings durch den Zaun und umging somit das Sicherungssystem. Er war insgesamt zwei Tage verschwunden und versetzte alle Pflegenden und Angehörigen in Angst und Sorge. Glücklicherweise wurde er schließlich in der näheren Umgebung wieder aufgefunden ohne ernsthafte Verletzungen. Die Heimleitung entschied daraufhin, dass man im Heim die Verantwortung für den Bewohner nicht mehr tragen könnte und der Bewohner in eine geschlossene Einrichtung verlegt werden müsse:

„Wir konnten die Betreuung nicht mehr sicherstellen, er muss eigentlich auf eine geschlossene Station. Das kann man auch dem Personal nicht zumuten." [Int. Leitung Heim 3]

Es wurde seitens der Einrichtung dann die Auflösung des Heimvertrags avisiert. Die Angehörigen – die in der Nähe lebende Ehefrau und vier Kinder, die in der Welt verstreut leben und ein Sohn, der am nächsten wohnt, in Hamburg – baten jedoch darum, dass der Angehörige unbedingt in der Einrichtung bleiben sollte. Der Wunsch basierte auf dem Umstand, dass die Ehefrau im Ort wohnte und damit die Möglichkeit hätte, den Ehemann oft zu besuchen. Die nächste geschlossene Einrichtung liegt über 30 km entfernt.

4.3. Ergebnisse der Vorstudie

Es wurde daraufhin ein Vertrag ausgearbeitet, der für beide Seiten tragbar erschien. Die Angehörigen verpflichteten sich dazu, sich über GPS-Systeme zu informieren und die Inbetriebnahme zu organisieren.

Die Angehörigen übernahmen nun sehr viel Verantwortung anstelle des Heims. Der in Hamburg lebende Sohn entschied sich für das System „sms2com" aus. Er nutzte es selbst, um seine Jogging-Routen aufzuzeichnen. Der Patient trägt bei diesem System ein Mobiltelefon bei sich, das eine Ortungsfunktionalität und Routenaufzeichnung besitzt. Vor der Inbetriebnahme wurde überlegt, wie das Handy am besten am Bewohner befestigt werden könnte. Es ihm in die Tasche zu stecken war zu unsicher, da er die Angewohnheit hatte, seine Taschen immer auszuräumen oder darin herumzukramen. So entschied man sich für ein Täschchen, das er um den Hals tragen sollte. Die Tasche wurde von der Ehefrau genäht. Da er sich diese Tasche auch abnehmen könnte, weil er sie als Fremdkörper ansähe und einen Halsbeutel nicht gewohnt wäre, beschloss man, die Tasche jeden Morgen beim Ankleiden dem Patienten unter das Hemd zu stecken. Dies würde bis dato funktionieren. Die Tasche dem Patienten am Morgen umzuhängen und das Laden des Akkus am Abend wurden zur pflegerischen Routine. Glücklicherweise würde der Bewohner nachts schlafen, sodass es möglich wäre, in diese Zeit die Aufladephase zu legen.

Die Angehörigen führten hauptsächlich die Ortung des Patienten durch. Die Ehefrau hatte auch als fast 80-Jährige einen Internetanschluss, um mit ihren in der Welt verstreuten Kindern kommunizieren zu können. Im Heim bekam bisher der Verwaltungsleiter, der gleichzeitig Administratorfunktionen innehatte, den Link der Website vom Sohn zugemailt., den er dann wiederum an die pflegerische Leitung weiterleitete. Die Heimmitarbeiter würden momentan nur „mitschauen", aber nicht aktiv eine Ortungsanfrage stellen können. Die pflegerische Leitung sähe hier noch Bedarf, die Prozesse abschließend zu klären, wäre aber zunächst einmal zufrieden, dass die Verantwortung nun in starkem Maße mit den Verwandten geteilt werden könnte. Die Entwicklung der weiteren Ablaufprozesse und entsprechender Routinen würde dann sukzessive durch Ausprobieren und Anpassen von praktikablen Strategien erfolgen.

Dieses Beispiel des Teilens der Verantwortung für einen Laufpatienten demonstriert einen möglichen Weg in einem Set von vielen unterschiedlichen diesbezüglichen Praktiken. Die Spanne der Aussagen ist sehr groß: einerseits wird gesagt, dass Patienten mit Lauftendenz von vornherein nicht als Bewohner in Heimen aufgenommen würden, da die Einrichtungen dafür nicht geeignet seien. Auf der anderen Seite steht die Aussage einer Pflegedienstleitung: *„100%ige Sicherheit kann es nie geben, wir sind ja ein offenes Haus"*, was aus ihrer Sicht bedeutet, dass man sich pflegerisch arrangieren muss und die möglichen Gefahren der Lauftendenz akzeptieren müsse.

Auch seitens der Angehörigen sind die Sichtweisen ganz unterschiedlich in Bezug auf deren mögliche Involvierung bei der Pflege ihrer in einer Einrichtung lebenden Verwandten. Manche Angehörige sind durch die oft jahrelang vorhergehende häusliche Pflege sehr erschöpft und überfordert, was häufig ein Kriterium für die Einweisung der Angehörigen in einen stationären Kontext ist. In vielen Fällen geht es darum, die überbordende Verantwortung in andere Hände abzugeben. Dann werden Aktivitäten seitens der Heime, die Verwandten mit einzubeziehen, eher als Belästigung und Überforderung angesehen, wie diese Ehefrau eines demenzkranken Mannes betont:

> *„Anfangs haben die hier angerufen und haben manchmal um 10 Uhr abends gesagt, mein Mann möchte mich sprechen. Dann habe ich das mit meinen Kindern besprochen und die haben dann gesagt: ‚Weißt du was. Sag denen die sollen uns anrufen, damit du nicht um 10 hier sitzt und nicht weißt was los ist!' Das habe ich jetzt auch veranlasst und seitdem ist Ruhe. Ob meine Kinder – die werden mir das natürlich jetzt nicht sagen, dass die vom Heim angerufen haben. Da bin ich auch froh drum. Also die machen das jetzt für mich. Ich kann nicht mehr. Er ist auch am Anfang mehrmals weg gewesen, dann riefen die mich auch an. Was kann ich denn von hier aus machen? Ich habe gesagt, dass sie mich nicht mehr anrufen sollen, mir ist das zu viel."*

4.3.3.8. Beschäftigung und Ablenkung

Die Beschäftigung der Bewohner und die gezielte Ablenkung bei starker Unruhe und Laufdrang sind häufige eingesetzte Mittel des Pflegepersonals. Vorlesen, Lesen, Gespräche führen, Mahlzeiten einnehmen oder gemeinsame Spaziergänge werden als Aktivitäten genannt, die in entsprechenden Fällen durchgeführt werden. Allerdings erwähnt die Leitung einer Demenzstation eines Krankenhauses einschränkend, dass man bei Patienten mit starkem Laufdrang mitunter aufpassen müsse, *„denn eine Patient, der unbedingt weg möchte, der lässt*

4.3. Ergebnisse der Vorstudie

einen dann auch schon mal stehen, wenn man ihm draußen ein bisschen Freiheit gibt".

4.3.3.9. Patienten verfolgen – „shadowing"

In manchen Fällen, wenn den Bewohnern noch Einschätzungs- und Orientierungsfähigkeiten zugesprochen werden, ist man meist erst einmal vorsichtig mit einschränkenden Maßnahmen. In solchen Fällen geht ein Mitarbeiter hinter dem Patienten her und überprüft, ob dieser auch die Richtung seines vorher angegebenen Ziels einschlägt.

4.3.4. Einschätzungen von pflegenden Angehörigen im familiären Kontext

4.3.4.1. Autonomie-Fragen spielen keine Rolle

Die Analyse der Interviews mit pflegenden Angehörigen – Ehemännern, -frauen, Töchtern und Söhnen – bietet sehr verschiedene Perspektiven in der Bewertung und Diskussion der Autonomie- und Freiheitsbedürfnisse der erkrankten Familienmitglieder. Die Bandbreite der Perspektiven ist sehr groß zwischen zwei Extrempolen. Ein Extrembeispiel ist ein Angehöriger, der seine erkrankte Ehefrau auch im eigenen Haus immer an seiner Seite wissen möchte und ihr extrem wenig Bewegungsfreiheit zugesteht – so darf sie sich auch im eigenen Haus nicht alleine auf einer anderen Etage als er befinden – aus Angst, dass sie sich Schaden zufügen könnte. Am anderen Ende der Skala ist eine Tochter einer demenzkranken Frau, die ein soziales Netzwerk um ihre Mutter herum aufgebaut hat, damit diese allein in ihrem Haus leben und ihren Alltag, auch mobil in der Stadt, möglichst selbständig durchführen kann. Diese Haltungen gegenüber der Erkrankung und damit verbundene Aktivitäten wirken sich auch auf die Einschätzung aus, inwieweit ein GPS-Ortungssystem Hilfe bieten könnte.

Von einigen familiären Interviewpartnern wird der in der Literatur skizzierte Wertekonflikt „Sicherheit gewährleisten versus Autonomie wahren" überhaupt nicht als ein relevanter Aspekt wahrgenommen.

Viele der Angehörigen berichten in erster Linie über die oft überbordend empfundene Last und Sorge um den erkrankten Angehörigen, besonders im fortgeschrittenen Stadium der Krankheit. Der Progress in Form von zunehmender

Orientierungslosigkeit wird oftmals als ein „Verschwinden" der Person empfunden und mit dieser Sichtweise gehen auch Merkmale der Persönlichkeit verloren, sodass Autonomie und persönlichkeitsbezogene Rechte der Erkrankten keinen Stellenwert mehr haben. Die Sorge, dass dem erkrankten Familienmitglied etwas zustoßen könnte, wenn es „unbeaufsichtigt" ist, oder dass die Person verloren geht, steht damit häufig im Vordergrund aller Reflexionen und Aktivitäten der Angehörigen.

So wird der mögliche Einsatz eines GPS-Ortungsgeräts häufig unter dem Gesichtspunkt der Verringerung des Sicherheitsrisikos gesehen und dass er insbesondere eine Erleichterung bringen könnte in einer permanent angespannten Situation voller Sorge um den Erkrankten:

> „... [wenn ich sie nicht mehr sehe, z.B. beim Einkaufen] dann ist das so eine riesen Panik. Es ist so als wenn sie ihr Kleinkind in der Stadt verlieren. Sie sind dann versteinert vor Sorge"(Int. Hr. B.)

Eine andere Ehefrau zieht denselben Vergleich der Sorge um ein Kleinkind, für das man verantwortlich ist, als Argument dafür heran, dass die Aufregung über die Verletzung von Persönlichkeitsrechten des Demenzkranken völlig unbegründet sei, weil die Verantwortlichkeit und Sorge um den Partner hier im Vordergrund stehe.

4.3.4.2. Autonomie und Freiheit wahren als zentrale Probleme

Im Kontrast zu dieser extremen Sichtweise, in der Autonomiefragen von Demenzkranken kaum Stellenwert haben, weil sie aufgrund ihrer Erkrankung ihre Persönlichkeit immer mehr „verlieren", sehen andere Angehörige diese Problematik durchaus differenzierter. So sieht eine Tochter einer Erkrankten den möglichen Vorteil eines GPS-Ortungssystems darin, dass es den Angehörigen mehr innere Ruhe verschaffen und gleichzeitig den Aktivitätsradius der Erkrankten erweitern könnte.

Eine andere Interviewpartnerin, Tochter eines demenzkranken Vaters, beschreibt das wahrgenommene Problem, dass der Vater eine hohe Selbständigkeit einfordere, die sie und ihre Mutter sehr belaste. Er mache häufige und sehr lange Spaziergänge über mehrere Kilometer pro Tag und versetzt damit seine

4.3. Ergebnisse der Vorstudie

Familie ständig in Unruhe und Sorge um ihn. Es sei bereits mehrmals vorgekommen, dass Autofahrer ihn beinahe angefahren hätten. Die Frauen würden ihn lieber zu Hause wissen, in Sicherheit, aber aufgrund seiner Bestimmtheit sei dies nicht möglich. Für die beiden berufstätigen Frauen ist somit jeder Tag von Sorge bestimmt.

Mehrere Versuche, ihm Betreuungspersonen an die Seite zu stellen, die ihn auf den Spaziergängen begleiten, sind daran gescheitert, dass diese mit seinem Laufpensum und seiner Geschwindigkeit überfordert waren.

Da er auf seinen Spaziergängen meist kurz bei anderen Verwandten, die in der Region wohnen, reinschaue, haben die Frauen mit deren Hilfe eine Art familiäres Monitoringsystem errichtet: die Verwandten geben der Ehefrau telefonisch eine kurze Nachricht, wenn er auftaucht und teilen ihr mit, in welche Richtung er weitergeht.

Er habe generell ein großes Bedürfnis nach Selbständigkeit. Dem gerecht zu werden stelle die beiden Frauen vor ständige Konflikte. So sei er auch nach der Diagnosestellung weiter Auto gefahren. Obwohl Tochter und Ehefrau große Ängste hatten, dass ihm dabei etwas zustoßen oder er andere Menschen in einen Unfall verwickeln könnte, hätten sie letztlich für sich keine Möglichkeit gesehen, das Autofahren zu unterbinden. Nach Versuchen, das Auto in der Garage einzuschließen oder den Autoschlüssel zu verstecken, die er immer wieder erfolgreich umgangen hatte, war für sie die letzte Konsequenz, dass er selbst durch einen Unfall lernen müsse, dass er nicht mehr in der Lage sei zu fahren. Dazu kam es dann schließich, nachdem er mit dem Auto gegen das Garagentor gefahren war und aufgrund des Vorfalls selbst einsah, dass er nicht mehr in der Lage war, Auto zu fahren.

Dieses Beispiel zeigt einen weiteren Aspekt auf in der Diskussion um Freiheits- und Autonomiewahrung im Falle einer Demenzerkrankung: Die Tochter und Ehefrau sind in einer permanenten Sorgen um ihr Familienmitglied, sehen aber aufgrund seiner bestimmenden Persönlichkeit nur wenige Möglichkeiten, das empfundene Sicherheitsrisiko zu minimieren: *„Wir können ihn nicht festhalten oder einschließen, er wehrt sich gegen alles"* (Int. Fr. C.).

Dies zeigt ein häufig auftretendes Problem in Bezug auf familiäre Rollen, konkret: die häufig empfundene Hilflosigkeit von weiblichen Angehörigen gegenüber eher resoluten und in ihrem Verhalten dominierenden männlichen Angehörigen, dem bisherigen „Familienoberhaupt". Aufgrund der gewachsenen familiären Beziehungen und Rollenverteilungen wird die Pflege und Versorgung von erkrankten Ehefrauen häufig als einfacher empfunden.

Es wird deutlich, dass Angehörige unterschiedliche Motive haben können, sich mit Autonomie- und Freiheitsfragen zu beschäftigen und entsprechende Lösungen zu suchen. Die Motive können eher ethisch-moralisch sein, aber andererseits, wie an diesem Beispiel aufgezeigt, auch ein eher hilfloses „Laufenlassen", da aufgrund der Stärke der Erkrankten keine Freiheitsbegrenzung möglich erscheint.

Diejenigen Familien, die ihren erkrankten Angehörigen Bewegungsspielraum überlassen, entwickeln unterschiedliche Maßnahmen, ihre Sorgen um die Angehörigen zu minimieren, wie oben genannt, das „familiäre Montoringsystem". In einer anderen Familie beobachtet die Tochter einer Kranken ihre Mutter heimlich aus der Ferne, wenn diese in die Stadt geht. Sie möchte ihrer Mutter das Gefühl geben, dass diese ihren Alltag noch alleine bewältigen kann. Doch aufgrund der permanenten Sorge, dass der Kranken etwas zustoßen könnte, wenn sie alleine draußen unterwegs ist, verfolgt die Tochter sie häufig heimlich und findet, dass sie damit das Vertrauen ihrer Mutter missbrauche, aber weiß sich andererseits nicht anders zu helfen. Einem GPS-System käme hier aus dieser Perspektive eine Erleichterungsfunktion zu:

> *„Mit einem GPS-System wäre es für mich eine Gewissens-Erleichterung, dann müsste ich sie nicht mehr permanent beobachten, sondern könnte hin und wieder mal reinschauen oder auf Benachrichtigungen reagieren. Ich könnte ihr sagen ‚ok, dann geh alleine, wenn du dich von mir belästigt fühlst'", ich müsste nicht mehr heimlich hinter ihr hergehen" (Int. Fr. M.).*

Neben der Entlastung von Gewissensbissen sieht die Interviewpartnerin auch den Aspekt, den Demenzkranken mit einem Ortungssystem mehr Bewegungsfreiheit zu ermöglichen: *„Das würde beiden mehr Freiheit geben, dem Erkrankten und den Angehörigen."* Sie sieht die Möglichkeit, den Bewegungsfreiraum und

4.3. Ergebnisse der Vorstudie

das Gefühl der Selbstbestimmtheit der Mutter mit einem solchen Gerät sogar zu vergrößern:

> „Ich könnte ihr ein Freiheitsgefühl zurückgeben damit. Ich könnte sie dann gehen lassen ohne ihr sagen zu müssen, dass ich sie begleiten möchte. So könnte ich darauf warten, dass sie mich fragt ‚Warum kommst du nicht mit mir?' Oder ich könnte ihr das anbieten, müsste aber nicht mir ihr gehen – oder ihr heimlich hinterhergehen, wenn sie das nicht möchte."

Freiheit, so wie die Interviewpartnerin das Wort gebrauchte, beinhaltet in diesem Fall, dass die Tochter ihrer Mutter ein Stück weit Verantwortlichkeit und Autonomie zurückgeben könnte, insofern, als dass die Mutter das Gefühl hätte, wieder eigene Entscheidungen fälllen zu können und die Kontrolle über ihre Aktivitäten zurückzugewinnen.

Auch diese Interviewpartnerin vergleicht die Situation mit der von Eltern kleiner Kinder, aber aus einer anderen Perspektive als oben berichtet: Nicht im Sinne der vollen Verantwortlichkeit für ein Kleinkind, sondern eher in dem, dass mit der Anschaffung eines GPS-Geräts die Autonomie peu à peu an die demenzkranke Person zurückgegeben werden könnte und damit einhergehend ein stückweises Aufgeben der Kontrolle seitens der Tochter:

> „Es wäre vergleichbar mit der Situation, wie ich es damals mit meinen Kindern gemacht habe – ein Lernprozess – da habe ich gesagt: ‚Ich muss dir das Gefühl der Freiheit geben, damit du deinen Handlungsspielraum hast und dich erproben kannst. Es ist dein Freiraum, aber nur bis zu einem gewissen Punkt.' Zum Beispiel, als sie anfing, alleine zur Schule zu gehen, da habe ich dann eine Freundin angerufen, die auf dem Schulweg wohnt, und hab sie gefragt, ob meine Tochter vorbeimarschiert sei. Das bedeutet, dass man dem Kind – oder dem Patienten – ein Gefühl der Freiheit gibt, dass ich aber immer noch eine gewisse Sicherheit geben muss."

Sie nennt noch einen weiteren positiven Aspekt, den die Anschaffung eines GPS-Systems mit sich bringen würde, wenn dann die Mutter wieder unbeaufsichtigt alleine draußen sein könnte. Die Tochter benötigt zeitliche Freiräume, sich ohne ihre Mutter in deren Haus aufhalten zu können, um regelmäßig sauber zu machen, da die Mutter dies nicht toleriert:

> *„Wenn sie sieht, dass ich putze, wird sie immer sauer und fragt, weshalb ich ihre Arbeit machen würde. Sie denkt, dass sie alles selber in Schuss hält. Aber effektiv hat sie den Wischlappen schon mehr als ein Jahr nicht mehr in der Hand gehabt."*

Es wird deutlich, dass die Tochter sehr stark auf die Vorstellungswelt ihrer Mutter eingeht. Dies ist dasselbe personen-zentrierte Interaktionsprinzip, nach dem sie auch mit einem GPS-Gerät in ihren Überlegungen handeln würde. Denn die Tochter akzeptiert und reagiert in Bezug auf die Vorstellungswelt ihrer Mutter und positioniert alle eigenen Aktivitäten und Sicherheitsmaßnahmen um diese Vorstellungswelt der Mutter herum. Damit kann sie ihrer Mutter das Gefühl von Kontrolle, Selbstbestimmtheit und Autonomie geben.

Aus einem anderen Blickwinkel könnte man dieses Verhalten als einen Indikator dafür ansehen, dass die Tochter bestrebt ist, die „Normalität" der Welt der Mutter sowie auch ihre eigene so lange wie möglich aufrechtzuerhalten. Betrachtet man dieses Verhalten vor dem Hintergrund von Coping-Strategien erwachsener Kinder mit Erkrankung und Alterung der Eltern, dann wird deutlich, dass an einem gewissen Punkt ein Rollenwechsel stattfindet. Bei Krankheit oder zunehmender Hilfebedürftigkeit der alten Eltern kommt den Kindern zunehmend die Rolle der Eltern zu, was häufig mit Gefühlen der Überforderung einhergeht. Im vorliegenden Fall wird in der Reflexion der Tochter über einen möglichen GPS-System-Einsatz deutlich, dass die Tochter hier dem System die Möglichkeit zuspricht, ihre Tochter-Rolle zumindest zeitweise damit wieder zurückzugewinnen.

Wie feingranular Abstufungen von Autonomiekonzepten sein können, zeigen auch die von Angehörigen entwickelten Praktiken, über die betreffende Person zu reden, ohne dass diese sich kompromittiert fühlt. So stehen eine Tochter und die häusliche Unterstützungskraft einer noch allein lebenden älteren Frau, die an Demenz erkrankt ist, über Skype in regelmäßigem Austausch, um nicht im Beisein der Mutter über krankheitsbezogene Aspekte reden zu müssen. Dies habe insgesamt zu einer Verbesserung der Beziehung zwischen Mutter und Tochter geführt. Auch in den Interviewsituationen zeigt sich häufig, wenn die Erkrankten im häuslichen Umfeld anwesend sind, dass die interviewten Angehörigen sehr vorsichtig reden und bestimmte Themen nur andeuten: *„Das kann ich doch nicht in seinem Beisein sagen, da muss man aufpassen"*, berichtet eine

4.3. Ergebnisse der Vorstudie

Ehefrau später, als wir kurz alleine sind. Sie sondiere ganz genau was sie ihm Beisein ihres Ehemannes sage, weil sie ihn nicht mit allen ihren Gedanken und Ängsten konfrontieren möchte und ihm das Gefühl geben möchte, dass er an allen Entscheidungen und Ereignissen beteiligt ist. Es werden also mitunter dezidierte Kommunikationsräume errichtet, um den Erkrankten das Gefühl der Autonomie so lange wie möglich zu erhalten, auch wenn längst schon der Alltag der Erkranken faktisch komplett von außen durchorganisiert werden muss.

4.3.5. Handling von Freiheitseinschränkenden Maßnahmen in der Praxis

In der Diskussion über mögliche rechtliche und ethische Implikationen des Einsatzes von Ortungstechnologien bei Personen, die nicht einwilligungsfähig sind, wurde von Mitarbeitern in stationären Einrichtungen häufig der Bezug zur Problematik „freiheitsentziehende Maßnahmen" hergestellt. Der Schutz vor freiheitsentziehenden Maßnahmen wird hauptsächlich durch Gesetze zum Aufenthaltsbestimmungsrecht/ Betreuungsrecht nach § 1906 BGB geregelt.

Die Auseinandersetzung mit diesen Bestimmungen ist in Heimen sehr hoch, es besteht ein großes Bestreben seitens der Beschäftigten, hier keine juristisch einklagbaren und ethisch verwerflichen Maßnahmen durchzuführen. Diese starke Reflexion basiert vermutlich u.a. darauf, dass dieses Thema zum einen in der Ausbildung einen starken Stellenwert hat und mittels Handlungsanweisungen und Leitfäden in der Praxis permanent präsent ist. Andererseits stehen Heimleiter und Pflegende hier in einer starken juristischen Verantwortung, der sie korrekt begegnen möchten.

Trotz der juristischen Grundlagen kommt es häufig zu unterschiedlichen Auslegungsarten des Gesetzes seitens der Gerichte, insbesondere der für die Heime zuständigen Amtsgerichte. Dies ist vermutlich ein Grund dafür, dass Sorgen, sich falsch zu verhalten, häufig sehr groß sind. Allerdings kann man auch von unterschiedlichen Wissensständen aufgrund der Studie ausgehen.

Diese Faktoren beeinflussen den Umgang, die Einschätzung und den Willen zur Nutzung von Ortungstechnologien, auch wenn in Einzelfällen juristische Aussagen eindeutig erscheinen.

So konnten in den Interviews teilweise sehr differierende Aussagen aufgenommen werden, da unterschiedliche Auslegungen und Begründungen dafür, was als freiheitsentziehende Maßnahme anzusehen ist, erhoben werden.

Im Folgenden werden verschiedene Maßnahmen, die rechtlichen Grundlagen und die unterschiedliche Auslegung im privaten wie auch heimischen Bereich aufgezeigt.

4.3.5.1. Stationärer Bereich

Eine Pflegedienstleitung findet, dass das Pflegepersonal sich teilweise nicht bewusst sei, dass es sich bei einem Bettgitter schon um eine freiheitsentziehende Maßnahme handelte. Ein kleines Gitter, das den Unterschied zwischen legal und illegal ausmache, zeige wie schmal der Grat sei und wie unbewusst einige Pfleger damit umgingen:

> *„Ich habe in der Vergangenheit erlebt, dass Pflegekräfte ohne nachzudenken, Bettgitter hochziehen, weil sie unsicher sind und das geht gar nicht. Die Sachen müssen erst diskutiert werden. [...] in Notsituationen kann man für 24 Stunden das Bettgitter ziehen. Aber wenn man jemand die Freiheit entzieht, ist das strafbar"(IAT-76).*

Wie man sieht wird sich in diesem, wie auch im folgenden Fall, an den rechtlichen Rahmen gehalten: *„Ich lasse jedes Bettgitter und jeden Gurt vom Amtsgericht genehmigen"*(WES11). Diese Aussage stammt von einer Heimleiterin, die mit zwei unterschiedlichen Amtsgerichten interagiert. Einer der Richter möchte laut ihrer Aussage über alles jederzeit informiert werden, der andere möchte möglichst nur in besonderen Fällen kontaktiert werden. Nicht nur die unterschiedlichen Auslegungsarten der Gesetze durch die Amtsgerichte, sondern auch ihre Verantwortlichkeit gegenüber anderen Instanzen führt in diesem Fall zu einem akribischen Vorgehen: *„[...] Denn ich muss mich vor allen möglichen Instanzen rechtfertigen, wie MDK, oder auch Angehörige, wenn diese etwas zum Thema im Fernsehen sehen." (WES 14)*

Demgegenüber gibt es in den stationären Einrichtungen auch andere Ansichten, in denen der rechtliche Rahmen nicht ganz so eng ausgelegt wird: *„Bettgitter ist eigentlich keine freiheitsentziehende Maßnahme für uns"(KHK-166).*

4.3. Ergebnisse der Vorstudie

In Bezug auf die Weglauftendenz wurde von einigen Pflegenden das Überreden eines Bewohners, der die Einrichtung durch die Eingangstür verlassen möchte, bereits kritisch gesehen:

> „[...] dann kann ich versuchen mit ihnen darüber zu reden, aber ich muss sie trotzdem gehen lassen. Wenn ich das nicht tue, habe ich eine freiheitsentziehende Maßnahme". (FEA-9)

Laut dem unter Juristen anerkannten Kommentarband zum BGB, dem sogenannten „Palandt" ist nach §1906 BGB dieser Sachverhalt als zulässig definiert. Erst der gewaltsame Versuch, den Bewohner zur Rückkehr zu bewegen, wird dort als Freiheitsentziehung definiert.

Auch der Einsatz von Bewegungssensoren wird von verschiedenen Heimleitern unterschiedlich bewertet und gehandhabt. Hier gibt es eine Tendenz, diesen abzulehnen, da hier ein zu großer Eingriff in die Privatsphäre des Bewohners gesehen wird. In einem anderen Heim dagegen werden Bewegungssensoren als Sturzprophylaxe für die Bewohnergenutzt, d.h., wenn der Bewohner das Bett verlässt, geht die Klingel. Dann weiß die Nachtschwester, dass sie ins Zimmer kommen muss, um dem Patienten zur Toilette oder wieder ins Bett zu helfen.

Einige der stationären Mitarbeiter argumentieren vor dem Hintergrund ihres beruflichen Auftrags und ihrer Verantwortung für entsprechende Maßnahmen im Bedarfsfall:

> „Ich seh das anders, weil ich glaube mir das nie verzeihen zu können, wenn der Mensch dann vor das Auto läuft oder etwas anderes passiert. [...] Deswegen bin ich da auch etwas egoistisch und denke an mich und mein Gewissen oder auch an meine Berufsehre. [...] Also wenn der Patient in meiner Obhut ist, trage ich auch für ihn die Verantwortung."
> (KLH9)

Hier ist auffällig, dass eher die Stationsmitarbeiter Notwendigkeiten sehen, in bestimmten Fällen freiheitsentziehende Maßnahmen einzusetzen. Auf der Ebene der Heimleiter wird dies viel differenzierter diskutiert und sich eher davon distanziert.

4.3.5.2. Privater Haushalt

Auch im privaten Bereich ist die Bandbreite der Einschätzungen darüber, was juristisch erlaubt und ethisch verträglich ist, sehr groß.

Häufig kommt es laut Information einer Selbsthilfeorganisation vor, dass Angehörige sich manchmal nicht anders zu helfen wissen, als ihre kranken Angehörigen zeitweise zu Hause einzuschließen. Dies ist eindeutig eine freiheitsentziehende Maßnahme, die manchen Menschen entweder nicht bewusst ist oder zu der sie keine Handlungsalternativen für sich sehen:

> *„Im privaten Bereich ist das eine Grauzone und viele Leute wissen gar nicht, dass es eine freiheitsentziehende Maßnahme ist, das Haus zu verlassen und abzuschließen. Das machen die meisten einfach. Die gehen aus dem Haus und verrammeln von außen, dass der Kranke nicht weg kann[...]".* (SCA-13)

Kontrastierend der Fall einer Tochter einer Demenzkranken, die unterschiedliche Strategien entwickelt hat, um ihre Mutter am Verlassen des Hauses zu hindern. So versucht sie durch die Ausnutzung von Gewohnheiten der Mutter, die Demenzkranke im Haus zu halten, ohne sie einzusperren. Sie versteckt dazu den Haustürschlüssel, weil sie weiß, dass ihre Mutter das Haus nie ohne Schlüssel verlässt:

> *„[...] dann nimmt die Betreuungskraft ihren Haustürschlüssel mit. Die Tür ist offen [...] Wir haben aber festgestellt, dass wenn sie das Haus verlassen will, sie erstmal kontrolliert: ‚Habe ich meinen Haustürschlüssel?' Und wenn der nicht da ist, kann ich das Haus nicht verlassen."* (SCH-71)

Die Tochter sieht die Notwendigkeit der Maßnahmen gegeben, kommt auf einer emotionalen Ebene mit diesem Verhalten ihrer Mutter gegenüber aber schlecht zurecht und kämpft oft mit einem schlechten Gewissen, dass sie ihre Mutter permanent bevormunden und beobachten muss:

> *„Ich weiß, dass sie ihn [den Schlüssel] nicht finden kann, weil die Dame ihn mitgenommen hat. Ich weiß aber auch, dass es die Schutzfunktion ist, dass sie nicht weglaufen kann. Man ist ganz schön im Zwiespalt mit sich selbst."* (SCH 71)

4.3. Ergebnisse der Vorstudie

4.3.6. Überlegungen der Pflegekräfte zur Befestigung des Trackers

Bestehende Lösungen, wie bespielsweise ein Ortungshandy, das von manchen Wohlfahrtsverbänden angeboten wird, werden häufig kritisch von Angehörigen eingeschätzt: *„Problem ist, einem 80-Jährigen, dement, mobil, ein Handy in die Tasche zu stecken. Das kennt der nicht. Vielleicht hat der das mal gesehen, aber nie damit hantiert. Der wird das nicht akzeptieren."* [SCA24]

Nicht nur ein Handy wird in vielen Fällen nicht akzeptiert, sondern jegliche Gegenstände, die man Demenzkranken in die Taschen steckt. Häufige Anmerkungen dazu waren, dass ein „Nesteln" – ein beständiger Prozess des Ausräumens der Jacken-/Hosentaschen – häufig vorkäme.

Einige Angehörige schlugen sogar vor, das Gerät eher verborgen anzubringen, z.b. versteckt am hinteren Gürtelabschnitt. Eine Angehörige hat für ihren Mann ein Täschchen genäht, in dem er ein kleines Handy trägt, das vom Pflegepersonal morgens unter die Kleidung gesteckt wird. Andere Ideen waren, z.B. ein kleines ausgepolstertes Täschchen am hinteren Teil des Unterhemdes anzubringen, möglichst unsichtbar für den Kranken, der keinerlei Fremdkörper und Accessoires akzeptiert.

Es wurden auch Optionen von Angehörigen und Pflegepersonal höchst unterschiedlich diskutiert, ob ein Armband mit Sicherheitsverschluss praktikabel und ethisch verträglich wäre. Einerseits sehen viele darin eine Notwendigkeit, damit das Gerät nicht durch die Patienten selbst abnehmbar ist. Andere sehen darin ein ethisches Problem, in diesen Fällen waren die Bedenken, dass die Patienten das Armband abnehmen würden allerdings nicht so groß.

In einem weiteren Fall wurde berichtet, dass der demenzkranke Angehörige zwar häufig seine Kleidung wechselt, insbesondere seine Jacke, dass aber andere Gegenstände, wie ein Regenschirm und ein Taschentuchpäckchen immer mitgenommen werden, wenn er sich auf Spaziergänge begibt.

Insgesamt wurde sehr häufig betont, dass das Gerät wie ein bekannter Gegenstand designt sein sollte. Exemplarisch wird dazu die folgende Aussage wiedergegeben: *„Wenn Sie etwas anderes nehmen, dann wird es schwierig, das zu etablieren. Und von daher würde ich von der Erfahrung, die ich hier habe, her sagen: es* *müsste von der Konzeption her etwas sein [...], was Alltag ist. Meine Mutter hat eben diesen Knopf für das Hausnotrufsystem an einer Wand hängen. Für sie ist das eben eine Kette, die sie immer trägt."* (SCH145)

Die Befestigung des Trackers sollte als ein flexibles und variierbares System gedacht werden, das je nach individueller Situation angepasst werden kann. Dabei sind Vorlieben und Gewohnheiten auf Basis der individuellen Biographie einzubeziehen sowie die jeweilige Tagesform. Eine Angehörige bezeichnet die Trackerfixierung am besten als *„über die emotionale Schiene"* (SCH10) durchführbar, also auch angepasst an biographische Besonderheiten. Insgesamt wurden folgende Möglichkeiten von den Interviewpartnern genannt: Armband, Armbanduhr, als Schmuck für Damen, wie: Halskette und Brosche, Herrenhandtasche, Gürtel, Taschenuhr, eingenähtes Täschchen. Es sollte nicht stigmatisierend sein, d.h. den Träger unmittelbar als Demenzkranken ausweisen.

Auch könnte darüber nachgedacht werden, gleichzeitig mehrere Gegenstände und Kleidungsstücke mit Trackern auszurüsten, sodass die Wahrscheinlichkeit, dass der Kranke einen Tracker mit sich trägt, erhöht wird. Dies wäre allerdings aufgrund von Kostengründen eher ein zukünftiges Szenario.

Einige der professionellen Interviewpartner betonten, dass der GPS-Chip-Träger keinesfalls nach außen kenntlich und somit stigmatisierend sein dürfe: So käme einerseits ein „Permanent-Armband" nicht infrage, da es als feste, unverrückbare Kennzeichnung nach außen, als Markierung empfunden würde, das sie den Bewohnern nicht zumuten würden. Eine andere Heimleiterin fügte dem Aspekt der Stigmatisierung die persönliche Belastung des Kranken durch eine eindeutige Kennzeichnung hinzu, die es zu vermeiden gälte: *„Es muss eine Möglichkeit geben, dass man nicht belastet wird dadurch. Die Belastung, die jetzt nicht offensichtlich ist, dass wenn ich sie ansehe, ahhh, da ist auch einer der ist gescheckt wie ein bunter Hund."* Sie rekurriert damit auf Erfahrungen, die vor mehreren Jahren mit Türsensoren gemacht wurden. Dazu trugen die Bewohner mit Weglauftendenz Armbänder, die beim Öffnen der Eingangstüren Alarm schlugen. *„[Das war] technische Steinzeit. Das sah aus wie eine große Herrenuhr, aber der Aufbau halt größer. Das hat sich alles nicht bewahrheitet wie wir uns das überlegt und die Firma sich das ausgedacht hat."*

4.3. Ergebnisse der Vorstudie

4.3.7. Recherche des juristischen Sachverhalts

Da in der Praxis viele Unsicherheiten in Bezug auf den juristischen Sachverhalt sichtbar wurden, war es erforderlich, im Rahmen der Case Studies auch diesen Aspekt zu verfolgen.

In Bezug auf eine mögliche Vermarktung des GPS-Systems stand insbesondere die Klärung zweier juristischer Fragestellungen im Mittelpunkt, die durch Expertengespräche mit Juristen und einer Literaturrecherche nachverfolgt wurden. Dabei handelt es sich im Einzelnen um zwei wesentliche Fragestellungen:

> *(a.) Wer trägt die Kosten für eine Suchaktion, wenn ein Mensch mit Lauftendenz das Haus unbemerkt verlassen hat. Welche rechtlichen Regelungen gibt es für den stationären und den ambulanten Bereich?*
>
> *(b.) Wie ist die Rechtslage bezüglich der Ortung von Personen, die selbst nicht mehr ihr Einverständnis dazu geben können? Wer darf in welchem Fall entscheiden, dass eine Person mit einem Tracker für eine Ortung ausgestattet wird?*

4.3.7.1. Übernahme der Kosten für eine Suchaktion

Zur Erfassung des Problembereichs wurden Dokumente, Schriften – online verfügbar sowie Printausgaben – und Expertenmeinungen herangezogen. Da keine eindeutigen Gesetzestexte zu der generellen Handhabung der spezifischen Fragestellung existieren, und spezifische Anwendungsfälle nicht explizit juristisch ausdefiniert sind, wurde eine Sichtung von Rechtsratgebern durch fachkundige Stellen, wie u.a. der Evangelischen Gesellschaft Stuttgart e.V., Alzheimer Beratungsstelle (Evangelische Gesellschaft 2010), Ratgeber und Online-Informationen der Deutschen Alzheimer-Gesellschaft (Deutsche Alzheimer Gesellschaft 2003) sowie zu Informationen von Ministerien und staatlichen Stellen (BMJ: Betreuungsrecht 2009), durchgeführt.

Im Kern geht es um Fragen der Aufsichtspflicht sowie der Haftung und Aufsicht, wenn eine Betreuung besteht. Grundsätzlich kann festgestellt werden, dass selbst bei sehr verwirrten Menschen eine generelle Aufsichtspflicht weder für Angehörige, pflegende Fachkräfte oder gesetzlich eingesetzte Betreuer besteht (Evangelische Gesellschaft 2010, S. 7). Allerdings werden einschränkende Bedingungen genannt, für die eventuell eine Verletzung der Aufsichtspflicht infrage kommen könnte.

Im häuslichen Bereich können Ehepartner des Kranken im Sinne des „Haushaltsvorstands" unter gewissen Umständen zur Mithaftung herangezogen werden:

> „Wenn der Kranke durch sein Verhalten Dritte verletzt und diese Gefahr für den Ehepartner oder „Haushaltsvorstand" voraussehbar war und er Schritte zur Vermeidung der Gefahr hätte unternehmen können, kann er haftbar gemacht werden. Es geht dabei um den Grundsatz, dass ein Ehepartner oder Haushaltsvorstand aufgrund seiner Stellung in der Familie verhindern muss, dass ein Mitglied seines Hausstandes einen Dritten verletzt." (Evangelische Gesellschaft 2010, S.7)

Diese Einschränkung in Bezug auf Haftungsansprüche wird auch auf von Juristen erstellten Informationsseiten der deutschen Alzheimergesellschaft bestätigt (Deutsche Alzheimergesellschaft 2003). Weiter führt der Rechtsratgeber aus, dass entsprechende Gerichtsfälle allerdings bisher kaum bekannt seien bei Schäden, die von Demenzkranken verursacht wurden.

Für die Aufsichtspflicht und Haftung von Pflegekräften in Pflegeheimen und im ambulanten Bereich gilt, dass Fachkräfte „[...] bei fahrlässigen Handlungen im Rahmen ihres beruflichen Auftrags haftbar gemacht werden können." (Evangelische Gesellschaft 2010, S. 7) Es wird dazu ein Beispiel herangeführt, dass eine erfahrene Pflegekraft vorsätzlich handelt, wenn sie eine stark verwirrte Person im Winter alleine zum Spaziergang nach draußen schickt. Allerdings könne weder das Heim noch ein Mitarbeiter haftbar gemacht werden, wenn eine verwirrte Person unbemerkt das Heim verlässt. Ähnlich wird die Lage in anderen Informationsschriften und -broschüren beschrieben.

Auch ein gesetzlicher Betreuer, der für bestimmte, definierte Lebensbereiche des zu Betreuenden zuständig ist (z.B. Vermögensverwaltung, Gesundheitsfürsorge) hat in der Regel keine Aufsichtspflicht für den Betreuten.

Um mehr Klarheit in die Sachlage zu bringen, haben wir weiterhin per E-Mail und telefonisch von verschiedenen Stellen sachkundigen Rat eingeholt.

4.3. Ergebnisse der Vorstudie

In einem Telefonat vom November 2009 mit einer Rechtsanwältin im Rahmen der juristischen Telefonberatung der Deutschen Alzheimer Gesellschaft wurde uns die diffuse Lage bezüglich Haftungsfragen bestätigt. Die Rechtsanwältin bestätigte, dass es durchaus Fälle geben könne, in denen das Personal oder das Heim hafte; dabei handele es sich z.b. um den Umstand, dass eine Verschlechterung des Zustands des Demenzkranken vorliege und dass entsprechend notwendige Maßnahmen zum Schutz (Freiheitsentzug) noch nicht eingeleitet worden seien. Eine generelle Antwort gäbe es allerdings für diese Fragestellung nicht. Insgesamt gilt: Diese Verschlechterung ist schwer zu beweisen und bleibt ein Ausnahmefall, der vor Gericht entschieden werden muss.

Bezüglich Haftungsansprüchen seitens einer Krankenkasse empfahl sie die Sichtung eines BGH-Urteils, in dem die Krankenkasse Ansprüche für Kostenübernahme an ein Heim in folgendem Fall stellte (BGH 28.04.2005): Eine motorisch unsichere und verwirrte Person war wiederholt des Nachts beim Toilettengang gestürzt und hatte sich Verletzungen zugezogen, die operativ behandelt werden mussten. Letztendlich konnte das Heim darstellen, dass alle erforderlichen Maßnahmen (wie Nachtglocke am Bett) durchgeführt worden waren und weitere Maßnahmen wie die Fixierung der Patientin nicht angemessen und von ihr gewollt gewesen waren. Der Prozess ging durch mehrere Instanzen, letztlich konnte die Krankenkasse die an das Heim gerichteten Haftungsansprüche nicht durchsetzen.

Weiterhin wurden telefonisch oder per E-Mail Anfragen an das Ordnungsamt, an das Amt für Soziales und Senioren sowie an die Staatsanwaltschaft in Köln gerichtet, wo keine weiterführenden Antworten gegeben werden konnten.

Von kommunaler Seite erhielten wir im November 2009 seitens des Polizeipräsidiums Köln, folgende Antwort:

> *„ [...] die Kosten für die von Ihnen beschriebenen Einsatzanlässe werden aufgrund fehlender Ermächtigungsgrundlagen nicht geltend gemacht. Auch wird hier im Hause keine entsprechende Statistik über Häufigkeit und über dann eingesetzte Einsatzmittel geführt. Aussagen hierzu wären nur unter nicht unerheblichem Rechercheaufwand zu erhalten."*

In Gesprächen mit Pflegekräften und Heimleitern wurde uns bisher kein Fall genannt, in dem die Frage der Kostenübernahme bei Sucheinsätzen von vermissten Bewohnern zulasten des Heims entschieden worden wäre, insofern wurde uns die obige Aussage seitens des Kölner Polizeipräsidiums sowohl von Interviewpartnern im Kölner als auch im Siegener Raum bestätigt.

Allerdings zeigen die bisher bekannten Fälle auch auf, dass Ansätze von Krankenkassen und anderen Versicherern bestehen, entsprechende Kosten auf Heime und Verwandte vor dem Hintergrund der mangelnden Aufsichtspflicht zu übertragen. Angesichts der steigenden Kosten im Gesundheitssystem und auch vor dem Hintergrund der schlechten Finanzausstattung vieler Kommunen kann zukünftig vermehrt mit entsprechenden Prozessen gerechnet werden.

4.3.7.2. Bestehende Aspekte der Rechtslage bezüglich der Ortung von Personen, die nicht einwilligungsfähig sind

Die gesetzliche Basis für die Nutzung von Ortungstechnologien liegt zunächst im Bundesdatenschutzgesetz (BDSG) (für den Kontext des FuE-Projekts eventuell im Datenschutzrecht NRW (DSG NRW)) begründet. Speziell handelt es sich um Bestimmungen im Rahmen der „Datenschutzgesetze für die Privatwirtschaft", wie auf der Website des Datenschutzbeauftragen NRW (LDI 2010) beschrieben:

> „Die allgemeinen Datenschutzanforderungen, die nicht-öffentliche Stellen – etwa Wirtschaftsunternehmen, Banken, Rechtsanwältinnen und Rechtsanwälte oder Privatkliniken - zu beachten haben, regelt das Bundesdatenschutzgesetz. Nach diesem Gesetz ist die Verarbeitung personenbezogener Daten durch nicht-öffentliche Stellen nur zulässig wenn:

- *eine besondere Rechtsvorschrift sie erlaubt oder*
- *wenn die betroffene Person eingewilligt hat.*

> *Daneben gibt es noch bereichsspezifische Datenschutzregelungen, die in Spezialgesetzen enthalten sind. Diese sind vorrangig zu berücksichtigen. Solche Spezialgesetze sind beispielsweise das Kreditwesengesetz und Geldwäschegesetz sowie das Telekommunikationsgesetz und die Telekommunikationsüberwachungsverordnung."*

Eine weitere gesetzliche Basis für die Erhebung, Vermittlung und Speicherung von ortsbezogenen Daten bestimmt das Telekommunikationsgesetz (TKG). Dieses regelt, dass Standortdaten „*Daten sind, die in einem Kommunikationsnetz erhoben oder verwendet werden und die den Standort des Endgeräts [...] angeben*" (vgl. § 3 Abs. 19 TKG). Weiterhin dürfen diese Daten nur anonymisiert und im erforderlichen Maß und Zeitraum verarbeitet werden. Der Anwender kann durch eine ausdrückliche Zustimmung den Anbieter von dieser Regelung entbinden, muss aber jederzeit die Möglichkeit zum Widerruf haben.

In 2009 und 2010 traten mehrere Änderungen des Telekommunikationsgesetzes (TKG) inkraft. Relevant für den Projektkontext sind Folgende: Die Weitergabe von Standortdaten von Mobilgeräten an Dritte ist nur noch dann zulässig, wenn die zu ortenden Personen dem Vorgang vorher eine schriftliche Einwilligung erteilt haben. Vor dieser Gesetzesnovelle war es möglich, einen Ortungsauftrag per SMS zu bestätigen, was in der Folge zu Missbrauchsfällen geführt hat, indem Ortungsdienste häufig ohne Kenntnis der betroffenen Person in Anspruch genommen worden waren. Zusätzlich ist ein Ortungsdienst verpflichtet, spätestens nach der fünften Ortung den Inhaber des Mobilgeräts über die Ortung zu informieren.

Es entsteht bei der Erhebung von Standortdaten die Problematik, dass durch Weiterverarbeitung der Daten Profile entstehen können, die über die reine Standortbestimmung hinaus werthaltig sind. So besteht die Gefahr, dass Rückschlüsse auf besondere Arten personenbezogener Daten getroffen werden können, wie z.B. „*politische Meinung, religiöse Überzeugung, Gesundheit oder Sexualleben*" (vgl. § 3 Abs. 9 BDSG).

Gravierender besteht im speziellen Anwendungskontext des FuE-Projektes die Problematik, dass eine Ortung von nicht-einwilligungsfähigen Personen stattfindet, für die stellvertretend eine Einwilligung von dritter Seite gegeben werden muss.

Eine von uns gesendete E-Mail- Anfrage an den Bundesbeauftragten für den Datenschutz und die Informationsfreiheit vom April 2010 wurde zuständigkeitshalber an den Landesbeauftragten für Datenschutz und Informationsfreiheit Nordrhein-Westfalen weitergeleitet. Die Beantwortung der Frage zur Rechtslage über die Ortung von erwachsenen Personen, die aufgrund von Krankheit keine Zustimmung geben können, wurde am hier folgendermaßen beantwortet:

> *„[...]Aus datenschutzrechtlicher Sicht weise ich auf Folgendes hin:*
>
> *Gesundheitsdaten dürfen nur erhoben werden, wenn eine Einwilligung des Betroffenen vorliegt oder eine Rechtsgrundlage die Erhebung ermöglicht. Für Personen, die mangels Einwilligungsfähigkeit nicht selbst einwilligen können, kann der jeweils zuständige Betreuer für den bzw. die Betroffene einwilligen.*
>
> *Für die Zulässigkeit des Einsatzes eines Ortungsgerätes bei einem Erkrankten ist Voraussetzung, dass die Einwilligungserklärung datenschutzkonform ausgestaltet ist.[...]"*

Die Botschaft erscheint insofern eindeutig als dass keine juristischen Probleme im Rahmen der Vermarktung oder Nutzung des Produktes zu erwarten sind, sofern eine datenschutzkonforme Einwilligung des zuständigen Betreuers vorliegt.

Dem stehen allerdings, die in den Interviews geäußerten unterschiedlichen, teils diffusen Ängste und Sorgen der Angehörigen und professionell Pflegenden in Bezug auf den Eingriff in die Persönlichkeit der Erkrankten gegenüber. Diese aufzunehmen und zu adressieren sollte als erweiterte Designaufgabe aufgefasst werden und sich sowohl in konkreten Designalternativen niederschlagen als auch im Rahmen der Kommunikation und Vermarktung des Endproduktes aufgenommen werden, um eine zielgruppenadäquate Ansprache zu gewährleisten.

Im weiteren Projektverlauf sollte daher weiter beobachtet werden, wie eine graduelle Stufung seitens der Gerontologie/Pflegewissenschaft bzw. von juristischer Seite her ausdefiniert wird. Interessant ist in diesem Zusammenhang die graduelle Stufung der Lauftendenz in der anglo-amerikanischen Literatur: das Pendant „wandering behavior" wird in der anglo-amerikanischen Pflegewissenschaft mittlerweile als Syndrom weiter ausdifferenziert als im deutschsprachigen Bereich (Silverstein, Flaherty, Tobins 2006).

Eine weiterer wesentlicher Aspekt besteht in der Frage des Zugangs zum System: Wer bzw. welche Nutzergruppe hat Zugang zum System und zu den Patientendaten? Diese Frage wurde auch in den Interviews häufig seitens der Betreu-

4.3. Ergebnisse der Vorstudie

enden sowohl zu Hause als auch im stationären Kontext aufgebracht und sollte als solche in der Kommunikation und Vermarktung des Systems speziell adressiert werden.

Ein anderer Aspekt, der für die Vermarktung und Kommunikation des Produktes als wesentlich erscheint, ist das „wording", z.B. sind die Maßnahmen „freiheitserweiternd" oder „freiheitsbeschränkend"?

Zum Aspekt der „Einwilligungspflicht" könnte in der Begleitkommunikation des Endprodukts angeregt werden, dass ältere Menschen als Vorsorge bereits frühzeitig ihre Einwilligung für eine Ortung im Falle einer später auftretenden Demenz festlegen, so wie es heute für andere Bereiche im Rahmen einer Patientenverfügung durchgeführt wird.

Ein weiterer Aspekt, der auf die Wichtigkeit einer klaren Produktkommunikation im Hinblick auf juristische Fragestellungen hinweist, ist die Gesetzeslage zum „Schutz vor freiheitsentziehenden Maßnahmen". Freiheitsentziehende Maßnahmen sind gesetzlich über das sogenannte Psychischkrankengesetz (PsychKG) und durch das Betreuungsrecht § 1906 BGB geregelt. Die betreffenden Gesetze, Handlungsvorschriften und -leitfäden zum Schutz vor freiheitsentziehenden Maßnahmen sind den Beschäftigten in Heimen meistens sehr präsent und sie machen sich häufig Gedanken und Sorgen darüber, ob eine Ausstattung von Bewohnern mit Ortungstechnologie ebenso darunter fallen kann. In der praktischen Handhabung der betreffenden Fragestellung wird meist jeweils Kontakt zum jeweiligen Amtsrichter aufgenommen. Die Anordnungen der Amtsrichter variieren stark, was teilweise zu großer Unsicherheit beim Pflegepersonal und im Zweifelsfall zu einer Entscheidung gegen Personenortungssysteme führt.

In einem weiteren Expertengespräch mit einer Volljuristin stellt sich der diesbezügliche Sachverhalt auf der Basis einer gemeinsamen Recherche in juristischen Datenbanken folgend dar:

Die bisher höchste Instanz, die einen Beschluss[2] über den Einsatz von Funktechnologie bei Demenzkranken hervorgebracht hat, und Ortungstechnologie für Demenzkranke mit dem Risiko zur Eigengefährdung als nicht genehmigungspflichtig beurteilt hat, ist das Oberlandesgericht Brandenburg (Az. 11 Wx 59/05, Beschluss vom 19.01.2006).

Unter der Nennung gegensätzlicher, früherer Urteile von:

> *AG (Amtsgericht) Stuttgart- Bad Cannstatt, 26.11.1996, Az: XVII 101/96*
>
> *AG Bielefeld, 16.09.1996, Az: 2 XVII B 32*
>
> *AG Hannover, 5. Mai 1992, Az: 62 XVII L 8*

kommt das OLG Brandenburg zu folgendem Entschluss:

> *„1. Für die Anbringung eines Sicherheitschips (Funkortungschip) an der Kleidung bzw. im Schuh eines demenzkranken Heimbewohners, der an psychomotorischer Unruhe mit Weglauftendenz leidet, bedarf es der vormundschaftsgerichtlichen Genehmigung nicht."*

Weiterhin heißt es im Text, dass es sich bei einer derartigen Personenortungsanlage, die es dem Pflegepersonal ermöglicht, festzustellen, ob der Heimbewohner infolge seiner krankheitsbedingten Weglauftendenz das Heimgelände verlassen will und sich dadurch in erhebliche Gesundheitsgefahren bringt, nicht um eine freiheitsentziehende oder unterbringungsähnliche Maßnahme handelt. Dem steht nicht entgegen, dass durch diese Maßnahme möglicherweise auch Personaleinsparungen ermöglicht werden sollen (entgegen AG Hannover, AG Bielefeld, AG Stuttgart- Bad Cannstatt).

---

[2] Ein Beschluss hat nicht die Reichweite eines Urteils, ist aber im rechtlichen Gehalt genauso bedeutend.

4.3. Ergebnisse der Vorstudie

In dem verhandelten Fall beschwerte sich eine betroffene Demenzkranke[3] gegen die Einwilligung ihres Sohnes, der nach dem Betreuungsgesetz § 1906 BGB als ihr Betreuer von ihr eingesetzt worden war, zur Nutzung einer Funk-Ortungsanlage in einer stationären Einrichtung, in der sie lebte.

Die Beschlussschrift betont allerdings auch die derzeitige diffuse Lage in der Rechtsprechung. In Absatz 9 der Beschwerdeschrift werden die Bezüge auf die vorgenannten Amtsgerichts-Urteile erläutert und diskutiert:

> „Ob Personenortungsanlagen als freiheitsentziehende Maßnahme in diesem Sinne einzustufen sind, ist in Rechtsprechung und Literatur umstritten. In der Rechtsprechung verschiedener Amtsgerichte wird die Genehmigungsbedürftigkeit der Ausstattung des Betreuten mit einem Sendechip bejaht."[hier Nennung der oben genannten AG-Urteile und weitere Ausführung].

In Absatz 10 folgt eine weitere Einordnung des Sachverhalts in anderen relevanten juristischen Publikationen:

> „Dieser Beurteilung entgegen steht ein Großteil der veröffentlichten Literatur. Die Ausstattung mit einem Personenortungssystem bzw. einer Sendeanlage soll danach keine unterbringungsähnliche Maßnahme sein (Palandt-Diederichsen, § 1906, BGB, Rn. 20, Soergel-Dammrau, § 1906, Rn. 80; MüKo-Schwab, § 1906, Rn. 34; *ausführlich zum Ganzen: Feuerabend, Zur Freiheitsentziehung durch so genannte Personenortungsanlagen, BtPrax 1999, 93 ff).*"

Die genannten Werke, insb. Palandt-Diederichsen oder MüKo (= Münchener Kommentar zum BGB) sind für Juristen die wesentlichen Arbeitsgrundlagen, in denen BGB-Urteile ausführlich erläutert werden.

Der Verweis auf entsprechende Referenzen hebt somit die Aussagekraft des Beschlusses, der als OLG-Beschluss kein BGB-Urteil darstellt, das als verbindliches Urteil bundesweit Geltung hätte, auf.

---

[3] Dass eine demenzkranke Frau, die als stark verwirrt und desorientiert beschrieben wird, die Beschwerdeführerin ist, mutet etwas seltsam an. Wie die genauen Zusammenhänge hier sind, ob sie evtl. durch jemand anderen vertreten wird, wird aus dem Langtext des Beschlusses leider nicht deutlich.

Generelle wesentliche gesetzliche Bestimmungen zum Aspekt des Freiheitsentzugs und zu genehmigungspflichtigen Maßnahmen sind zu finden im § 1906 BGB „Genehmigung des Vormundschaftsgerichts bei der Unterbringung".

Insgesamt kann festgestellt werden, dass auf der Basis der bisherigen Rechtsprechung, vor allem des OLG- Beschlusses von 2006, der argumentativ stark an die Gesetze des BGB § 1906 als Bewertungsgrundlage angelehnt ist, bisher von dieser Argumentationslinie vermutlich keine gravierenden juristischen Probleme für das GPS-System zu erwarten sind.

4.3.8. Diskussion der Ergebnisse der Vorstudie

Die empirische Vorstudie hat gezeigt, dass Fragen der Autonomie und Selbstbestimmtheit von demenzkranken Personen mit Lauftendenz in der täglichen Praxis aus ganz unterschiedlichen Blickwinkeln und Motivationen reflektiert werden, die die Basis für individuelle Lösungen von Problemen in der Betreuungspraxis und im Umgang mit demenzkranken Bewohnern bzw. Angehörigen darstellen. Die Interviewstudie hat eine Vielfalt von Sichtweisen auf das Thema „Umgang mit Desorientierung und Lauftendenz" gegeben, die über eine in der Literatur häufig vereinfachte Dichotomie des Wertekonflikts „Privatheit vs. Sicherheit gewährleisten" (vgl. Landau et al. 2010; Landau et al. 2009) hinausgeht.

Die Komplexität wird durch einen möglichen GPS-System-Einsatz in der Reflexion der Interviewpartner teilweise noch verstärkt: Einerseits gilt der Zugriff auf personenbezogene Daten als Eingriff in die Privatsphäre und damit als eine Beschneidung der Autonomie. Andererseits sehen manche in einem solchen System die Möglichkeit, die Autonomie zu steigern, indem das System als Freiheitserweiterung Mobilität außerhalb des Hauses (wieder) relativ selbstbestimmt ermöglichen kann.

Weitere Sichten der Interviewpartner auf das Konzept „Autonomie bei Demenzkranken" lassen sich folgend zusammenfassen:

Zunächst wurde deutlich dass die Art und Weise, wie pflegende Angehörige bzw. Heimpersonal Autonomie-Aspekte in der Praxis behandeln und interpretieren, in einen Makrokontext eingebettet sind. Dazu gehören beispielsweise unterschiedliche Wissensstände bzgl. neuartiger Demenzpflegekonzepte, mit denen auch die aktuell wahrgenommene Last der Pflege korreliert. So haben wir eine Bandbreite an Sichtweisen der Interviewpartner zusammengestellt, die gezeigt hat, dass jene, die sich bisher nicht mit persönlichkeit-zentrierten Demenzpflegekonzepten auseinander gesetzt haben, Autonomie-Bedürfnisse von Angehörigen eher als unrelevant betrachten. Dies wiederum hat Auswirkungen auf den Umgang des Alltags mit dem erkrankten Angehörigen.

Die Interviewergebnisse spiegeln hiermit einen gesellschaftlichen Trend im Umgang mit dem Thema „Demenz" in Deutschland wider. Es ist erkennbar, dass die Erkrankung in Deutschland bisher kaum ein „öffentliches Gesicht" hat, was sich wiederum auf den Umgang der Betroffenen auswirkt. Unterschiede zeigen sich im Vergleich mit anderen Ländern, z.B. mit Großbritannien. Seit vielen Jahren werden hier Kampagnen politisch gestützt, die über die Krankheit informieren und Betroffene de-stigmatisieren. Goldsmith (1996) weist darauf hin, dass u.a. eine groß angelegte Kampagne mit dem Titel „Hearing the voice of people with dementia" immens dazu beigetragen haben, die Interessen und Perspektiven von demenzkranken Menschen in die öffentliche Diskussion zu bringen.

Die Interviews, die wir mit den Familien geführt haben, und teilweise auch mit stationärem Pflegepersonal, zeigen, dass man in Deutschland noch relativ weit davon entfernt ist, innovative Pflegeansätze für Menschen mit Demenz zu institutionalisieren, die auf die Inklusion der Betroffen abzielen. Inklusion bedeutet für Demenzkranke, dass sie mit ihrer Krankheit und den damit verbunden Verhaltensweisen Akzeptanz erfahren und dass der Blick mehr auf Ressourcen denn auf Defizite gerichtet wird.

Bereits zu Beginn unserer Studie haben wir die gesellschaftliche Einstellung in Bezug auf Demenzversorgung zu spüren bekommen, und zwar bei der Kontaktaufnahme von Menschen mit Demenz und deren Familien. Durch die Unterstützung einer Selbsthilfeorganisation wurde es uns möglich, Familien zu identifizieren. Ein Defizit der Studie besteht jedoch darin, dass wir bisher keine Interviews mit Demenzkranken selbst durchführen konnten. Ein Grund dafür liegt laut Aussagen vieler Experten, die wir gesprochen haben, darin, dass die Demenz in frühen Stadien in Deutschland stark als Tabu in Familien behandelt und nicht öffentlich gemacht wird. Dies führt dazu, dass die Betroffenen und ihre Familienmitglieder sich schämen und es daher häufig (zu) lange dauere, bis ein Arzt aufgesucht und damit das Netz von Hilfen und Behandlung eröffnet werden könne. Auch suchen betroffene Angehörige erst dann Hilfe, wenn die Situation zu belastend wird, d.h., wenn die Krankheit schon fortgeschritten ist.

In den Häusern ist die Wichtigkeit der Autonomiewahrung eher ein Thema der Beschäftigten auf der Management-Ebene als der Beschäftigten auf den Stationen, die unmittelbar mit den Erkrankten arbeiten. Die unterschiedliche Häufigkeit der Interaktion mit den Erkrankten stellt die Beschäftigten vor verschiedene Anforderungen und bietet damit auch unterschiedliche Praxiskontexte, die der Reflektion über Autonomie und dem tatsächlichen Handeln zugrunde liegen.

Weitere Perspektiven auf Autonomiebedürfnisse und -zugeständnisse bei Lauftendenz, sowie Phänomene, die im Einzelfall mit Autonomie verbunden werden, waren folgende:

- Das wahrgenommene Wohlbefinden der Demenzkranken: Die Einschätzung ob es den Erkrankten selbst gut tun würde, alleine die Einrichtung verlassen zu können, ist in den Augen einiger Pflegender wichtiger als mögliche Ängste vor Privacy-Problemen.
- Das Krankheitsstadium bzw. die Schwere der Erkrankung und der Grad der Desorientierung wird interessanterweise nicht als ein wichtiges Kriterium für die Entscheidung angesehen, ob jemand noch alleine die Einrichtung verlassen darf oder nicht. Zumindest aus Sicht der Management-Ebene rangiert dieses Kriterium hinter dem individuellen Wohlbefinden und der Lebensqualität der Betroffenen.
- Verantwortlichkeitsgefühle und Risikobewusstsein: Verantwortlichkeitsgefühle und Einschätzungen von Risiken sind aus unterschiedlichen Perspektiven vor dem Hintergrund des Samples zu betrachten. Für Pflegende in Einrichtungen sind die wahrgenommenen Risiken zwischen den Polen „Schutz vor Freiheitsentziehenden Maßnahmen" sowie „Sicherheitsrisiko der Kranken" gelagert, die sie permanent in ihrer täglichen Arbeitspraxis ausbalancieren müssen. Häufig entstehen dabei Handlungsweisen, die nicht konse-

4.3. Ergebnisse der Vorstudie

quent aus der einen oder der anderen Sichtweise begründet werden können, wie z.B. der Einbau schwerer Eingangstüren, die faktisch demenzkranke Läufer am Verlassen der Station hindern, jedoch als „normale" Bauweise gelten und vor diesem Hintergrund nicht kritisch hinterfragt werden. Zahlreiche weitere Beispiele für die Erfordernisse des täglichen Ausbalancierens unterschiedlicher Ansprüche einer guten Pflege, der organisationalen Notwendigkeiten sowie der persönlich-beruflichen Anforderungen veranschaulicht das Kapitel 4.2.1.

- Wissensunterschiede: Sowohl im stationären als auch im familiären Umfeld zeigte sich eine große Bandbreite an Zugangsweisen und Wissensständen über die Krankheit und über Pflege- und Versorgungskonzepte. Im häuslichen Bereich haben wir festgestellt, dass je mehr Wissen über neue Konzepte vorliegt, desto mehr wurden die Erkrankten in ihrer Individualität und Persönlichkeit von den Angehörigen wahrgenommen. Den Themen Autonomie und Bewegungsfreiheit wurde mehr Aufmerksamkeit geschenkt. Im stationären Bereich ist dies vergleichbar, jedoch spielen organisationale Erfordernisse eine weitere Rolle. So wurden Unterschiede in der Haltung der Professionellen auf Management- und auf Stationsebene sichtbar bei der Frage, inwiefern Demenzkranken mit Laufverhalten Freiheiten zugestanden werden sollten. Die Management-Ebene war durchweg Unterstützer eines stark freiheitsorientierten Zugangs im Gegensatz zu Stationspersonal, das eher Sicherheits- und persönliche Berufs-/Haftungsrisiken als Handlungsrationale thematisierte. Die Management-Ebene ist durch einen weiteren Aspekt gekennzeichnet, nämlich die Verantwortung für die Außendarstellung und -wahrnehmung der Einrichtung. Nach pflegewissenschaftlichen Grundsätzen sind personen-orientierte Pflegekonzepte Stand der Forschung und Praxis, und damit stehen die Leitungen der Häuser in der Verpflichtung, eine entsprechende Umsetzung der Konzepte zu garantieren. Auf einer rhetorischen Ebene erfolgt dies recht überzeugend, jedoch im Gespräch mit den Stationskräften entfalten sich viele praktische Probleme, wie dies in der Falldarstellung dargelegt wurde. Die hohe Arbeitsbelastung sowie sich stetig verschlechternde Personalschlüssel sind weitere Aspekte, die es hier mit personen-zentrierten und damit sehr pflege- und zuwendungsintensiven Pflegekonzepten auszubalancieren gilt.

- Organisationale Bedingungen: Das Bedürfnis der Leitenden nach einem „politisch korrekten" Auftreten des Hauses in der Öffentlichkeit gerät vor dem Hintergrund der Reflektion eines möglichen GPS-System-Einsatzes weiter unter Bedrängnis, da Autonomiefragen hier aus verschiedenen Richtungen betrachtet und hinterfragt werden können: Einerseits wird befürchtet, dass die GPS-Lokalisierung einer demenzkranken Person als Eingriff in die Persönlichkeit gewertet werden könnte; andererseits besteht die Möglichkeit zu argumentieren, das GPS-System als Erweiterung von Bewegungs- und Entscheidungsfreiheit und somit als Verbesserung der Lebensqualität zu bewerten.

- Rechtliche Aspekte: die juristische Lage wird seitens des Pflegepersonals als sehr unsicher eingeschätzt. Auch dies ist ein Grund, weshalb Ortungssysteme bisher kaum in der Praxis genutzt werden. So wie auch andere, nicht-technische Maßnahmen je nach Kontext mit bestimmten Bedeutungen belegt werden, erfolgt das in der Reflexion auch für ein GPS-System. Eine Strategie, sich im Umgang mit freiheitsentziehenden Maßnahmen abzusichern, ist, möglichst alle Beteiligten mit einzubeziehen; dies sind die behandelnden Ärzte, die Angehörigen sowie andere relevante Teammitglieder. Mit komplexeren Fragestellungen wie der Nutzung einer GPS-Ortung treten neue Kommunikations- und Kooperationserfordernisse auf. Zum einen wurde bereits über neue Kooperationsformen zwischen Heim-Pflegekräften und Angehörigen berichtet; diese übernehmen hierbei die Ortung. Andererseits wurde von Pflegekräften häufig die unterschiedliche Sichtweise auf die Krankheit und damit zusammenhängende Ängste und Anspruchsformulierungen verwiesen.

- Aus der Perspektive der Angehörigen spielen rechtliche Fragen in der Reflektion ihrer Maßnahmen eher eine untergeordnete Rolle. Allerdings wird der häusliche Bereich häufig als eine Grauzone bezeichnet, in der Freiheitsentzug nach Gutdünken der Verwandten durchgeführt werde.

- Die wahrgenommene Belastung und die emotionalen Beziehungen sind im familiären Bereich wichtige Faktoren, die die Handhabung und Bewertung von Freiheit und autonomiefördernder Verhalten bedingen. Die Interviews liefern hierzu eine große Bandbreite an Perspektiven und Facetten bei denen Autonomiefragen keine Relevanz haben bis hin zu Überlegungen ob ein Ortungssystem das Potential habe, die Kontrolle teilweise wieder in die

4.3. Ergebnisse der Vorstudie

Hand der Demenzkranken zurückzugeben. Das individuell wahrgenommene Sicherheitsrisiko spielt hier mit hinein: Dass dem erkrankten Familienmitglied etwas zustoßen könnte, wenn es sich alleine draußen aufhält, ist eine zentrale Sorge aller Angehörigen, das entsprechende Handling der Betreuungssituationen kann jedoch sehr unterschiedlich sein: von der Praxis, eine erkrankte Ehefrau keine Sekunde aus den Augen zu lassen, auch nicht im eigenen Haus, bis hin zum Tolerieren der Angst und der Hilflosigkeit, wenn der erkrankte Vater bzw. Ehemann alleine unterwegs ist. Eine weitere Strategie ist die vordergründige Wahrung der Autonomie der Erkrankten, jedoch das gleichzeitige heimliche Verfolgen, wenn sie sich alleine auf den Weg machen.

So wie stationäre Pflegekräfte müssen auch die Angehörigen zu Hause häufig Kompromisse in ihrer täglichen Praxis machen, um alle empfundenen Risiken und Ansprüche – die eigenen sowie die der erkrankten Angehörigen – unter einen Hut zu bringen und eine Herangehensweise zu wählen, die aushaltbar und aus ihrer Sicht ethisch-moralisch vertretbar ist.

- Gewachsene familiäre Rollen: Familiäre Rollen und geschlechterspezifische Rollenausgestaltung vor der Erkrankung eines Familienmitglieds haben häufig eine große Wirkung auf das Handling des Alltags mit einem Demenzkranken mit Lauftendenz. Es hat sich gezeigt, dass Ehefrauen „toleranter" in Bezug auf den Wunsch des erkrankten Ehemannes sind, alleine nach draußen zu gehen. Dies liegt bei älteren Ehepaaren häufig in der traditionellen familiären Rollenverteilung begründet und in dem vorliegenden Gefühl, den Mann als früheren Haushaltsvorstand und Entscheider nicht zurückhalten zu können. Demgegenüber fällt es älteren Ehemännern leichter, eine häusliche Umgebung für die erkrankte Frau zu schaffen und sie im Haus zu behalten.

- Ein weiterer Rollenaspekt in der familiären Pflege ist die Spannung zwischen erkrankten Eltern und ihren erwachsenen Kindern. Hier sind mehrere Faktoren wirksam: zum einen findet mit der Alterung und Erkrankung von Eltern ein Wechsel von Rollenanteilen zwischen Eltern und Kindern statt, der zu einer Umkehrung der Rolle führen kann. Andererseits hat ein Fallbeispiel im Sample gezeigt, dass erwachsene Kinder große Probleme damit haben können, die Bewegungs- und Entscheidungsspielräume ihrer Eltern zu beschneiden. Die Tochter einer Demenzkranken sah hier im Interview einen möglichen Vorteil eines GPS-Geräts in der Rückgabe von Kontrolle an die Mutter und damit eine zumindest teilweise und zeitweilige Rückkehr zum Rollenverhältnis aus der Zeit vor der Erkrankung.

- Die Vorstudie weist insgesamt darauf hin, dass die Praxis und die aktuellen Probleme von Pflegenden von Demenzkranken mit Lauftendenz hochkomplex sind. Sie bringen entsprechende Anforderungen an die Gestaltung des Systems mit sich, sowohl in direkten Funktionalitäts-Anforderungen, aber auch im Hinblick auf Einführungs-, Aneignungs- und auch Vermarktungsprozesse. Die Vorstudie nimmt hier einen wichtigen Stellenwert für ein tieferes Verständnis der vorliegenden Praxisprobleme ein. Sie hat auch gezeigt, dass es hoch relevant ist, die Ergebnisse der Interviewstudie in einen größeren Kontext einzubetten, da deutlich geworden ist, dass der Umgang mit Autonomiekonzepten mit Ausbildungs- und Wissensständen, mit organisationalen Erfordernissen der Einrichtungen sowie mit gesellschaftlichen Trends verbunden ist. Nur in einem erweiterten Kontext sind die einzelnen Aussagen der Interviewpartner einzuordnen und zu verstehen.

4.3.8.1. Designimplikationen

Als direkte Designimplikationen haben sich aus der Vorstudie folgende Anforderungen gezeigt: Die jeweiligen Pflegeprobleme sind hochgradig individuell; entsprechend muss ein System einfach auf individuelle Erfordernisse anpassbar sein.

Zum Beispiel müsste die Nutzung eines Sicherheitsbereichs flexibel möglich sein: Ein Sicherheitsbereich kann auf einer Karte festgelegt werden. Wenn das Ortungsgerät diesen Bereich verlässt, kann ein Alarm abgesetzt werden. In den Interviews wurde deutlich, dass hier mehr Flexibilisierung notwendig ist, z.B. dass feingranularere Konzepte der Autonomiewahrung durch die Technik geboten werden können. So sollte der Sicherheitsbereich maskierbar sein, d.h. man weiß, dass sich der Angehörige in diesem (als sicher definierten) Bereich befindet, man kann aber nicht die genaue Lage sehen. Diese Möglichkeit würde den ethisch-moralischen Bedenken vieler Interviewpartner entgegenkommen und

4.3. Ergebnisse der Vorstudie

gleichzeitig auch dem Sicherheitsbedürfnis entsprechen. Entsprechend sollte die Ortungsfrequenz ebenfalls individuell einstellbar sein, um als Unterstützung in der Kompromissfindung zu fungieren.

Hinzu könnte eine zeitliche Ebene, in Form von einzugebenden Zeitrahmen und aufbereiteten historischen Logging-Daten helfen, das System auf den individuellen Bedarf anzupassen. Historische Logging-Daten könnten darüber hinaus Erkenntnisse über individuelles Laufverhalten fördern.

Kooperationsunterstützung von Pflegenden und Stakeholdern um den Erkrankten mit Laufverhalten ist ein weiterer wichtiger Aspekt, der sich in der Vorstudie gezeigt hat und der in der Systemgestaltung beachtet werden sollte. Hierzu ist einerseits wichtig, alle Stakeholder als Systemnutzer zu konzeptionalisieren. Andererseits sollte das System auch Aushandlungsprozesse unterstützen bzw. Dokumentationsmöglichkeiten bieten. In diesem Zusammenhang muss beachtet werden, dass sich Verantwortlichkeiten mit der Einführung von technischen Hilfen, wie einem GPS-System, verändern können und diese Veränderungsprozesse auch im Technikentwicklungs-, Einführungs- und Anforderungsprozess Beachtung finden und besser verstanden werden müssen.

Insgesamt müsste das System eine Umgebung beinhalten, die es ermöglicht, die Nutzung konstant zu reflektieren, zu evaluieren und bei Bedarf anzupassen, so wie dies auch für andere eingesetzte Methoden in der stationären Demenzbetreuung erfolgt.

In Bezug auf die juristischen Fragen des GPS-System-Einsatzes scheinen derzeit keine Probleme im Rahmen der Vermarktung bzw. Nutzung des Produkts zu bestehen, sofern eine datenschutzkonforme Einwilligung des zuständigen Betreuers vorliegt.

Dem stehen allerdings unterschiedliche, teils diffuse Ängste und Sorgen von Angehörigen und professionell Pflegenden bezüglich des Eingriffs in die Persönlichkeit der Erkrankten gegenüber, die in den Interviews geäußert wurden. Diese aufzunehmen und zu adressieren sollte als erweiterte Designaufgabe aufgefasst werden, und sich einerseits in konkreten Designalternativen niederschlagen als auch andererseits im Rahmen der Kommunikation und Vermarktung des Endproduktes aufgenommen werden, um eine zielgruppenadäquate Ansprache zu gewährleisten.

4.3.8.2. Die Prototypen

Auswahl des Trackers

Abbildung 2: "Picotrack"

Für die Evaluationsphase wurde ein Tracking-Modell der Firma Telic[4] ausgewählt, welches in mehrfacher Ausführung für die Evaluation kostenlos zur Verfügung gestellt wurde. Dieses Modell verfügt über eine gute Handhabbarkeit in der Programmierung, einer im Vergleich mit anderen Trackern hohen Ladekapazität, einer ausreichenden Zuverlässigkeit sowie nes guten Preis-Leistungsverhältnisses. (vgl. Abb. 2).

Zugriff über Internet-Browser (PC)[5]

Log-in

Über einen Log-In mittels Benutzerkennung und Passwort kann das System über einen Browser geöffnet werden (s. Abb. 3)

---

[4] www.telic.de
[5] Die Beschreibung der Systemfunktionalitäten der stationären Anwendung wurden einem internen Projektbericht entnommen, der teilweise gemeinsam mit dem Projektpartner ITSS Service & Solutions angefertigt wurde.

4.3. Ergebnisse der Vorstudie

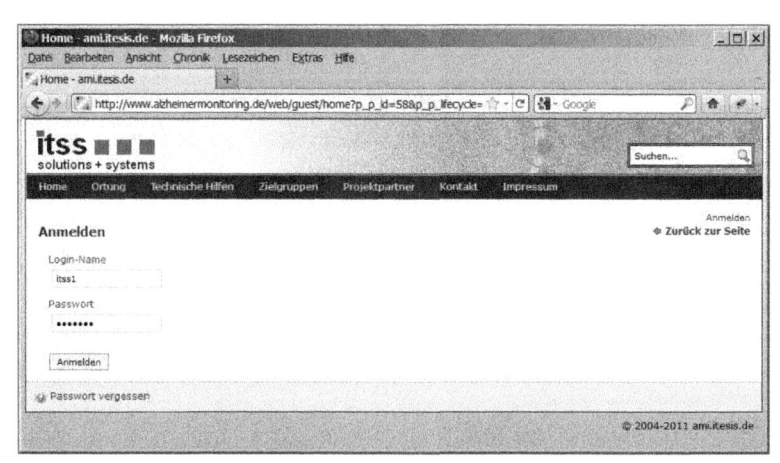

Abbildung 3: Anmeldung am Monitoring-System

Patienten und Tracker zuordnen

Über den Aufruf einer Verwaltungs-Seite („Zuordnungen") können Patienten und Tracker jeweils zugeordnet werden. Das System wurde mit unterschiedlichen Zugangsrechten in Analogie zu Hierarchien in stationären Einrichtungen versehen. So kann nur ein zugelassener Benutzer mit erweiterten Rechten (im System als „Admin" bezeichnet), Daten zu Patienten über die Patientenverwaltung des Monitoring-Systems anlegen und dem jeweiligen Patienten ein Tracking-Endgerät sowie eine Betreuungsperson (als „Pfleger" bezeichnet) zuordnen (vgl. Abb. 4).

136   Kapitel 4. Fallstudie I: Alzheimer Monitoring

Abbildung 4: Zuordnung der Nutzerrollen

Abbildung 5: Patienten und Betreuende hinzufügen

4.3. Ergebnisse der Vorstudie

Patientendaten und Ansprechpartner

Auf der Seite „Patienten verwalten" können jedem Patienten sog. „Ansprechpartner" zugeordnet werden. Diese Ansprechpartner können z.B. Personen aus dem Familienkreis des Patienten sein, die bei Alarmsituationen zusätzlich per SMS benachrichtigt werden.

Im Gegensatz zu den Ansprechpartnern können sich Benutzer, gleich ob mit einfachen oder erweiterten Rechten, beim Monitoring-System anmelden und eine Ortung der ihnen zugeordneten Patienten durchführen (Abb. 5).

Nach einer erfolgreichen Anmeldung am Monitoring-System via Webbrowser wird dem Benutzer die Webapplikation „Monitoring" angezeigt. Diese erlaubt im Wesentlichen:

- die zuletzt ermittelte geografische Position eines Patienten auf einer Karte (OpenStreetMap) anzusehen,
- den aktuellen Weg des Patienten anzusehen,
- den Standort des Patienten sowie den Akkustand des Tracking-Endgerätes zu erfahren,
- den Modus des Patiententrackers zu steuern (Polling oder Tracking),
- die Positionsbestimmung im Modus Polling zu veranlassen,
- den aktuellen Zustand des Tracking-Endgerätes im Modus Tracking zu erfahren (ONLINE, OFFLINE),
- eine Sicherheitszone (=Aufenthaltsbereich) für den Patienten einzurichten,
- die Alarmierung ein- oder auszuschalten und
- den aktuellen Weg des Patienten als gewöhnlichen Weg (früheren Weg) abzuspeichern.

Die Handhabung der Webapplikation Monitoring trägt dem folgenden Modell Rechnung: dem Benutzer sind einer (der Regelfall in den Familien) oder mehrere (der Regelfall in den Einrichtungen) Patienten zugeordnet; dem Patienten ist in der Regel ein Tracking-Endgerät zugeordnet; Geopositionen und Standorte beziehen sich auf Tracking-Endgeräte. Ansprechpartner werden patientenbezogen und nur zur Information angezeigt.

Das Kartenmaterial kann direkt in der Applikation ausgewählt bzw. geändert werden. Die Kartensicht kann gezoomt und verschoben werden. Für jede markierte Geoposition können Längengrad, Breitengrad und Zeitstempel angezeigt werden. Eine tabellarische Sicht des aktuellen Weges beinhaltet die Standorte der jeweiligen Geopositionsmessungen (vgl. Abb. 6).

Tracking und Polling

Die Wahl zwischen dem Modus Polling oder dem Modus Tracking kann

- via Webapplikation Monitoring oder
- via SMS von einem (auch alten) Handy

durchgeführt werden.

In der Webapplikation Monitoring wird der gewünschte Modus als Option des Trackers ausgewählt.

Positionsanforderung

Die Positionsbestimmung im Modus Polling kann in der Benutzerapplikation Monitoring des Webportals am PC mit einem Webbrowser angefordert werden. Dabei wird ein SMS-Kommando an das entsprechende Tracking-Endgerät aufbereitet und abgesetzt. Das Tracking-Endgerät erwidert das Kommando mit einer aktuellen Positionsmeldung an das Monitoring-System. Die Positionsmeldung wird entschlüsselt und die darin enthaltenen Daten auf der Karte im Webbrowser dargestellt.

Alternativ kann ein Kommando zur Positionsermittlung vom Benutzer als SMS von einem einfachen Handy an den SMS-Server des Systems verschickt werden.

Die ermittelten Positionsdaten werden als SMS an das anfordernde Handy gesendet. Die Ansprechpartner des Patienten sind nicht in die Benachrichtigung integriert.

4.3. Ergebnisse der Vorstudie

Alarmierung bei Verlassen des Aufenthaltsbereichs (Geozaun)

Als wesentlicher Bestandteil des Monitoring-Systems erwies sich für den Fall, dass ein zu ortender Patient einen ihm zugewiesenen Aufenthaltsbereich (Geozaun) (vgl. Abb. 7) verlässt, neben dem Monitoring innerhalb des Portals die Interaktion mit Ansprechpartnern. Ein Alarm wird ausgelöst, wenn ein Patient mit dem ihm zugeordneten und eingeschalteten Tracking-Endgerät zunächst innerhalb und in einer anschließenden Positionsbestimmung außerhalb seines Aufenthaltsbereiches geortet wurde.

Im Regelfall liefern alle getesteten Tracking-Endgeräte Positionsdaten mit einer Fehlertoleranz von mindestens 10 Meter. Es werden alle in das Monitoring-System eingetragenen Ansprechpartner des betroffenen Patienten mit den angegebenen Telefonnummern der SMS-fähigen Empfangsgeräte alarmiert.

Abbildung 6: Monitoring

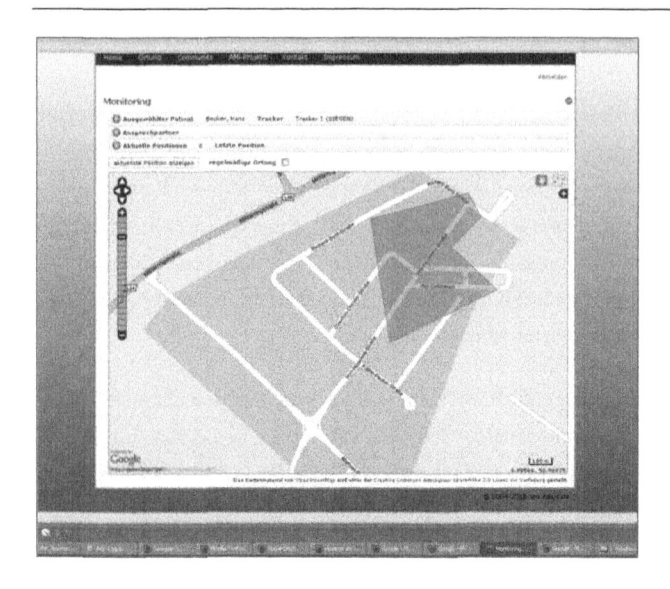

Abbildung 7: Digitaler Sicherheitsbereich

Mobile Applikation

Neben der Webapplikation Monitoring und der Möglichkeit, Positionsdaten der Patienten via SMS auf ein einfaches Handy zu erhalten, bietet die mobile Applikation (eine iPhone App) einen interaktiven Zugriff auf die Patienten und Geopositionsdaten (vgl. Abb. 8). Nach einer gewöhnlichen Anmeldung (Benutzerkennung, Passwort) werden dem Benutzer ihm zugeordnete Patienten angezeigt. Zu einem ausgewählten Patient kann einer der ihm zugewiesenen Tracker ausgewählt werden. Dann werden die geografische Position des Trackers und gegebenenfalls seine Sicherheitszone auf der Karte angezeigt. Die mobile Applikation bezieht Daten vom Portal-Server via den gesicherten Mobile Webservice.

Abbildung 8: iPhone App

Das Interface beinhaltet folgende drei Tabs: „Karte", „Einstellungen" und „Telefonbuch". Die *Karte* zeigt beim Start der App die Position des Nutzers und die Position des Patienten, die Karte ist so zentriert, dass man beide auf einen Blick sieht. Im *Telefonbuch* können Einträge aus dem iPhone-Telefonbuch importiert oder selbst Einträge angelegt werden. Per Toucheingabe auf den Namen öffnet sich ein Menü mit der Frage, ob man die Nummer anrufen möchte. Ganz oben ist die Notrufnummer, rot unterlegt. Im Tab *Einstellungen* befinden sich weitergehende Konfigurationsmöglichkeiten für den fortgeschrittenen Nutzer.

4.4. Ergebnisse der Evaluationsstudie

4.4.1. Zugang zum Feld

Die Evaluation sollte in Institutionen und Familien durchgeführt werden, die an der Vorstudie beteiligt waren. Die Vorstudie hat erwiesen, dass ein hohes Interesse an einem Assistenzsystem für Demenzkranke mit Orientierungsproblemen besteht, dass aber in Einrichtungen eine große Angst besteht, sich juristisch angreifbar zu machen. Die Frage, inwiefern ein Personenortungsgerät eine „Freiheitsentziehende Maßnahme" sei, wurde immer wieder vor dem jeweiligen Hintergrund der bisherigen Erfahrungen mit anderen Technologien und Maßnahmen im Umgang mit demenzkranken Personen, die eine Lauftendenz aufwiesen, diskutiert. Hinzu kamen häufig Bedenken, dass die Bedienung des Geräts einen zu großen Lernaufwand und eine zu starke zeitliche Belastung des Personals bedeuten könnte.

Daher gelang es uns, lediglich eine uns aus der Vorstudie bekannte Institution für die Evaluation zu gewinnen. Diese Institution, Heim Abendsonne, war insbesondere interessiert, das System zu testen, weil ein Bewohner mit einer extremen Lauftendenz auf der Station wohnte und das Personal sehr große Probleme hatte, diesen Mann rund um die Uhr unter Beobachtung zu halten.

Eine weitere Einrichtung, Heim Beate, ist eine spezielle Einrichtung für Demenzkranke in einer ländlichen Region. Hier war die Situation aufgrund der räumlichen Gegebenheiten günstig, da das Problem der Unsicherheit bzgl. freiheitsbeschränkender Maßnahmen nicht bestand.

Auch in Familie C, die sich an der Evaluation beteiligt hat, war der Problemdruck durch die Orientierungsprobleme des Ehemanns so hoch, dass die Ehefrau, trotz großer Unsicherheit in Bezug auf die Beherrschung der Technik, das System ausprobieren wollte.

4.4.2. Forschungsinstrumente für die Evaluationsstudie

In allen drei Einsatzfeldern wurde das System über drei Monate im Frühjahr 2010 getestet und es wurde folgendermaßen vorgegangen:

Zu Beginn erfolgte die Durchführung eines Interviews, um die spezifische Problemlagen und die Kontextbedingungen zu erfassen und das System spezifisch einzustellen.

Für die Einführung der Technik wurden folgende Dokumente und Unterlagen vorbereitet:

- Ein gedrucktes Nutzerhandbuch, in dem einzelne Schritte zur Nutzung des Systems und zu speziellen, veränderbaren Einstellungen, mittels Screenshots illustriert und erklärt werden (vgl. Abb. 9 als Beispiel-Illustration):

4.4. Ergebnisse der Evaluationsstudie

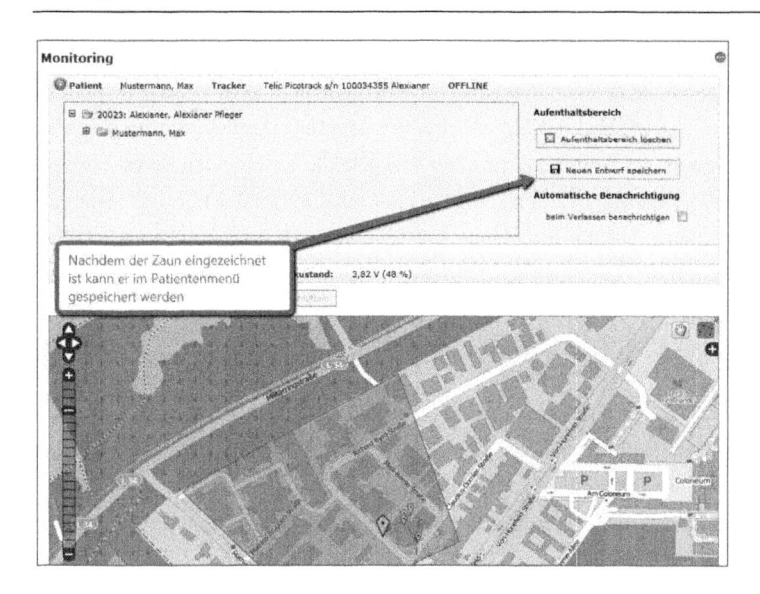

Abbildung 9: Screenshot im Benutzerhandbuch

Nutzungstagebücher für die Anwender zur regelmäßigen Dokumentation der Nutzung

- Eine Vorlage zur Erklärung zu Datenschutz und Nichthaftungserklärung (bei technischen Problemen): Aufgrund der Besonderheit der Testsituation „in vivo", d.h. unter realen Umständen, mit allen Gefahren, denen die Demenzkranken in ihrem Alltag ausgesetzt sind, war es wichtig, sich seitens der Universität abzusichern. Da zwar ein funktionsfähiger Prototyp übergeben wurde, der aber immer noch Probleme in der Funktionsfähigkeit aufweisen konnte, wurden die Anwender darauf hingewiesen, zusätzliche Sicherungsmaßnahmen vorzusehen und sich nicht komplett auf das System zu verlassen. Die Nichthaftungserklärung wurde gemeinsam mit der Rechtsabteilung der Universität entwickelt.

4.4.3. Evaluation im Heim Abendsonne

Es wurden vier Pilotinstallationen über einen Zeitraum von drei Monaten im Heim Abendsonne, einer Pflegeeinrichtung für gerontopsychiatrisch und dementiell erkrankte Senioren in einer ländlichen Region im Sauerland getestet.

Das Haus wird nach dem „Hausgemeinschaftskonzept" betrieben, bei dem sechs Gruppen von bis zu neun demenzkranken Personen in einer Hausgemeinschaft leben und vor Ort betreut und versorgt werden. Die einzelnen Häuser sind umgeben von einem zwei Hektar großen Parkgelände, das von den Bewohnern jederzeit frei begangen werden kann. Darüber hinaus sieht das Pflegekonzept vor, dass die Bewohner dieses Gelände auf ihren Wunsch verlassen können. Daher ist das Gelände nicht abgeriegelt, sondern durch ein Gartentor zugänglich, an dem allerdings ein Sender das Durchgehen von Bewohnern, die entsprechende „Transponder-Armbänder" tragen, registriert.

Durch das innovative Pflegekonzept insbesondere im Umgang mit Bewegungs- und Freiheitsbedürfnissen von demenzkranken Bewohnern einerseits und der sicheren Umgebung durch das große frei begehbare, aber dennoch durch eine Abzäunung geschützte Gelände andererseits, liegt hier eine ideale Testsituation vor.

4.4.3.1. Einführung des Systems

Bei der Einführung des Systems im Rahmen eines Workshops waren der Heimleiter, die Pflegedienstleistung sowie die Hauswirtschaftsleitung anwesend.

Es wurden insgesamt vier Trackinggeräte ausgegeben, weil zu diesem Zeitpunkt vier Bewohner eine hohe Mobilität aufwiesen. Auf einem hauseigenen Laptop wurden die Funktionalitäten der PC-Anwendung demonstriert und die Einstellungen für die einzelnen Tracker eingerichtet. Zudem wurden zwei iPhones mit der Anwendung übergeben und erläutert. Mittels eines Live-Tests wurde das System von allen Beteiligten ausprobiert.

Seitens des Heimleiters bestand sowohl großes Interesse an dem System als auch eine große Technikaffinität. Die beiden weiblichen Mitarbeiterinnen waren während des Einführungsworkshops zurückhaltend, jedoch war der Heimleiter davon überzeugt, dass die Nutzung auch für seine nicht-technik-affinen Kolleginnen unproblematisch wäre.

Es wurden Nutzungstagebücher für die Dokumentation übergeben und erläutert sowie die jederzeitige Erreichbarkeit im Falle von Problemen versichert.

4.4. Ergebnisse der Evaluationsstudie

Es wurde vereinbart, in einwöchigen Abständen seitens der Universität Siegen telefonisch Kontakt aufzunehmen und alle drei Wochen vor Ort Erfahrungen mit dem System aufzunehmen.

Bereits am folgenden Tag meldete sich die Hauswirtschaftsleitung telefonisch, weil sie Alarm-Anrufe in Minutenabständen auf das Stationstelefon bekam und nicht wusste, wie sie diese abstellen sollte. Nach Klärung der Problemlage mit den Entwicklern stellte sich ein Problem im System heraus, welches unmittelbar behoben werden konnte. Allerdings hatte dieses Problem zur Folge, dass das System für die folgenden Tage ausgeschaltet blieb und die Mitarbeiter die Nutzung abbrachen.

Hier zeigte sich in der Folge ein Problem, das auch im Heim Beate (s.u.) auftrat: der zunächst sehr motivierte und technik-affine Heimleiter forcierte die Teilnahme an der Testphase des Projekts, zog sich jedoch nach dem Startaufgrund von Zeitmangel aus allen Aktivitäten heraus und übergab die Nutzung komplett an seine Kolleginnen, die selbst nur wenig motiviert waren, das System auszuprobieren. Die Motivation von Mitarbeitern, die diese Aufgabe delegiert bekommen, stellt ein großes Problem dar, da es sehr schwierig ist, diese Barriere zu überwinden. Dass der Prototyp nach der Einführung nicht unmittelbar fehlerfrei lief, verstärkte die Abneigung der Mitarbeiterinnen zusätzlich. Dies ist ein Umstand, der häufig beim erstmaligen Transfer von Prototypen in die reale Praxis vorliegt und mit dem man als Designteam umgehen muss. Die Umstellung von Laborbedingungen auf reale Praxis ist von vielen Aspekten abhängig, wie z.B. der vorliegenden technischen Infrastruktur, in die der Prototyp eingefügt werden muss.

Im vorliegenden Fall teilte man uns mit, dass man sich erst nach bestimmten hauseigenen Terminen wieder um das System kümmern könnte. Diese Begründung war offensichtlich ein Vorwand, um die Beschäftigung mit dem System hinauszuzögern. Nach ca. einer Woche wurde uns erneut ein Termin vor Ort eingeräumt, um noch einmal die Nutzung und die Probleme gemeinsam zu besprechen und auszuräumen. Bei diesem Termin war nur noch die Hauswirtschaftsleitung, gemeinsam mit zwei Helfern aus dem Bundesfreiwilligendienst, vor Ort. Im Haus hatten vor kurzem insgesamt drei Abiturienten den Bundesfreiwilligendienst („Buftis") angetreten, von denen zwei bei dem Gespräch anwesend waren.

Die jungen Männer waren selbst Besitzer von Smartphones und zeigten großes Interesse für das System, so dass diese in der Folge die Verantwortung für den Test der Geräte übernahmen. Dies stieß auch auf Zustimmung der Hauswirtschaftsleitung, die sich in der Folge mehr und mehr aus dem Projekt zurückzog und auch bei späteren Interviews nur sporadisch anwesend war.

Für das Projekt war dies kein Idealzustand, da gerade die Erfahrungen und Reflexionen erfahrener Mitarbeiter wichtig gewesen wären. Leider war aber weder der Leiter noch die weitere Kollegin, die bei der Ersteinführung anwesend waren, in der Folge für uns telefonisch zu erreichen (Urlaub, keine Zeit, etc.). Mit den „Buftis" wurden dann alle Systemfunktionalitäten und Nutzungsoptionen besprochen sowie die Verwendung des Benutzungstagebuchs erläutert.

Die Nutzung erfolgte daraufhin relativ kontinuierlich. In Abständen von 3-4 Wochen war das Projektteam zur Durchführung von Interviews vor Ort.

4.4.3.2. Ergebnisse der Evaluation im Heim Abendsonne

Allgemeine Einschätzung zum Nutzen des Systems

Das System wird prinzipiell als hilfreiche technische Lösung empfunden, insbesondere da bereits Erfahrungen mit einer elektronischen Türsicherung im Außenbereich bestehen. Allerdings erfolgt die Aneignung des Systems durch das Personal aufgrund der beschriebenen Anfangsschwierigkeiten sowie der Problematik einer mangelhaften Mobilfunknetz-Abdeckung in dem ländlichen Waldgebiet der Einrichtung nur schleppend. Über die gesamte Evaluation wurde das System von den „Buftis" eingesetzt und getestet. Die Webanwendung lief einwandfrei; auf diese konnten sie jedoch nicht jederzeit zugreifen, da der PC im Schwesternzimmer steht und die „Buftis" hier keine Aufgaben zu erledigen haben. Die iPhoneApp hat ihnen von der Gebrauchstauglichkeit her Spaß in der Benutzung gemacht, jedoch aufgrund der mangelhaften mobilen Internetverbindung war der Empfang durchgehend schlecht und die App konnte somit

4.4. Ergebnisse der Evaluationsstudie

überwiegend nur bei Ausflügen, die aus dem Waldgebiet wegführten, genutzt werden.

Den größten Nutzen des Systems sehen die Mitarbeiter bei der Unterstützung von Ausflügen mit mehreren Bewohnern, wenn eine Pflegekraft für die Betreuung mehrerer Bewohner zuständig ist. Ein Problem was auftrat bestand darin, rekonstruieren zu können, wo jemand gewesen war, wenn er länger abwesend war, um eventuell über mögliche Zielorte der Patienten mit Lauftendenz informiert zu sein.

Nutzungssituationen und Verbesserungsvorschläge

„...aber für Laien wäre das jetzt ziemlich schwierig gewesen"

Die Hauswirtschaftsleiterin befürchtet, dass das „ältere Personal" (meist Frauen ab 40 Jahren) generell Probleme mit dem System haben würde, weil hier kaum Erfahrungen im Umgang mit Computern bestünden. Der einzige PC auf der Station wird laut ihrer Aussage nur von wenigen Pflegekräften benutzt. Dies bestärken die Buftis, die schließlich eine neue Kategorie der Unterscheidung zwischen Experten und Laien in sich überkreuzenden Pflege- und Technikfeldern anbringen:

> *„Also für uns, wir kennen uns mit sowas aus. Mit den Anderen müsste man vielleicht einen kurzen Lehrgang machen. Zum Beispiel, wenn das nicht mehr funktioniert, wie schließe ich die App überhaupt, um sie dann neu zu starten. [...] Also, wir haben es auch immer wieder hinbekommen, dass es funktioniert, aber für einen Laien wäre das jetzt ziemlich schwierig gewesen."*

Wunsch nach simplen Lösungen, die alle bedienen können

Die Hauswirtschaftsleiterin betont daher den Bedarf nach sehr einfachen Lösungen, denn „[die Kolleginnen] haben schon Schwierigkeiten, ihre Sachen im Computer abzuklicken, wie sie eigentlich nur Häkchen machen müssten." Sie wünscht sich daher ein einfaches System, „wo man gar keine anderen Sachen mit machen kann. Dass man so ein Gerät hat, wo man wirklich nur diesen einen Bereich macht. Dass man mit ein paar Handgriffen da auch wirklich reinkommt". Die iPhone-App, die eine stark reduzierte Version der Web-Anwendung darstellt, hält sie in der Nutzung immer noch für zu schwierig.

Ein Audio-Signal ist erforderlich

Das System muss aus Sicht der Mitarbeiter zwingend einen Signalton abgeben, wenn der im System eingezeichnete Sicherheitsbereich von einem Bewohner verlassen wurde. Die Einrichtung benutzt zurzeit ein DECT-basiertes Türsicherungssystem für das Außentor, bei dem ein Anruf plus Anzeige „HAUPTTOR" im Display erscheint, wenn sich jemand, der einen Transponder trägt, dem Tor nähert. Vor dem Hintergrund der bestehenden Nutzungspraxis wird ein Audio-Alarm als notwendig empfunden.

Diskussion der Ortungsfrequenz

Ein einminütiges Intervall wird von den Mitarbeitern als zu niedrig eingeschätzt, da einige Bewohner von ihnen als schnelle Läufer eingeschätzt werden.

Bestigen des Trackers

Die Größe des Trackinggeräts wird vom Personal als sehr problematisch eingeschätzt, obwohl das vorliegende Gerät etwas mehr als Streichholzschachtelgröße hat. Die Mitarbeiter haben die Erfahrung gemacht, dass die Bewohner ihnen unbekannte Gegenstände eher nicht tolerieren. Das bestehende Türsicherungssystem funktioniert mit einem sehr dünnen Armband, das die Bewohner aufgrund der geringen Größe selten als störend empfinden. Eine ähnliches Trackinggerät in Bezug auf Größe und Form wünschen sich die Mitarbeiter auch vom Ortungssystem. Dies ist derzeit noch nicht möglich, da der Akku eine entsprechende Größe erfordert, um eine ausreichende Funktion im aktiven Gebrauch zu gewährleisten.

Orten im waldreichen Gebiet

Da die Einrichtung in einem Waldgebiet liegt, wird die Frage gestellt, ob man Bewohner im Wald finden kann. Beim Test der mobilen Anwendung wurde die Anzeige der eigenen Position zusätzlich zur Trackerposition als sehr hilfreich

4.4. Ergebnisse der Evaluationsstudie

angesehen, um sich auf der Suche nach einem Vermissten durch Waldwege zu navigieren.

Sicherheitsbereich

Da das Heim die Mobilität und Autonomie der Bewohner stark unterstützt, wird das Konzept der „offenen Einrichtung" sehr ernst genommen. In der Praxis bedeutet dies, dass, wenn Bewohner das äußere Tor verlassen möchten, man sie nach Abwägung auch gehen lässt. Man ist aber in Bereitschaft, ist informiert über den Weg des Bewohners, gewährt ihm aber eine gewisse Freiheit. Die Mitarbeiter schlagen daher eine weitere Aufteilung des Sicherheitsbereichs in eine „gelbe Zone" vor, die angibt, dass ein Bewohner den Sicherheitsbereich überschritten hat, sowie in eine „rote Zone", der Bereich kurz vor der Hauptstraße, die für den Bewohner eine erhöhte Gefahr darstellt.

Nutzungstagebuch

Das Ausfüllen des Nutzungstagebuchs wurde als vertretbarer Zeitaufwand eingeschätzt. Allerdings wurden aufgrund des knappen Platzes nur Stichworte eingetragen, die für eine Analyse ohne Diskussion im persönlichen Gespräch zu reduziert gewesen wäre. Jedoch dienten die Notizen im Interview als hilfreiche Gedankenstützen über die vergangenen Nutzungseinsätze des Systems.

4.4.4. Evaluation im Heim Beate

Das Heim Beate ist eine Einrichtung in einer Großstadt. Zugehörig zu einem großen Krankenhaus- und Pflegeeinrichtungskomplex hat die kooperierende Station eine Spezialausrichtung auf die Langzeitpflege von Menschen mit Schädel-Hirn-Traumata. Diese Personen weisen häufig auch Orientierungsstörungen zu Person, Zeit und Raum auf, verbunden mit Unruhe und Lauftendenzen, d.h. Symptomen einer Demenz.

In der Vorstudie haben wir mehrere Interviews mit der Pflegedienstleitung sowie mit Leitungs- und Stationspersonal im Bereich Demenz-WGs durchgeführt.

Unsere Anfrage zur Teilnahme an der Evaluationsphase, erfolgte Anfang 2011 zu einem Zeitpunkt, als ein immenses Pflegeproblem mit einem Bewohner auf der oben genannten Station bestand. Dieser Bewohner, ein Mann Mitte 40, seit einem schwerem Autounfall demenzkrank mit einer ausgeprägten Lauftendenz, hatte bereits mehrmals die Station unbemerkt verlassen und musste dann mit großem Polizeiaufgebot gesucht werden. Als ehemaliger Marathonläufer war dieser Mann in der Lage, sich schnell in kurzer Zeit relativ weit vom Haus wegzubewegen, was die Suche nach ihm erschwerte. Da es sich um eine offene Station handelt, kann der Patient sich in unbemerkten Momenten durch den Ausgang bewegen und das Haus verlassen. In den vorhergehenden Wochen wurde der Patient mehrmals auf eine geschlossene psychiatrische Station verlegt, nachdem er in einem körperlich schlechten Zustand draußen wieder aufgefunden worden war. Dies galt dann als Indikation, ihn in eine geschlossene Einrichtung einweisen zu können. Sobald sich allerdings sein körperlicher Zustand wieder verbesserte, wurde er wieder auf die frühere Station zurückverlegt, da der Indikationsgrund für eine geschlossene Verwahrung wegfiel. Die Stationsschwester reflektierte diesen unsteten Zustand und auch den Aufenthalt in der geschlossenen Abteilung selbst als untragbar für den Patienten und er tat ihr in diesen Phasen leid. Andererseits beklagt sie jedoch auch die fehlende Möglichkeit, auf ihrer Station für den Patienten jederzeit da sein zu können. Es waren bereits Maßnahmen für eine Suche nach einer für ihn besser geeigneten Einrichtung eingeleitet worden. Während der Evaluationsphase war noch keine Alternative Unterbringung gefunden worden und man versuchte sich mit der Situation bestmöglich zu arrangieren. Mit dieser Problemlage kam die Pflegedienstleistung auf uns mit der Bitte zu, das Ortungssystem unterstützend einzusetzen.

4.4.4.1. Einführung des Systems

Wir wurden von der Pflegedienstleitung an den stellvertretenden Leiter verwiesen, mit dem wir uns zu einem Einführungstermin mit Interview und Übergabe des Systems trafen. Wir testeten gemeinsam die Technik und er führte alle Einstellungen unter unserer Anleitung durch. Weitere Mitarbeiter aus dem Stationsteam konnten aufgrund von Zeitmangel nicht an dem Termin teilnehmen. So wurde uns lediglich ermöglicht mit ihm nach dem Einführungsgespräch zum Stationsterminal zu gehen, kurz mit der Stationsleitung zu sprechen und ihr das System am dort befindlichen PC zu demonstrieren. Ihr Interesse war jedoch be-

4.4. Ergebnisse der Evaluationsstudie

grenzt, weil es offensichtlich als „sein Projekt" (des stellvertretenden Leiters) angesehen wurde.

Beim Versuch des Systemstarts an dem Stationsterminal waren wir überraschend mit dem Problem konfrontiert, dass die dortige technische Infrastruktur nicht geeignet war, um das System anzuwenden (veralteter Browser, mangelnde Internetbandbreite). Daraufhin einigte man sich darauf, dass das System auf dem PC des stellvertretendes Leiters in seinem Büro installiert wird und wir mit den Entwicklern nach Lösungen suchen.

In darauf folgenden Telefonaten in den nächsten Tagen wurde deutlich, dass die besprochene Herangehensweise nicht funktionierte. Der stellvertretende Leiter hatte uns gegenüber geäußert, dass er auf der Station häufig aktiv mitarbeite und es daher reichen würde, wenn er die Nutzung übernähme. Es stellte sich im Nachhinein allerdings heraus, dass er in den Stationsalltag kaum involviert war und wahrscheinlich daher auch das Ortungssystem kaum aktiv eingebracht hat.

Bezüglich der technischen Infrastruktur der Station wurde seitens des Leiters Kontakt mit den Administratoren aufgenommen, die keine Kooperationsbereitschaft zeigten. Insofern musste eine andere Lösung gefunden werden, wenn die Nutzung auf der Station gefördert werden sollte. So wurde den Mitarbeitern ein iPad mit mobilem Internetzugang übergeben, um ein Orten auf der Station und durch das Personal vor Ort zu ermöglichen.

Als wir einige Tage später die Nutzungssituation erfragten, wurde vom Leiter die Sorge geäußert, dass das iPad, wenn es auf der Stationstheke läge, gestohlen werden könnte. Um dies zu verhindern, schloss er das iPad in den „Giftschrank" (abschließbarer Medikamentenschrank) damit es nicht verloren geht. Diese Vorgehensweise erschwerte allerdings die Nutzung des Systems im Stationsalltag, da nicht alle Mitarbeiter einen Schlüssel für den Schrank haben, und der Zugang zum iPad damit nicht jederzeit gegeben war. Daraufhin wurde das iPad mit einem iPad-Schloss ausgestattet und wurde schließlich von der Stationsleiterin auf einem Regal im Stationszimmer platziert, das auch als Aufenthaltsraum für alle Mitarbeiter dient. Jedoch bestand noch Unklarheit bezüglich der Zuständigkeit innerhalb des Teams für die Systemnutzung. Wie bei Heim Abendsonne bestand auch hier das Problem, dass eine Leitungsperson, die motiviert und technik-affin ist, die Einführung forciert hat, aber für die tägliche Anwendung auf der Station nicht zuständig ist. Dies macht die Übergabe des Systems an Stationspersonal erforderlich. Als Projektteam muss man Hierarchieproblemen begegnen. . Im Gegensatz zu Haus Abendsonne hatte die Stationsleitung ein großes Interesse, das System zu testen, um die Versorgung des Patienten zu verbessern, der Leiter wollte ihr die volle Verantwortung über das System jedoch nicht übergeben. Einige Tage später war der Leiter bei einem mit ihm abgesprochenen Termin vor überraschend nicht anwesend. Wir erreichten jedoch, dass der Pförtner uns mit der Stationsleitung verband. Sie hatte kurzfristig Zeit für ein Gespräch und entschied selbstständig, dass sie von nun an das System voll übernehmen wolle, da ihr Kollege für die nächsten Wochen in Urlaub war und der Patient zwischenzeitlich wieder mehrmals das Haus unbemerkt verlassen hatte. Ab hier, ca. drei Wochen nach dem initialen Einführungstermin, wurde das System dann kontinuierlich von ihr und den Stationskollegen genutzt. Telefonische und vor Ort- Interviews fanden in der Folge 2-3wöchentlich statt. Auch in diesem Haus wurde ein Nutzertagebuch an die Stationsleitung übergeben und erläutert.

4.4.4.2. Ergebnisse der Evaluation im Heim Beate

Allgemeine Einschätzung zum Nutzen des Systems

Da die Pflege und Beaufsichtigung des Bewohners eine so hohe Belastung für das Personal darstellt, wird in der Nutzung des Ortungssystems eine große Erleichterung gesehen. Die lange Verzögerung der Übernahme durch die hauseigenen Technikprobleme muten allerdings seltsam an angesichts der beschriebenen Gefahren- und Stresssituation des Stationspersonals.

Als ein großer Nachteil wurde aus Sicht der Pflegenden beschrieben, dass keine Indoor-Ortung möglich war, zumal der Patient auch häufig innerhalb des Gebäudes, z.B. in einem Kellerraum, unterwegs war und erst nach längeren Suchen aufgefunden wurde. Nichtsdestotrotz bot das System eine Erleichterung, indem es ermöglichte, die Suche besser einzugrenzen. Auf eine Suche im Haus konnte verzichtet werden, wenn auf er auf der Karte geortet werden konnte. Damit konnte der Personaleinsatz bei Sucheinsätzen minimiert werden.

4.4. Ergebnisse der Evaluationsstudie

Nutzungssituationen und Verbesserungsvorschläge

Akkulaufzeit ist bei starker Unruhe zu gering

Da der Patient häufig Unruhezustände hat, ist das Personal gefordert, bei den Aufladezeiten besonders gut aufzupassen – dies stellt eine große Belastungssituation dar. Es wurde mit der Verringerung der Ortungsfrequenz experimentiert, in dem diese von zweiminütiger Ortung auf eine vierminütige Frequenz gestellt wurde, um die Akkuleistung zu verlängern. Dies hat sich jedoch als nicht praktikabel herausgestellt, da sich der Patient dann unter Umständen bereits zu weit von der Einrichtung entfernt hat. Zwar wurde der Sicherheitsbereich nah um die Einrichtung gezogen, damit der Alarm beim Verlassen der Einrichtung unmittelbar erscheint, jedoch ist die Zeit des Verfolgens immer noch kritisch, auch wenn nun mittels der digitalen Karte sichtbar ist, in welche Richtung er sich entfernt hat.

Nach mehrwöchiger Nutzung des Systems, in der dieses mehrmals erfolgreich die Suche nach dem Patienten verkürzt hatte, geschah ein Ereignis, das eine Neukonzeption des Evaluationsdesigns erforderlich machte. Die beschriebene, erforderliche Notwendigkeit, die Aufladung in eher ruhige Phasen des Patienten zu legen, war nicht immer möglich. So legte die Stationsleitung ihm an einem Tag das System an, obwohl es nicht mehr die volle Ladung hatte, in der Hoffnung, dass es ausreiche. Schließlich kam es jedoch dazu, dass er nicht mehr auf der Station war und das Gerät auch kein Signal sandte, weil der Akku leer war. Eine anschließende über 24stündige Suchaktion führte dazu, dass die Stationsleitung zu dem Schluss kam, dass das System für den Fall dieses Patienten doch ungeeignet sei. Ein weiterer Einsatz des Systems konnte jedoch vereinbart werden, indem die Station einen weiteren Tracker von uns zur Verfügung gestellt bekam, der dann im Wechsel mit dem anderen Tracker benutzt werden konnte. Diese Lösung stellte sich schließlich als praktikabel heraus. Allerdings waren die Einstellungen im System auf den zweiten Tracker zunächst kompliziert, mit einer umfassenden Einführung durch uns wurde dies im Anschluss durch das Stationspersonal erfolgreich gehandhabt.

Sicherheitsbereich

So wie das Haus Abendsonne sich als „offene Einrichtung" bezeichnet, gilt dies auch für das Heim Beate. Alle Ausgangstüren müssen offen und für jeden Bewohner zugänglich sein. Allerdings wird für den betreffenden Bewohner eine klare Grenze gezogen: da er sich extrem schnell von der Einrichtung wegbewegt, wenn er einmal durch die Ausgangtür gegangen ist, wird darauf geachtet, dass er nicht alleine das Haus verlässt. Es gibt auch keine „erweiterte Schutzzone" wie im Haus Abendsonne, da aufgrund der vorliegenden Gegebenheiten das Risiko als zu hoch eingeschätzt wird. Daher ist das Haus für ihn im Prinzip eine geschlossene Einrichtung. Dies hat Konsequenzen für die Einzeichnung des Sicherheitsbereichs auf der Karte, da dieser ganz unmittelbar um das Haus gezogen wird, so dass direkt ein Alarm erfolgt wenn er durch die Ausgangstür geht.

„Tagsüber ist immer jemand da, der das iPad bedienen kann"

Wie im Haus Abendsonne so wurden auch im Haus Beate vielfach Probleme in der Bedienung des iPads diskutiert. Tagsüber wurde dies in den Interviews als ein geringes Problem dargestellt, da im Früh- und Spätdienst viele Pflegekräfte und weitere Therapeuten und Ärzte im Dienst waren, von denen zumindest immer einer als kompetent im Umgang mit dem iPad galt. In der Nacht wurde es zum Problem, dass die Nachtwachen dann alleine waren. Bei einer nächtlichen Suchaktion, bei der diese aufgrund der geringen Personalbesetzung die Polizei rief, da nicht genügend Personal vorhanden ist, das bei der Suche helfen konnte. In diesem Fall konnten die Polizisten mit dem iPad umgehen und den Patienten noch im Viertel lokalisieren. Über das System war die Suche zügig beendet und der Patient konnte wohlbehalten der Station übergeben werden.

Weniger Personal muss in Suchprozesse eingebunden werden

Mit Hilfe des Ortungssystems konnte der Patient in der mehrwöchigen Testphase sehr häufig immer wieder schnell gefunden und zurückgeholt werden. Der Ablauf war meist folgendermaßen: eine Pflegeperson blieb vor Ort mit dem iPad, zwei oder drei Personen fuhren raus und suchten, meistens mit dem Fahrrad. Die Koordination erfolgte über Mobiltelefon. Es musste seit der Nutzung

4.4. Ergebnisse der Evaluationsstudie

bedeutend weniger Personal in die Suchprozesse eingebunden werden, „weil wir immer einen Anhaltspunkt mit dem iPad hatten". Vorher fuhren mehr Leute in verschiedene Richtungen los, weil nicht klar war, in welche Richtung der Patient sich entfernt haben könnte.

Suchpersonal mit zu orten wäre günstig

Wie oben beschrieben, bleibt ein Mitarbeiter vor Ort und führt die Ortung durch. Per Handy gibt dieser Mitarbeiter die Lage des Patienten an die Suchenden durch. Eine Mitaufzeichnung der Mitarbeiter auf der Lagekarte wird als günstig eingeschätzt, insbesondere wenn Mitarbeiter sich in der näheren Umgebung nicht auskennen. „Dann müssten keine langatmigen Beschreibungen mehr gegeben werden wo man ist und wo man langgehen sollte". Datenschutzfragen werden in diesem Fall als nicht relevant betrachtet, da die Ortung der Mitarbeiter zielorientiert und nur für den Zeitraum der Suche relevant sei.

„Ich würde nie einen Nicht-Examinierten losschicken zum Zurückholen"

Die Komplexität und Problemlage ist beim Auffinden des Patienten noch nicht gelöst. Die Stationsleitung berichtet hierzu, dass es wichtig ist, den Patienten beim Auffinden in der richtigen Art und Weise anzusprechen, damit er auch wieder zum Haus zurückkommen möchte. Daher sieht sie das Zurückholen des Patienten als eine äußerst sensible Aufgabe an, die viel Fingerspitzengefühl und Erfahrung im Moment des Auffindens erfordert. Häufig besteht das Problem, dass der Patient nicht mit zurückkommen möchte. Dann es geboten, in der Situation eine Strategie zu entwickeln: *„Manchmal läuft man dann noch eine Runde, wenn der Patient sich vehement dagegen wehrt, zur Station zurückzukehren"*. Auch die Vertrauensbasis spiele meist eine entscheidende Rolle. So passiere es mitunter, dass ein Mitarbeiter einer Nachbarstation anrufe, wenn er den Patienten sehe, anstatt selbst hinzugehen: „mit mir kommt er ja eh nicht zurück"; so dass eine Person der betreffenden Station ihn hole. Zusätzlich hätten manche Bewohner generell besondere Beziehungen zu einzelnen Mitarbeitern, rangierend von hoher Sympathie bis Ablehnung, so dass auch innerhalb der Station im Einzelfall abgewogen werde, wer der am besten Geeignete sei, um den Bewohner zurückzuholen.

Unsicherheiten bei Systemeinstellungen

Häufig besteht eine Unsicherheit bezüglich der Einstellung des Trackingmodus (Polling/Tracking). Es ist mehrmals vorgekommen, dass der Modus „aus Versehen" auf Polling (Tracker wird nur auf Aufforderung angepollt und gibt seine Position ab) gestellt wurde. Vor dem Hintergrund der vorliegenden Erfordernisse soll der Modus immer im Trackingmodus sein, denn nur dann erfolgt auch ein Absetzen des Alarms wenn der Patient den Bereich verlässt.

Akustische Benachrichtigung ist wichtig

Die Mitarbeiter möchten ausschließlich eine akustische Alarmierung, d.h. eine Sprachausgabe der Alarm-SMS auf das Stationstelefon. Eine SMS-Benachrichtigung auf ein Handy erscheint zu unsicher und im hektischen Stationsablauf als unpraktikabel.

Auch für die Akku-Anzeige wünschen sich die Mitarbeiter ein akustisches Signal, um an das Aufladen erinnert zu werden, wenn ein geringer Ladezustand erreicht wurde.

Befestigen des Trackers

Die Befestigung stellte anfangs ein Problem dar, da befürchtet wurde, dass die sichtbare Anbringung dazu führen könnte, dass der Patient ihn ablehnt und dementsprechend ablegen würde. Gemeinsam wurde nach einer Lösung gesucht und als Ergebnis wurden Kabelbinder besorgt, mittels derer der Tracker im Rückenbereich am Gürtel befestigt wurde. So war er aus der Sichtweite des Patienten und fest gesichert. Durch häufiges Aus- und Anziehen der Hose beim Toilettengang des Patienten brach allerdings nach einiger Zeit die Befestigungsschlaufe am Tracker ab. Als Lösung wurde von der Ehefrau eine Tasche genäht, die der Patient unter dem Hemd um den Hals trägt. Diese Anbringung funktionierte dann uneingeschränkt.

Nutzungstagebuch

Das Nutzungstagebuch wurde nicht genutzt. Hierfür liegen mehrere Gründe vor: zum einen wurde das Nutzungstagebuch zu Beginn dem Pflegedienstleiter

4.4. Ergebnisse der Evaluationsstudie

vorgestellt, das System selbst kam aber dann auf der Station zum Einsatz. Nach der Übergabe und Einführung des Tagebuchs bei der Stationsleiterin erfolgten keine Eintragungen. Sie begründete dies mit knappen zeitlichen Ressourcen und einem ohnehin enormen Dokumentationsaufwand, so dass ihr diese Arbeit lästig war. Zusammenfassend kann hier festgestellt werden, dass durch die häufigen Telefonate zwischen den Interviewterminen sowie ihre ausreichende Zeitverfügbarkeit während der Interviews und dank ihrer Reflektionsfähigkeit die Datensammlung auch ohne das Tagebuch zufriedenstellend erfolgen konnte.

4.4.5. Evaluation in Familie C

Die Ehefrau eines demenzkranken Mannes, beide Mitte 50, meldete sich bei uns telefonisch, weil sie über das Projekt in der Zeitung gelesen hatte. Sie haben drei Kinder im Alter von 15-20 Jahren, die zu dem Zeitpunkt alle zu Hause gewohnt haben. Die Familie lebt in einem Einfamilienhaus in einer westdeutschen Kleinstadt, das an ein Waldgebiet grenzt. Die Ehefrau, Frau C., ist Lehrerin und arbeitet in Vollzeit, Herr C. war bis vor ca. sieben Jahren Arzt im lokalen Krankenhaus. Seit der Diagnose der Krankheit bleibt er tagsüber zu Hause. Dreimal in der Woche kommt ein Betreuer einer lokalen Wohlfahrtsorganisation, um mit ihm und dem Hund spazieren zu gehen. Bisher ist er auch alleine mit dem Hund spazieren gegangen, doch seit er in den letzten Wochen bei zwei Spaziergängen die Orientierung völlig verloren hatte und einmal von der Polizei und ein anderes Mal von fremden Spaziergängern nach Hause gebracht worden war, machte sich Frau C zunehmend Sorgen, und suchte nach einer Möglichkeit, seine Spaziergänge sicherer zu gestalten. Als sie den Bericht über unser Projekt las, kontaktierte sie uns, um das System ausprobieren zu können

(Selbst-)Diagnoseprozess

Im Jahr 2006 wurde die Diagnose der Alzheimerkrankheit gestellt. Herr C arbeitete derzeit als Arzt in einem Krankenhaus. Laut ihrer Aussage hat er selbst versucht, auf die anfänglichen Symptome, die sich zunächst als „Überforderung" ausgedrückt haben und wahrgenommen wurden, zu reagieren. Er ließ sich auf eine Abteilung versetzen, in der er besser zu recht kam, weil er dort nicht mit vielen technischen Apparaten umgehen musste, die ihn vorher überfordert hatten.

Schließlich ist ihm von der Leitung nahe gelegt worden, einmal Urlaub zu nehmen, weil der Eindruck entstanden war, dass er ein Burn-out-Syndrom habe. Er hat sich darauf in ärztliche Behandlung und Diagnostik begeben und ist eine Zeitlang auf Burn-out untersucht worden. Er wurde von verschiedenen Fachärzten untersucht, u.a. wurde ein MRT erstellt, das zu diesem Zeitpunkt unauffällig war.

Bei einer anschließenden Untersuchung in einer weiteren Klinik wurde dann eindeutig Alzheimer-Demenz diagnostiziert. Frau C. berichtet von dem Gespräch mit dem zuständigen Professor, welches sie als schrecklich empfunden hat und von dem aus keinerlei Unterstützung und Perspektiven aufgezeigt wurden, wie man im Weiteren mit der Erkrankung umgehen soll. Er habe nur gesagt, „Sie haben die Krankheit. Jetzt müssen sie schauen, dass sie die Rente einreichen." Dabei habe er sich in unmöglicher Weise „auf seinem Sessel geräkelt" (sie macht es mir vor, zieht die Arme hoch und lehnt sich zurück).

Sein Vater habe auch Alzheimer gehabt, aber erst in höherem Alter, daher war man irgendwie darauf gefasst, dass dies bei ihm auch irgendwann eintritt. Allerdings waren alle geschockt darüber, dass er als so junger Mann bereits Alzheimer bekam.

Interaktion mit dem Umfeld seit der Diagnosestellung

Er habe bei Diagnosestellung sein Umfeld umfassend informiert, ebenso Freunde und Nachbarn. Dies macht es aus ihrer Sicht für beide einfacher. Auch in der Stadt seien Geschäftsinhaber, wie z.B. der Frisör von ihm informiert worden. Er scheint damit gute Erfahrungen gemacht zu haben. Er geht heute noch allein zum Friseur und aus ihrer Sicht funktioniert das gut – jedenfalls hat sie den Eindruck.

Allerdings hatte sie gestern vorgeschlagen, dass ein Sohn ihn zum Friseur begleiten solle – da reagierte er unwirsch und genervt. Er könne das doch alleine. Sie wollte aber, dass der Sohn mitgeht, um den speziellen gewünschten Haarschnitt zu erklären, da sie die Befürchtung hatte, dass er das nicht kann: „*die Haare hinten schneiden, damit das alles gut liegt*".

4.4. Ergebnisse der Evaluationsstudie

Sie versucht, seine (seltenen) Phasen von Genervtheit oder auch „ausflippen" mit der jeweiligen Situation zu erklären. Als Beispiel nennt sie, dass sie gestern viel in Geschäften unterwegs waren um Einkäufe für den bevorstehenden Urlaub zu tätigen. Auch die Schwester kam dann noch zu Besuch, die mit in Urlaub fährt. Am Nachmittag kam dann der Spaziergangsbetreuer, worauf er „fast ausgeflippt" ist, er bräuchte die Begleitung nicht. Später habe sie bemerkt, dass er seinen Kulturbeutel fertig gepackt hatte und wohl dachte, dass es an dem Tag schon in Urlaub geht. Im Nachhinein deutet sie die Situation so, dass er durch die vielen Aktivitäten überfordert gewesen wäre und daher die Situation nicht mehr richtig einschätzen konnte.

Sie meint, dass die Krankheit sehr schnell, „erschreckend schnell" voranschreitet. Als Beispiel nennt sie einen Besuch bei alten Freunden, wo er plötzlich nicht mehr wusste, wo die Toilette ist und sie fragte. Sie beschreibt die Situation als „erschreckend", zu sehen, wie er mehr und mehr vergisst und sich immer schlechter orientieren kann. Sie hat ihn dann in den Flur geführt, dort erinnerte er sich wieder welche Tür es ist zum Bad.

Erste Schritte der Informationssuche zum Umgang mit der Krankheit

Informationen über formale Schritte habe sie von der lokalen Alzheimer Gesellschaft erhalten, und auch den Tipp, eine Rehabilitations-Kur in Bad Aibling zu machen. Bad Aibling ist mit der Gründerin, Prof. Romero, sehr bekannt für neue Demenzpflegekonzepte und fortschrittliche Angehörigenschulung. Da die Klinik unter Rehabilitation geführt wird, gab es massive Probleme mit der Krankenkasse, die nach mehreren Widersprüchen geklärt werden konnten.

Unter formale Hilfen zählte auch das Wissen, gegen Entscheidungen der Krankenkasse Einsprüche zu schicken. Von der Alzheimer Gesellschaft bekam Frau C. auch Vorlagen und Textbausteine, die sie als sehr hilfreich empfunden hat.

Auf die Frage nach „sozialer bzw. psycho-sozialer Unterstützung", insbesondere für sie selbst, meinte sie (mit Tränen in den Augen), dass sie nur den Spaziergangsbetreuer als Hilfe habe. Es sei auch sehr schwierig für sie, ihrer Arbeit als Lehrerin nachzukommen, immer mit der Sorge um ihren Ehemann im Hinterkopf.

Informationen über Alltagsführung und einen angemessenen und entlastenden Umgang mit der Krankheit innerhalb der Familie habe sie aus dem Kuraufenthalt mitgenommen sowie aus Büchern, die dort empfohlen worden sind, mitgenommen. Auch im Austausch mit anderen Familien während des Aufenthalts habe sie viel gelernt.

Informationsrecherche zu Ortungsgeräten

Nach zwei für die Familie einschneidenden Begebenheiten, wo er nach angekündigten Kurzspaziergängen unerwartet lange abwesend blieb, hat die Familie nach Hilfsmöglichkeiten gesucht, u.a. nach einem Ortungsgerät. Dabei hat ein Mitarbeiter des lokalen Caritas-Verbands Kopien von Herstellern und Anbietern aus dem Internet mitgegeben. Das Hauptproblem war laut Frau C. der Kostenaspekt. Aufgrund der hohen Anschaffungskosten bestand schließlich der Wunsch, ein solches System zunächst einmal ausprobieren zu können. Diese Unsicherheit bezüglich des Kosten-Nutzen-Faktors, zeitliche Probleme, sich mit der Marktrecherche auseinanderzusetzen sowie unübersichtliche Webauftritte der Anbieter haben dazu geführt, dass die Recherche nicht weiter betrieben wurde.

Größte Herausforderung: „Es ändert sich ständig etwas"

Die größte Herausforderung beschreibt Frau C. folgendermaßen: „Es ändert sich ständig etwas und wir müssen immer darauf reagieren". Der Alltag besteht demnach zu einem großen Teil darin, permanent das Familienleben und die Familiensituation auszubalancieren, ad-hoc Lösungen zu finden bzw. flexibel anzupassen.

Zurzeit lebt einer der Söhne zu Hause, der sich um den Vater kümmert und sie in der sehr anstrengenden Arbeitsphase in der Schule vor den Sommerferien entlastet habe. Darüber ist sie sehr froh. Der Sohn hatte im April ein Studium aufgenommen, das ihm aber nicht gefallen habe und das er dann schnell wieder aufgegeben habe. Nun hat er einen Ausbildungsplatz als Krankenpfleger, der ab Oktober beginnt.

In einigen Monaten wird die jüngste, 15jährige Tochter, die noch schulpflichtig ist, für neun Monate nach England gehen. Dann ist kein Kind mehr im Haus und

4.4. Ergebnisse der Evaluationsstudie 161

sie überlegt nun, wie sie die Betreuung des Ehemannes dann organisiert. Sie möchte eine Betreuungskraft suchen, die mehrere Kriterien erfüllen muss: körperlich fit sein (wegen der langen Spaziergänge), mit dem Mann gut auskommen, Hunde mögen, evtl. Haushaltstätigkeiten zur Entlastung übernehmen, und flexibel sein – je nach Zustand muss sich der Spaziergangsbetreuer früher verabschieden, da es dem Ehemann auch schnell zuviel werden kann. Die Person muss also flexibel sein und die Situation gut abschätzen können, zudem muss der Einsatz finanzierbar für die Familie sein. Bisher habe sie noch niemanden finden können. Sie möchte nach dem Urlaub eine Zeitungsanzeige aufgeben.

4.4.5.1. Einführung des Systems

Die Übergabe des Trackingsystems fand im Haus des Ehepaars statt, beide Ehepartner waren zugegen. Es wurde zunächst ein ca. einstündiges Gespräch geführt, um die Bedürfnisse und Probleme der Familie in Bezug auf die Mobilität und Gewohnheiten von Herrn C. zu verstehen und entsprechend gezielte Hinweise für die Nutzung des Systems geben zu können. Das Gespräch hatte häufig einen doppeldeutigen Charakter, da Frau C. versuchte, mir die Problematik darzulegen, jedoch in einer Weise, welche ihren Mann nicht zu stark kompromittierte. Sie versuchte dabei ihren Mann einerseits in das Gespräch einzubeziehen, aber schwierigen Themen, die seine Kompetenzen und Defizite betrafen, sehr vorsichtig auszudrücken oder bestimmte Sachverhalte mir gegenüber nur anzudeuten.

Im Verlauf der Besuche während der Evaluationsphase hatte ich nur wenige Gelegenheiten, mit Frau C. allein zu sprechen, da es ihr sehr wichtig war, ihren Ehemann stets einzubeziehen. Insgesamt bestand bei fünf Besuchen zwei Mal die Möglichkeit, mit ihr alleine zu reden: beim ersten Besuch, als ich ihr die Funktionalitäten am PC erklärte, sowie bei einem weiteren Termin, an dem sie mir bestimmte Probleme mit der Einstellung der PC-Anwendung zeigen wollte. Beim ersten Treffen war sie sehr zurückhaltend mir gegenüber, beim zweiten Termin vor dem PC, der nach mehreren Treffen stattfand, berichtete sie mir offener über die Probleme, mit der sie und ihre Kinder zu kämpfen haben.

4.4.5.2. Ergebnisse der Evaluation bei Familie C

Allgemeine Einschätzung zum Nutzen des Systems

Der Ehemann geht mehrmals am Tag spazieren. Kürzere Runden geht er alleine, meistens mit dem Hund. Dies sind Wege, die er auch häufig mit seiner Frau zusammen gegangen ist. Die Runden sind laut Aussage der Ehefrau routiniert; er sagt, wo er lang geht und sie kann dann einschätzen, wie lange es ungefähr bis zu seiner Rückkehr dauert. Wenn er länger braucht, bekommt sie schnell Unruhe, dass er die bekannte Runde verlassen hat und evtl. desorientiert einen anderen Weg einschlägt und nicht mehr alleine nach Hause findet: „Er geht manchmal andere Runden. Da macht man sich Sorgen."

Zusammen mit einer Betreuungsperson einer karitativen Einrichtung macht er dreimal die Woche längere Spaziergänge.

In allen Treffen betont Frau C. immer wieder, wie hilfreich das System sei. Auf die Zeit nach der Rückgabe des Systems an uns schaut sie mit etwas Sorge, da sie sich mittlerweile stark auf das System verlässt. Im Lauf der Zeit hat sie sich auch angewöhnt, während ihrer Arbeit der Schule, hin und wieder das System aufzurufen. Sie sagt, dass ihr dies Ruhe gebe, wenn sie nachvollziehen kann, dass er seine Routinerunden gehe.

Insbesondere, wenn sie das Gefühl hat, dass er länger ausbleibt als sonst, schaut sie ins System und kann dann feststellen, dass er sich auf der gewohnten Runde befindet.

Sie berichtet, dass sie merkt, dass ihr Mann sich große Runden alleine immer weniger zutraue. Es sei einerseits beruhigend, dass er selbst adäquat reagiere, allerdings wären auch schon Abweichungen vorgekommen, die ihr permanent Sorge bereiteten. Als Beispiel nennt sie die Begebenheit, als er einmal auf der nahen Autobahnbrücke gestanden hat und „*wir wissen bis heute nicht warum und wie der dort hingekommen ist. Es muss also etwas vorgefallen sein, dass er von seiner gewohnten Route abwich*". Das sei ihr aber bis heute nicht nachvollziehbar. Sie erhofft sich, auch in dieser Hinsicht mehr Nachvollziehbarkeit mit einem solchen System zu erhalten und damit Möglichkeiten an die Hand zu bekommen, entsprechend darauf zu reagieren.

4.4. Ergebnisse der Evaluationsstudie

Sie möchte das System gerne mit in Urlaub auf Sylt nehmen, da er sich auch dort im letzten Urlaub verlaufen hat. Sie waren schon öfter auf Sylt, er könne sich an die früheren Urlaubsaufenthalte aber gar nicht mehr erinnern. Es dauere mehrere Tage, bis er sich an die neue Umgebung gewöhnt habe.

Nutzungssituationen und Verbesserungsvorschläge

Sichere Testumgebung schaffen am Beginn der Testphase

In der Anfangsphase hat sie den Spaziergangsbetreuer gebeten, den Tracker mitzunehmen, um das System in einer „sicheren Situation" zunächst ausprobieren zu können. Der Betreuer war damit einverstanden und hat laut ihrer Aussage kein Problem darin gesehen, dass nun auch er als Begleitperson mitgeortet werden würde. Sie hat den Weg dann über den PC mehrmals nachverfolgt.

Seinen Weg punktuell nachverfolgen können

Seit der Einführung des Ortungssystems nimmt Herr C. immer den Tracker mit. Frau C. schaut dann währenddessen mehrmals auf die Monitoring-Karte, um zu sehen, wo er sich jeweils gerade befindet. Sie empfindet es als sehr große Erleichterung, den Weg des Ehemanns nachverfolgen zu können. Die Möglichkeit, den Sicherheitsbereich einzuzeichnen, hat sie nicht genutzt, da sie dies als nicht notwendig empfindet, zumal sie seine Spaziergänge stärker über ihr Zeitgefühl mit der Möglichkeit des punktuellen Nachschauens im PC verfolgt.

Aufladen und Mitnehmen des Trackers als Routine

Da der Tracker nach einer Aufladung maximal acht Stunden funktioniert, wurde bereits sehr früh innerhalb der Familie eine Aufladeroutine eingeführt. Immer, wenn er vom Spaziergang zurückkehrt, wird darauf geachtet, dass der Tracker aufgeladen wird. Meist denkt Herr C. selbst daran, aber alle Familienmitglieder achten mit darauf. Auch denkt Herr C. meist daran, den Tracker wieder in seine Tasche zu stecken, bevor er losgeht. Es ist aber schon vorgekommen, dass er den Tracker vergessen hat. Daher passen auch hier alle Familienmitglieder mit auf, dass er das Gerät einsteckt.

Zweimal passierte es, dass er den Tracker „aus Versehen" ausgeschaltet habe. Er trägt das Gerät in seiner Jackentasche und Frau C. vermutet, dass er mit seinem Arm dagegengestoßen ist und dabei den Einschaltknopf betätigt hat. Hier müsste aus ihrer Sicht eine zusätzliche Sicherung eingebaut werden, um dies zu verhindern.

Fern-Einschalt-Möglichkeit

Frau C. regt an, dass es sinnvoll wäre, wenn man den Tracker, aus der Ferne ein- und ausschalten könnte. Dies hätte den Vorteil, dass sie sich dann am PC zu Hause vergewissern könnte, dass der Tracker eingeschaltet ist, wenn der Mann spazieren geht. Sie habe häufig das Gefühl, sich doppelt vergewissern zu müssen, dass der Tracker eingeschaltet ist. Die kurze Akkudauer empfindet sie als Problem. Es wäre aus ihrer Sicht besser, wenn der Tracker immer in der Jacken- oder Hemdtasche ihres Mannes verbleiben könnte, damit würde die Notwendigkeit des permanenten Überprüfens, ob er ihn mit sich trägt, entfallen.

Systemanpassungen

Bei der Einrichtung in der Familie ist die Unterscheidung der Nutzerrollen in „Admin" und „Nutzer" für Frau C. verwirrend und wird von ihr als unnötig empfunden. Sie findet, dass alle Nutzer – sie und ihre Kinder – die selben Rechte benötigen. Diejenige, die das System am meisten nutzt, ist die Ehefrau, die sich technisch aber am wenigsten auskennt. Im späteren Verlauf der Testphase erklären die jugendlichen Kinder das System immer wieder und machen Einstellungen für sie, wenn sie nicht zurechtkommt.

Wie in den stationären Bereichen wird auch von Frau C das Ausfüllen der genauen Patientendaten als nicht notwendig erachtet bzw. aus Datensicherheitsgründen vermieden.

Auch das Ausfüllen der „Ansprechpartner"-Tabelle wird als unnötig empfunden. Lediglich die Eingabe des Vornamens und der Alarm-Handy-Nummer würden aus ihrer Sicht ausreichen.

4.4. Ergebnisse der Evaluationsstudie

Die Bezeichnung der Alarmierungsfunktion per Handy als „Alarm-SMS" wird als unverständlich empfunden, Frau C. fände zur Verdeutlichung der Funktionen eine andere Bezeichnung besser, wie z.B. „Alarm-Handynummer".

Das implementierte „Freunde-Feature" am unteren rechten Rand verwirrt, da es aus einer Social-Network-Anwendung bekannt ist (Chat-Funktion bei Facebook). Die Übertragung der Nutzung auf eine „Notfall-" bzw. „seriöse Anwendung", wie im vorliegenden Fall, erscheint als unpassend.

Vergangene Route

Frau C. hat ausschließlich die Monitoring-Seite genutzt. Ein gravierendes Problem war für sie der Umgang mit der Funktionalität „Wege speichern/ Wege löschen". Die Logik ist für sie nicht nachvollziehbar, alte Wege konnte von ihr erst durch meine Hilfestellung gelöscht werden..

Trackingintervall

Das Trackingintervall von 60 Sekunden wird als angemessen angesehen: *„wenn ich verfolge wo er langgeht, das ist schon passgenau."* Würde das Intervall auf 120 Sekunden umgestellt, würde sie befürchten, dass die Genauigkeit der Nachverfolgbarkeit nicht mehr gegeben ist: *„in zwei Minuten kann man schon einen weiten Weg gehen."*

Neues Sicherheitsgefühl

Dass sie den Weg nachverfolgen kann, gibt ihr ein Sicherheitsgefühl („das macht mich wesentlich ruhiger"; „es ist eine gewisse Sicherheit"; „große Erleichterung"). Sie hat oft Angst, dass er einen anderen Weg nimmt, als er gesagt hat und sich dann verläuft und nicht mehr nach Hause findet. Insbesondere bei zwei Erlebnissen hat sie sich sehr hilflos gefühlt, als der Ehemann von der vorher abgesprochenen Route abgewichen ist und erst viel später von der Polizei nach Hause zurückgebracht wurde.

Seine Wege nachträglich rekonstruieren können

Zweimal ist Herr C. von der angegebenen Route abgewichen, einmal von zu Hause aus, einmal im Urlaub auf Sylt. Bei der Situation zu Hause wollte er nur eine kleine, bekannte Runde mit dem Hund gehen und ist nicht zurückgekommen. Er wurde von der Polizei zurückgebracht, die berichtete, dass er mit dem Hund auf der Autobahnbrücke in einer Baustelle gestanden habe. Belastend war hinterher für die Familie, dass sie überhaupt nicht nachvollziehen konnte, wie und über welche Wege er dorthin gelangt ist. Somit konnte sie auch nicht nachvollziehen, warum er letztendlich auf der Autobahnbrücke gelandet ist.

Für die Verwandten ist es wichtig, seine Aktionen und seinen „subjektiven Sinn" soweit möglich nachvollziehen zu können. Auch um zukünftige Aktionen und Gefahrensituationen voraussehen und einschätzen zu können. Keine Information über die Zeit seiner Abwesenheit zu haben, wird als sehr belastend empfunden. Ein Kernproblem im Umgang mit der Krankheit ist, dass ständig beobachtet werden muss, ob sich Zustand und Fähigkeiten des Patienten verändern und man die Betreuungs- und Sicherheitsmaßnahmen anpassen muss. Hier herrscht generell eine große Unsicherheit.

Ethische Bewertung

Auf die Frage, ob sie oder ihre Kinder ethische Bedenken haben, ihren Vater zu orten, antwortet sie, dass sie es als große Hilfe ansieht und keinerlei ethische Bedenken hat. Auch ihr Mann sähe es als Hilfe an. Dies und seine Akzeptanz gegenüber des Trackers bestärkt für sie das Empfinden, dass das System als notwendiges Hilfsmittel und nicht als Eingriff in die Privatsphäre ihres Ehemannes gesehen werden kann.

Sie berichtet allerdings auch von einer Diskussion mit ihren erwachsenen Kindern, die sich überlegt hatten, welche Arten von Missbrauch man mit dem System ausführen könnte. Aber im Falle der Ortung des Vaters wird dies als notwendige stress- und unruhereduzierende Möglichkeit angesehen. Für die Familie ist es in dieser konkreten Situation „einfach Hilfe" und „eine große Erleichterung".

4.4. Ergebnisse der Evaluationsstudie

Nutzung des Nutzungstagebuchs

Sie notiert alle Nutzungen des Systems sowie auftretende Probleme damit in dem Tagebuch. Sie findet es nicht lästig, da die kleinen Spalten dazu „auffordern" nur stichwortartig zu notieren. Dieser Aufwand ist für sie vertretbar.

4.4.6. Diskussion der Ergebnisse der drei Evaluationsstudien der Fallstudie I

4.4.6.1. Zugang zum Feld/ Rolle der Kontaktpersonen

In beiden stationären Einrichtungen sowie in der Familie C bestanden für den Roll-out eines Living-Lab-Designs günstige Voraussetzungen. Alle Kontaktpersonen waren intrinsisch motiviert, das System zu testen und waren sich auch darüber im Klaren, dass sie einen nicht voll funktionsfähigen Prototypen zur Verfügung gestellt bekommen, mit möglichen gravierenden Konsequenzen für die Sicherheit der betroffenen Nutzer. Dies nahm dem Designteam einen Teil der Verantwortung für das Evaluationsdesign, das eine besondere Situation darstellte, da es sich um eine technische Unterstützungstechnologie für Menschen handelt, die selbst nicht in die Nutzung einwilligen können, und die eventuell einer großen Gefahr ausgesetzt werden könnten.

Alle drei Kontaktpersonen (die Heimleiter bzw. Pflegedienstleiter und Stationsleiterin, sowie die Ehefrau) definierten für den Nutzungszeitraum die Einsatzmöglichkeit des Systems und eventuelle Risiken und übernahmen entsprechend die Verantwortung. Im Falle des Hauses Abendsonne war die Konzeption der Einrichtung ausschlaggebend, d.h. der große Außenbereich, der es ermöglichte, das System in einem relativ geschützten Raum ausprobieren zu können. Auch wenn hier – wie in der Vorstudie bereits häufig beobachtet – das Risikoempfinden und jeweilige Handling des Heimleiters und seiner MitarbeiterInnen Unterschied aufwies, so wurde diese Problematik durch den weitläufigen Bereich um die Einrichtung herum aufgehoben und das System erforderte keine Anpassungen an Risikoansichten und Balanceakte in der Praxis.

Im Falle des Hauses Beate war die Lage für das Evaluationsdesign und den Zugang zum Feld insofern günstig, da der Problemdruck in der Versorgung des Demenzkranken mit extremer Lauftendenz sehr hoch war, so dass jede Maßnahme, die eine Erleichterung der Situation bringen konnte, mit offenen Armen begrüßt wurde. Die MitarbeiterInnen standen unter einem enorm hohen Druck, der alle Balanceakte bezüglich der Spannung zwischen Autonomiewahrung und Sicherheitsgewährleistung in diesem speziellen Fall aushebelten. Dies wurde beispielsweise sichtbar in der Handhabung des Konzepts „offene Einrichtung", die für den Patienten aufgrund der schwierigen Situation mittels der Maßnahmen der Mitarbeiter zu einer geschlossenen Einrichtung wurde, indem ihm per se das alleinige Verlassen der Einrichtung aus Sicherheitsgründen verwehrt wurde. In dieser Situation waren mögliche Bedenken hinsichtlich einer intrusiven Funktion des Geräts nicht von Relevanz.

In der Familie C wurde das System im Einvernehmen mit dem demenzkranken Ehemann angewandt, wobei ihm laut der Ehefrau nicht klar war, welche Funktion das Gerät übernimmt. Die Absprache und die offene Handhabung – z.B. auch, dass er in die Entwicklung einer Routine des Aufladens des Geräts eingebunden wurde – gab der Ehefrau das Gefühl, dass die Nutzung ihn in seiner Handlungsfreiheit nicht beeinträchtige. Im Gegenteil nahm das System für sie die Funktion ein, seine Handlungsfreiheit – die alleinigen Spaziergänge– bewahren zu können, aber ihr ein zusätzliches Gefühl der Sicherheit zu geben.

Die Rolle der Kontaktpersonen muss allerdings für Folgeprojekte stärker beachtet werden, denn in beiden stationären Fällen traten zunächst Probleme auf, die auf unterschiedlichen Motivationslagen und Hierarchieproblematiken basierten. Der Erstkontakt mit den beiden stark motivierten und technik-bewanderten Heimleitern bzw. Pflegedienstleitern erschien zunächst als günstig für die Aufnahme der Einrichtungen als Living Lab-Umgebungen für die Systemevaluation.

Beide Leiter fungierten entsprechend zunächst als „Türöffner" für das Projekt. Aufgrund ihrer Stellung zogen sich jedoch beide schnell aus den Projektaktivitäten zurück und eine Übergabe an die Mitarbeiter erfolgte unzureichend, so dass man hier teilweise auf massive Motivationsprobleme stieß. Hinzu kam, dass die Verantwortung aufgrund der Hierarchieproblematik nicht eindeutig übergeben worden war und die Mitarbeiter zum Teil wegen ihrer Technikferne keine Lust hatten, sich mit dem System zu beschäftigen.

4.4. Ergebnisse der Evaluationsstudie 169

Faktoren, die hier zukünftig besser beobachtet und geplant werden müssen, sind

- Die Einbeziehung aller relevanten Mitarbeiter in das Projekt von Beginn an. Die kann in Form von Workshops erfolgen. Es ist wichtig, sich eine Übersicht über die Technikkompetenzen der Mitarbeiter zu verschaffen, und sofern notwendig ausreichend im Vorfeld zu schulen oder ausreichenden Raum zur Reflektion zu gewährleisten.
- Dies ist besonders wichtig vor dem Hintergrund der möglichen Fehler, die die Technik noch aufweisen kann beim erstmaligen Transfer von Laborbedingungen in die reale Praxis. Dies ist auch vor dem Hintergrund von Integrationsfragen mit bestehenden Infrastrukturen zu beachten. Auch wenn nur ein Browser notwendig ist für den Zugang zu dem System, hat das Haus Beate hier nicht die notwendige Infrastruktur aufweisen können.
- In diesem Zusammenhang zeigte sich, dass die Fehlertoleranz der Mitarbeiter ein wichtiger Faktor für die Partizipations- und Nutzungsbereitschaft war. Die Fehlertoleranz wiederum konnte durch die gegebene permanente Erreichbarkeit, Flexibilität und Offenheit für auftretende Probleme seitens des Designteams erhöht werden. Im Fall der Familie C als auch im Heim Beate hat sich die Fehlertoleranz der Nutzer nachweislich durch die enge Beziehung und den engen Austausch mit dem Designteam erhöht und in der Folge eine höhere Gelassenheit der Nutzungspersonen beim Auftreten von Fehlern und Problemen erwirkt.

4.4.6.2. Infrastruktur-Passung

Sollte das System eher als singuläre Lösung oder in die Infrastruktur integriert werden? Im Haus Abendsonne war die große Technikferne der Mitarbeiter ein signifikantes Problem für die kontinuierliche Nutzung des Systems. Diese Problematik wurde verstärkt durch die Haltung der Mitarbeiter gegenüber der bestehenden IT-Infrastruktur, die nur ungern, und auch nur von examinierten Schichtleitungen genutzt wurde. Das bestehende, negative Technikbild wurde damit auf die neue Technologie übertragen und es wurde zu wenig Gelegenheit seitens des Designteams gegeben, das neue System vor dem Hintergrund der bestehenden Infrastruktur reflektieren und einordnen zu können. Letztendlich wurde es von den Mitarbeitern – bis auf die jungen Freiwilligendienstleistenden – als Gefahr einer weiteren Überforderung angesehen und dementsprechend eher abgelehnt.

Demgegenüber hat sich in beiden Einrichtungen jedoch die Nähe des Systems zu aktuellen Alltagstechnologien in Form des iPhones bzw. iPads bei einigen Mitarbeitern als günstig erwiesen und damit neue Anwendungspotentiale freigelegt. Das bestehende generell große Problem der Technikaffinität und -kompetenz vieler Pflegekräfte muss in Folgeprojekten besser in das Evaluationsdesign aufgenommen werden. Dies wird durch die Nähe von Personen zu Alltagstechnologien teilweise ausgeräumt. Dies hat sich beispielsweise im Fall der Freiwilligendienstleistenden gezeigt oder auch in der kurzfristigen Übernahmemöglichkeit der Ortung durch technikbewanderte Polizisten im Falle des Heims Beate. Im Fall der Familie C konnten die Kinder, die im Umgang mit Internet und neuen Medien Erfahrung haben, ihrer Mutter bei Nutzungsproblemen helfen.

4.4.6.3. Pflegearbeit ist Kompromissarbeit

Es hat sich in den Studien innerhalb der stationären Einrichtungen sowohl in der Evaluationsphase als auch bereits in den Vorstudien gezeigt, dass das Pflegepersonal generell sehr „leidensfähig" ist und beständig Kompromisse eingehen muss. Es gibt kaum die „ideale Pflegesituation" und es wird generell wenig seitens des Pflegepersonals unternommen, grundsätzliche Änderungen zu fordern bzw. durchzuführen. D.h. es gibt wenig Austausch mit anderen entscheidungsmächtigen Stakeholdern im Umfeld darüber, wie Pflegesituationen und auch Maßnahmen, wie z.B. Technikeinsatz – vgl. die hochdiversen Sichtweisen und Handlungspraktiken mit bestehenden technischen Artefakten, wie elektronischen Türmeldern – sinnvoller eingesetzt werden könnten. Es liegt häufig die Haltung des „es ist halt so" vor, was möglicherweise die generelle Stellung der Pflege in den Hierarchieebenen der Medizin widerspiegelt.

4.4. Ergebnisse der Evaluationsstudie

Ein weiterer wesentlicher Aspekt, der sich auf das Empfinden der Pflegenden auf mögliche Planungs- und Handlungsräume auswirkt, ist, dass sich die Pflege von Demenzkranken stark an der Tagesform und an dem Krankheitsverlauf orientieren muss. Wenn durch ständige Verhaltensänderungen der Kranken entsprechend beständige Justierungen von Maßnahmen notwendig sind, wirkt sich dies auf die auf Kontinuität ausgelegten Strategien aus, wie sie z.b. in Evidenzbasierten Pflege- und Behandlungsregeln festgelegt sind. Ein Beispiel hierfür ist die ständige Verlegung des Laufpatienten im Haus Beate – von der geschlossenen zur offenen Station – die nach fest geregelten Handlungsvorgaben erfolgte. Sobald der Patient jedoch die offene Station betreten hat, überwiegen die Praxisprobleme, die kreativ und situativ durch das Pflegepersonal gelöst werden müssen.

Wie die Vorstudie bereits gezeigt hat, kommen hier klassische Machtmechanismen zum Tragen. So werden Alltagsartefakte symbolisch belegt, um der Definition einer freiheitsentziehenden Maßnahme zu entgehen, aber andererseits in der Lage zu sein, die Pflegearbeit durchführen zu können wie bspw. der Einbau einer extrem schweren Tür, die von Demenzkranken eher selten selbständig geöffnet werden kann.

4.4.6.4. Nutzen des Ortungssystems: Neue Pflegeoptionen

Handlungen der demenzkranken Person rekonstruieren können

Rekonstruieren können war sowohl in den Einrichtungen als auch in der Familie ein wichtiger Vorteil, den das System lieferte. Für Angehörige und Pflegende ist auch nach der gelungenen und schadensfreien Rückkehr der demenzkranken Person der Wunsch groß, seine Laufintentionen und die gelaufenen Wege nachvollziehen zu können. Wenn die verbale Kommunikation aufgrund des schwindenden Gedächtnisses und der nachlassenden Artikulationsfähigkeit immer weniger möglich ist, so ist jede Information wichtig über die Zeit, in der die Person weg war. Hierbei geht es auch darum, eventuell Präventionsmaßnahmen vornehmen oder eine Suche bei einem Folgeereignis gezielter einleiten zu können.

Reduktion von Personaleinbindung in die Suche

Im Haus Beate konnte weniger Personal für die Suche abgestellt werden, was sich positiv auf die Organisationsroutinen der Station auswirkte. Mit Hilfe des Systems waren nun gezielte Suchstrategien möglich: Vor dem Einsatz des Systems wurden viele Kollegen auf die Suche innerhalb des Hauses geschickt. Dies ist nun nicht mehr notwendig, wenn der Patient draußen lokalisiert werden kann.

Es wurde als Erweiterung des Systems vorgeschlagen, dass das Suchpersonal auch mit georet werden könnte, um die Suche noch zielorientierter zu gestalten,. Dies könnte eine komplizierte Koordination per Handy im Sucheinsatz ersetzen.

Linderung von Problemen anstatt vollständige, umfassende Problemlösung

Die Technik kann die sozialen Probleme, die im Zusammenleben mit bzw. in der Pflege von Demenzkranken entstehen, nicht vollständig lösen. Die vorliegenden Fallbeispiele haben aufgezeigt, dass die Reflektion von Autonomiewahrung im Set von sozialen Beziehungen und professionellen Rollen hoch komplex sind. Es müssen permanent Risiken gegeneinander abgewogen werden und es ist auch sichtbar geworden, dass gewisse Risiken nie vollständig vermeidbar sind. Jedoch hat die Evaluation gezeigt, dass Technik im Einzelfall eine Linderung von ethnisch-moralischen Dilemmata bieten kann.

Der derzeit technisch sehr kompliziert zu lösende Trade-off in der Gestaltung kombinierter indoor- und outdoor-Ortungsmöglichkeiten wäre einer Ideallösung sehr nahe gekommen. Jedoch hat das System mit der ausschließlichen outdoor-Ortungsmöglichkeit die Suche nach dem Ausschlussverfahren immens erleichtert.

Erhöhte Fehlertoleranz stärkt die Nutzungsmotivation

Während der ersten Zeit der Testphase traten in allen drei Einrichtungen Probleme mit den Systemen auf, die zu häufigen Anrufen des Designteams führten. Alle Probleme konnten letztlich gemeinsam gelöst werden. Das Bewusstsein, dass unmittelbare Hilfestellung geleistet wird, bzw. dass seitens des De-

4.4. Ergebnisse der Evaluationsstudie

signteams die Bereitschaft bestand, gemeinsam über neue Lösungen nachzudenken und diese zu entwickeln, hat sich auf das Sicherheitsgefühl und die eigene Kompetenzwahrnehmung der Nutzer positiv ausgewirkt. Daher muss eine umfassende und permanente Betreuung in der Evaluationsphase als ein wesentlicher Aspekt in das Evaluationsdesign aufgenommen werden.

Technik löst nicht das Problem des Zurückholens

Wenn ein vermisster Bewohner einer Einrichtung aufgefunden wird, heißt das nicht automatisch, dass die Problemsituation gelöst ist. Denn häufig muss der Bewohner mit besonderen Strategien dazu bewogen werden, den Rückweg anzutreten. Jedoch wird mithilfe des Systems das schnelle Auffinden erleichtert.

Diverser Umgang mit Sicherheitsbereichen

Die während der Vor- und Evaluationsstudie oftmals vorgebrachte Aussage „Wir sind ein offenes Haus" kann ganz unterschiedliche Handlungsimplikationen innehaben. Dies hat auch Auswirkungen auf die Gestaltung und Nutzung des digitalen Sicherheitsbereichs. Je nach Erfordernis und Risikoeinschätzung wird der Bereich, der für die demenzkranken Laufpatienten noch als angemessen erscheint, verkleinert oder vergrößert. Um mehr Freiheit zu ermöglichen, aber gleichzeitig auch die professionelle Aufsichtspflicht nicht zu gefährden, ist eine Überlegung der Mitarbeiter des Hauses Abendsonne, den Sicherheitsbereich noch einmal graduell zu stufen.

5. Fallstudie II: Social Display

5.1. Social Display: Setting und Kontext

Das Projekt wurde durch die Nachfrage eines Leiters einer stationären Senioreneinrichtung initiiert. Er suchte nach einer funktionierenden Lösung, um den Bewohnern einen Zugang zum Internet zu ermöglichen. Zudem sollten neue Wege erkundet werden, um die Bewohner mithilfe des Großbildschirms bei der Pflege ihrer sozialen Kontakte, wie z.B. bei Spielen oder anderen multimedialen Angeboten, zu unterstützen. Im Gespräch lernten wir ihn und sein Team als sehr offen gegenüber neuen Medien kennen, zudem erwies er sich als sehr flexibel und aufgeschlossen gegenüber einem Ansatz, der auf explorativer und ethnographischer Forschung basiert. Dies kann als eine sehr notwendige und fruchtbare Voraussetzung für den folgenden Designprozess gesehen werden.

In dem Pflegeheim wohnen 90 Bewohner, die meisten sind älter als 80 Jahre. Das Haus befindet sich im Zentrum einer kleinen deutschen Stadt. Viele der Bewohner haben ihr gesamtes oder zumindest einen Großteil ihres Lebens in der Stadt oder benachbarten Dörfern verbracht. Die Sozialarbeiter des Heimes bieten täglich verschiedene Gruppenaktivitäten für die Bewohner an.

Kein Bewohner hatte zuvor das Internet benutzt und auch die Sozialarbeiter hatten sich dessen noch nie für ihre Aktivitäten bedient; die hauptsächlichen Medien der Bewohner sind das Fernsehen, das Radio und Tageszeitungen.

Die empirische Erhebung erfolgte in mehreren Schritten und mittels unterschiedlicher Erhebungsmethoden, die sich im Verlauf der explorativen Fallstudie als erforderlich erwiesen. Zunächst wurden eine semi-standardisierte Interviewstudie mit drei Mitarbeitern und acht Bewohnern sowie eine begleitende Tagebuchstudie durchgeführt. Zusätzlich ver-brachten wir mehrere Tage im Eingangsbereich des Hauses, um die Interaktionen und Ereignisse mittels teilnehmender Beobachtung an dem Ort zu verfolgen, an dem später der Großbildschirm stehen würde. Ziel der ersten Erhebungsphase war es, ein umfassendes Verständnis über die Lebenswirklichkeit, über Alltagsroutinen sowie Kommunikationsstrukturen, Interaktionen und Mediengebrauch der Bewohner zu erhalten. Im Fokus der ersten Untersuchungsphase standen die alltägliche Aktivitäten der Bewohner, ihre Informationsbedürfnisse, ihre Wünsche und ihr Interesse in Bezug auf Gemeinschaftsaktivitäten, wie z.B. Spielen, Musik hören und Fernsehen.

Im weiteren Projektverlauf schloss sich eine zweite Erhebungsphase an, die mit aktionsforscherischen Methoden durchgeführt wurde (die »Internet-Aktionstage«). Die Durchführung und Ergebnisse der zwei Forschungsphasen (Vorstudie und Internet-Aktionstage) werden im folgenden Kapitel beschrieben.

Das erhobene Material wurde in Form von Interviewtranskriptionen und Feldnotizen verschriftlicht und mittels der Software MaxQDA kodiert und analysiert. Der gesamte Forschungsprozess orientierte sich an der Grounded Theory-Methode nach Strauss und Corbin (1990).

5.2. Empirische Ergebnisse

Sich abzufinden mit der gegenwärtigen Situation im Sinne einer Akzeptanz des eigenen Schicksals ist eine durchgehende Haltung, die in den Interviews vorzufinden ist. Dies ist eine häufige Einstellung, wenn die Interviewpartner über ihre gegenwärtige Lebenssituation im Pflegeheim sprechen. So werden unterschiedliche Lebensthemen reflektiert, wie z.B. der häufig reduzierte und somit das selbstbestimmte Leben einschränkende Gesundheitszustand, der als Solcher jedoch meist als ein Begleitumstand akzeptiert und als unabwendbar hingenommen wird. So erzählt uns ein Herr, dass er im Sommer gerne durch die Stadt spazieren gehe und es dabei genieße, mobil zu sein und seinen ehemaligen Nachbarn besuchen zu können. Im Winter jedoch verlasse er kaum das Haus, da er sich fürchte, auf Eis- oder Schneeglätte hinzufallen. Anstatt alternative Lösungen zu suchen, wie z.B. einen Transportservice zu nutzen, akzeptiert er den gegenwärtigen Zustand.

Ein anderes Beispiel für diese Haltung liefert eine Dame, die zwar ein Radio besitzt, dieses aber nicht benutzt:

> *„Ich besitze ein Radio, aber die Bedienung der ganzen Knöpfe ist zu kompliziert. Deswegen benutze ich es nicht. [...] Ich würde gerne Radio hören, wenn es einfacher wäre. Es ist aber nicht schlimm."*

5.2. Empirische Ergebnisse

Eine andere Dame verdeutlicht diese Haltung als sie über Spiele als Freizeitbeschäftigung spricht:

> *"Ich spiele gerne Rommé, aber die meiste Zeit finde ich keine Partner. Zwar gibt es eine Menge anderer Spiele im Haus, aber ich spiele die meisten nicht gerne davon. Aber das ist schon in Ordnung."*

Eine andere Bewohnerin betont: „Meine Enkelkinder besuchen mich nicht sehr häufig. Die Jugend mag keine Altenheime. Aber das ist schon in Ordnung so, man kann es ja verstehen." Obwohl sie ihre Verwandten und insbesondere ihre Enkelkinder gerne häufiger sehen würde, akzeptiert sie diese Situation als Schicksal eines marginalisierten alten Menschen ohne sich zu beklagen; sie bringt sogar Verständnis dafür auf.

Auch in der Betrachtung von gemeinsamen Aktivitäten im Haus ergeben sich besondere Positionierungen der Bewohner. Insgesamt sind viele der vor Ort angebotenen Aktivitäten vom Haus organisierte Gemeinschaftsaktivitäten. Einige Bewohner konstatieren, dass sie das damit einhergehende geringfügige Engagement sehr bedauern und sich individuellere Begegnungen sowie einen Austausch mit anderen Bewohnern wünschen würden. Vor der Initiierung von Aktivitäten auf einer individuellen Ebene schrecken die meisten Bewohner allerdings häufig zurück.

Einerseits möchten viele von ihnen nicht als „sozialer Bittsteller" angesehen werden, gleichzeitig aber auch nicht als „einsamer Wolf". Sozialer Bittsteller meint hier die Angst, von anderen als sich aufdrängend empfunden zu werden. Seinen Ausdruck „einsamer Wolf" erläutert ein Bewohner folgendermaßen:

> *"Man spricht mit den anderen. Man sollte nicht denken, dass ich ein „einsamer Wolf" bin. Im Sommer bin ich immer draußen und ich habe auch Bekanntschaften. Ich nehme häufig an Aktivitäten teil, die vom Haus organisiert werden. Ich schließe mich nicht aus."*

Insgesamt kann festgestellt werden, dass die Interviewten überwiegend nur vorsichtig individuelle Wünsche oder Kritik äußern, weil sie es für wichtig erachten, sich anzupassen. Dies erweckt teilweise den Eindruck, dass sich die Heimbewohner als Individuum mit individuellen Bedürfnissen und Wünschen aufgegeben haben.

Ähnliche Aussagen von Bewohnern des Heimes deuten auf diese Selbstwahrnehmung der Bewohner hin: „[...] Man muss an die Gemeinschaft denken" oder „Natürlich habe ich mich angepasst – das gehört sich hier so."

Das Haus selbst wird von den Senioren sehr gelobt, wenn es um die außergewöhnlich guten Freizeitangebote, das Personal und besonders den Leiter und das Essen geht:

> „Man muss die Tatsache, dass sich hier alle so gut um uns Senioren und Behinderte kümmern, durchaus positiv bewerten. Sie sorgen wirklich sehr gut für uns."

Unsere Forschungsarbeit selbst war häufig Gesprächsgegenstand und wurde von den Interviewten durchweg positiv bewertet, z.B. mit dem folgenden Kommentar: „*Es ist so gut zu sehen, dass uns die junge Generation nicht vergessen hat.*" Diese Äußerungen scheinen die generelle Stimmung von Senioren darzustellen, die sich von der Gesellschaft ausgeschlossen fühlen, wenn sie ein Pflegeheim in Anspruch nehmen müssen. Auch vermitteln sie den Eindruck, dass die Senioren es keineswegs als selbstverständlich ansehen, eine gute Fürsorge und soziale Unterstützung zu erhalten, wenn sie hilfsbedürftig sind – von einem Recht auf soziale Teilhabe und umfassende Lebensqualität ganz zu schweigen.

Zehnder erklärt diese Haltung ausgesprochener Bescheidenheit als typisch für die heutige Generation alter Menschen in der institutionellen Altenbetreuung, die als Kriegsgeneration gelernt hat, sich mit wenig zufrieden zu geben.

> „Noch sind 75% der HeimbewohnerInnen mit ihrem Leben im Heim zufrieden, weil sie es mit den schwierigen Zeiten in ihrem Leben vergleichen, in denen es keine Selbstverständlichkeit war satt zu werden und es im Winter warm zu haben." (Zehnder 2007: 12)

Diese Haltung hat auch Einfluss auf die Bereitschaft und das Interesse der Heimbewohner, als aktive Partner an unserem Projekt teilzunehmen. Zu Beginn unserer Studie waren wir entsprechend häufig mit einem eher verhaltenen Interesse sowie auch ablehnenden Haltungen uns gegenüber konfrontiert. Newell et al. (2007) weisen in diesem Zusammenhang auf eine häufig vorliegende Abneigung gegenüber der Auseinandersetzung mit neuen Medien hin aufgrund der Befürchtung, sich zu blamieren. Bevor man sich in eine entsprechend unsichere und möglicherweise peinliche Situation begibt, blockt man diese im Voraus ab.

Ein weiterer Aspekt, der hier eine wichtige Rolle für die Reflexion der Bereitschaft älterer Generationen spielt, sich mit dem Thema „neue Medien" auseinanderzusetzen, ist der generelle Grad an Lernbereitschaft bzw. das vorherrschende Lernverständnis, welche individuell-lebensweltlich sowie generationenspezifisch eingerahmt sind (vgl. Meese 2005, Schäffer 2003).

Aber auch gesellschaftliche Rahmenbedingungen, wie der Zugang zu und die Aneignungsmöglichkeiten von neuen Medien sind hier mit einzubeziehen. Schäffer (2007) setzt das Wissensgefälle zwischen jüngeren und älteren Generationen bezüglich Medienpraxen mit einem Machtgefälle gleich, dem ältere Menschen nur schwierig entkommen können:

> „Mit Bourdieus Machtbegriff lassen sich unterschiedliche generationsspezifische Medienpraxiskulturen also als wichtige Elemente von ‚Generationenfeldern' fassen, die in einen immerwährenden Kampf um Autonomie verstrickt sind. Angesichts der extremen Beschleunigungsmomente gelingt dies jedoch den älteren Kohorten schlechter, weshalb sie auf dem symbolischen ‚Tanzboden der Medientechnologien' das Nachsehen haben." (Schäffer 2007: 155, kursiv i.O.)

5.2.1. Bruchlinien zwischen früher und heute

Alle Interviewpartner berichten uns gerne und viel aus ihrem früheren Leben: von der Zeit der Kindererziehung oder der Phase der Berufstätigkeit. Auf der Suche nach sinnvollen „Ankerpunkten" für mögliche Display-Inhalte schätzen wir diese persönlichen Lebensgeschichten als sehr wertvoll ein und versuchen daher, Verbindungslinien zu heutigen Interessen herzustellen, die möglicherweise mittels neuer Medien unterstützt werden können. Allerdings zeigt sich hier ein häufig sehr fixiertes Nebeneinander von zwei Lebenswirklichkeiten, nämlich die „von früher" und die aktuelle Lebenssituation.

Beide Erzählebenen sind aus der Sicht der Interviewpartner häufig nicht miteinander verbunden. Ein Beispiel hierfür ist eine alte Dame, die uns von ihrem damaligen erfüllten Leben in der Großfamilie erzählt. Heute ist ihr nur noch eine Schwester geblieben. Beide würden sich gerne über Telefonate hinaus persönlich treffen; aufgrund der mangelnden körperlichen Mobilität beider Schwestern wird eine Interaktion über das Telefon hinaus aber als nicht möglich angesehen und akzeptiert. Für beide ist es nun also ein „Fakt", dass sie sich nur sehr selten persönlich treffen können. Zusammen mit ihr überlegen wir uns Mittel und Wege, wie wir sie unterstützen könnten, z.b. mittels Video-Chat oder anderen Kommunikationstechniken. Aufgrund ihres geringen Bezugs zu den neuen Medien stellt dies jedoch keine Alternative zur vorliegenden Situation für sie dar. Sie kann sich nicht vorstellen, wie eine Videoschaltung die Kommunikation und Interaktion verbessern könnte und lehnt dies ab. Weitere Beispiele für einen Bruch zwischen „früher" und „heute" sind Berichte über frühere Vereinstätigkeiten, wie musizieren oder singen, oder bestimme Lieblingssänger, die man hatte. Die Option, diese Interessen weiterzuverfolgen, ist häufig mit dem Übertritt ins Heim „verloren gegangen".

Das Nebeneinander der Erinnerungen an das frühere, erfüllte Leben und die aktuelle Lebenssituation im Heim lässt sich in den Interviews kaum auflösen, um daraus Designideen für das Display zu entwickeln, die den Bedürfnissen und Wünschen der Bewohner auf der Basis ihrer individuellen Biographien in sinnstiftender Weise entgegenkommen.

Die überwiegende Haltung eines „sich Abfindens", und eine damit verbundene Selbstpositionierung als marginal am Rande der Gesellschaft, hat uns bis hierhin zunächst nur wenig geholfen, konkrete Designideen entwerfen zu können.

Ein weiteres Problem bezüglich eines partizipativen Designprozesses zeigt sich darin, dass eine gemeinsame Reflektion über mögliche mediale Inhalte im Interviewgespräch kaum möglich ist. Da die Interviewpartner bisher keinen Zugang zum Internet hatten, symbolisieren die Forscher eine Welt, die fast unerreichbar entfernt liegt und zu der eine Brücke zu schlagen ausschließlich mit Worten in einer Interviewsituation kaum möglich ist.

Indirekt liefert die Vorstudie allerdings wichtige Anhaltspunkte in Bezug auf Identitätskonstruktionen sowie Selbst- und Fremdbilder, die sich auf eine generelle Bereitschaft, sich mit neuen Medien (zunächst gedanklich) zu beschäftigen, und an einem Designprozess als aktive Partner teilzunehmen, auswirken. Es ist damit auch deutlich geworden, dass weitere sozio-technische Maßnahmen er-

5.2. Empirische Ergebnisse

forderlich sind, die Distanz der Bewohner zum Projektvorhaben zu überwinden. Die geringe Nähe zu neuen Medien selbst als auch der gedankliche Möglichkeitsraum sowie auch zwischen den Lebenswelten der Zielgruppe und des Projektteams sind Aspekte, die Beachtung in dem Projekt finden müssen.

5.2.2. „Internet-Aktionstage": ein handlungsorientierter Forschungsansatz – Das Setting

Diese Aktion fand mehrstündig an zwei Samstagvormittagen statt, zu einer Zeit, an der kein Programm seitens der Sozialarbeiter für die Senioren angeboten wurde. Das Forscherteam bestand an diesen Tagen aus einer größeren Projektgruppe mit acht Studierenden und drei Dozenten.

Im Eingangsbereich wurden fünf „Internetstationen" aufgebaut, die verschiedene, vorher ausgewählte Internetanwendungen präsentieren sollten. Jede Station umfasste hardwareseitig einen Laptop mit WLAN-Zugang. Die Einrichtung eines WLAN-Netzes war im Vorfeld durch das Forscherteam durchgeführt worden. Jedes Laptop wurde mit einem großen Monitor (24") verbunden, um eine gute Sicht zu gewährleisten. Die Internetangebote der einzelnen Stationen umfassten Skype, Facebook, TV-Content-Angebote wie Mediatheken und Youtube sowie Google Earth (vgl. Abb. 10).

Abbildung 10: Internettag. Quelle: Eigenes Foto.

Die Aktion wurde mittels Video, Tonband, Fotos und schriftlichen Notizen dokumentiert. Im Anschluss an die Aktion führten wir 15 Interviews mit den teilnehmenden Senioren, den Sozialarbeitern und dem Einrichtungsleiter durch.

5.2.3. Interaktionen an den verschiedenen Internet-Stationen

Die Akzeptanz und Teilnahme an den verschiedenen Stationen war sehr unterschiedlich. Die jeweiligen studentischen „Betreuer" der einzelnen Stationen versuchten, so viele Senioren wie möglich zu involvieren, was allerdings aufgrund der hohen Teilnehmerzahl nicht immer möglich war. Die Neugier der Senioren galt verschiedenen Aspekten: der Veranstaltung als solcher, den vielen jüngeren Menschen, die Interesse an einer Unterhaltung mit den Senioren zeigten sowie den von uns präsentierten Technologien und Inhalten der Computer. Im Folgenden werden beispielhaft Aktivitäten an den jeweiligen Internet-Stationen aufgeführt.

Die im selben Raum aufgebaute Skype-Station, an der wir die Möglichkeit des Video-Chats vorführten, wurde am wenigsten von den Senioren besucht. Dies ist vermutlich auf den Aufbau der Station zurückzuführen. Die zugrunde liegende Idee dabei war, zu zeigen, wie einfach es ist, im Video-Chat miteinander zu kommunizieren. Wir waren uns der Tatsache, dass der Aufbau sehr konstruiert wirkte, bewusst und erklärten dies den Senioren. Aber da sie sich beim Video-Chat gegenüber saßen, konnten sie nicht nachvollziehen, wo der Vorteil einer solchen Technologie liegen könnte. Abgesehen von dem Problem, unsere Erläuterungen nachvollziehen zu können, konnten wir beobachten, dass viele Senioren fasziniert von der Tatsache waren, dass die jeweilige Gesprächsperson im PC des anderen abgebildet wurde.

An einer weiteren Station präsentierten wir die ZDF-Mediathek. Da die Sendungen der öffentlich-rechtlichen Fernsehanstalten eher Publikum ab 50 Jahren ansprechen, wollten wir anhand dieser testen, wie die Interessenlage der Bewohner vor Ort war. Während der Internet-Tage zeigte sich, dass die Inhalte von den Senioren nicht so angenommen wurden, wie von uns erwartet. Die Senioren haben viel Zeit um fernzusehen und sind damit eher wenig daran interessiert, Inhalte zu suchen, die sie verpasst haben. Dies zeigte sich anhand der Ausschnitte der zu der Zeit stattfindenden olympischen Spiele, die wir während des

5.2. Empirische Ergebnisse

Projekts zeigten. Auf Nachfrage erklärten uns die Senioren, dass sie genug Zeit hätten, um das abendliche oder nächtliche Olympiaprogramm am TV zu verfolgen, und sie also nicht die Aufnahmen aus dem Netz bräuchten.

Im Gegensatz dazu erwies sich Youtube als gutes Werkzeug, um gemeinsam interessante Medieninhalte zu erforschen. Zusammen mit den Studierenden, die die Station betreuten, durchstöberten die Senioren die Webseiten nach alten Filmen und Serien, die sie in den 1960er- und 1970er-Jahren gerne gesehen hatten oder suchten nach Musikern und Musikstücken, die sie einst mochten. Auch aktuelle Inhalte waren für sie von Interesse, wie z.B. Kochshows oder auch ungewöhnliche Beitrage, z.B. ein Filmbeitrag über einen 80-jährigen Fallschirmspringer (vgl. Abb. 11).

Abbildung 11: Gemeinsames Erkunden von Youtube-Inhalten. Quelle: Eigenes Foto.

An der Facebook-Station konnten wir beobachten, dass viele Senioren interessiert ihre Verwandten – hauptsächlich ihre Enkelkinder – suchten und jenen Nachrichten hinterließen. Besonders die Facebook-Seite des Heimleiters sorgte für Belustigung unter den Senioren und auch ihm hinterließen manche mit unserer Hilfe einen Kommentar auf seiner Pinnwand (vgl. Abb. 12).

Abbildung 12: Gemeinsames Stöbern auf Facebook. Quelle: Eigenes Foto.

Neben Youtube sorgten Programme und Webseiten für großes Interesse, die Erinnerungen und persönliche Lebensstationen nachzeichenbar machen. So waren Google Earth sowie Webseiten unterschiedlicher Städte, die Bilder des Geburtsorts, des einstigen Arbeitsplatzes oder früherer Urlaubsregionen enthielten, sehr beliebt. Zu Beginn einer Sitzung fragte ein Projektmitarbeiter zunächst, was die Senioren gerne sehen würden. Einige Senioren nannten bestimmte Regionen, die sie sehen wollten, andere wussten hingegen nicht, was sie interessieren könnte. Daraufhin fragten die Projektmitarbeiter dann peu à peu weiter. Je mehr Webseiten sie sich anschauten, desto aktiver wurden die Senioren und erinnerten sich an Stationen ihres früheren Lebens, die sie sich nochmals gerne anschauen wollten; und so begann, oft durch Zufall, eine für beide Seiten spannende Reise durch die virtuelle Vergangenheit.

Als ein überwältigendes Ergebnis der Aktion lässt sich die Freude und das mehrstündige „Versinken" eines 98-jährigen Bewohners im Internet nennen (vgl. Abb. 13, 14), der bis dahin als ein eher passiver hochaltriger Mensch seitens des Sozialdienstes wahrgenommen und entsprechend wenig zu Aktivitätsangeboten eingeladen worden war. Jedes im Internet verfügbare Bild- und Textmaterial zu seinem Geburtsort, seiner Arbeitsstätte und seiner früheren Vereinstätigkeit wurde von ihm sorgfältig und mit großer Freude betrachtet. Der Heimleiter stellte dem Bewohner nach der ersten Veranstaltung eine Map-

5.2. Empirische Ergebnisse

pe mit Ausdrucken des Materials zusammen. Einige Wochen nach den Veranstaltungen erzählte uns das Personal, dass er die Mappe täglich zur Hand nähme und immer wieder darin „schmökerte". ". Auch für das Personal war das Interesse des Alten positiv, da sie aufgrund der Informationen nun neue Ankerpunkte für Gespräche hatten.

Auch viele andere Bewohner freuten sich über die neuen Möglichkeiten der Information und Nachzeichnung der eigenen Biographie im Internet. Ein weiteres Beispiel waren einige Frauen mit Flüchtlingshintergrund, die nach langer Zeit in der Lage waren, sich ihre Geburtsorte genau anzuschauen und den betreuenden Projektmitarbeitern davon zu erzählen. Zwei Frauen erfuhren während der Veranstaltung sogar erst davon, dass ihre ehemaligen Heimatorte ganz in der Nähe lagen.

Abbildung 13: Ein Bewohner „versinkt" im Archiv seines ehemaligen Vereins.
Quelle: Eigenes Foto.

Abbildung 14: Ein Sozialarbeiter teilt die Freude des Bewohners. Quelle: Eigenes Foto.

Der handlungsorientierte Forschungsansatz eignet sich nicht nur dazu, neue Technologien und Medieninhalte vorzustellen und gemeinsam auszuprobieren. Er liefert auch Aufschluss über Selbstwahrnehmungen und grundsätzliche Haltung der Bewohner gegenüber neuen Medien. So unterstützten die „Internet-Aktionstage" einige Bewohner darin, sich ihrer körperlichen und geistigen Fähigkeiten zu vergewissern und diffuse Ängste abzubauen. Eine Frau berichtet im anschließenden Interview, dass das

> „Spiele spielen so viel Spaß gemacht hat, weil ich sofort begriffen habe, dass ich damit umgehen kann. Zuerst dachte ich, dass ich das nicht kann, aber ich war dann sehr überrascht und froh festzustellen, dass ich es geschafft habe."

Die Aussage kennzeichnet ein Problem, das viele Senioren mit körperlichen Handicaps erfahren: Sie haben Angst, sich zu blamieren, selbst in einem intimen Kreis mit anderen Bewohnern. Diese Befürchtung stellt oft ein Hindernis für die Beteiligung an Aktivitäten im Haus dar. Aus einer anderen Perspektive betrachtet war der Spaß beim Spielen nicht einfach nur ein Gefühl der Freude, sondern

5.2. Empirische Ergebnisse

gab ihr auch wieder Selbstvertrauen, und Vertrauen in ihre körperlichen Fähigkeiten zurück.

Eine andere ältere Dame berichtete, dass sie die Handbewegungen für das *wii*-Bowlingspiel im Vorfeld der Internet-Aktionstage „theoretisch" geübt hätte. Sie hatte an einer *wii*-Bowlingstunde teilgenommen, die von den Sozialarbeitern des Hauses noch vor unseren Aktionstagen organisiert worden war. Zu dem Zeitpunkt war es ihr noch peinlich, wenn sie es nicht schaffte, die Knöpfe der wii-Steuerung zu bedienen. Nach diesem Einführungsspiel nahm sie nicht mehr an den Stunden teil, selbst wenn sie dazu eingeladen worden war. Nachdem sie die Bewegung geübt hatte, fühlte sie sich bereit, das Spiel mit uns nochmals zu versuchen.

Auch für die Mitarbeiter erwiesen sich die Internet-Aktionstage als hilfreich, die es ihnen ermöglichten, ihre teilweise festgefahrenen Wahrnehmungen der Bewohner neu zu überdenken. Für die Sozialarbeiter war es überraschend, dass viele Bewohner Interesse an den Internetstationen zeigten, insbesondere einige, bei denen das Personal dieses Interesse im Vorfeld nicht vermutet hatte. Diese Überraschung bringt eine Sozialarbeiterin folgendermaßen zum Ausdruck:

> *„Hier haben wir festgestellt, dass wir häufig zu wenig auf die Fähigkeiten und das Interesse unserer Bewohner vertrauen. Wir trauen unseren Bewohnern viel zu wenig zu."*

Die Sozialarbeiter steuerten ihrerseits viele Ideen für eine mögliche Integration von Medieninhalten in die regelmäßigen Aktivitäten bei.

Einige Sozialarbeiterinnen, die sich selbst als nicht vertraut mit dem Internet und neuen Medien bezeichneten und deswegen zunächst sehr skeptisch gegenüber unseren Bemühungen waren, nutzten die Sitzungen schließlich selbst aktiv, um sich zu informieren und zu lernen.

Die Eingabegeräte Maus und Tastatur waren den meisten Bewohnern fremd, und sie baten die studentischen Betreuer der Stationen um die Steuerung und Eingabe. Nur wenige „trauten" sich, selbst mit Maus und Tastatur Eingaben vorzunehmen. Insgesamt zeigte es sich, dass aufgrund feinmotorischer Probleme die Bedienung über diese Eingabeinstrumente nicht optimal ist, und dass das

Design geeigneter Eingabegeräte einen zentralen Platz im Projekt einnehmen muss.

5.2.4. Interaktionen zwischen Forscherteam und Bewohnern

So wie die Mitarbeiter durch die Internettage Überraschungen erfahren haben in ihrer Bewertung der Interessenslagen der Bewohner, boten die Aktivitäten auch für das Forscherteam – sowohl für die Studierenden als auch für die Dozenten – überraschende Lernmomente.

Die Studierenden hatten sich im Vorfeld Kategorien überlegt, die sie den Bewohnern präsentieren wollten und entsprechend die Angebote der Internetstationen entwickelt. Einige der Studierenden waren zunächst skeptisch, ob sie mit ihrem Angebot das Interesse der Bewohner tatsächlich treffen könnten. Entsprechend groß war zu Beginn des ersten Internettags die Unsicherheit bei den jungen Studierenden.

Durch die Interaktions- und ad hoc- Recherchemöglichkeiten, die die Medien boten, war es jedoch meist möglich, mit den Bewohnern schnell ins Gespräch zu kommen, sich gemeinsam Stück für Stück interessanten Inhalten anzunähern und damit wiederum Gespräche zu stimulieren.

Allerdings förderten die internetbasierten Gespräche nicht ausschließlich positive Erinnerungen. So kamen beispielsweise auch Kriegserinnerungen oder andere negative biographische Erlebnisse auf, die Trauer und unangenehme Gefühle bei manchen Bewohnern hervorriefen und die Studierenden überforderten. Diese Situationen konnten von den teilnehmenden Mitarbeitern dann jeweils aufgefangen werden.

5.3. Diskussion der Ergebnisse der Fallstudie II

5.3.1. Die „Internet-Tage": Kollaboratives Explorieren und der Aufbau eines gemeinsamen gedanklichen Möglichkeitsraums

Der aktionsforschungs-basierte Ansatz, der uns von eher klassischen ethnographischen zu mehr interventionistischen Strategien lenkte, hat Ähnlichkeiten mit anderen Designansätzen, die auch auf eher spielerische und experimentelle Un-

5.3. Diskussion der Ergebnisse der Fallstudie II

ternehmungen gerichtet sind, wie beispielsweise „Cultural Probes" von Gaver et al. (1999), Svenssons und Sokolers „tickets-to-talk" (2008), Blythe et al's (2010) spielerisch-künstlerische Engagements in Pflegeeinrichtungen sowie die „SenseCam" von Harper et al. (2008).

Blythe et al. (2010) entwickelten den Begriff „interpassivity", um Forscher-Bewohner-Interaktionen zu benennen, die sie in ihrer Studie überwiegend durchgeführt haben. Es geht ihnen in erster Linie darum, hochaltrige Heimbewohner an Aktivitäten eher als Beobachter denn als aktiv handelnde Akteure zu beteiligen. Demgegenüber unterstützten die Internettage aktive Interaktionen zwischen Forscherteam, Bewohnern und Mitarbeitern und ermöglichten gleichzeitig die Sammlung von Daten.

Die unterschiedlichen Internetstationen, jeweils von Studierenden vorgestellt, boten eine Vielzahl an „tickets-to-explore" und „tickets-to-reflect" hinsichtlich möglicher Designalternativen, lieferten aber darüber hinaus generelle Einsichten für ein besseres Verständnis der Lebenswelt von älteren Menschen und Hochaltrigen in Altenheimen. Wie bei der „SenseCam"-Forschung richteten die Internettage die Aufmerksamkeit der Akteure auf aktuelle und vergangene Momente im Leben der Bewohner, was mit anderen Methoden nur schwer zu erreichen gewesen wäre, wie z.B. die Begrenzungen unserer vorhergehenden Interviewstudie gezeigt haben.

Unterschiedlich zum „SenseCam"-Ansatz ist allerdings das kollaborative Moment der durchgeführten Internettage. Es hat sich als günstig erwiesen, dass in einem Kontext, in dem Interviews und Beobachtungsverfahren mit der Problematik des „unzuverlässigen" oder „unwilligen" Interviewpartners konfrontiert sind, zusätzliche Trigger für die Datenerhebung gefunden werden können. Unser kollaboratives Engagement mit den Bewohnern stellte einen solchen zusätzlichen Trigger dar.

Der fortwährende Austausch zwischen Bewohnern, Mitarbeitern, den Studierenden und Forschern förderte neues Wissen zutage in einem ständigen Dialog aus Anbieten, Fragen, Explorieren und Zuhören, in der Art: „Was können die Studenten mir am Bildschirm vorstellen?" und „Was könnte für sie/ihn interessant sein?". Diese sich nach und nach entwickelnden methodischen und analytischen Verfahren, die gemeinsam vor dem Display entanden waren, führten in der Analyse zu verschiedenen empirischen Kategorien, die als „sensibilisierende Konzepte" hilfreich sind, um die spezifischen Lebensumstände von Bewohnern in einem deutschen Altenheim besser zu verstehen; von Menschen, die in ihrem Leben eine Reihe von räumlichen Veränderungen durchlebt haben.

Die Kategorien „Sozialleben/soziale Interaktionen", „Vertrauen" und „Erinnerungen" werden im Folgenden diskutiert und mit IKT-Design- und Aneignungsfragen in Verbindung gebracht.

5.3.2. Soziale Interaktionen, Vertrauen und Erinnerungen als sensibilisierende Konzepte

Für junge und körperlich unversehrte Menschen ist es relativ einfach, physischen und mentalen Abbau zu ignorieren. Gleichzeitig weisen Kampagnen zur Inklusion darauf hin, nicht Behinderungen als ein Problem zu sehen, sondern den individuellen und gesellschaftlichen Umgang damit (vgl. z.B. Campbell 2009).

Das Thema „Vertrauen" umfasst daher nicht nur den Grad an Vertrauen, den alte Menschen in ihre eigenen Fähigkeiten haben, sondern auch Vorstellungen und Vorurteile von jüngeren Menschen, die mit Älteren interagieren, wie in unserem Fall das Forscherteam und die Mitarbeiter. Die Vorstellungen erstrecken sich in der Interaktion auch darüber, was als ein „angemessenes" Technikangebot für die Bewohner erachtet wird. So zeigten sich einige relativ evidente Designaspekte, die mit physischem und mentalem Abbau verbunden sind: So waren einige Bewohner bereit, die Eingabegeräte (Maus und Tastatur) selbst auszuprobieren, andere allerdings baten die Studierenden, die Geräte für sie zu bedienen. Daraus wurde deutlich, dass wir im weiteren Projektverlauf mit Eingabegeräten experimentieren müssen, die sehr einfach für die Bewohner zu bedienen sind und über ein simples Menükonzept unmittelbar zu Basiskategorien und -funktionalitäten führen, wie z.B. Wetterinformationen oder Nachrichten aus der Stadt.

Darüber hinaus wurde deutlich, dass das Display in einem späteren Stadium relativ schnell von den Sozialarbeitern angeeignet wurde für ihre Arbeit mit den

5.3. Diskussion der Ergebnisse der Fallstudie II

Bewohnern. Daher ist es notwendig, zwei Nutzerrollen-Konzepte anzuwenden, um den Mitarbeitern mehr Freiheiten für die Internetrecherche und Darstellung von Inhalten mittels klassischer Eingabegeräte (Maus und Display) zur Verfügung zu stellen.

Das Thema „Vertrauen" ist nicht nur für die Bewohner von Relevanz. Das Vertrauen der Pflegenden in die Fähigkeiten der Bewohner (engl.: „caregiver confidence", vgl. Li und McLaughlin 2011) hat oft einen wesentlichen Einfluss auf die Selbstwahrnehmung der Bewohner und deren darauf basierendes Handeln. Li und McLaughlin weisen darauf hin, dass das Vertrauen der Pflegekräfte einen unmittelbaren Einfluss auf die Einschätzung des eigenen Gesundheitszustands und der Alltagsfähigkeiten durch die Bewohner habe.

Die Beobachtungen im Rahmen der Internettage zeigen auf, dass dies auch für die Einschätzung der Bewohner gilt, inwiefern neue Medien ein sinnvoller Beitrag zu ihrer Freizeitgestaltung sein könnten. Denn wenn die Mitarbeiter den Eindruck vermitteln, dass neue Medien im Alltag der Heimbewohner keinen sinnvollen Beitrag liefern können, kann dies schnell zu einer sehr hohen Barriere werden. Die Mitarbeiter begrenzen oder unterstützen die Möglichkeiten der Bewohner enorm, an solchen Aktivitäten wie den Internettagen teilzunehmen. Dies gilt insbesondere für mobilitätseingeschränkte Bewohner, die eine Begleitung durch Mitarbeiter benötigen.

Die innere Einstellung kann bereits limitierend wirken. So hatten die Mitarbeiter während der Internettage selbst häufig überraschende Momente, wenn - in ihrer Wahrnehmung - eher passive Bewohner von Internetanwendungen plötzlich sehr begeistert waren. Die Mitarbeiter mussten dabei oftmals feststellen, dass sie den Bewohnern zu wenig zugetraut hatten. Die Internettage leisteten somit auch einen Beitrag dazu, die Mitarbeiter davon zu überzeugen, dass neue Medien durchaus einen sinnvollen Beitrag für die Alltagsgestaltung der Heimbewohner leisten können.

Man kann so weit gehen, die früheren Annahmen der Mitarbeiter als altersdiskriminierendes Denken zu bewerten, wie manche Forscher solche eher subtilen Formen des „Disempowerments" bereits als „Agismus" (Rosowsky 2005) bezeichnen. Jedoch ist deutlich geworden, dass die Interventionen eine Reflektion der Mitarbeiter über ihre eigenen Vorannahmen angestoßen haben. Ihre Einbeziehung in die Aktivitäten im Rahmen der Internettage und nach der kurz darauf folgenden Installation des Displays zeigten letztlich einen starken Effekt auf ihre Entscheidungen darüber, welche Angebote den Bewohnern gemacht werden könnten.

Zusätzlich wurde deutlich, dass das Vertrauen und die Einschätzungen der Mitarbeiter im Hinblick auf die Interessenslagen und Fähigkeiten der Bewohner in Bezug auf Mediennutzung auch mit persönlichen Technik-Erfahrungen zusammenhängt. So hatten viele der Mitarbeiter im sozialen Dienst, hauptsächlich Frauen im mittleren Alter, bisher selbst nur wenige Berührungspunkte mit neuen Medien und dem Internet, und entsprechend weit waren sie davon entfernt, darüber nachzudenken, die Nutzung neuer Technologien in ihre Arbeit mit den Bewohnern zu integrieren.

Mit der weiteren, zukünftigen Diffusion von Informations- und Kommunikationstechnologien im privaten Bereich und somit auch in Altenheimen, wird es daher auch neue Anforderungen an die professionellen Rollen geben. Laut der Aussage des Heimleiters fragen Besucher, die sich das Haus als möglichen Lebensort ihrer älteren Angehörigen anschauen, bereits heute immer häufiger nach Internetzugang und der Verfügbarkeit neuer Medien im Haus. Dies bringt in der Folge neue Aufgaben und Rollenerfordernisse im Zusammenhang mit IKT-Nutzung im Haus mit sich. Aus dieser Perspektive muss das Projekt als eine Kopplung von professionellen, organisationalen und technologischen Entwicklungsansätzen verstanden werden (vgl. Rohde 2007).

Dies bedeutet gleichzeitig, dass man im Entwicklungsprozess auch die Lernerfordernisse und Aneignungsstrategien aller anderen Stakeholder mit unterstützen muss und nicht ausschließlich auf die Bewohner fokussieren sollte. Im weiteren Verlauf muss einerseits ein Augenmerk auf Schulungsmöglichkeiten für das Personal gelegt und andererseits untersucht werden, wie und welche neue Praktiken im Zusammenhang mit Mediennutzung zu entwickeln sind.

Die Ergebnisse der Vorstudie haben gezeigt, dass soziale Interaktionen häufig ein Problem für die Altenheimbewohner darstellen. Frühere, gewohnte Interak-

5.3. Diskussion der Ergebnisse der Fallstudie II

tionen, z.B. mit der Familie, sind nicht mehr in der Form möglich wie vor dem Übertritt in die Einrichtung.

Es liegt ein moralischer Imperativ vor, im Haus nicht als „einsamer Wolf" wahrgenommen zu werden. Auf der anderen Seite möchte man aber auch nicht als ein „sozialer Bittsteller" wirken, der verzweifelt nach Anschluss und sozialer Interaktion sucht. Dieses Bestreben, nach außen in einer bestimmten Weise zu wirken, also das richtige „impression management" (Goffman 1959) durchzuführen, bringt hohe Spannungen zwischen den Bedürfnissen nach Abgrenzung und Eingebundensein mit sich.

So besteht einerseits häufig der Wunsch, die eigene Privatsphäre gewahrt zu wissen und zu erhalten, andererseits wird eine klare kollektive Orientierung verfolgt, um nicht gegen soziale Ordnungen im Haus zu verstoßen. So wünschen sich die Bewohner, die mit Freude an den Internettagen als kollektives Ereignis teilnahmen, auch die Option, zukünftig an individuellen, selbst organisierten und spontanen Aktivitäten teilhaben zu können, die bisher aufgrund der genannten sozialen Wahrnehmungs- und Selbstdarstellungsbarrieren aber eher selten stattfinden. Dies lässt sich u.a. möglicherweise mit einer kulturhistorischen Perspektive erklären. Denn diese Generation der Heimbewohner, die 75- bis 95-Jährigen, sind eher in kleinen, homogenen Gemeinschaften sozialisiert mit starken familiären und (Dorf-) Gemeinschaftsbindungen. Diese biographischen Erfahrungen wirken auch nach dem Umzug in eine stationäre Einrichtung und bedingen somit die oftmals starke Selbstmarginalisierung und gesellschaftlich randständige Identifikation als alter Mensch.

Diese Umstände wiederum haben besondere Konsequenzen für Ansätze, die darauf ausgerichtet sind, die Lebensqualität von Heimbewohnern zu verbessern und diese mit den bestehenden institutionellen Bedingungen in Einklang zu bringen (vgl. Robichaud et al. 2006; Timonen und O'Dwyer 2009). Die Problemlagen sind hier häufig durch zu geringe Beachtung von Missverhältnissen zwischen lebensgeschichtlichen Narrativen der Bewohner – deren Identitätskonstruktionen, die auf ihren Lebenserfahrungen basieren – und den Anpassungen, die durch den Alltag und die Organisation in Institutionen gefordert werden, gekennzeichnet. So hat die sog. „culture change"-Bewegung in den USA (vgl. Shura et al. 2011; Thomas 1996) zum Ziel, humanere Lebensbedingungen in Heimen zu fördern auf der Basis individueller, Patienten-zentrierter und Autonomie-orientierter Pflegekonzepte.

Um neue Konzepte einzubringen und umzusetzen, orientieren sich die Akteure an aktionsforscherischen, partizipativen Methoden. Obwohl dieser Ansatz sehr begrüßenswert ist, lässt eine von Shura beschriebene Sequenz (Shura et al. 2001) aufmerken und die Vereinbarkeit von sicherlich gut gemeinten Ansätzen der individuellen Pflege mit den individuellen Bewohnerinteressen hinterfragen. Die Forscher berichten über einen Bewohnerworkshop, in dem über eine mögliche Veränderung von festen Essenszeiten diskutiert werden soll. Eine Individualisierung des Essensangebots und damit die Förderung der Autonomie der einzelnen Bewohner stehen im Vordergrund der Bestrebungen der Forscher. In der Runde der Bewohner meldet sich ein ehemaliger Militärangehöriger zu Wort, der sich wünscht, mit einer Trillerpfeife zum Essen gerufen zu werden, wie er dies aus seiner früheren Dienstzeit gewohnt war. Die Forscher sind entsetzt, weil dies ihren Ansichten über Bewohner-zentrierte Pflegeansätze widerspricht. Die anderen Bewohner in der Runde dagegen finden den Vorschlag nicht schlecht, u.a. weil einige die Befürchtung haben, durch die Auflösung der festen Essenszeiten aufgrund von Vergesslichkeit das Essen zu verpassen.

Die Forscher berichten weiter, dass sie diesem Wunsch nicht entsprechen können, weil dieser im Prinzip das Gegenteil der angestrebten Demokratisierung und Individualisierung darstelle. Es wird jedoch nicht weiter darüber reflektiert, wie geronnene Erfahrungen und Identitätskonzepte mit neuen Pflegeansätzen so in Einklang gebracht werden können, dass alle Bedürfnisse berücksichtigt sind.

Vor dem Hintergrund unserer Ergebnisse ist deutlich geworden, dass hier sehr genau geschaut und hinterfragt werden muss, wie individuelle Narrative und das institutionelle Leben unter Berücksichtigung des Einsatzes neuer Medien ausbalanciert werden können.

Unter dieser Prämisse wird deutlich, dass der Umzug in ein Altenheim eine Neuverhandlung von sozialen Interaktionen mit sich bringt, die oftmals für die Bewohner sehr schwierig sein kann. Individuelle Haltungen und Weisen, Sozia-

5.3. Diskussion der Ergebnisse der Fallstudie II

les zu moderieren – die persönliche Nähe und Distanz zu anderen –, die auf individuellen und kollektiven biographischen Erlebnissen basieren und zudem schwierig verbal auszudrücken sind, sind gegen institutionelle Erwartungen abzuwägen. Dies muss in die Erforschung von Technikaneignung von älteren Menschen einbezogen werden.

Ein weiterer wichtiger Faktor ist, dass Designkriterien die konstanten Veränderungen der betreffenden Zielgruppe berücksichtigen müssen – von älteren Menschen, deren Bedürfnisse und Wünsche sich in kürzeren Zeiträumen verändern können. Daher muss im Design die Zielgruppe „Ältere Menschen" als Kontinuum reflektiert werden, dies auch in Bezug auf Wünsche und Bedürfnisse hinsichtlich sozialer Interaktionen und Sozialität (vgl. Roberts 2009).

Das vielleicht eindeutigste Ergebnis der Studie ist die Wichtigkeit von Erinnerungen. Diese zeigen sich auf unterschiedliche Weise – z.B. in der Freude, auf Google maps frühere Lebensstationen zu suchen, oder die Lebens-, Arbeits- oder Urlaubsorte in Form von visuellen Repräsentationen im Internet wiederzufinden.

In der Gerontopsychologie werden Erinnerungsakte aktiv in sozialen Interaktionen bzw. zur Förderung dieser genutzt, z.B. zur Verbesserung der Gefühlsregulation und des psychischen Wohlbefindens. Selbst-Identifizierung, die Reflektion über die Bedeutung des Lebens oder auch der Umgang mit Langeweile - insbesondere für Altenheimbewohner - unterstützen diese Erinnerungsakte (vgl. Bohlmeijer 2007 für eine ausführliche Übersicht).

Auch in der vorliegenden Studie haben Anekdoten, Erinnerungen und Lebensgeschichten die Interviews und Interaktionen mit den Bewohnern vorangetrieben.

Harper (2002) beschreibt, wie Fotos und andere Visualisierungen Interviews mit älteren Menschen positiv unterstützen können, indem sie das Erzählen stimulieren. Die Internettage haben auch diese Funktion übernommen, gehen aber noch darüber hinaus, indem sie einen fruchtbaren Raum für die Stimulation von Erinnerungsakten und Geschichten geschaffen haben, der durch soziale Interaktionen und gemeinsame Aktivitäten flankiert wurde.

Zusammenfassend wird deutlich, dass Internetinhalte und -anwendungen, die Erinnerungsakte und Biographiearbeit unterstützen, einen großen Beitrag zu sinnvollen Aktivitäten im Haus liefern können, die den Bewohnern Freude bereiten. Allerdings hat insbesondere die soziale Interaktion, während der der Austausch und die Erinnerungsakte stattfinden, einen wesentlichen Anteil, die in der Entwicklung von Designansätzen weiterverfolgt werden muss.

Die weiteren Designaktivitäten richten sich daher zu einem großen Teil darauf, einerseits individuelle Erinnerungsarbeit mit Musik und visueller Präsentation, z.B. Karten, Fotos, zu unterstützen. Andererseits wird ein Ansatz verfolgt, der eine aktive Zusammenstellung von kollektiven Inhalten gemeinsam mit den Mitarbeitern ermöglicht, die dann in Gruppenaktivitäten auf dem Display genutzt werden kann.

Dass in den gemeinsamen Explorationen zwischen Forscherteam und Bewohnern nicht immer nur positive Erinnerungen hervorgerufen wurden, ist allerdings ein wichtiger Aspekt, der auch der weiteren Beachtung bedarf. Während der Internettage konnten solche negativen Situationen von den Mitarbeitern aufgefangen werden. Allerdings muss für die Weiterführung entsprechender aktionsforscherischer Methoden überlegt werden, wie auch die Forscher sich besser auf solche Situationen vorbereiten können und damit umgehen sollten.

5.3.3. Erster Prototyp des Displays und Aneignungsprozesse

Die Reflexion über die Ergebnisse der vorliegenden Studie führte zu einem ersten, frühen Set von Prototypen, die die Basis für nachfolgende Weiterentwicklungen darstellten.

Dieses Prototypenset besteht aus einem großformatigen Display (55'), Eingabegeräten und einer kleinen Auswahl von „Programmen", die auf dem Display verfügbar sind.

Über die Auswahl des Raumes durch den Heimleiter waren wir zunächst skeptisch. Eine Ecke in der Eingangshalle war dafür vorgesehen. Die Eingangshalle erschien uns zunächst als zu hektisch und zu ungemütlich. Doch im Verlauf der Internet-Tage stellte sich heraus, dass die Halle einen besonderen Stellenwert

5.3. Diskussion der Ergebnisse der Fallstudie II

für soziale Begegnungen der Bewohner einnimmt und daher doch eine günstige Stelle für das Display darstellte. So ist das Büro des Heimleiters, das auch am Ende der Halle liegt, und damit in der Nähe des Displays, ein fokaler Punkt für viele Bewohner, die mehrmals täglich dorthin spazieren auf ein kleines Gespräch mit dem Leiter, oder um zu hören, was es Neues im Haus und in der Umgebung gibt (vgl. Abb.15).

Einige Bewohner sitzen auch gerne auf dem Sofa gegenüber des Eingangs, um das Geschehen um die Eingangstür und die Rezeption zu beobachten. Darüber hinaus liegt die Eingangshalle in der Nähe des Speisesaals, wo dreimal täglich zu den Mahlzeiten viel Betrieb herrscht. Einerseits nehmen hier viele der Heimbewohner ihre Mahlzeiten ein, andererseits gibt es auch weitere Mittagsgäste, wie Mitarbeiter benachbarter Firmen sowie auch Bewohner einer dem Heim zugehörigen Anlage für betreutes Wohnen älterer Menschen, die mitunter das Veranstaltungsangebot des Hauses nutzen. Interaktionen mit den Heimbewohnern gibt es allerdings nur wenige.

So zeigte sich der Raum, der zunächst als unpassend empfunden worden war, ganz anders und durchaus angemessen aus der Perspektive der Menschen vor Ort. Positiv wirkte sich ferner die Idee des Heimleiters aus, den für das Display vorgesehenen Bereich Kaffeemaschine und gemütlichen Möbeln auszustatten, um eine Cafeteria-Atmosphäre zu schaffen.

Für soziale Aktivitäten bietet das Display zwei Möglichkeiten: Einerseits kann individuell mit dem System interagiert werden, andererseits kann das System für Gruppenaktivitäten dienen. Wie oben angesprochen, besteht häufig eine besondere Spannungslage zwischen dem Wunsch von BewohnerInnen, soziale Kontakte zu knüpfen, auch spontane Begegnungen mit anderen zu haben und informiert zu sein über Dinge im Haus. Gleichzeitig fühlen sich aber viele zu kollektiven Aktivitäten verpflichtet. Hinzu kommt das Bedürfnis, nicht als „nervig" wahrgenommen zu werden oder als „bedürftig nach sozialem Austausch".

Abbildung 15: Biographiearbeit vor dem Display. Quelle: Eigene Abbildung.

Das Display, platziert in einer für die BewohnerInnen wichtigen Umgebung bietet nun neue Möglichkeiten, mit dieser Spannung umzugehen: Die Bewohner können nun auf ihrem Spaziergang durch das Haus am Display kurz Halt machen und sich entweder nur kurz über Neuigkeiten informieren oder auch weitere Interaktionen mit dem Gerät wählen, und dies entweder alleine oder gemeinsam mit anderen. Erste Beobachtungen weisen darauf hin, dass die Technologie hier eine Rolle als „Mediator" bzw. als „Legitimation" für soziale Aktivitäten und Interaktionen zwischen Bewohnern einnimmt. Dies gilt für unterschiedliche soziale Konstellationen, sowohl in Bewohner-Bewohner-Interaktionen, aber auch zwischen Bewohnern und Mitarbeitern, die dann, wenn sie das möchten, gemeinsam Inhalte verfolgen können, die sie mögen und die sie interessieren. Das Display „legitimiert" so die eigene Anwesenheit in der Halle und möglicherweise auch die Aufnahme einer Unterhaltung über die gezeigten Inhalte mit anderen Personen vor Ort.

Für die erste Prototypenversion wurden vier Programme ausgewählt:

(1) ein Fotoalbum, das durch den Heimleiter regelmäßig mit neuen Fotos aktualisiert wird, die im Haus bei Aktivitäten aufgenommen werden. Im Haus existiert eine aktive Foto-Kultur, d.h., dass bei allen größeren Aktivitäten im Haus Fotos gemacht werden. Vor der Einführung des Displays war eine

5.3. Diskussion der Ergebnisse der Fallstudie II

Stellwand aufgebaut worden, auf der der Heimleiter regelmäßig Fotos ausstellte. Das Display hat bereits einige Vorteile gegenüber der Stellwand aufgezeigt. So macht es den Bewohnern mehr Spaß, die Fotos im Großformat im Sitzen anzuschauen, anstatt kleinformatige Fotos vor der Wand stehend zu betrachten. Aufgrund der Größe des Displays ergeben sich neue Möglichkeiten, aus dem Fotoschauen eine gemeinsame Aktivität zu machen. Zusätzlich erhöht sich der „Spannungsfaktor", da die Fotos nicht mehr alle gleichzeitig zu sehen sind, sondern nun nacheinander auf dem Display erscheinen.

(2) Ein Programm mit der Bezeichnung „Kurzfilme", in dem eine Sammlung von Youtube-Videos angeschaut werden kann. Die Auswahl wird gemeinsam durch das Forscherteam und die Mitarbeiter getroffen und erfolgt auf der Basis der Erfahrungen während der Internettage. Es sind meist Filme, die lustige oder kuriose Begebenheiten zeigen, oder alte musikalische Klassiker, die die Bewohner während der Internettage zum Lachen gebracht hatten.

(3) Ein Programm „Tagesschau in 100 Sekunden", das den Informationsbedürfnissen der Bewohner entspricht. Zudem ändern sich die Inhalte häufig, was als „Legitimation" dafür dienen kann, mehrmals am Tag am Display entlangzuspazieren und bietet die Gelegenheit zu einem Austausch mit anderen Personen.

(4) Das Programm „Lokale Nachrichten" richtet sich auf Informationsinteressen der Bewohner und dient ebenso wie die Tagesschau als „ticket-to-talk" (Sokoler und Svensson 2007) und als Legitimation, um mit anderen ins Gespräch zu kommen.

Ein Internetzugang ist auch durch einen Internetbrowser gegeben, der klassisch mit Maus und Tastatur vom Personal bedient wird.

Das beschriebene Prototypenset wurde auf der Basis der ersten Ergebnisse der Studie eingerichtet und wird in der Folge noch weiterentwickelt werden.

Der Heimleiter war von den ersten Überlegungen an sehr enthusiastisch und unterstützte den Aufbau und die Installation des Displays. Darüber hinaus war er sehr aktiv, den Bewohnern die Funktionsweise des displays näherzubringen. So führte er beispielsweise Biographie-Sitzungen mit einzelnen Bewohnern durch, indem er mit ihnen nach Lebensstationen googelte. Das Material (Fotos, Grafiken, Textstücke) wird von ihm zurzeit in einer PowerPoint-Präsentation gesammelt und den Bewohnern übergeben. Wenn er neue Fotos von einer Aktivität im Heim vorliegen hat, meldet er sich beim Entwicklerteam, um die Fotos hochladen zu lassen, da bisher noch keine Nutzerschnittstelle dafür eingerichtet wurde. Einer der Forscher ist häufig vor Ort, insbesondere, wenn es Probleme mit dem Display gibt oder das Internet nicht verfügbar ist. Dadurch hat sich eine enge Beziehung zwischen Heimleiter und Forscher entwickelt, die es ermöglichte, weitere studentische Projektgruppen in das Haus zu bringen, die zusätzliche Anwendungen im Umfeld des Displays entwerfen und entwickeln möchten. Dazu sind häufige Besuche und weitere Interview-, Beobachtungs- und Aktionstreffen notwendig, die auf der Basis einer vertrauensvollen Beziehung auch kurzfristig möglich sind. Ein weiterer relevanter Aspekt ist, dass der Heimleiter die Aktivitäten der Universität schätzt, da hierdurch Aktionen stattfinden, die den recht eintönigen Alltag auflockern und den Bewohnern Freude und Abwechslung bringen. Zusätzlich fördern weitere Aktivitäten der Universität im Haus die Institutionalisierung und die Akzeptanz des Displays sowie entsprechender Aktionen der Bewohner sowie der Mitarbeiter.

Um den Bewohnern die Forschungsaktivitäten besser zu illustrieren und im Gedächtnis zu bewahren, sowie auch als Information für Besucher hat der Heimleiter eine bebilderte Broschüre angefertigt, in der die einzelnen Schritte von der ersten Forschung über die Internettage bis zur Installation des Displays im Cafébereich dargelegt sind. Für ihn ist hier auch der „Marketing-Effekt" interessant, da das Display und die Zusammenarbeit mit einem Techniklehrstuhl der Universität aus seiner Sicht eine gute Außenwirkung erzielt.

Insgesamt sind die Interaktionen mit dem Heimleiter, die zusätzlich zu der laufenden Forschungs- und Entwicklungsarbeit stattfinden, sehr zeitaufwendig. Dennoch versucht das Universitäts-Team, seine Anfragen zeitnah umzusetzen, um seine hohe Motivation aufrecht zu erhalten. Mittlerweile basieren diese Interaktionen auf einer freundschaftlichen Basis, die gleichzeitig neue Formen von Aktionen und Anspruchsäußerungen möglich macht – wenn bspw. der Forscher kurzfristig mit Studierenden ins Haus kommen möchte, oder der Heimleiter kurzfristig neue Uploads von den Forschern vornehmen lassen möchte.

5.3. Diskussion der Ergebnisse der Fallstudie II

So wie die Internet-Tage dazu dienten, einen gemeinsamen gedanklichen Möglichkeitsraum für alle Beteiligten, die Bewohner, Mitarbeiter und die Mitglieder des Designteams zu schaffen, so wurde in der Prototypengestaltung und -einführung Wert darauf gelegt, hierbei technische Artefakte als Basis für gemeinsame Explorationen und gegenseitiges Lernen nutzen zu können. Daher stand bei der Technikeinführung im Vordergrund, den Bewohnern und Mitarbeitern zügig einen funktionsfähigen Prototypen zur Verfügung zu stellen. Hierbei war es wichtig, dass der Zeitraum nach der Interviewstudie und den Interviewtagen nicht zu lang war. Es wurde daher ein Kompromiss mit den Programmen eingegangen, d.h. die Programme waren zwar an die Interessen der Bewohner ausgerichtet, aber sie waren noch verbesserungsfähig. Mit der weiteren Verfeinerung der Prototypen werden auch weitere noch offene Fragen genauer zu untersuchen sein. So zielt eine Fragestellung darauf ab, in welcher Form die Menüführung das anwachsende Material organisieren kann, ohne eine zu hohe Komplexität entstehen zu lassen. Wenn eigene Inhalte erstellt werden, so entstehen damit Problemfelder wie dem der Schutz der Privatsphäre, die nicht vernachlässigt werden dürfen.

Ein weiterer Aspekt, der bisher in Langzeitevaluationsstudien kaum Beachtung findet ist die Frage der Nachhaltigkeit: Was passiert mit den Menschen vor Ort, wenn das Projekt ausläuft? Wie kann man nachhaltige Supportstrukturen aufbauen, sowohl in finanzieller als auch personeller Hinsicht?

6. Fallstudie III: Neue Medien zu Hause

In diesem Kapitel werden Forschungsaktivitäten aus zwei Vorstudien eines Projektes beschrieben, die ältere Menschen mit Social Media in ihrer häuslichen Umgebung unterstützen, wie z.b. interaktive TV- Applikationen/ „Social TV", um damit soziale Eingebundenheit und Unterstützung im näheren Umfeld zu fördern. Die Projektideen beinhalten den Aufbau und die Pflege von sozialen Beziehungen zu Nachbarn, Verwandten, Freunden und Bekannten mit Hilfe von IKT. Die Vorstudien beschreiben unterschiedliche Zugänge der Forscher zu älteren Menschen, die sie als Anwendungspartner für Interviewstudien sowie für längerfristige Kooperationsbeziehungen im Rahmen eines Living Lab-Ansatzes zu gewinnen versuchten. Die erste Vorstudie „Sozialer Wohnungsbau/Betreutes Wohnen" fand zu einem Zeitpunkt statt, als noch kaum Kooperationsbeziehungen zu Organisationen oder Vereinen bestanden, und so alle verfügbaren Möglichkeiten ausgelotet werden mussten, u.a. der Versuch, auf einzelne alte Menschen zuzugehen. Dies hat sich im Verlauf der Studie aus verschiedenen Gründen als schwierig erwiesen, was in der Vorstudie I dargelegt werden soll. Eine zweite Studie beschreibt den Ansatz, auf eine Gruppe von älteren Menschen zuzugehen, die in einem Verein organisiert sind und teilweise bereits Erfahrung mit neuen Medien hatten. Hier erwiesen sich die Zugangsbedingungen zum Feld als günstiger. Dennoch wurden auch hierbei besondere Probleme und Herausforderungen identifiziert, die für einen Aufbau von längeren Kooperationsbeziehungen im Rahmen von Design-Fallstudien mit älteren Menschen spezifisch sind. Diese werden im Anschluss vorgestellt und diskutiert.

6.1. Neue Medien zu Hause: Setting und Kontext

In einem ersten Schritt (*Vorstudie I: Sozialer Wohnungsbau/Betreutes Wohnen*) wurden elf semi-standardisierte Interviews mit älteren Menschen durchgeführt, die in Seniorenwohnungen des sozialen Wohnbaus bzw. im betreuten Wohnen leben. Interviewt wurden überwiegend Frauen, um subjektive, praxis-basierte Sichtweisen und Einstellungen zu sozialen Aspekten des Alltagslebens zu erhalten und diese vor dem Hintergrund möglicher Designideen für Social Media-Anwendungen zur Unterstützung sozialer Teilhabe im häuslichen Bereich auswerten zu können. Gleichzeitig bestand die Absicht, diese allein lebenden älteren Menschen für eine längerfristige Beteiligung in einem dreijährigen F&E-Projekt zu motivieren, um in einem späteren Projektstadium Prototypen in deren Wohnungen ausprobieren zu können.

Da in diesen beiden Settings die Motivation für eine längerfristige Teilnahme an dem Projekt sehr gering war, wurde im nächsten Schritt Kontakt mit einem selbstorganisierten Senioren-PC-Club aufgenommen. Auch hier standen Motivations-Probleme zu Beginn im Vordergrund. Basierend auf den Erfahrungen in der Vorstudie I wurde erkennbar, dass für den Aufbau einer längerfristigen Kooperationsbeziehung im Rahmen eines Living-Lab-Ansatzes weitere Maßnahmen notwendig sind. Diese werden im Kapitel „Soziotechnische Begleitmaßnahmen zum Aufbau eines Living Lab" dargestellt und reflektiert.

6.2. Ergebnisse der Vorstudie (Sozialer Wohnungsbau und Betreutes Wohnen)

6.2.1. Problematik singulärer Zugänge zu technik-fernen, älteren Menschen

Der erste Schritt der ethnographisch-basierten Produktentwicklung von Heimtechnologien war die Kontaktaufnahme zu Organisationen, von denen Hilfe erbeten wurde in der Kontaktierung älterer Personen, die bereit wären, Interviews zu geben. In einem späteren Forschungsstadium sollten aus den Interviewpartnern dann Projektpartner werden, die die Produktentwicklung begleiten und Prototypen testen. Dazu wurden mehrere Treffen und Interviews mit einer Wohnbaugesellschaft sowie mit einem Pflegedienst durchgeführt.

Die Senioren, die über die Wohnbaugesellschaft kontaktiert werden konnten, leben in einem Wohnkomplex des sozialen Wohnbaus, der aufgrund städtischer Förderungen nur Wohnungen für Menschen über 60 Jahre mit geringem Einkommen anbietet. „Seniorenfreundlich" ist jedoch außer der Architektur, die einen Aufzug im Treppenhaus bereithält, nur wenig. Außer einem Hausmeisterservice werden keine weiteren Services für die älteren Mieter angeboten.

Das zweite Umfeld, in dem die andere Gruppe der Interviewpartner lebt, ist eine Anlage für betreutes Wohnen in einer Kleinstadt. Hier bezahlen die Mieter eine etwas höhere Miete, die Grunddienstleistungen seitens eines Pflegeanbieters einschließt. Hierzu gehören der Hausnotrufdienst und die Organisation gemeinsamer Aktivitäten, wie z.B. regelmäßige Frühstückskreise, Grill- und Spieleabende. Optional können pflegerische Dienste, Essens- und Transportleistungen hinzu gebucht werden.

Im Falle der Wohnbaugesellschaft bot der zuständige Hausmeister der Seniorenwohnanlage an, die Mieter zu kontaktieren und die Bereitschaft für ein Interview zu erfragen. In einem Treffen mit Mitarbeitern der Wohnbaugesellschaft erhielt er dafür Informationsbroschüren, die die Designidee und das Ziel der Interviews darstellten. Die Mitarbeiter der Wohnbaugesellschaft reagierten eher skeptisch auf die Broschüre, und meinten, dass die älteren Mieter davon abgeschreckt würden. Dies läge daran, dass sie befürchten würden, mehr Geld für neue Dienstleistungen ausgeben zu müssen und generell eine geringe Affinität und Vertrautheit mit neuen Medien hätten. Trotzdem meldete der Hausmeister bereits am folgenden Tag, dass er fünf ältere Damen für einen Interviewtermin habe gewinnen können.

An dem abgesprochenen Tag übergab er uns eine Liste mit den Namen und Hausnummern der betreffenden Personen. Diese Frauen waren laut seiner Aussage *„eingesessene Deutsche"*. In der Wohnanlage leben zu 50% Aussiedler aus der ehemaligen UdSSR und Polen. Einige von ihnen hatte er auch gefragt, ob sie für ein Interview zur Verfügung stehen würden, diese hätten jedoch alle abgelehnt. Nach seiner Einschätzung leben diese Mieter sehr zurückgezogen in ihren eigenen Gemeinschaften, auch aufgrund von Sprachproblemen.

Der weitere Verlauf der Interviewplanungen gestaltete sich schwierig, denn vier von fünf Damen, die dem Hausmeister ihre Bereitschaft für ein Interview zugesagt hatten, öffneten die Tür nicht, als wir zusammen mit dem Hausmeister klingelten.

Beim vierten Versuch öffnete uns eine ältere Dame die Tür, ließ uns aber nicht herein, mit der Begründung, dass sie gerade auf dem Sprung sei. Sie ließ uns direkt wissen, dass sie mit Technik *„nichts am Hut"* habe und somit wohl die falsche Ansprechpartnerin wäre. Nachdem wir unser Anliegen noch einmal persönlich vorgetragen hatten, zeigte sie doch Bereitschaft für ein Gespräch. Sie gab ihre Telefonnummer, um einen weiteren Termin mit ihr auszumachen.

Auf die Frage, warum wohl die anderen Damen die Tür nicht geöffnet hatten, meinte sie, dass die Mittagszeit ungünstig sei, da bei einigen Damen dann der Pflegedienst vor Ort sei. Wir sollten es am Nachmittag noch einmal versuchen – u.a. standen auf unserer Liste auch der Name ihrer Schwester und deren Schwägerin, die auch in der Wohnsiedlung lebten.

Wir befolgten ihren Rat und klingelten nachmittags erneut an den Türen – allerdings ohne Erfolg. Mit Hilfe der Dame, die wir später noch einmal zu einem Interview besuchten, gelang es uns, drei weitere ältere ihr bekannte Damen aus dem Wohnblock einige Tage später für ein Interview zu gewinnen.

Im zweiten Fall – im Umfeld des betreuten Wohnens – gestaltete sich der Zugang etwas einfacher: Im Rahmen eines gemeinsamen Frühstücks, das vom Pflegedienstleiter in einem Gemeinschaftsraum in der Wohnanlage organisiert wurde, hatten wir die Möglichkeit, unser Forschungskonzept vorzustellen. Im Anschluss konnten wir direkt Termine mit einigen Bewohnern der Anlage, die sich zu einem Interview bereit erklärten, vereinbaren – auch hier war jedoch die Mehrzahl der Frühstücksteilnehmer nicht zu gewinnen.

In diesem Fall war es günstig, dass die Veranstaltung, in der wir unser Anliegen vorbringen konnten, vom Pflegedienstleiter organisiert worden war. Wir konnten hier von einer bereits etablierten Interaktions- und Vertrauenskultur im Feld profitieren. Die älteren Mieter, die anwesend waren, nahmen das Treffen offensichtlich nicht als (finanzielle) Bedrohung oder Anforderung wahr, sondern eher als eine unverbindliche Möglichkeit, sich über ein für sie neues Thema zu informieren. Für einige war auch die soziale Situation als solche und die Einladung zum Frühstück eine Motivation für die Teilnahme.

Ein erster Vergleich von beiden Fällen zeigt, dass die Personen, die von uns gebeten worden waren, als „Türöffner" zu fungieren, einen unterschiedlichen Grad von Akzeptanz und Vertrauen bei den älteren Mietern hatten und dass dies die Chancen der Gewinnung von Interview- und Projektpartnern im Anwendungsfeld stark beeinflusst hat.

Auch wenn sich im zweiten Fall die eingeladenen Frühstücksgäste kaum eine Vorstellung davon machen konnten, warum die Forscher der Universität mit ihnen ins Gespräch kommen wollten und die durch den Pflegedienstleiter kommunizierten Technik-Visionen genauso unverständlich und schwer erfassbar waren wie für die erste Gruppe, so führte die Einbettung des Zusammentreffens in eine angenehme und bekannte Situation – des Frühstücks im Gemeinschaftsraum – dazu, diese große, vorliegende Lücke in der Vorstellungswelt der älteren Menschen zunächst zu überbrücken.

6.2.2. Leitthemen der Interviews

Die hohe Zurückhaltung, mit der wir bei unseren Rekrutierungsversuchen konfrontiert gewesen waren, spiegelte sich auch in den Themen innerhalb der Interviews wider. Deutlich erkennbar waren in den Interviews sowohl mit den Frauen im sozialen Wohnbau als auch mit den Mietern im betreuten Wohnen Elemente eines sozialen Rückzugs, der auf unterschiedliche Weise zum Ausdruck gebracht wurde und auch in der jeweiligen Bewertung Unterschiede aufwies.

6.2.2.1. Soziale Barrieren im Nahumfeld

Unsere ursprüngliche Wahrnehmung der Seniorenwohnsiedlung, die maßgeblich durch die Selbstdarstellung der Wohnbaugesellschaft geprägt war, war zunächst recht positiv. Es wurde über eine seniorengerechte Architektur berichtet, sowohl die Gebäudebauweise als auch die Grünflächenbebauung wurde uns als mieter- und seniorenfreundlich präsentiert.

Im Gespräch mit den Interviewpartnern zeigte sich dagegen eine teilweise sehr hohe Unzufriedenheit mit der Wohnsituation. Eine Interviewpartnerin führte dies vor allem auf die interkulturelle Situation zurück: Sie meinte, dass sie mit der Wohnsituation sehr unzufrieden sei, weil *„hier wohnen nur drei Deutsche und sonst alles Aussiedler"*, mit denen sich das Leben problematisch gestalten würde. Diese würden kategorisch jeden Kontakt ablehnen, und sie würden nur in ihren Gemeinschaften leben. Sie selbst hätte sich allerdings ihren *„Status im Haus"* mittlerweile *„hart erkämpft"*. Sie berichtet, dass sie vor ein paar Jahren eine Freundin im Haus hatte – *„bevor die Russen kamen"* – mit der sie auch häufig Sitzgelegenheiten innerhalb der Grünanlage hinter dem Haus genutzt hatte. Dies sei nun mit den vielen neuen zugezogenen Aussiedlern nicht mehr möglich. Auf meine Frage, welche Probleme dies seien, gibt sie ein Beispiel:

> „Müll. Immer hingeschmissen. Da sind die Bänke verrückt. Die haben da gemacht was sie wollten. Da ist der Herr P. [Hausmeister] hingegangen und hat die Mülleimer weggeholt, damit die da nicht überall ihren Müll hintun. Die haben da nichts entleert und nicht gekehrt, gar nichts. Gar nichts. Gar nichts. Die machen nichts. Die machen wie sie wollen Dreck." [Int. B4]

Weitere sehr ablehnende und abwertende Beispiele folgen dem genannten: die Interviewpartnerin äußert ihren Unmut teilweise mit starken Stereotypen und Parolen. Es ist möglich, dass die Dame von ihrer Grundstruktur und in ihrem Denken ausländerfeindlich und stereotyp ist, doch im Vergleich mit den anderen Interviews treten dort zwar nicht solche extremen Aussagen auf, aber die Grundunzufriedenheit im nahen Wohnumfeld wurde auch hier zum Ausdruck gebracht. Übergreifend kann hier festgestellt werden, dass wenig bis kein Austausch unter den Mietern besteht, und auch keine Angebote für die Förderung eines (interkulturellen) Miteinanders vor Ort seitens der Wohngemeinschaft erfolgen, die diese Problematik eher zu ignorieren scheint. Es fällt auf, dass sehr häufig über gemeinsame Aktivitäten „der Aussiedler" untereinander gesprochen wird, die dann meist negativ bewertet werden, weil sie aus unterschiedlichen Gründen als störend empfunden werden: *„Da sitzen die Bank-Säufer immer draußen. Gegenüber von meiner Tür haben die drei Russen eine Bank aus dem Sperrmüll vor meinem Balkon aufgestellt und sitzen immer da und trinken."* [Int. B4]

Interessanterweise wird neben den Beschwerden über „die Aussiedler" dennoch Bedauern geäußert, dass kein Kontakt zustande kommt – *„alles bröselt für sich"* [Int. B5] – und es erweckt den Anschein, dass auch ein Gefühl des Ausgeschlossenseins in den Interviews mitschwingt. Es bestehen Abstufungen in der Sicht auf die zugewanderten Nachbarn – neben den „Bank-Säufern" wird z.B. auch über ehemalige Ärzte berichtet, die als angenehm empfunden werden und zu denen im Prinzip ein Kontakt wünschenswert wäre, aber es gelingt nicht, hier den Kontakt herzustellen.

Soziale Isolation ist ein gängiges Problem, das in allen Interviews entweder auf direkte Weise, aber auch indirekt angesprochen wird: *„Das schlimmste Problem ist, das es man hier sich so alleine überlassen ist. Ist man doch. Die anderen auch."* [Int. B3]

Eine Interviewpartnerin spricht über die Relevanz sozialer nachbarschaftlicher Beziehungen im Lebenslauf. Als sie mit ihrem Mann in die Seniorensiedlung zog, war sie mit Ende 40 im mittleren Lebensalter. Die Entscheidung, in die Siedlung zu ziehen, wurde aufgrund einer Erkrankung des Ehemannes getroffen, der einen barrierefreien Zugang zur Wohnung benötigte. Sie berichtet, dass sie schweren Herzens die alte Wohnumgebung und damit ihr soziales Netzwerk verlassen habe. Zugang zu den Nachbarn habe sie in den ersten Jahren aufgrund ihrer beruflichen sowie familiären Belastung nicht intensiv verfolgen können, da sie zudem intensiv in die Betreuung der Enkelkinder eingebunden war. Heute bedauert sie, dass ihr diese Verbindungen im nahen Umfeld fehlen und dass diese nun auch nicht mehr aufgrund der Immobilität und des schlechten Gesundheitszustands aufzubauen sind.

Auch einige Senioren, die in der Wohnanlage für betreutes Wohnen leben, sind nicht mit den sozialen Interaktionen mit Anderen in der Wohnanlage zufrieden. Ein Ehepaar wohnt seit drei Jahren in einer Wohnung im Haus, die Frau ist aufgrund einer Erkrankung seit einigen Jahren an den Rollstuhl gebunden. Das Ehepaar hatte die Entscheidung des Umzugs aus dem eigenen Haus, an dem sie sehr hingen wie auch an dem gewachsenen nachbarschaftlichen Umfeld, aufgrund der Erkrankung der Ehefrau getroffen. Sie berichten, dass sie mit der Pflege des großen Eigenheims überfordert waren und dass eine schöne neue Wohnung, gekoppelt mit Hilfe und Unterstützung, für sie ausschlaggebend für die Umzugsentscheidung war. Auch hatten sie die Vorstellung, dass sich der Aufbau sozialer Kontakte mit neuen Nachbarn als recht einfach und angenehm gestalten würde, wenn eine Wohnanlage neu bezogen wird und alle „neu" anfangen. Diese Vorstellung wurde aus ihrer Sicht herbe enttäuscht, da es nicht gelungen ist, eine Nähe und Kontakt zu den Nachbarn in der Wohnanlage aufzubauen. Sie haben das Gefühl, dass sie, weil sie etwas später als alle anderen eingezogen waren, als „Neulinge" angesehen worden waren und die bestehende

Gruppe sie nicht aufnehmen wollte: *„Hier war das so, weil wir ein Jahr später eingezogen sind, waren das schon die alten Hasen"* [Int. S5].

Ein weiteres Beispiel ist die Einladung des Ehepaars zum Kaffeetrinken an eine Nachbarin. Diese sei auch erschienen, jedoch habe man eine Gegeneinladung erwartet, die nie erfolgte. Sie haben viel darüber nachgedacht, woran das gelegen hat und führten dies auf unterschiedliche Wertmaßstäbe zurück. Sie waren jedenfalls aufgrund der fehlenden Gegeneinladung so verunsichert, dass sie sich von da an auch von anderen sozialen Veranstaltungen im Haus zurückgezogen haben.

6.2.2.2. Resignation

Einige der älteren Mieterinnen des sozialen Wohnbaus kommunizierten eine allgemeine Resignation aufgrund ihrer schlechten Lebenslage und sehen kaum Möglichkeiten, diese zu ändern. Alle berichteten über schwindende körperliche Kräfte und entsprechend starke Beeinträchtigung ihrer Mobilität, die sie daran hindere, ihre alltäglichen Aufgaben (wie z.B. einkaufen), aber auch soziale Aktivitäten (z.B. Freunde und Familienangehörige besuchen) aktiv auszuführen: *„Ich gehe nirgendwo mehr hin. Das einzige was ich noch habe ist das Fernsehen. Ich gehe gar nicht mehr, weil ich die Angst habe, ich könnte so eine Schwindelattacke bekommen, da bleibe ich lieber zuhause."* [Int. B2]

Manche unter ihnen, verwitwet und räumlich weit entfernt von den Kindern und Enkeln, machten den Eindruck, als ob sie durch die Veränderung der vorherigen familienbezogenen Aufgaben ihre gesamte Lebensorientierung verloren hätten. Diese Frauen hatten sich ihr gesamtes Leben als „Helferinnen" und „Kümmerinnen" definiert und sich um ihre Familie, ihre Kinder, Ehemänner, Enkel, ihre älteren Nachbarn gesorgt. Aus dem heutigen Standpunkt, mit körperlichen Gebrechen aufgrund des Alters und dem steigenden Bedürfnis nach Hilfe und Unterstützung, betrachteten sie sich als „nutzlos". Dies führt zu einer Irritation und Frustration mit ihrer sozialen Rolle und ihrer Identität.

Diese älteren Damen reflektierten die avisierte Kooperation mit uns in einem Designprojekt: die Idee, sich aktiv an einem Designprojekt zu beteiligen, welches darauf abzielt, die eigene Situation zu verbessern und etwas für sich selbst

6.2: Ergebnisse der Vorstudie

zu tun, konterkarierte oder zumindest irritierte die eigene Identitätskonzeption als altruistische „Kümmerin" für andere. Daher wurde die Idee sehr skeptisch betrachtet.

Ein anderer Grund für die ablehnende Haltung war eine hohe Nichtfamiliarität mit neuen Medien; sie hatten weder Erfahrung mit IT aus einem früheren Arbeitsverhältnis, noch hatten sie diese Möglichkeiten zu Hause. Neue Medien, wie z.B. Computer oder Mobiltelefone, waren für sie konnotiert als Produkte für die Jugend und nicht für ältere Menschen. Auch an dieser Stelle zeigte sich, dass ihr Habitus sie daran hinderte, überhaupt entsprechende Ansätze gedanklich zu reflektieren.

Die älteren Damen schienen in einer Art "Zwischenstadium" zu leben hinsichtlich ihrer körperlichen Kondition: bereits zu krank und eingeschränkt, um das frühere mobile und aktive Leben zu leben, aber nicht „krank genug", um umfassendere Hilfen seitens der Pflegeversicherung gewährleistet zu bekommen, wie z.B. einen Hausnotrufdienst: *„Mein Hausarzt sagt dann immer ich wäre dafür noch zu fit. Aber ich hätte den schon gerne, weil ich mich so unsicher fühle mit dem Schwindel."* [Int. B 1]

In dieser Situation fühlen sich die Frauen verloren in einem unbehaglichen und beängstigenden Raum zwischen aktiver Lebensführung und einem Status vollkommener Abhängigkeit von Anderen, für die sie nur eine Bürde sind. So wie das Altenheim in der öffentlichen Wahrnehmung häufig als „Endstation" empfunden wird, wo sich das Leben nur noch nach unten entwickeln und permanent verschlechtern kann, so hat auch die häusliche Situation der Interviewpartner Ähnlichkeiten mit dieser Metapher, die eine ausweglose Situation mit drohender Verschlechterung impliziert. Handlungsmöglichkeiten, an der Situation selbständig etwas zu ändern, sehen die Frauen nicht und erdulden ihr „Schicksal":

> *„Ein bisschen Fernsehgucken und hin und wieder da holt mein Sohn mich und bringt mich zum Doktor und wieder nach Hause, wenn ich nicht mit dem Bus fahren kann. Oder ich fahre zu ihnen hin mal zum Kaffee. Aber so groß weg, traue ich mich einfach nicht mehr. **Ist alles vorbei.**"(Hervorhebung CM) [Int. B1]*

6.3. Soziotechnische Begleitmaßnahmen zum Aufbau eines Living Lab

Ein zentrales Ziel des Aufbaus eines Living Labs mit realen Nutzerhaushalten besteht darin, zünftige Nutzer intensiv an der Gestaltung und an der Evaluation des Systems zu beteiligen. Dabei liegt die Annahme zugrunde, dass diese aktive Nutzerrolle zur Generierung für zukünftige Ideen auf der Basis von Alltagserfahrungen, Wünschen, Frustrationen und vor dem Hintergrund vielfältiger Interessen, Bedürfnisse und Werte einen signifikanten Beitrag leisten kann. Für die erfolgreiche Umsetzung sind zwei wesentliche Beteiligungsrichtungen wichtig: einerseits wird die Nutzerpartizipation bereits sehr früh bei Projektstart avisiert und kontinuierlich über den gesamten Projektverlauf im Rahmen von Vorstudien, Anforderungsanalysen, Prototypenentwicklung und Evaluationen beibehalten. Andererseits werden die Ergebnisse aus den Living Lab-Studien kontinuierlich an das Projektteam in Form von Dokumenten und Aushandlungsartefakten übermittelt, wie z.b. mittels der Persona-Methode, so dass das Gesamtkonsortium ein gutes Verständnis des Anwendungsfelds erlangen kann. Im folgenden Abschnitt werden spezifische Erfahrungen und Herausforderungen dargelegt, die in der frühen Phase des Aufbaus eines Living Labs mit älteren, nicht technik-affinen Menschen gesammelt wurden. Die empirischen Erfahrungen zeigen, dass besondere Maßnahmen und Anstrengungen notwendig sind, um mit dieser spezifischen Nutzergruppe längerfristige Kooperationsstrukturen aufzubauen und eine echte Bereitschaft zu erhalten, sich mit dem eigenen, privaten Haushalt an einer solchen Studie zu beteiligen.

6.3.1. Zugang zum Feld und Rekrutierung von Haushalten

In AAL-Projekten ist es eine besonders große die Herausforderung, die Bereitschaft von älteren Menschen für eine längerfristige Beteiligung an einem Projekt – unter Einbeziehung ihres privaten Haushaltsumfelds und -alltags – zu erhalten. Der Zugang zum Feld bedarf damit einer besonderen Beachtung, die bisher in der Forschungsliteratur wenig thematisiert wurde. Die Hürde, sich mit der Nutzung neuer Medien intensiv zu beschäftigen, ist bei der vorliegenden Zielgruppe aus unterschiedlichen Gründen besonders groß u.a. aufgrund der häufig geringen Affinität zu IKT und entsprechend nur wenig vorhandenen Vorstellungskraft, inwiefern neue Medien einen sinnvollen Beitrag im Alltag leisten könnten. Weiterhin führen Ängste und spezifische Identitätskonzeption und

6.3. Soziotechnische Begleitmaßnahmen zum Aufbau eines Living Lab

Werthaltungen zu einer Ablehnung der Thematik. Dies ist ein großer Unterschied zu Living Lab-Projekten im häuslichen Feld, die auf jüngere Zielgruppen ausgerichtet sind. So ist etwa die Möglichkeit, brandneue, innovative Unterhaltungstechnologien, wie z.b. interaktive TV-Lösungen oder Smartphones, kostenlos testen zu können, oder darüber die eigenen Technikkompetenzen verbessern zu können und sich „up to date" zu halten, eine große Motivation für jüngere Menschen, sich an einem Forschungsprojekt zu beteiligen (vgl. Hess, Ogonowski 2010). Im Kontrast zu diesen Motivationslagen und Zugangsbedingungen zum „Feld" hat sich gezeigt, dass die Technik selbst für ältere Menschen meist überhaupt keine Motivation darstellt, sich an einem Forschungsprozess zu beteiligen. Mit der Kontaktaufnahme zum Senioren-Computerclub, der von ehrenamtlichen Senioren organisiert wird und Senioren mit ganz verschiedenen Stufen an Technikkompetenzen und -interessen anspricht, bestand die Überlegung, hier Zugang zu Senioren zu finden, die dem Projekt und einer Beteiligung gegenüber aufgeschlossen seien. Dies stellte sich jedoch als Fehlannahme heraus. Es wurde zunächst ein Informationstreffen mit dem Vorstand und anderen interessierten Clubmitgliedern vor Ort im Clubraum durchgeführt, in dem die Projektziele und die erwartete Rolle der beteiligten Senioren vorgestellt wurden. Es wurde zunächst für eine Beteiligung für eine Vorstudie geworben (semi-strukturierte Interviews in Haushalten vor Ort) sowie später für den Test von Prototypen im eigenen Wohnzimmer über einen mehrmonatigen Zeitraum, in dem zusätzlich regelmäßig Kontakt mit dem Forscherteam zur Datensammlung in Form von Interviews und Workshops besteht.

Obwohl die Mehrzahl der Anwesenden während des Informationstreffens grundsätzlich Interesse an dem Projekt signalisierte, so waren die Teilnehmer sehr zurückhaltend, wenn es um die Überlegung der längerfristigen Beteiligung ging. Es wurde deutlich, dass die von uns kommunizierten Projektideen zu weit vom alltäglichen gedanklichen Reflektionsraum der an der Veranstaltung teilnehmenden älteren Menschen entfernt waren, d.h. der Grad der Abstraktion der Ideen war problematisch. Da wir aber am Anfang des Projektes standen, konnten zu dem Zeitpunkt keine konkreten Produktideen vorgestellt werden – dies war auch vor dem Hintergrund unseres iterativen Prozessverständisses nicht das Ziel. Die Produkte sollten mit starkem Einbezug der Zielgruppe in einer festen Einbettung in den häuslichen Alltag gestaltet werden. Als kurzfristige Lösung des Problems boten wir zunächst mehr Möglichkeiten an, die Themen zu diskutieren, in dem wir in regelmäßigen Abständen im Club präsent waren und viele Gespräche mit den Teilnehmern führten. Weiterhin wurde bereits sehr früh ein Set an Technik in den Clubraum eingebracht. Dazu gehören ein Samsung HbbTV, ein Media Center PC, Smartphones und Spielekonsolen (wii und MS Kinect), an denen wir teilweise gemeinsam Nutzungsmöglichkeiten getestet und exploriert haben. Diese Geräte konnten zusätzlich von den Teilnehmern auch in den regulären Clubzeiten ausprobiert werden; dies fand insgesamt einen regen Zuspruch.

6.3.2. Forscher-Teilnehmer-Interaktionen im Clubraum

Der Erstkontakt zur Gruppe fand durch uns statt, in dem wir eine der Tutorinnen und ehrenamtlichen Leiterinnen der Gruppe kontaktierten. Wie oben beschrieben, wurden wir daraufhin in den Clubraum eingeladen, um unser Anliegen vorzustellen. Es waren andere Tutoren sowie interessierte Teilnehmer anwesend. Nach dem ersten Treffen war die Resonanz sehr verhalten trotz eines allgemeinen Interesses, u.a. aufgrund der oben beschriebenen Probleme fehlender konkret zu benennender Produktideen im Rahmen des Forschungsprojekts. Wir wurden schließlich noch zweimal gebeten, unsere Projektpräsentation durchzuführen, um noch weiteren Mitgliedern die Möglichkeit zu geben, sich zu informieren, aber auch jenen, die die Präsentation bereits gesehen hatten, eine tiefere Auseinandersetzung zu bieten.

Durch die wiederholende Vorstellung des Projektes sollte auch erreicht werden, dass die Teilnehmer verstehen, welche dezidierten Aktivitäten und Vereinbarungen erwartet werden. Wie oben erwähnt, fanden neben den drei „offiziellen" Powerpoint-Projektpräsentationen viele weitere Kontakte zwischen dem Forscherteam und den Teilnehmern statt, indem sich Forscher in wöchentlichen bis zweiwöchentlichen Abständen im Club aufhielten und damit für informelle Gespräche zur Verfügung standen. Zusätzlich wurde mit dem Einbringen der Technik in den Clubraum ein weiterer Interaktions- und gemeinsamer Explorationsraum zwischen Team und Clubmitgliedern aufgebaut, der ein gemeinsames Verständnis für ein mögliches gemeinsames Projekt positiv unterstützte.

6.3. Soziotechnische Begleitmaßnahmen zum Aufbau eines Living Lab 215

Seitens der Teilnehmer wurde die Anwesenheit der Forscher zu den Club-Zeiten auch rege genutzt, um über Probleme mit den Geräten zu diskutieren, sowohl über die lokal im Club aufgestellten Fernseher, Media Center PC und Spielekonsolen, als auch über die an drei interessierte Teilnehmer ausgegebene Smartphones. Darüber hinaus begannen die Teilnehmer über ihre Erfahrungen und Probleme mit eigener Hard- und Software zu sprechen und um Rat und Tipps zu bitten, z.B. wenn Probleme am eigenen PC oder Handy aufgetreten waren. Die meiste Zeit verbrachten wir zunächst damit, über Technikprobleme zu diskutieren, die nicht direkt mit unseren Projektzielen bzw. -ideen in Verbindung standen. Wir nahmen diese Gesprächsanlässe gerne auf, da sie uns periphere Informationen lieferten, um den Mediennutzungkontext der Teilnehmer besser zu verstehen, auch wenn es uns teilweise daran hinderte, unsere Forschung zu fokussieren und damit ein hoher Zeit- und Personalaufwand in Verbindung stand. Insgesamt verbrachten wir sehr viel Zeit damit, die Fragen der Teilnehmer zu beantworten, bevor wir eigene Fragen und Reflektionen anstellen konnten.

Es wurde offensichtlich, dass die Clubmitglieder viel weniger an den neuen Technologien selbst interessiert waren, wie z.B. iTV oder Smartphones, und stattdessen eher nach Nutzungsoptionen für ihren Alltag suchten, die sie im Rahmen der Projektpartizipation entwickeln könnten. Es ging also darum, zu erfahren, welche neuen Handlungsräume und -optionen im Alltag durch die neuen Medien geboten werden könnten.

Die Bereitschaft und das Interesse der Kooperation mit uns während unserer Anwesenheitszeiten im Club variierte unter den Teilnehmern – dies teilweise durch ihre Rollen begründet. So wurde unser Austausch mit den Tutoren erwartungsgemäß sehr eng und offen, was mit Teilnehmern, die eher selten zu Clubtreffen kamen und dadurch eine periphäre Rolle hatten, eher nicht der Fall war. Diese unterschiedlichen Stufen an Nähe zwischen Mitgliedern und Forschern änderte sich schnell, wenn z.B. Teilnehmer die Gelegenheit ergriffen, uns auf eigene Technikprobleme auf der Suche nach einer Lösung anzusprechen. Zum Beispiel rief eine Teilnehmerin uns an, um uns um Hilfe zu bitten. Sie hatte aus Versehen ein SMS-Abo mit ihrem Handy getätigt, den Vorgang nicht richtig verstanden und wusste dementsprechend nicht, wie sie dies wieder kündigen konnte. Ein Forscher verbrachte daraufhin viel Zeit damit, den Anbieter zu kontaktieren und das Abo letztendlich rückgängig zu machen. Nach diesem Erlebnis war die vorher eher an uns wenig interessierte Teilnehmerin sehr aufgeschlossen und diskutierte in der Folge viel mit uns über Technikideen.

Interessanterweise hat die Frau dann eins der Smartphones mit nach Hause genommen, da sie begann, sich dafür zu interessieren. Ein weiteres Smartphone wurde von einem anderen Teilnehmer nach einigen Wochen mitgenommen, der auch zu Beginn eher zögerlich war. Dass wir als Hilfe im Hintergrund standen und auch über die Clubtreffen hinaus per Email und telefonisch erreichbar waren, war hier die nötige Sicherheit gegeben für den Fall, dass Hilfe und Unterstützung benötigt werde.

Wie bereits geschildert, entwickelte sich ein enger Kontakt mit der ehrenamtlichen Leiterin und Tutorin der Gruppe, da sie sehr großes Interesse an einer Kooperation hatte. Es entwickelte sich eine Zusammenarbeit mit ihr über den Projektkontext hinaus. So fragte sie bei bestimmten Technikproblemen, z.B. im Rahmen der Pflege der Website, bei uns nach und bekam Hilfestellung. Andererseits hielt sie uns regelmäßig über andere Projekte und interessante Nachrichten im Bereich „Technik für Ältere" auf dem Laufenden, die sie durch ihr eigenes Engagement in anderen Gruppen erhielt.

Durch ihre Zuversicht und ihr Vertrauen in uns und unsere Projektaktivitäten war sie darüber hinaus eine große Hilfe, indem sie uns mit den Teilnehmern vertraut machte und auch die Möglichkeit gab, so oft vor Ort im Club sein zu können.

6.4. Diskussion der Ergebnisse der Fallstudie III

In der Retrospektive haben wir viel Zeit und Personalaufwand aufgewendet, die lokalen Computerclub-Mitglieder bzw. -besucher als Kooperationspartner in das bestehende Projekt zu integrieren und sich mit ihrem Alltag und ihren Haushalten über einen längeren Zeitraum zu beteiligen. Im Vergleich mit ähnlichen Anstrengungen in anderen Projekten, die jüngere Menschen als Zielgruppe avisieren, wird deutlich, dass Living Lab-Forschung bzw. eine intensive End-Nutzer-Integration im Rahmen von nutzerorientierten Forschungs- und Ent-

6.4. Diskussion der Ergebnisse der Fallstudie III

wicklungsansätzen besonderer, zusätzlicher Maßnahmen bedürfen, um eine erfolgreiche Kooperationslandschaft aufzubauen. Dies gilt insbesondere in der sehr frühen Projektphase, bevor Prototypen in die Haushalte transferiert werden. Diese sozio-technischen Maßnahmen haben letztendlich nicht nur die Funktion eingenommen, bessere Daten zu sammeln, um Designideen profunder zu entwickeln, sondern sie fungierten auch als Methode, um Vertrauen für den Aufbau einer längerfristigen Kooperationsbeziehung aufzubauen. Zusammengefasst konnten verschiedene Aspekte identifiziert werden, die methodisch für die Arbeit im nutzerorientierten Design mit älteren Menschen eine wesentliche Rolle spielen, und insbesondere motivierende und vertrauensbasierte Aspekte betreffen. Diese im Folgenden aufgezählten Aspekte sind alle stark miteinander verwoben und voneinander abhängig. Aus heuristischen Gründen werden sie für die Darstellung folgend separiert.

6.4.1. Gestaltung des Zugangs zum Feld

Der Zugang zu älteren Menschen, wenn Interviewpartner für eine wissenschaftliche Studie gesucht werden, ist in der Regel nicht besonders schwierig, wenn es sich nur um eine einmalige Aktion, wie bspw. ein zweistündiges Interview handelt. Viele ältere Menschen sind bereit, zu „helfen", wenn man als Doktorand auf sie zugeht und sie damit einen Beitrag zu einer wissenschaftlichen Fragestellung leisten können. Demgegenüber ist es allerdings besonders schwierig, ältere Menschen für eine längerfristige Beteiligung an einem Forschungs- und Entwicklungsprojekt zu motivieren. Wir haben in den drei verschiedenen beschriebenen Settings gesehen, dass die Menschen zunächst sehr zurückhaltend und vorsichtig sind. In dem ersten beschriebenen Beispiel gelang es trotz der (vermeintlichen) Hilfe des Hausmeisters der Seniorenwohnanlage zunächst noch nicht einmal, einen Erstkontakt aufzubauen. Wenn auch hier die Schlussfolgerung nahe liegt, dass der Hausmeister eher kein oder nur wenig Vertrauen unter den MieterInnen besitzt, und dies in der Folge auch negativ auf uns abstrahlte, so können weitere Gründe dafür als Interpretation für die Abweisung herangezogen werden, die in unterschiedlichen Graden auch in den beiden anderen beschriebenen Settings vorliegen. Zunächst ist festzustellen, dass die Person, über die der Erstkontakt aufgebaut wird, extrem wichtig ist, da diese Person im günstigen Fall dem noch unbekannten Forscherteam einen Vertrauensvorschuss bei prospektiven älteren Interviewpartnern erwirken kann. Im Falle der Tutorin des Computerclubs führte ihre Fürsprache weitergehend dazu, dass wir als Fremde über einen längeren Zeitraum als regelmäßige Gäste im Clubraum geduldet wurden. Sie verschaffte uns damit eine Legitimation für unsere Anwesenheit in der Kennenlernphase.

Was bei den beiden eher positiv verlaufenen ersten Projektvorstellungstreffen begünstigend hinzukam, waren neben einer vertrauensvollen Person, die für uns ein „Türöffner" war, auch die Gelegenheit, in einem „neutralen" Raum – also zunächst nicht direkt vor der Haustüre der avisierten Interviewpartner, wie im ersten Fall – unsere Projektvisionen vorstellen zu können. Dieser räumliche Kontext hatte eine entlastende Funktion, die eine eher unverbindliche erste Annäherung an die Themen ermöglichte. Für die älteren Menschen war es damit möglich, sich zu informieren, ohne sich der Gefahr auszusetzen, in etwas verwickelt zu werden, aus dem man nur schwer – wie z.b. bei Türverkäufen – wieder rauskommt.

Auch wenn wir über Umwege im ersten Setting doch noch Interviews mit älteren Frauen durchführen konnten, kann festgestellt werden, dass man im Vorfeld besser prüfen muss, welchen Stellenwert der vermeintliche „Türöffner", also der intermediäre Ansprechpartner in der avisierten Gruppe besitzt. Darüber hinaus hat sich als günstig erwiesen, ein erstes Informationstreffen in einem neutralen Raum anzubieten. Allerdings kann man nicht davon ausgehen, dass die sehr zurückgezogen lebenden älteren Damen dann überhaupt gekommen wären.

Wie in Soziale-Teilhabe-Projekten von Sozialarbeitern häufig beschrieben, erreicht man jene, die Hilfe und Unterstützung am meisten bedürfen, oft nicht mit offenen Angeboten. Dorthin kommen eher jene Menschen, die bereits gut über mögliche Hilfen informiert sind (Kümpers 2011). Hier müssen weitere Überlegungen für Folgeprojekte angestellt werden, wie eine Zielgruppenansprache verbessert werden kann: über die Identifizierung günstiger Informationsmöglichkeiten und Vertrauenspersonen, aber auch über verbesserte Kommunikationsstrategien bezüglich des Technikthemas und der besseren Anpassung an die Lebenswirklichkeiten der Zielgruppe.

6.4. Diskussion der Ergebnisse der Fallstudie III

Wir hatten das Glück, über einen Umweg doch noch Interviews führen zu können und haben hier besondere Haltungen und Identitäts- und Rollenkonzepte von älteren, in großer Zurückhaltung lebender Frauen vorfinden können. Zwar haben wir hier nicht die Möglichkeit bekommen, diese längerfristig zu involvieren, jedoch – ähnlich zu der Altenheimstudie – waren die Erkenntnisse aufschlussreich in Bezug auf eigene Positionierungen und Selbstwahrnehmungsweisen als ältere Frauen. Diese können für Folgeprojekte bei der Identifizierung passenderer „Ankerpunkte" für Gesprächsaufnahmen hilfreich sein und zur Motivation möglicher Teilnehmer an F&E-Projekten beitragen. Auch weisen die Ergebnisse der ersten Interviewstudie darauf hin, geschlechtsbezogene Aspekte stärker in Folgeprojekten zu fokussieren.

6.4.2. Motivation für eine Teilnahme am Projekt im Rahmen des Living Lab

Zu Beginn des Projektes und in der ersten Kontaktaufnahme mit möglichen Interviewpartnern und Endnutzern fehlten uns „Ankerpunkte", d.h. Anknüpfungspunkte aus der Lebenswelt der Akteure, mittels derer wir unsere Technikvisionen hätten kommunizieren können. Dies führte im Fall der Vorstudie I dazu, dass unsere Broschüren nicht eingängig vor dem Hintergrund der Alltagspraxis der anzusprechenden älteren Menschen erschienen. Im Computerclub drückte sich dies durch das Bedürfnis der Teilnehmer aus, in mehreren Sitzungen gemeinsam mit uns diese möglichen „Ankerpunkte" zu entwickeln, d.h. in der Frage, welchen sinnvollen Beitrag die Technik vor dem Hintergrund der aktuellen Interessen und Alltagspraktiken bieten könnte. Die innovative Technik selbst eignete sich nicht als alleiniger Motivationsfaktor, wie dies für jüngere Menschen der Fall sein kann.

In der weiteren Interaktion zwischen Forschern und Teilnehmern im Club hat sich mit der Rollenerweiterung der Forscher hin zu eher allgemeinen Technikberatern ein weiterer Motivationsaspekt für die Mitglieder entwickelt, der sich auf die Bereitschaft längerfristig mit uns zusammenzuarbeiten positiv auswirkte.

6.4.3. Ko-Konstruktion eines gemeinsamen gedanklichen Möglichkeitsraums

Die häufigen Zusammenkünfte im Computerclub ermöglichten eine schrittweise Annäherung der Forscher und der Clubbesucher. Insbesondere die Problematik der Abstraktheit der Technikideen zu Beginn des Projekts und dem gegenüber stehenden großen Bedürfnis der älteren Menschen, diese Ideen und Visionen auf einer konkreten Ebene vor dem Hintergrund ihrer aktuellen Alltagspraxis reflektieren zu können, haben in den Treffen einen Raum bekommen und auch die notwendige Flexibilität wurde durch die offene Gestaltung der Besuche ermöglicht. Die Annäherung bzw. das Übereinbringen von Abstraktion zu Konkretion ist ein fortlaufender Prozess, der den gesamten Projektverlauf bestimmt.

Die Möglichkeit, durch die dem Club zur Verfügung gestellten Technik, Anwendungen und Nutzungsszenarien auszuprobieren, zu explorieren und zu reflektieren hat sich als eine wichtige Hilfsmaßnahme herausgestellt.

6.4.4. Aufbau von Vertrauen und Reziprozität („gleiche Augenhöhe")

Eine gegenseitige Beziehung auf Augenhöhe hat sich als essentiell im Aufbau von Vertrauen zwischen Forschern und Clubteilnehmern erwiesen. Dies bedeutet, dass die Forschung hier im Speziellen als „ein Geben und Nehmen" angesehen werden sollte, vielleicht mehr als bei anderen Forschungsmethoden. Wir sind damit nicht nur Forscher und Entwickler, sondern haben auch weitere Rollen im Verlauf eingenommen, wie bspw. die von Technik-Ratgebern, und dies nicht ausschließlich zu den Club-Anwesenheitszeiten, sondern auch jederzeit per Email und Telefon. Dass dieser Aspekt wichtig wurde, ist vermutlich dem Umstand geschuldet, dass viele ältere Techniknutzer einen Bedarf an Ansprechpartnern haben, bei denen sie im Falle von Problemen mit technischen Geräten nachfragen und sich Tipps geben lassen können.

Eine Einladung der Clubteilnehmer in unseren Arbeitsbereich an die Universität hat ebenfalls dazu beigetragen, eine Augenhöhe herzustellen. Indem wir unsere „Räume" für die Teilnehmer öffneten und einen Einblick in unseren Arbeitsbereich boten, konnten wir das asymmetrische Verhältnis zwischen Forschern und Beforschten relativieren und den Teilnehmern die Möglichkeit geben, auch etwas über uns zu erfahren, anstatt selbst stetig im Fokus zu stehen.

Durch diese kontinuierliche Annäherung aneinander und den Aufbau von Vertrauen und einer sich kontinuierlich konturierenden gemeinsamen Forschungs- und Kooperationsvision wurden einige Teilnehmer sogar bestärkt, sich trotz anfänglichem Zögern mit dem Thema zu beschäftigen.

7. Diskussion aller Fallstudien

Die drei vorgestellten Fallstudien konnten demonstrieren, dass das Designfeld „IT für die alternde Gesellschaft" einige in der Forschungsliteratur bisher nur unzureichend beachtete Forschungs- und Designprobleme aufweist, die mit der Spezifik der Zielgruppe verbunden sind. Die Fallstudien haben jede für sich gezeigt, dass es notwendig ist, Problemdefinitionen und Zielstellungen der Technikgestaltung zur Unterstützung von älteren Menschen differenzierter zu betrachten, als dies bisher in der Literatur über Alter(n) und Designkonzepte für die alternde Gesellschaft angeboten wird. So verbergen sich hinter Begriffen wie eben die Förderung von sozialer Teilhabe bzw. Interaktion und Autonomie, die als Zielbeschreibungen für Technikentwicklung in der Domäne benutzt werden, vielgestaltige Facetten und Konfigurationen in der vorliegenden Praxis, die bisher nur ungenügend beschrieben und entsprechend unzureichend in konkreten IT-Designprozessen operationalisiert worden sind. Diese Problemlage in der Erfassung der Vielfältigkeit soziokultureller Kontexte und Lebenswelten sowie Haltungen, Wahrnehmungs- und Deutungsmuster älterer Menschen und deren Netzwerken hinsichtlich möglicher (IT-basierter) Unterstützungsstrukturen geht einher mit neuen (design-) methodischen Herausforderungen. Dies sind Fragen des Zugangs zum Feld, der Umsetzung von Forschungsergebnissen in konkrete Designideen und Prototypen sowie Transferierbarkeit von Ergebnissen qualitativer Forschung von einem Forschungsprojekt auf ein weiteres.

In diesem Kapitel 4 werden eine Zusammenstellung der Ergebnisse der drei Fallstudien sowie sich daraus ergebende weitergehende Fragestellungen dargelegt unter Bezugnahme des Konzepts der Design Case Studies von Wulf (2009) (Wulf et al. 2011). Nach einer Zusammenschau der Ergebnisse der Case Studies werden die vorgefundenen Besonderheiten in Forschung und Entwicklung im Feld „IT für die alternde Gesellschaft" entlang der von Wulf et al. (2011) genannten idealtypischen Phasen einer Design Case Study diskutiert. Zunächst werden die einzelnen Ebenen der vergleichenden Analyse im Rahmenkonzept der Designfallstudien noch einmal rekapituliert.

Das Rahmenkonzept umfasst die Gestaltung von IT-Artefakten und die Erfassung von deren Wirkungen auf die soziale Praxis. Daher werden drei Idealphasen vorgesehen: Nach der umfassenden Erforschung und Beschreibung bestehender sozialer Praktiken (I.) erfolgt ein kontext-orientierter Designprozess (II.). Dieser ist zu dokumentieren hinsichtlich dessen Verlaufs, der involvierten Akteure, der eingesetzten Methoden und der entwickelten Gestaltungskonzepte. Daran schließt sich eine Betrachtung der Einführung-, Aneignungs- und Redesignprozesse (III.) über einen längeren Zeitraum an, um die Wirkung der IT-Artefakte auf die soziale Praxis zu untersuchen. Für die Klassifizierung der Designfallstudien nennt Wulf folgende Kriterien: die zu *unterstützende Praktik*, die *formale Organisation*, die *Branche*, die *IT-Funktionalität*, den *Software-Entwicklungsprozess* und die *Einführungsmethodik* (Wulf 2009), deren genaue Ausprägung allerdings noch durch praktische Evaluationen verfeinert werden soll.

Die zusammenfassende Ergebnisdarstellung der Fallstudien dieser Arbeit erfordert eine Anpassung der genannten Klassifikationskriterien, da Wulf diese zunächst für IT-Gestaltung im Arbeitsbereich entwickelt hat. Das Kapitel 4.1. bietet daher eine Gliederung anhand von Klassifizierungen, die aus den vorliegenden Fallstudien für den Anwendungsbereich „IT für die alternde Gesellschaft" generiert wurden. Dabei werden drei Bereiche in Anlehnung an die beschriebenen Idealphasen der Design Case Studies differenziert: die Beschreibungsebene der untersuchten sozialen Praktiken im Rahmen der Vorstudien (7.1.1) sowie die Beschreibung der Designkontexte (7.1.2), daraus gewonnene Designkonzepte (7.1.3.), schließlich Einführungs- und Aneignungsaspekte (7.1.4) sowie methodische Reflexionen zum Studiendesign im Feld „IT für die alternde Gesellschaft" (7.1.5).

An diese Dokumentationsebene schließen Wulf et al. (2011) in ihrem Konzept den Schritt zu einer Vergleichsebene an, in der auf der Basis von Querschnittsthemen die Transferierbarkeit von Forschungsergebnissen einzelner Case Studies angestrebt wird und die letztendlich dazu beitragen sollen, konzeptionelle Grundlagen einer praxisorientierten Informatik auszuarbeiten. Mögliche Querschnittshemen könnten nach Wulf (et al.) (2009, 2011) folgende Aspekte umfassen:

- die Eignung spezifischer Gestaltungsprinzipien zur Lösung bestimmter Probleme sozialer Praxis,
- die Eignung spezifischer Gestaltungsmethoden zur Antizipation der Veränderung sozialer Praxis, sowie
- die Eignung spezifischer Einführungsmethoden von IT-Artefakten in bestimmten Feldern sozialer Praxis (vgl. Wulf et al. 2011).

Offen ist allerdings bisher, in welcher Form diese Querschnittsthemen am besten darzulegen sind, damit sie einer Weiterentwicklung der *scientific community* dienen können. Die Spannung zwischen der Fixierung auf theoretische Ansätze, die konkrete Designprozesse nur ungenügend anleiten können, und der Ansammlung einer Menge von qualitativen Fallstudien, die zwar das Praxisverständnis für ein vorliegendes Projekt fundieren können, aber deren Übertragbarkeit auf andere Fälle schwierig ist, wurde bereits im Kapitel 2 beschrieben. Das Kapitel 4.2 unterbreitet den Vorschlag, diese Lücke in der Beschreibung von Forschungsergebnissen als Querschnittsthemen durch die Nutzung von „sensitizing concepts" nach Herbert Blumer (1954) zu schließen. In der Orientierung am Design Case Studies-Konzept werden diese wiederum nach bestimmten Aspekten des Designprozesses konzipiert, nämlich als „Analysekonzepte" (zum besseren Verständnis der Praxis), als „gestaltungsorientierte Konzepte" (zur Thematisierung von typischen Gestaltungsfragen, -herausforderungen sowie -prinzipien, die übergreifend von Relevanz sind) sowie als „methodische Konzepte" (die übergreifende methodische Aspekte festhalten).

7.1. Übergreifende Ergebnissichtung der Fallstudien

Die vorliegende Arbeit beschreibt drei Fallstudien im Feld „IT für die alternde Gesellschaft", die Technikforschung und -entwicklung zur Förderung des Lebensalltags, insbesondere der sozialen Teilhabe und Autonomie älterer Menschen zum Ziel haben. Die Fallstudie I, Alzheimer Monitoring, bestand aus mehreren Forschungs- und Designetappen, die jeweils als eigenständige Fallstudien angesehen werden können. Im Rahmen der Vorstudie wurden verschiedene Interviews und teilnehmende Beobachtungen durchgeführt. Interviews fanden statt mit Familien, in denen ein Mitglied mit einer Demenzerkrankung lebt, mit Angehörigen, deren Familienmitglied in einer stationären Einrichtung lebt, mit

Beschäftigten in stationären Einrichtungen sowie ambulanten BeraterInnen. Im Rahmen der Evaluation fanden wiederum drei intensive Feldphasen in zwei stationären Einrichtungen sowie in einer pflegenden Familie statt.

Die Fallstudie II, Social Display, wurde in einem Altenheim durchgeführt, mit teilnehmender Beobachtung und Aktionsforschung vor Ort sowie unter Einbeziehung von Interviews mit BewohnerInnen und Personal im Rahmen der Vorstudie sowohl vor dem Design und der Einführung der Technologie als auch währenddessen und im Rahmen einer späteren Evaluation.

Die dritte Fallstudie, Neue Medien zu Hause, teilte sich auch wiederum in mehrere kleinere Fallstudien auf, die in unterschiedlichen Regionen und in verschiedenen institutionellen Settings durchgeführt wurden. So wurden Interviews in drei verschiedenen Kontexten geführt, und zwar mit Mieterinnen einer Seniorenwohnanlage des sozialen Wohnbaus, mit MieterInnen in einer Einrichtung für betreutes Wohnen sowie mit älteren Menschen, die als Organisatoren oder Teilnehmer an einem offenen Lernangebot im Bereich der neue Medien mitmachten.

Insgesamt konnte eine weite Perspektive auf sehr unterschiedliche Alltagspraktiken eingenommen werden in Bezug auf individuelle Lebensbedingungen, wie sozio-ökonomische Milieus, Grade der Technikaffinität, Zugänge zu neuen Medien, Professionelle und Laien im Bereich der Pflege.

7.1.1. Zusammenfassende Beschreibung der Kernergebnisse der Vorstudien

7.1.1.1. Identifikation der relevanten Zielgruppen

Die drei Feldstudien haben demonstriert, dass es essenziell ist, den soziokulturellen Kontext als eine wesentliche Determinante für das Verständnis des Lebensalltags älterer Menschen möglichst breit im Rahmen der Vorstudie einzubeziehen. Nach (Kruse und Wahl 2010, Naegele 2004, Wozniak 2011) wirkt sich der soziokulturelle Kontext auf eine erfolgreiche Lebensführung, das Wohlbefinden und die erlebte Lebensqualität wesentlich aus. Es konnte gezeigt werden, dass die zu Lebenspraxis von älteren Menschen häufig eingebettet ist in vielfältige Netzwerke von Menschen – Nachbarn, Angehörigen, Pflegekräften oder

7.1. Übergreifende Ergebnissichtung der Fallstudien 227

Dienstleistern –, die in einen größeren Kreis von End-Nutzern miteinbezogen werden müssen. Die Fallstudien weisen mit Fitzpatrick et al. (2010) darauf hin, dass im vorherrschenden AAL-Modell die Erfassung und Konzeptualisierung der Zielgruppe oft unangemessen ist, weil häufig nur jeweils der einzelne alte Mensch und seine Unterstützungsbedarfe fokussiert werden. Das vorherrschende Bild ist das einer allein lebenden Person als autonomes und rationales Wesen, deren selbständige Lebensführung in der eigenen Wohnung mittels Technologien und Dienstleistungen zu unterstützen ist. Es hat sich demgegenüber gezeigt, dass das involvierte Netzwerk mit betrachtet werden muss, insbesondere wenn chronische Krankheiten vorliegen, die meist als kollektive Praxis bewältigt werden. Daher schlagen Fitzpatrick et al. (2010) die Einbeziehung weiterer relevanter Rollen, wie die der Verwandten, Nachbarn oder Pflegenden als „extended user network" vor. Insbesondere wenn bereits eingeschränkte Handlungsspielräume und Selbstkompetenzen bei älteren Menschen vorliegen, wie etwa bei Demenzkranken, so ist es evident, dass der Zugang zu deren Lebenswelt (auch) über Verwandte oder Pflegende erfolgen muss.

Da man als Forscher zwar meist eine intuitive Vorstellung einer möglichen Eingrenzung des Forschungsfelds hat, aber die zu untersuchende Praxis häufig schwierig zu identifizieren (oder im weiteren Verlauf mitzugestalten) ist, ist es notwendig, zunächst möglichst offen und flexibel zu sein in der Gestaltung des Forschungsdesigns. So hat Studie II eine entsprechende Anpassung der Zielgruppendefinition erfordert, als im Verlauf der Studie deutlich wurde, dass nicht für alle Altenheimbewohner die selbständige Nutzung des Displays – auch über ein sehr einfach zu handhabendes Eingabegerät – als Designoption beibehalten werden konnte. Vielmehr war es sinnvoll, den Nutzerkreis des Displays auf die Mitarbeiter auszuweiten, die in Form eines kooperativen Szenarios die Technik mit den Bewohnern gemeinsam nutzen und diese für die Bewohner bedienen.

Weiterhin sollte die Vorstudie Offenheit zeigen können gegenüber den spezifischen Beziehungskonstellationen innerhalb der Netzwerke. Fallstudie I hat ergeben, dass in der Betreuung von Demenzkranken sich derzeit ein Wandel vollzieht hinsichtlich neuer Kooperations- und Koordinationsformen zwischen professionell Pflegenden und Angehörigen. Immer mehr werden Angehörige in die

Pflege mit einbezogen – sei es aus ökonomischen Gründen, Personalmangel oder auch aus dem Bedürfnis heraus, die Verantwortlichkeit im Treffen von Entscheidungen für Demenzkranke auf mehrere Schultern zu verteilen und damit besser abzusichern. Es hat sich gezeigt, dass insbesondere in der Frage der Nutzung von Ortungstechnologien Angehörige einbezogen werden, auch um die Bedienung zu übernehmen, die ansonsten als zu belastend für bestehende stationäre Arbeitsroutinen empfunden wurde.

7.1.1.2. Identifikation relevanter Praktiken

Die Fallstudien unterscheiden sich hinsichtlich der zu unterstützenden Praktiken. Für alle Studien gilt – allerdings in unterschiedlichem Maße – dass die Praktiken der unterstützenden Netzwerke aufgrund unterschiedlich eingeschränkter autonomer Handlungsspielräume der Betroffenen mit betrachtet werden müssen. Dabei haben sich aus den Feldstudien heraus jedoch ganz unterschiedliche Perspektiven auf die zu unterstützende Praktik und die Reflexion einer möglichen technischen Unterstützung ergeben.

In der ersten Feldstudie verlaufen die Diskurse sozialer Probleme zwischen Bedürfnissen der Pflegenden (Angehörigen sowie Professionellen) und den Autonomie- und Unterstützungsbedürfnissen der Betroffenen selbst. Hier geht es darum, deren eigenständige Mobilität, die für die Betroffenen mit Risiken verbunden sein kann, so lange wie möglich zu erhalten. Entgegen der Kritik von Dahl und Holbø (2012), die postulieren, dass es für den Technikeinsatz im Demenzbereich mittlerweile genügend holistische Forschungen und Praxisbeschreibungen gebe, hat die Studie demonstriert, dass die Wert- und Deutungszuweisungen in Netzwerken um demenzkranke Menschen herum äußerst vielfältig und widersprüchlich sein können. Daher erscheint es auch hier notwendig, die Perspektive auf Praktiken und deren individuelle Bewertungsschemata innerhalb der Vorstudie zunächst möglichst weit zu öffnen. Damit werden Forderungen nach mehr quantifizierenden Verfahren seitens der Gerontologie durch die Feldstudien nicht unterstützt. Wie ein ausreichendes Bild über die vorliegende, mit Technik zu unterstützende Praxis älterer Menschen erlangt werden kann, wird in der gerontologischen Literatur jedoch auch kontrovers diskutiert. Die Diskussion erstreckt sich von der Forderung nach mehr groß angelegten quantifizierenden Verfahren mit vielen Stichproben unter Einschluss

7.1. Übergreifende Ergebnissichtung der Fallstudien

von Kontrollgruppen (u.a. Mollenkopf et al. 2005) bis hin zu der Forderung nach mehr qualitativ-empirischen Studien, um bessere Kenntnis über die Vielfalt tatsächlicher Alltagspraktiken zu erlangen (Östlund 2005).

In der zweiten Feldstudie stehen die Altenheimbewohner und deren Lebensalltag, unter Berücksichtigung der Verbesserung der Lebensqualität und Lebenszufriedenheit durch neue Medien, die zur gesellschaftlichen Teilhabe beitragen sollen, im Fokus. Gleichzeitig stehen aber auch die Mitarbeiter und deren Arbeitspraktiken der Interaktion mit den Bewohnern im Blickfeld, die je nach Handlungsmöglichkeiten der Bewohner mehr oder weniger mit den individuellen Alltagshandlungen der Bewohner verbunden sind. Blythe et al.s (2010) Konzept des *„interpassivity"* von hochaltrigen Menschen, das besagt, dass diese im hohen Alter häufig einen „natürlichen" sozialen Rückzug antreten und dementsprechend Technikangebote eher eine passive Teilnahme adressieren sollten, hat sich in der Studie nicht bestätigt. Unter Anwendung aktionsforscherischer, interaktiver Methoden konnten auch Personen aktiviert und von neuen Medien begeistert werden, die vorher durch das Personal als eher passiv wahrgenommen und beschrieben worden waren. An dieser Stelle zeigt sich ein weiterer Aspekt, der sich auf die Identifizierung von sozialen Praktiken alter Menschen auswirkt, und der eine Ausweitung der Forschungsperspektive auf das weitere soziale Netzwerk von älteren Menschen erfordert, und zwar die sogenannte *„caregiver confidence"* (Li und McLaughlin 2011). Damit ist gemeint, dass die Fähigkeiten und Interessen, die alten Menschen von Pflegekräften oder Verwandten zugesprochen werden, von den alten Menschen in ihr Selbstbild übertragen werden. Vermeintlich passives Verhalten kann daher auch von außen beeinflusst werden.

In der dritten Studie stehen ältere Menschen, die ihr Leben zu Hause gestalten, im Fokus mit der Fragestellung, wie deren soziale Vernetzung und Teilhabe durch neue Medien gefördert werden kann. Einige der Interviewpartner oder partizipierenden Anwendungspartner sind zwar interessiert an Medien, können sich zum heutigen Zeitpunkt jedoch nicht vorstellen, wie ihr Alltagsleben sich durch neue Medien positiv verändern könnte. Alle Fallstudien haben darüber hinaus gezeigt, dass es neben fehlenden Vorstellungsmöglichkeiten hinsichtlich möglicher technischer Unterstützung auch häufig an der Artikulationsunfähigkeit von Bedürfnissen scheitert. Ein weiteres Problem wird in der Artikulationsfähigkeit älterer Menschen in Bezug auf ihre (Technikunterstützungs-) Bedürfnisse gesehen. Darauf wiesen manche Studien hin, jedoch wird diese Problematik durchweg recht oberflächlich behandelt (vgl. u.a. Lindsay et al. 2012a; Rice und Carmichael 2011). Die empirischen Ergebnisse weisen darauf hin, dass diese beschriebene Sprachlosigkeit und die Unmöglichkeit, eigene Bedürfnisse deutlich zu äußern, auch mit Ängsten vor Stigmatisierung sowie mit Selbstpositionierungen und Resignation über die individuellen Lebensbedingungen in Zusammenhang stehen. Darauf wird unten weiter eingegangen.

Insofern ist eine eindeutige Identifizierung von Nutzerbedürfnissen im Rahmen einer Vorstudie, wie es nutzerorientierte Gestaltungsansätze in AAL-Projekten auf der Basis von Workshops und punktueller End-Nutzerbefragung fordern (vgl. Podtschaske et al. 2010), kaum möglich, und es bedarf tiefer gehender Forschungsmaßnahmen, um sich letztendlich den Bedürfnissen und möglichen Verbesserungen des Alltagslebens gemeinsam mit den Interview- und Anwendungspartnern nähern zu können. Dies wird im Methodenkapitel (4.1.5.) näher erläutert.

Was schließlich als zu unterstützende Praktik der Betroffenen gilt und von den Betroffenen selbst oder stellvertretend von Pflegepersonen eingeschätzt wird, kann sehr differieren. Im Gegensatz zum Laufsyndrom, das als ein Problem von Demenzkranken und den Betreuenden aus einem Konvolut an Problemen und Herausforderungen isoliert wurde, und man diese Fokussierung noch weiter hinterfragen könnte, so ist die Betrachtung der zu unterstützenden Praktiken der Altenheimbewohner in Fall II sowie der älteren, allein lebenden Menschen in Fall III ein eigenes Forschungsproblem für sich. Wir haben uns der Alltagspraxis der Menschen unter der Prämisse genähert, dass Autonomie und soziale Teilhabe wichtig für ältere Menschen sind und deren Erfüllung oft aufgrund altersspezifischer Bedingungen gefährdet ist. Was ist aber die zu untersuchende Praktik? Sie erstreckt sich auf den gesamten Lebensalltag, was bedeutet, dass die Forschungsperspektive zunächst einmal weit zu öffnen ist, und man sich auf die Sichtweisen der älteren Menschen, deren wahrgenommene Probleme, Bedarfe und Wünsche einlassen muss, um zu verstehen, was Teilhabe und Auto-

7.1. Übergreifende Ergebnissichtung der Fallstudien 231

nomie sowie deren Beschränkung im Einzelfall bedeuten, und ob sie überhaupt als Probleme empfunden werden.

Ein weiteres wichtiges, zu reflektierendes Merkmal dieser Domäne ist die relativ hohe Technikferne der älteren Menschen, aber auch sehr häufig der formellen und informellen Bezugspersonen, die den von Dourish (2006) benannten „socio-technical gap" als extrem breit erscheinen lassen. Er bezieht sich hiermit auf die Problematik der Transformation von Ergebnissen aus empirischen Studien in Designkonzepte. In den vorliegenden Fällen II und III ist diese Kluft noch viel größer, da zunächst einmal eine holistische Perspektive auf die Alltagswelt und mögliche Barrieren der Teilhabe und Autonomie eingenommen werden muss, die noch zu identifizieren sind. Im Falle der Studie II haben wir gezeigt, wie schwierig es sein kann, mit älteren Altenheimbewohnern, aber auch alleinstehend Lebenden diesbezüglich ein Gespräch aufzubauen, die teilweise von uns als passiv, wenig mobil, wenig fordernd und anspruchslos empfunden werden – auf den ersten Blick also zufrieden mit ihrem Leben oder unzufrieden, aber ohne wahrgenommene Handlungsalternativen.

Dies geht einher mit der von uns erlebten Herausforderung in den Studien II und III, Gesprächsthemen zu finden, die uns Hinweise über die Lebenswelt, Interessen und Wünsche der Anwendungspartner liefern und als Ausgangspunkte für Designideen genutzt werden könnten. Harpers (2002) Ansatz der Foto-basierten Ethnographie hat uns nur bedingt an dieser Stelle vorangebracht. Harper berichtet, wie Fotos der Gesprächspartner Interviews mit älteren Menschen stimulieren und Erzählmomente hervorbringen können. Im vorliegenden Fall hat sich allerdings gezeigt, dass zwar das Erzählen und Erinnern von früheren Lebensstationen den Menschen Freude bereitet hat, dass es jedoch an „Übersetzungsmomenten" von früheren Lebensinhalten in die heutige Lebenssituation fehlte. Insbesondere in Gesprächen mit den Altenheimbewohnern in Studie II wurden Brüche in den Selbstkonzepten der Menschen deutlich, die kaum Verbindungslinien zu heutigen Interessen und Wünschen aufzuzeigen vermochten. Es zeigte sich häufig ein Nebeneinander von zwei Lebenswirklichkeiten, das „Leben früher" und die aktuelle Lebenssituation, die eher als unerfreulich und passiv erlebt wurde. Es gelang schließlich, auf der Basis aktionsforscherischer, interaktiver Methoden, mit den Bewohnern gemeinsam Brücken aufzubauen, indem gemeinsam Ankerpunkte gefunden werden konnten, die die Freude der Bewohner an früheren Lebensinhalten in heutige Aktivitäten überführen konnte. Weitere Ausführungen zu entsprechenden methodischen Implikationen erfolgen in Kapitel 4.1.5.

7.1.1.3. Der Zugang zum Feld

Wie der Kontaktaufbau zu Interview- bzw. Anwendungspartnern in F&E-Projekten im Feld „IT für die alternde Gesellschaft" hergestellt wird, wird in der vorliegenden Literatur bisher nicht thematisiert. Zwar reflektieren manche Forscher besondere Schwierigkeiten, wenn es um die Erforschung von Menschen geht, die besonders verwundbar sind, und liefern dazu auf methodischer oder konzeptueller Ebene Überlegungen. So schlagen Crabtree et al. (2003) vor, Werkzeuge für die Selbstdokumentation an Kranke zu übergeben, die aufgrund ihrer Lebenssituation nicht in der Lage sind, Forscher sehr intensiv in ihren Alltag einzulassen, wie z.b. Menschen mit psychischen Erkrankungen. Desweiteren schlagen Grönvall und Kyng (2012) vor, Ansätze des partizipativen Designs mit älteren, verwundbaren Menschen in „design with" und „design for" zu unterteilen und partizipative Anteile in der Forschung entsprechend zu stufen. Mit Dickinson et al. (2007) und Rice und Carmichael (2011) kann aber festgestellt werden, dass letztendlich kaum Aussagen darüber getroffen werden, wie konkrete Kontaktaufnahmen mit Anwendungspartnern in Forschungsprojekten gestaltet wurden. Dass dies ein großes Defizit in der vorliegenden Gestaltungsdomäne darstellt, haben alle drei Fallstudien der vorliegenden Arbeit eindeutig demonstriert.

Es hat sich erwiesen, dass es an einem gemeinsamen gedanklichen Möglichkeitsraum zwischen Designteam und Anwendungspartnern zu Beginn des Forschungsprojekts mangelt sowie auch im weiteren Verlauf im Hinblick auf die Entwicklung von Designideen. Von zahlreichen Autoren wird eine große Kluft zwischen jüngeren Forschern und älteren Menschen aufgrund der großen Unterschiede in Lebens- und Denkwelten konstatiert (Gregor und Newell 2001; Newell 2007; Waterworth et al. 2012). Dies führe in den meisten Fällen zu impliziten Vorannahmen, in denen ältere Menschen in erster Linie über defizitorientierte Theorien definiert würden (Whitney, Keith 2009). Es werden allerdings

7.1. Übergreifende Ergebnissichtung der Fallstudien

keine Hinweise dazu gegeben, wie diese große Kluft insbesondere zu Beginn und im Aufbau eines kooperativen Projekts überwunden werden kann.

Lindley et al. (2012a, 3) weisen darauf hin, dass Visualisierungsmethoden, angewendet in Nutzerworkshops, also wiederum in einem späteren Projektstadium nach einer erfolgreichen Teilnehmerrekrutierung, den Aufbau eines *„common frame of reference"* fördern können, indem eine gemeinsame Sprache entwickelt wird, die es den Menschen erleichtert, ihre Gedanken in Bezug auf Designideen zu äußern. Nach ihrer Erfahrung ermögliche dies zudem die Inspiration eines *„sense of agency"* innerhalb der Gruppe der älteren Anwendungspartner. Die Studien II und III demonstrieren, dass der Aufbau eines gemeinsamen Referenzrahmens wichtig ist und ebenso die damit verbundene Stärkung der Selbstbestimmtheit, der *agency*, der Älteren. Doch hat sich gezeigt, dass beide Konzepte noch genauer hinterfragt und diskutiert werden müssen. Denn nicht erst bei der Diskussion konkreter Designideen ist eine Hilfestellung zur Artikulationsfähigkeit der Älteren notwendig. Der fehlende gemeinsame Referenzrahmen zeigt sich bereits bei der Kontaktaufnahme und kann diese sogar verhindern, wie dies in Studie III teilweise geschah. Der Aufbau eines gemeinsamen gedanklichen Möglichkeitsraums muss daher viel früher im Projektprozess stattfinden. Dies wird zunächst immens erschwert durch die zu Projektbeginn typischerweise starke Abstraktheit von Designvorstellungen der Designer einerseits und dem Bedarf nach Konkretheit der Anwendungspartner andererseits, um Anknüpfungspunkte zu ihrem Alltag herstellen zu können. Um hier Brücken aufzubauen, hat sich gezeigt, dass soziale, interaktive Maßnahmen einen wichtigen Stellenwert im Rahmen von Kontaktaufbau und Vorstudie einnehmen müssen. Diese werden im Detail im Methodenkapitel (4.1.5.) zusammengefasst.

Auch Lindleys (2012a) Hinweise der Stimulation eines *„sense of agency"* bedarf einer eingehenderen Betrachtung unter der Perspektive der Gestaltung von Zugängen zum avisierten Anwendungsfeld. Denn es stellt sich die Frage, wie wir *„agency"* im vorliegenden Fall konzeptualisieren. Aufgrund der häufig anzutreffenden Passivität und ersten Abwehrhaltung von älteren Menschen, auf die man mit Projektvisionen zur Stärkung ihrer sozialen Teilhabe herantritt, kommt man mitunter in eine Situation, die in der Sozialwissenschaft als „Beteiligungsparadox" (Kümpers 2011) beschrieben wird. Soziale-Teilhabe-Projekte erreichen häufig in erster Linie jene Personen, die ohnehin bereits gut über Hilfen informiert und in sozialen Netzwerken aufgehoben sind (Kümpers 2011). Hier entstehen für Designer moralische Probleme im Spannungsfeld von Selbstbestimmtheit und paternalistischem Verhalten. Denn wenn jemand deutlich sagt, dass keine Beteiligung erwünscht ist, muss dieser Wunsch respektiert werden und ein weiteres Insistieren könnte als unangemessener Übergriff empfunden werden. Eine mögliche Lösung aus diesem Dilemma erwies sich in der Ausweitung der oben genannten sozialen Aktivitäten und sozio-technischen Maßnahmen. Die Maßnahmen im Rahmen der Vorstudie wurden als offene Informationsangebote konzeptualisiert, in deren Rahmen die avisierten Anwendungspartner schließlich selbst entscheiden konnten, ob sie teilnehmen wollten oder nicht. Zusätzlich konnten die gestaffelten Angebote in den Studien II und III, die verschiedene Intensitätsgrade der Teilnahme anboten (wie z.B. nur zuzuschauen oder sich aktiv zu beteiligen), den Entscheidungsspielraum der älteren Anwendungspartner vergrößern.

7.1.1.4. Autonomiekonzepte

Die Fallstudie I hat viele ambivalente Aussagen und Praktiken sowohl in Einrichtungen als auch von häuslich Pflegenden hinsichtlich der Frage der Autonomiewahrung Demenzkranker aufgezeigt. Die von Landau et al. (2009; 2010) beschriebene Spannung zwischen Praktiken zur Wahrung der Privatsphäre und Autonomie Demenzkranker und der Gewährleistung ihrer Sicherheit konnte um zahlreiche Facetten in der täglichen Pflege- und Alltagspraxis erweitert werden. Autonomiekonzepte beinhalten teilweise feinste Abstufungen. Faktoren, die die Bewertung einer (Autonomie-restringierenden) Maßnahme als legitim oder illegitim oder durchführbar fundieren, umfassen neben dem von Robinson et al. (2007) erwähnten individuellen Risikobewusstsein habitualisierte familiäre Rollen (Ehe- oder Eltern-Kind-Beziehungen), Ausbildungs- und Wissensstände über aktuelle Ansätze der Demenzpflege, Verantwortlichkeitsgefühle, den Grad der Erkrankung der Betroffenen, die Höhe der Arbeitsbelastung, rechtliche Aspekte und den Grad der wahrgenommenen, emotionalen Belastung durch Angehörige.

7.1. Übergreifende Ergebnissichtung der Fallstudien

Die häufig genutzten Begriffe „Hinlauftendenz" und „Weglauftendenz" für das Laufverhalten Demenzkranker symbolisieren derzeit parallel bestehende, konkurrierende medizinisch-pflegerische Sichtweisen auf die Behandlung der Erkrankten und implizieren entsprechend gegensätzliche Pflegekonzepte. Die bewusste sprachliche Nutzung des Begriffes „Hinlauftendenz" verfolgt eine Abgrenzung von rein medizinischen Konzeptualisierungen der Krankheit und beinhaltet neue Patienten-orientierte Zugangsweisen (Kitwood 2007) zur Auffassung über den Stellenwert der Wünsche und Bedürfnisse von Menschen mit Demenz in Pflegehandlungen. Dennoch hat die Empirie gezeigt, dass auch unter Heranziehung dieser neueren Pflegemodelle die Praxis aus einer beständigen Abwägung von Maßnahmen gegenüber Patienten-orientierten und Umgebungsfaktoren (u.a. organisationale Erfordernisse in Einrichtungen oder familiäre Belastungszustände) besteht. Die Begriffe „Weglauftendenz" und „Hinlauftendenz" und deren zugrundeliegende Bedeutungsinhalte und Handlungsvorgaben sind ein sprechendes Beispiel für derzeit verbreitete, und als Handlungsgrundlagen genutzte Prämissen in der Demenz- und Altenversorgung, die jeweils ganz unterschiedliche Handlungsoptionen darlegen.

Es gibt kaum die ideale Pflegesituation, und es wird auch generell wenig seitens des Pflegepersonals unternommen, grundsätzliche Änderungen zu fordern oder durchzuführen. Die Studien I und II haben demonstriert, dass es generell nur wenig Austausch mit anderen entscheidungsmächtigen Akteuren im Feld darüber gibt, wie Pflegesituationen und Maßnahmen, z.B. Einsatz von Technik, sinnvoll verändert werden könnten – vgl. die hochdiversen Sichtweisen und Handlungspraktiken mit bestehenden technischen Artefakten, wie den elektronischen Türmeldern in Studie I. Diesbezüglich wurde häufig eine resignierende und passive Haltung seitens der Pflegenden vorgefunden, was auf einen geringen Handlungsspielraum dieser Berufsgruppe in Bezug auf Innovationen hinweist. Beck (2002, S. 207) beschreibt diese Positionierung des Pflegepersonals als „*in-between position*" zwischen den zu pflegenden älteren Menschen einerseits und den Leitungsebenen und deren politischen Vorgaben andererseits. Nach Beck ist damit ihre Nähe zu den zu Pflegenden sehr groß, aber ihre Rolle als Advokaten für diese gleichzeitig sehr begrenzt. Wie die Studien zeigen konnten, wirkt sich diese relativ geringe Handlungsmacht der Pflegenden auf die Selbstwahrnehmung und das Gefühl für eigene Handlungsoptionen bei den

Senioren selbst aus. In diesem Sinne sind die wahrgenommenen Handlungsmöglichkeiten der professionell Pflegenden mit denen der von ihnen zu Pflegenden gekoppelt. Trotz vieler Aspekte, die derzeit im Umschwung sind, wie neue Experten-/Laienrollenentwicklungen, neue „Arbeitsbündnisse" von professionell Pflegenden und Angehörigen zeigt sich, dass herkömmliche Berufsrollen- und Machtverteilungen im Medizinsystem auch noch wirkmächtig sind und das Diskursfeld mitbilden.

Eine weitere wichtige Dimension, die das Denken über Praktiken zur Autonomiewahrung im Bereich der Demenzversorgung beeinflusst, bildet die zurzeit nicht eindeutig geklärte juristische Sachlage über den Einsatz von Ortungstechnologien. Studie I lieferte hierzu viele widersprüchliche Handlungsweisen von Einrichtungen, die jeweils unterschiedlich legitimiert waren, je nach dem individuellen Zugang zum Rechtssystem (z.B. Beratung durch einen Anwalt oder Umsetzung von Beschlüssen des lokalen Amtsrichters), durch Heranziehung pflegetheoretischer Begründungen (z.B. personenbezogene Pflegeansätze nach Kitwood 2007) oder situativer Erfordernisse in der Praxis. Insgesamt führte die extreme Unklarheit der juristischen Sachlage damit zu vielfältigen Praktiken der Legitimation Autonomie eingrenzenden Verhaltens, sowohl bereits in der Reflexion darüber, welche Praktiken dies möglicherweise beinhalte, als auch in der Ausübung der täglichen Pflegepraxis.

7.1.1.5. Soziale Interaktion und Teilhabe

Über soziale Bedürfnisse bezüglich des Austauschs und der Kommunikation mit Familienangehörigen berichten Lindsay et al. (2006) von Asymmetrien zwischen älteren Menschen und ihren jüngeren Angehörigen. Weitere Ergebnisse zu sozialen Bedürfnissen im Bereich der Kommunikation zeigen z.B. den Wunsch nach tiefgründigerer Interaktion auf (Lindley et al. 2009, Dickinson und Hill 2007), die durch leichtgewichtige Kommunikationsformate wie SMS oder Textmessaging nicht erfüllt würde. Sokoler und Svensson (2008) betonen eher Problemaspekte, z.B. dass der Aufbau neuer Kontakte für ältere Menschen oftmals ein Problem darstellt. Hier haben die Autoren ablehnende Haltungen aus Angst vor Stigmatisierung herausgefunden. Die Fallstudien weisen darauf hin, dass beide Aspekte, der bestehende Wunsch nach sozialer Anbindung und Kommunikation sowie Ängste, sich zu öffnen und auf andere zuzugehen, in einer starken Spannung miteinander stehen. Dies demonstriert jede einzelne Fallstudie auf spezifische Weise. In Studie I zeigt sich, dass sowohl bei Menschen, die Symptome der Demenz an sich entdecken, als auch bei pflegenden Verwandten häufig ein Gefühl der Scham besteht. Dies führt oft zur Abgrenzung vom sozialen Umfeld und hat weitreichende Konsequenzen für den generellen Umgang mit der Erkrankung, beispielsweise dass die Erkrankten sehr spät einen Arzt konsultieren und die medikamentöse Behandlung und Beratung somit erst spät ansetzen können, meist erst dann, wenn bereits signifikante Probleme aufgetreten sind. Angebote von Selbsthilfegruppen für Angehörige werden häufig nicht genutzt, weil die Angehörigen Angst davor haben, andere mit ihrer Geschichte zu belasten oder zu überfordern. King und Forlizzi (2007) hatten diesbezüglich generelle Ängste von älteren Menschen festgestellt. Wir können diese Gruppe um die pflegenden Angehörigen von chronisch kranken älteren Menschen erweitern. Dies ist wiederum ein wichtiges Indiz dafür, die Perspektive auf die Zielgruppe im Set-up von Forschungsdesigns zu vergrößern und das Augenmerk mehr auf Verschränkungen und Interdepenzen von Problemlagen innerhalb von Netzwerken zu richten.

Einen weiteren neuen Aspekt, der bisher überwiegend eher als „natürlicher" Rückzugsprozess im Alter mit der Disengagement-Theorie (Cumming und Henry 1961) erklärt wird, zeigt die Studie II: eine starke Selbstmarginalisierung der Altenheimbewohner. Die empirischen Ergebnisse weisen damit darauf hin, dass ein sozialer Rückzug im hohen Alter nicht unbedingt ein „natürlicher" und damit eher positiv konnotierter oder aktiv gewünschter Rückzug ist. Im vorliegenden Fall war das Verhalten stattdessen verbunden mit negativen Gefühlen, Resignation und einer gefühlten Ausweglosigkeit, die zu einer Grundakzeptanz des eigenen Schicksals führte. Viele wirkten in der Tat so, als hätten sie sich bereits aufgegeben. Dies ist ein problematischerer Befund als die Aussage, die Zehnder über das Aktivitätslevel von heutigen Altenheimbewohnern getroffen hat (2007). Er beschreibt eine generelle Genügsamkeit und Zufriedenheit, die auch bei geringer von außen festgestellter Lebensqualität in Bezug auf soziale Interaktionen und soziale Aktivierung vorherrsche. Er führt dies auf die Kriegserfahrungen der heute lebenden Seniorengeneration zurück; diese teilweise extremen Erlebnisse im früheren Lebensalter würden die Probleme im höheren Alter relativieren.

Aus unserer Sicht kommt jedoch ein weiterer Aspekt hinzu, der die Problematik der sozialen Interaktion und des Zusammenlebens in einer stationären Einrichtung verstärkt. Hierbei handelt es sich um den Bruch in der Lebensführung und mit der angestammten sozio-kulturellen Umwelt und den sozialen Netzwerken durch den Umzug in eine Heimumgebung. Die Umstellung auf eine neue soziale Umgebung fällt vielen Bewohnern schwer – in der Empirie tauchte unter diesem Gesichtspunkt sehr häufig die beschriebene Spannung zwischen Abgrenzung und dem Wunsch nach Sozialität auf. So liegt einerseits im Haus ein moralischer Imperativ vor, dass man nicht als „einsamer Wolf" oder als sozialbedürftiger Mensch wahrgenommen wird von den Mitbewohnern. Auf der anderen Seite besteht aber häufig doch der Wunsch, in engere Interaktionen mit anderen zu treten. Wie man nach außen wirkt, also das von Goffman (1959) beschriebene „Eindruckmanagement", ist hier ein wirkmächtiger Mechanismus, der in vielen Fällen dazu führt, dass Kontaktaufnahmen, obwohl ersehnt, aus Angst vor Zurückweisung nicht stattfinden.

Auch wirkt sich die Sorge, wie man von außen wahrgenommen wird, verstärkend auf die Spannung zwischen Individualität und kollektivem Verhalten aus. So wird oftmals eine kollektive Orientierung verfolgt, z.B. durch die Teilnahme an angebotenen Veranstaltungen, vor dem Hintergrund, nicht gegen soziale Ordnungen im Haus zu verstoßen. Es wurde zudem der Wunsch geäußert, neben dem bestehenden Angebot an Gruppenaktivitäten im Haus in individuelle und spontane Interaktionen mit anderen Bewohnern treten zu können. Dies hat sich aber aufgrund der erwähnten Wahrnehmungs- und Selbstdarstellungsbarrieren nur selten ergeben.

Die Studie III zeigt ähnliche Befunde auf in sozialen Problemlagen. Auch hier besteht eine hohe Spannung zwischen dem Wunsch nach Abgrenzung und Eingebundenheit im nachbarschaftlichen Wohnumfeld. So werden in der ersten Interviewsequenz zunächst Abgrenzungstendenzen beschrieben, die mit interkulturellen Problemen in der Nachbarschaft zusammenhängen. Gleichzeitig wird ein Bedauern darüber geäußert, dass die soziale Isolation unter den Bewohnern so groß sei. Auch in der zweiten Interviewsequenz mit Bewohnern des betreuten Wohnens zeigen sich ähnliche Ambivalenzen.

7.1.1.6. Geschlechterbezogene Aspekte

Im Altenheim festgestellte Tendenzen der Resignation treten unter den Interviewpartnerinnen aus dem sozialen Wohnbau in Studie III in einer weiteren Form auf, nämlich in einem nicht mehr stimmigen, weiblichen Rollenkonzept. So hatten sich die Frauen in ihrem früheren, aktiven Lebensabschnitt stets als „Kümmerinnen" und Helferinnen definiert und sich um ihr soziales Netzwerk und die Familie gekümmert. Die Veränderungen im Altersprozess und innerhalb der familiären Strukturen gehen schließlich mit dem Verlust der vorherigen Rolle im Interaktionsgefüge einher und führen in der Konsequenz zu einem Gefühl der Nutzlosigkeit. Eine Neuformierung der sozialen Rolle hat häufig nicht stattgefunden, stattdessen besteht eine hohe Irritation und Frustration.

Auch die Studie I hat bisher in der gerontotechnischen Literatur nicht erwähnte Befunde bezüglich geschlechtsspezifischen Verhaltens in Familien mit einem demenzkranken Angehörigen gezeigt. So scheint die Pflege von erkrankten Frauen durch die Ehemänner bei älteren Paaren mit weniger Problemen in der Interaktion zu funktionieren, da hier familiäre Rollenausgestaltungen auch im Umgang mit der Erkrankung fortwirken. War die klassische Rollenverteilung an einer eher patriarchalischen Familienstruktur orientiert, so scheinen die erkrankten Frauen sich auch im Krankheitszustand besser durch ihre Ehemänner im Alltag führen zu lassen. Dies zeigt sich im umgekehrten Zustand häufig gegensätzlich, wie im Fall der Familie mit einem demenzkranken Vater und ehemaligen „Familienoberhaupt", den die Ehefrau und Tochter nicht davon überzeugen konnten, dass es in seinem Zustand zu gefährlich sei, lange Spaziergänge und Autofahrten alleine zu unternehmen. Trotz eingeholter Hilfen und Überredungsversuchen durch andere „Autoritäten", wie die behandelnden Ärzte, fühlten sich die beiden Frauen machtlos und warteten bis zur letzten Konsequenz, nämlich einem vom „Familienoberhaupt" verursachten Autounfall, der ihn selbst letztendlich davon überzeugt hat, dass er nicht mehr in der Lage war, das Auto selbständig zu führen. Genderstudien im Bereich der Technikaneignung weisen mit dem Begriff der „digital chivalry" (Day 2001) auf ein Verhalten von Männern hin, dass mit „ritterlichem" oder zuvorkommendem Verhalten gegenüber Frauen bezeichnet werden könnte und das eine Form des Ausdrucks männlichen Verhaltens bezeichnet. In den vorliegenden Fällen ist dieses Verhalten ein Bestandteil einer familiär eingeübten Rolle, die es Männern eventuell erleichtert, die Pflege der Ehefrau zu übernehmen.

Ein weiterer Aspekt in der Gender-Perspektive ist ein Beispiel der Mutter-Tochter-Rollenproblematik im Erkrankungszustand. Der Tochter ist es unangenehm, die Mutter in ihrer Autonomie zu beschränken. Dies führt dazu, dass sie ihre Mutter heimlich beobachtet und durch andere Maßnahmen, die die Mutter nicht bemerkt (z.B. die Errichtung eines beobachtenden und helfenden Netzwerks durch eine Haushaltshilfe und informierte Nachbarn), quasi eine Parallelwelt mit Sicherungsmaßnahmen um die Mutter herum aufbaut.

Schließlich zeigten sich genderrelevante Instanzen auch auf der Seite des Personals in den Studien I und II. Im Alzheimerprojekt konnte festgestellt werden, dass Personen in Beratungspositionen, wie z.B. in der ambulanten Beratung für familiäre Hilfen, eine besonders wichtige Rolle einnehmen, auch oder insbesondere wenn es um die Beratung hinsichtlich möglicher technischer Hilfen geht. Hier wurde deutlich, dass tendenziell eher Frauen im mittleren Alter, die selbst wenig technikaffin waren, sich als Verhinderer einer gedanklichen Beschäftigung mit technischen Hilfsmitteln erwiesen.

Ein ähnliches Phänomen zeigte sich im Altenheim. Hier waren insbesondere die Mitarbeiterinnen – wiederum in der postfamiliären Phase und wenig erfahren im Umgang mit neuen Medien – zunächst äußerst skeptisch gegenüber unseren Projektideen. Erst in der gemeinsamen Lernsituation innerhalb der Internet-Tage änderte sich ihre Haltung und ihre Motivation, selbst mehr über die Nutzung den potenziellen Einsatz des Internet und des Displays für ihre eigene Arbeit im Rahmen der sozialen Aktivitäten mit den BewohnerInnen zu erfahren.

7.1.1.7. Designkontexte

7.1.1.8. Widersprüchliche und konkurrierende Pflegetheorien und -ansätze

Designpraxis findet statt innerhalb einer Einbettung in Diskurse, die im avisierten Anwendungsfeld vorliegen. Das Anwendungsfeld „IT für die alternde Gesellschaft" weist in designmethodischer Hinsicht besondere Spezifiken auf im Vergleich zu anderen Feldern der angewandten Informatik. Diese zeichnen sich aus

7.1. Übergreifende Ergebnissichtung der Fallstudien 241

durch besondere Probleme in der Definition der Zielgruppe und der zu unterstützenden Praxis sowie auch durch soziale Distanzen und Unterschiede im Zugang zu neuen Medien zwischen Designern und älteren prospektiven Nutzern. Zusätzlich haben die Fallstudien aufgezeigt, dass das Feld der alternden Gesellschaft in zahlreiche, teils widersprüchliche Diskurse eingebettet ist; u.a. ist dies sichtbar an der Gleichzeitigkeit von Alternstheorien. Unterschiedliche Konzepte für ein Leben im Alter und das Altern lassen Bilder von älteren Menschen entstehen, die als Gegenpole entweder den sozialen Rückzug und den körperlichen und geistigen Abbau betonen oder aber aktive Bürger zeigen, die auch im höheren Lebensalter noch wichtige gesellschaftliche Beiträge zu leisten vermögen (BMFSFJ 2010, Wozniak 2011, Kruse und Wahl 2010). Diese konkurrierenden Bilder des Alters und Alterns spiegeln sich in vielfältiger Weise in den (Selbst-)Beschreibungen von Problemen im Alltag älterer Menschen, die Designern eine Entscheidung abverlangen, welchen Leitbildern sie folgen möchten in der Technikentwicklung. Das Beispiel der gleichzeitig bestehenden Begriffe „Weglauftendenz" und „Hinlauftendenz" für das Laufverhalten Demenzkranker in Studie I demonstriert deutlich, dass die Orientierung an der einen oder der anderen Pflegephilosophie sich letztendlich gravierend auf den Entwurf von IT-Funktionalitäten eines Ortungssystems und dessen Nutzungskontext auswirkt. Fungiert das Ortungssystem als Freiheitsbegrenzer, weil es nun jeden einzelnen Schritt des Trägers aufzeichnet und transparent macht? Oder ist es eher eine Technologie, die freiheitserweiternd ist, weil sie neue Formen der außerhäusigen Mobiliät ermöglicht für Menschen, die ansonsten nicht mehr alleine aus dem Haus gelassen werden können?

Innerhalb der Vorstudie wurden zwei kontrastierende Fälle der häuslichen Versorgung von Demenzkranken beschrieben, die ganz unterschiedliche Ansätze für das Design lieferten. Legt man die Beobachtung der bestehenden Praxis zugrunde, stellt sich angesichts der beiden gegensätzlichen Fallstudien die Frage, ob eher die restringierende Praxis eines Ehemannes unterstützt werden soll, der sogar Angst davor hat, seine demenzkranke Ehefrau innerhalb des Hauses alleine zu lassen. Im anderen Fall sucht eine Tochter einer Demenzkranken nach Möglichkeiten, die Selbständigkeit ihrer Mutter, die alleine in einem Haus lebt und auch Wege in der Kleinstadt allein durchführt, so lange wie möglich zu erhalten.

Ähnliche widersprüchliche Anforderungen wurden auch im stationären Bereich sichtbar. So konnte beobachtet werden, dass Mittel und Strategien zur Sicherung von Demenzkranken – sowohl „hightech" (z.B. Türsicherungen oder Überwachungskameras) als auch „lowtech" (z.B. besondere Bauweisen, wie versteckte Ausgangstüren oder Endlosflure) – in unterschiedlichem Maße als freiheitsentziehende bzw. den Bedürfnissen der Erkrankten entgegenkommende Maßnahmen definiert werden, je nach juristischem Beratungsstand oder organisationalen Erfordernissen.

7.1.1.9. Design im Diskurs

Die Fallstudien haben demonstriert„ dass in der vorliegenden Domäne ein Verständnis für Einflüsse und Diskurse aus der Makroebene auf die situierten Mikropolitiken notwendig ist; hier ist diese Erfordernis möglicherweise stärker als in anderen Domänen, da wir eine besondere Zielgruppe fokussieren, deren innere und äußere Auto- und Heterostereotypen im Umgang mit Alter(n)sfragen, Technikzugängen und Lebensbedingungen in einen breiten gesellschaftlichen Diskurs eingerahmt sind. Im Falle von kognitiven und sozio-psychologischen Barrieren besteht zudem die Problematik, dass unsere avisierten Anwendungspartner als „unzuverlässige Zeugen" erscheinen. Dies zeigt sich beispielsweise, wenn es nicht möglich ist aufgrund des Krankheitsprogresses mit Demenzkranken zu reden, Es hat sich aber auch in den Studien gezeigt, dass bestimmte Formen der (gesellschaftlichen) Selbstpositionierung älterer Menschen sich auf deren selbst wahrgenommene Handlungsmöglichkeiten erstrecken und sie sich damit selbst einer Reflexion über Verbesserungsmöglichkeiten des Lebensalltags entziehen.

Um die Problematik der verschränkten Wahrnehmungs-, Handlungs- und Wertzuweisungsprozesse von älteren Menschen, aber auch derjenigen Personen, die deren Alltagswirklichkeit mitkonstruieren, wie bspw. Angehörige und Pflegekräfte, besser verstehen zu können, bietet es sich an, den praxistheoretische Ansatz der Habitus-Feld-Theorie von Bourdieu (1989) als Interpretationsfolie heranzuziehen.

Für Bourdieu ist ein Habitus nicht angeboren, sondern eine erfahrungsgestützte innere Instanz, die auf der Grundlage von Handlungen entsteht. Als *„das Körper*

7.1. Übergreifende Ergebnissichtung der Fallstudien

gewordene Soziale" (Bourdieu und Wacquant 1996) lagert sich der Habitus in einer aktiven Auseinandersetzung mit der Welt durch konkrete Erfahrungen und Handlungen im Akteur ein. Bourdieu begreift den Habitus dabei als ein Verbindungsstück zwischen Struktur und Praxis. Der Habitus ist für ihn *„ein sozial konstituiertes System von strukturierten und strukturierenden Dispositionen, das durch Praxis erworben wird und konstant auf praktische Funktionen ausgerichtet ist"* (154).

Versteht man den Habitus als eine strukturierende Hintergrundstruktur soziokultureller Praxis (Hillebrandt 1999), so wird deutlich, dass sowohl die soziale Herkunft und Sozialisation, als auch die aktuellen Erfahrungen der im sozialen Raum handelnden Akteure die Dispositionen des Einzelnen formen und sich in einem zwar in seiner prozessualen Grundstruktur sich immer wieder erneuernden, aber dennoch auf bestimmbare Handlungspraktiken ausgerichteten Habitus inkorporieren, der sich in unterschiedlichen Lebensstilen äußert.

Aus diesen Überlegungen heraus schließt Bourdieu, dass nicht von prinzipieller Chancengleichheit ausgegangen werden darf, vielmehr ist der soziale Raum für ihn ein Kräftefeld, in dem bestimmbare Strukturen den sozialen Akteuren unterschiedliche Positionen zuweisen, die die Möglichkeiten für ein chancenreiches Leben prädisponieren (vgl. Hillebrandt 1989).

Unsere Lebenswelt ist zwar ein Raum, in dem das zielgerichtete Handeln aus der Vielzahl der Möglichkeiten eine Variante, eine mögliche Welt realisiert (die sich dann in einen Lebensstil, eine habitualisierte Lebensform subsumieren lässt), gleichzeitig aber ist die Vielzahl möglicher Welten zu jedem Zeitpunkt durch die jeweils wirkliche Welt, durch die gegebenen sozialen Verhältnisse und die Verfügbarkeit über ökonomisches, kulturelles und soziales Kapital eingeschränkt.

Mit dem Konzept des „sozialen Felds" betrachtet Bourdieu die unterschiedlichen Positionen, die soziale Akteure innerhalb eines sozialen Raums einnehmen können. Soziale Felder werden von ihm als Kräftefelder begriffen, die durch Konkurrenz, Macht und Einfluss gekennzeichnet sind. Um innerhalb eines Feldes eine bestimmte Position einnehmen zu können, bedarf es spezifischer Formen der Verfügung über ökonomisches, kulturelles und soziales Kapital.

Die Positionen innerhalb eines Feldes ordnen sich hierarchisch in ein Verhältnis von Herrschenden und Beherrschten an, die Positionen werden von den Akteuren umkämpft und tragen dazu bei, *„den Glauben an das Spiel, das Interesse an ihm und an dem, was dabei auf dem Spiel steht, fortwährend zu reproduzieren"* (Bourdieu 1999, 360). Das Agieren in einem Feld der Macht bedeutet also, einen ständigen Kampf mit unterschiedlichen Strategien um die Vermehrung oder Bewahrung der Machtressourcen und der damit verknüpften Positionen auszutragen. Mit dem Begriff „Spiel" wird die Eigendynamik der Felder betont, die sich aus dem Handeln der Akteure heraus konstituiert – verändern sich die Akteure, verändert sich auch das Spiel. Betrachtet man die Ergebnisse hinsichtlich des Positionierens der Akteure im sozialen Raum, so ermöglicht die Habitus-Feld-Theorie ein Verständnis auf mehreren Ebenen.

Zunächst ist in allen drei Feldstudien sichtbar geworden, dass der gesellschaftliche Rahmen mit seinen Legitimationsstrukturen in vieler Hinsicht bedeutsam ist und dass seine Deutung und Operationalisierung (z.B. im Design) ausgehandelt werden müssen.

Es wurde deutlich, dass sozio-politische, historische, mediale sowie sich ständig im Wandel befindende pflege- und medizinfachwissenschaftliche Diskurse Selbst- und Fremdkonzepte des Alter(n)s, der Versorgung von Älteren und möglicher medialer Unterstützung das „Spielfeld" „IT für die alternde Gesellschaft" beeinflussen.

In Studie I unterliegen derzeit ethische und rechtliche Fragen und Operationalisierungen einem Wandel, der sich auf die Wahrnehmungs-, Handlungs- und Bewertungsmuster von Pflegenden ganz unterschiedlich auswirkt. So implizieren die beiden konkurrierend genutzten Begriffe „Weglauftendenz" und „Hinlauftendenz" gänzlich unterschiedliche Pflegeansätze und Weltbilder und letztlich auch die Bewertung der Menschenwürde des Einzelnen. Mit Bourdieu könnte man formulieren, dass die Nutzer des Begriffs „Weglauftendenz" Demenzkranken die Möglichkeit völlig absprechen, Akteure im „Spielfeld" zu sein und vielmehr nur noch eine körperliche Hülle ohne oder mit schwindendem Geist, für die die Verantwortung völlig übernommen werden muss. Ausdeutungen und Operationalisierungen im Design sind entsprechend divergent: entwe-

7.1. Übergreifende Ergebnissichtung der Fallstudien

der ist das System dann ein „Sicherheitssystem" oder eine Anwendung zur „Freiheitserweiterung".

Aus Sicht der Angehörigen von Demenzkranken wird deutlich, dass die jeweilige Lebensführung vor der Erkrankung sich auf die Haltung gegenüber einer angemessenen Versorgung und Pflege der Erkrankten auswirkt. So sind geronnene Verhaltens- und Beziehungsmuster, Geschlechterrollen, Eltern-Kinder-Interaktionen wichtige Wirkfaktoren, die über die Mikro-Makroperspektive, den Habitus, besser erfasst werden können.

Auch der juristische Rahmen zur Nutzung von Location Based Services wird aus Sicht der Pflegenden als unübersichtlich und verunsichernd empfunden. Dies befördert die allgemeine Unsicherheit in den Haltungen gegenüber entsprechender Systeme zusätzlich. Es mangelt an juristischen Leitlinien für den Einsatz von Personenortungssystemen, wie sie beispielsweise für den Bereich der freiheitsentziehenden Maßnahmen vorliegen. In den Einrichtungen gibt es daher individuelle Argumentations- und Entscheidungsprozesse der Mitarbeiter, die sich je nach Position in der organisationalen Hierarchie unterscheiden können und die auch mit anderen Aspekten auf einer Makroebene verbunden sind, z.B. der Außendarstellungsnot gegenüber den Medien.

Wir haben in Studie I gesehen, dass die Pflegearbeit der Mitarbeiter in der Demenzversorgung eine permanente Kompromissarbeit ist, dass juristische und ethische Fragestellungen vor dem Hintergrund praktischer Lösungen fortwährend ausbalanciert werden müssen. Es ist häufig eine große Herausforderung, die Gleichzeitigkeit von sich verändernden Pflegetheorien, wie z.B. die Implementierung personenzentrierter Pflege, und die doch im Prinzip gleichbleibenden Anforderungen in der Praxis miteinander in Einklang zu bringen. Auf Managementebene fällt es leichter, neue, ethisch verträglichere Pflegekonzepte für Menschen mit Demenz zu kommunizieren als aus der täglichen Praxis heraus. An vielen Stellen wurde deutlich, dass auch das Pflegepersonal auf Station häufig nicht den eindeutigen Stellenwert von „Mitspielern" im Feld hat. Dies wurde z.B. sichtbar daran, dass die technischen Hilfsmittel, die eingesetzt werden, wie z.B. elektronische Türen, häufig nicht funktionieren oder dass deren Funktionsweise beim Stationspersonal nicht vollständig bekannt ist. Dies wird überwiegend akzeptiert und die bekannte Praxis der herkömmlichen Sicherheitsmaßnahmen weiter fortgeführt. Dies ist häufig mit einer resignativen Haltung über die bestehenden Zustände verbunden, die unveränderbar erscheinen. Ein weiterer Faktor, der die Handlungsoptionen des Pflegepersonals im Spielfeld reduziert, ist die häufig geringe Vertrautheit mit der Technikwelt.

Es hat sich als ein Muster gezeigt, dass die Leitungspersonen häufig eine Vision mit dem Technikeinsatz verbanden, der ihr Interesse und ihre Motivation zur Zusammenarbeit mit dem Designteam begründete. So war es häufig relativ einfach, den Zugang zum Leitungspersonal zu erlangen; der Zugang zu den Stationsmitarbeitern erwies sich jedoch dann als problematisch, wenn diese für sich keinen Sinn darin sahen, sich für das Technikthema zu engagieren. Dies basierte zumeist auch auf der Technikferne der Belegschaften, die im Pflegebereich zu einem großen Anteil aus teilzeitbeschäftigten Frauen im mittleren Alter bestehen, die weniger karriereorientiert und visionär auftreten und sehr häufig mit neuen Medien wenig Kontakt haben. So wie sie im Prinzip wenig Handlungsspielraum im medizinischen Feld besitzen, Entscheidungen über Änderungen in der Praxis (wie z.B. die Einführung neuer Technologien) mitzugestalten, so positionieren sie sich auch im Technikfeld am Rande. Starr und Ruhleder (1994) stellen eine Analogie her zwischen dem Technik- und dem Medizinfeld, in einer vergleichenden Perspektive auf Nutzer und Patienten, die man im vorliegenden Fall auch auf das Pflegepersonal übertragen kann. Starr und Ruhleder beziehen sich auf rationalistische und mechanische Ideen in der IT-Entwicklung, die implizieren, dass wenn die Requirements vollständig erfasst sind, es nur an den Unzulänglichkeiten der Nutzer liegen kann, wenn ein IT-System nicht effizient genutzt wird. Es liege also an der *„user non-compliance"*. Ähnlich ist das biomedizinische Weltbild ausgelegt, welches das Scheitern in Therapien und Behandlungsmethoden häufig einer mangelnden *„patient compliance"* anlastet, d.h., wenn der Patient sich nicht an die Regeln hält. Bezogen auf das Pflegepersonal kann konstatiert werden, dass sie diese Sicht des *„non-compliant user"* auf sich selbst übertragen und auch im Hinblick auf einen gemeinsamen Technikgestaltungsprozess sich sehr zurücknehmen und sich und ihrer Pflegeexpertise häufig die Relevanz absprechen, die diese in einem solchen Prozess zweifelsohne spielen sollte.

7.1. Übergreifende Ergebnissichtung der Fallstudien

Dass sich die resignative Haltung des Personals gegenüber neuen technischen Lösungen und technischem Support, z.B. auch in der Freizeitarbeit mit den Patienten, wie in Studie II beschrieben, letztendlich auch auf die Bewertung der Möglichkeiten für die Patienten auswirkt, ergibt sich unmittelbar. Der Begriff „caregiver confidence" (Li und McLaughlin 2011) muss im Sinne Bourdieus dann auch tiefergehend reflektiert werden, d.h. es muss auch hinterfragt werden auf welcher Basis sich eine Einschätzung über Kompetenzen und Interessen der Bewohner bei den jeweiligen Pflegekräften formiert.

Dass man resignative Haltungen aufbrechen kann, zeigen sowohl die Evaluation in Studie I als auch die Social Display-Studie (II): Sie boten die Möglichkeit, die eigene Praxis zu reflektieren und über das Verhältnis zu den stationären Bewohnern bzw. Patienten nachzudenken und neue Handlungsweisen zu erproben. Damit geht ein wesentlicher Weg des Empowerments über die Pflegenden, die im Designsetting nicht vernachlässigt werden dürfen.

Die Studien II und III zeigen weitere Aspekte auf hinsichtlich spezifischer Positionierungen von älteren Menschen im sozialen Feld. Viele ältere Menschen, denen wir begegnet sind, erfassen sich selbst erst gar nicht als „Mitspieler" im sozialen Feld. Nicht im Feld der Altenversorgung, wie z.B. im Altenheim, wo sie sich meist genügsam und bescheiden mit ihrem Status abfinden. Aber ebenso auch nicht als in irgendeiner Weise relevante Akteure im Technikfeld. Weitere Aspekte, die mit den gesellschaftlichen Rahmenbedingungen und der Selbstpositionierung älterer Menschen in Zusammenhang gebracht werden konnten, waren Zurückhaltung aufgrund von Ängsten, in einer unangemessenen Weise aufzufallen – sowohl als Schamgefühle aufseiten der Familien von Patienten mit einer beginnenden Demenzerkrankung als auch bei älteren Menschen, die nach dem Umzug in eine neue Lebensumgebung gerne Kontakt zum Umfeld aufbauen möchten, aber aus sozialen Ängsten, z.B. abgewiesen zu werden, sich diesem Risiko lieber nicht aussetzen. Die zentrale Frage ist hier, ob dieses Verhalten ein selbst gewählter Rückzug oder die Folge von gesellschaftlichen Ausgrenzungsprozessen ist.

Diese Problematiken haben für uns bereits den Zugang zum Feld drastisch erschwert. In Veröffentlichungen wird diese Zugangsproblematik kaum thematisiert – dies ist möglicherweise darin begründet, dass Projektteams sich eher

Anwendungspartner suchen, die der Thematik gegenüber per se aufgeschlossen sind. Die schlechte Erreichbarkeit von bestimmten Gruppen wird auch z.B. in der Sozialarbeit als ein Problem in partizipativen Projekten, z.B. im Stadtteil, diskutiert. AAL-Projekte sollten diese sozialen Probleme im Fokus haben, so sie den Anspruch haben, soziale Teilhabe und Selbständigkeit in der Breite zu unterstützen und nicht Gefahr laufen möchten, gesellschaftliche Ausgrenzung von bestimmten Gruppen mittels Technik zu verstärken, falls die beschriebenen sozialen Dilemmata ignoriert werden.

Es wurde deutlich, dass der Aufbau eines gemeinsamen Handlungsraums von Designern/Forschern und den älteren Anwendungspartnern bestimmte Positionierungen überwinden und auch hochaltrige Menschen damit für eine aktive Auseinandersetzung mit neuen Medien gewinnen konnte in gemeinsamen Lernprozessen.

Die Installation einer gemeinsamen Praxis über Feldgrenzen (der älteren Menschen/ des Personals/ des Designteams) hinaus bedarf der Kenntnis und der Beachtung ebenjener Voraussetzungen der spezifischen Positionierungen im Feld. Eine Analyse der Voraussetzungen mit Bourdieus Feld-Habitus-Ansatz, der das Handeln von Akteuren aus verschiedenen Feldern als unterschiedlich bedingt erkennen lässt, bietet zwar keine direkte Lösung von Kooperationsproblemen. Dafür stellt er jedoch die Möglichkeit einer realistischeren Problemwahrnehmung bereit, die im Rahmen von gestaltungsorientierten Interaktionskonzepten beachtet und adressiert werden können.

7.1.2. Designimplikationen

Die vorgefundenen diversen und teilweise widersprüchlichen Pflegepraktiken und Leitbilder in der Reflextion möglicher Nutzungsszenarien von Technologien für die alternde Gesellschaft zeichnen ein breites Bild für die vorliegende Domäne. Damit Technik praxis- und nutzergerecht gestaltet und eingeführt werden kann, ist es im ersten Schritt notwendig, die vielfältigen Diskurse und Ansätze in die Designarbeit aufzunehmen. Die Operationalisierung der vorgefundenen Ergebnisse stellt entsprechend eine hohe Herausforderung dar. Dieses Kapitel möchte die Umsetzung von empirischen Ergebnissen der Studie I in

7.1. Übergreifende Ergebnissichtung der Fallstudien 249

Designvorschläge besprechen und weiterführende Fragen für das Design für die alternde Gesellschaft diskutieren.

Die große Diversität von Pflegepraktiken und Leitbildern in der Demenzversorgung weist auf die Notwendigkeit der Anpassbarkeit von Software hin. Auf der Ebene der Operationalisierung hochindividueller Nutzeranforderungen im Design bilden softwaretechnische Ansätze aus dem Bereich des End-user Development (EUD) eine wichtige Grundlage (Lieberman et al. 2006). EUD richtet die Designperspektive auf Methoden und Ansätze, Softwaresysteme so flexibel zu gestalten, dass sie an individuelle und situierte Nutzerbedürfnisse durch die Anwender selbst angepasst werden können (Latzina und Beringer 2012). Weitere softwaretechnische Konzepte, die zu einer Individualisierung und Anpassbarkeit von Softwareartefakten beitragen, sind u.a. mit Fragen der Aneignung verbunden (Pipek 2006, Dix 2007). Softwaretechnische Unterstützung der Aneignung von IT erstreckt sich beispielsweise auf die Fähigkeiten eines Systems, auch unerwartete, und von Designern primär nicht intendierte Nutzungssituationen zu unterstützen. Metadesign (Fischer und Giaccardi 2006) richtet sich als ein weiteres Designparadigma insbesondere auf die Anpassbarkeit für Nutzungssituationen, die sich häufig wandeln und damit einen beständigen Anpassungsbedarf aufzeigen. Mit diesem Konzept wird der Nutzer selbst als Co-Designer angesehen, der die Software entsprechend seiner Bedürfnisse anpassen kann.

In der Studie I wurden für folgende Funktionalitäten Kompromisslösungen entwickelt, die es den Nutzern ermöglichen, die Technik an ihre aktuellen Pflegepraktiken anzupassen:

- Anlegen eines Sicherheitsbereichs

Es ist möglich, auf einer Karte einen Sicherheitsbereich einzuzeichnen. Wenn der Träger des Trackers diesen Bereich verlässt, erfolgt ein Alarm an die Pflegeperson. Die Nutzung des Systems ist aber auch ohne die Einzeichnung eines Sicherheitsbereichs möglich, indem man sich in das System einloggt und eine punktuelle Ortung durchführt. Das Anlegen des Sicherheitsbereichs kann individuell erfolgen. Er kann bei einem erhöhten Sicherheits- und Kontrollbedürfnis sehr eng um ein Haus oder eine Einrichtung gezeichnet werden, sodass sehr frühzeitig ein Alarm erfolgt, z.b. wenn die demenzkranke Person die Einrichtung verlässt. Die Sicherheitszone kann aber auch sehr weit gefasst werden, um möglichst viel Raum zu lassen und die Person lediglich vor bestimmten, weiter entfernten Gefahrenquellen, wie z.b. einem See oder eine Autobahn in der Nähe zu schützen.

Wünschenswert wäre auch vor dem Hintergrund der Vielfältigkeit der Bedenken und Praktiken hinsichtlich der Autonomiewahrung der Pflegebedürftigen die Möglichkeit, Sicherheitsbereiche maskieren zu können, d.h., das System zeigt an, dass die Person sich in dem vordefinierten Bereich befindet, dass jedoch keine dezidierte Ortung möglich ist. Diese Funktionalität konnte aus Zeitgründen nicht implementiert werden, wurde aber als Konzept während der Evaluationsphase weiterverfolgt und ihre Nützlichkeit diskutiert.

- Permanente Ortung vs. Ortung bei Bedarf

Der Modus ist einstellbar auf eine punktuelle (Polling) oder regelmäßige (Tracking) Positionsanfragen in definierten zeitlichen Intervallen.

- Ortungsintervall

Die Frequenz der Ortung im Trackingmodus ist an die individuellen Bedürfnisse der Pflegekräfte anpassbar. Dies kommt dem Spannungsfeld entgegen, dass durch die individuelle Fortbewegungsgeschwindigkeit eines Demenzkranken und den Privatheitsbedenken der Pflegenden gegeben ist. In manchen Fällen ist ein schnelles Eingreifen der Pflegenden wichtig, wenn sich die Betroffenen sehr schnell von der Einrichtung entfernen. Eine zweiminütige Ortungsfrequenz kann hier bereits große Probleme bereiten, weil sich die Person in dieser Zeit bereits sehr weit wegbewegen kann. Demgegenüber stehen Abwägungen, dass größere Ortungsintervalle dem Bedürfnis, die Privatsphäre so stark wie möglich zu wahren, entgegenkommen. Hier muss die Pflegekraft im individuellen Fall abwägen.

Die Frage nach dem angemessenen Ortungsintervall wird von einer weiteren technischen Komponente, der Akkulaufzeit, beeinflusst. Mit dem aktuellen Stand der Technik hält der Akku auch bei niedrigfrequentiger Ortung, z.B. in zweiminütigen Abständen, maximal acht Stunden vor. Bei kleinschrittiger Ortung ist die Akkulaufzeit entsprechend verringert. Dies gilt es beim aktuellen Stand der Technik in die Abwägungen mit einzubeziehen.

Die Diskussion über die Anpassbarkeit von Awarenessfunktionalitäten in der Demenzversorgung führt zu besonderen Implikationen im Spannungsfeld von Awareness und Privatheit. Dieses Spannungsfeld zwischen der Herstellung von Transparenz von Aktivitäten und der Wahrung der Privatsphäre wurde im Bereich des computerunterstützten kooperativen Arbeitens bereits vielfach thematisiert (Birnholtz et al. 2007, Hudson und Smith 1996). So ist ein wichtiges Ergebnis, dass die Sichtbarkeit von Arbeitsaktivitäten eine notwendige Eigenschaft kooperationsunterstützender Systeme darstellt, dass andererseits jedoch immer auch die Gefahr besteht, dass diese Eigenschaften als Mittel der Kontrolle und Überwachung genutzt werden können (Wulf und Hartmann 1994, Fuchs et al. 1996). Im Design für ältere Menschen wurde diese Problematik bisher entlang der Linie „Interaktion fördern" und „Privatheit wahren" mit Awarenessfunktionalitäten besprochen (Birnholtz und Jones-Rounds 2010). Diese Anwendungskontexte unterscheiden sich jedoch gravierend vom vorliegenden Anwendungsfeld der Demenzversorgung, da es hier um Fragen der Wahrung von Privatheit und Würde von Menschen geht, die darüber in den meisten Fällen keine eigene Entscheidung mehr treffen können.

Daher sollten vor diesem Hintergrund nicht nur die einzelnen Funktionen beachtet werden, die zu implementieren sind, sondern das Design sollte generell holistischer fundiert sein.

Dazu zählen umsichtige Überlegungen im Vorfeld, für welche Rollen Datensichtbarkeiten konfigurierbar gestaltet werden müssen. Es wurde deutlich, dass Rollen sich sehr stark ausdifferenzieren können, da Pflegende Professionelle, verschiedene Familienangehörige oder unterschiedliche externe Helfer sein können, wie z.B. Betreuungskräfte, die unregelmäßig vor Ort sind. Aufgrund der hohen Anforderungen an Rollendifferenzierungen sollten diese zur Designzeit nicht endgültig festgelegt werden, sondern auch zur Nutzungszeit individuell konfigurierbar sein. Darüber hinaus ist wichtig, dass die Funktionalitäten eine Balance bieten zwischen den Wahrnehmungsbedürfnissen der Stakeholder und einer Kontrollierbarkeit der Interessen der beobachteten Personen. Somit sind

Funktionen, die während der Benutzung eine Ausdifferenzierung von Rollen ermöglichen, eine notwendige, aber keine hinreichende Bedingung. Der vorliegende Anwendungsbereich erfordert daher weitere Maßnahmen zur Wahrung der Interessen der verletzlichen Personen.

Dies bedeutet, dass neben funktionalen Designimplikationen die methodischen Implikationen einen wesentlichen Raum einnehmen sollten. Dies kann über eine externe Begleitung des Designprozesses erfolgen, beispielsweise in Form von Ethikboards. Aus dem Feld des Participatory Design stammt das Konzept der Nutzeranwälte in Form zusätzlicher Instanzen, die den Designprozess extern begleiten (Mambrey et al. 1996). Als ein wesentlicher Aspekt stellt sich jedoch darüber hinaus die Notwendigkeit dar, dass Designer und Forscher sich mit ihren eigenen Altersbildern stärker auseinandersetzen. So könnten Reflexionsworkshops als Werkzeuge eingesetzt werden, die allen Beteiligten helfen, ihre eigenen Altersvorstellungen zu hinterfragen.

Die Diskussion der technischen Funktionalitäten zur Anpassung an – teilweise konkurrierende – Pflegepraktiken ist im vorliegenden Anwendungsbereich jeweils eng mit ethischen Positionen verknüpft, da sie immer auch eine stellvertretende Deutung über die Angemessenheit des Umgangs mit einem kranken Menschen beinhaltet. Daher wäre es zu verkürzt, Anpassbarkeit nur vor dem Hintergrund technischer Möglichkeiten und der situierten Praxis der direkten Anwender – der Pflegenden – zu reflektieren. Technische Funktionalitäten stellen daher aus Sicht des Designs zunächst Kompromisslösungen dar, um verschiedene Pflegepraktiken adressieren zu können.

Weil das Setting aber sowohl direkte, handlungsmächtige als auch indirekte Anwender fokussiert, die in ihrer Handlungsfreiheit und Entscheidungsmacht eingeschränkt sind, besteht zudem die Fragestellung der ethischen Selbstpositionierung der Designer: Entwirft man in erster Linie Designs für die vorgefundenen Praxisprobleme oder sollte es auf der Basis eines sozio-informatischen Verständnisses möglicherweise darum gehen, im Sinne der betroffenen Demenzkranken zu handeln? Wäre es dann die Aufgabe des Designers, darauf einzuwirken, dass restringierende Praktiken minimiert werden? Und daran schließt sich die Frage an, ob die Technikforschung und das Technikdesign sich diesem Anspruch zu stellen vermögen und in welcher Form. Sollten dafür wei-

7.1. Übergreifende Ergebnissichtung der Fallstudien

tere Qualifikationen angeeignet werden, oder müsste man andere Projektpartnerschaften aufbauen, z.b. mit Sozialarbeitern, die dazu führen, gut reflektiertes patientenorientiertes Design sowie die Praxisperspektive für die Pflegenden im Sinne einer Veränderung der Praxis zu etablieren? Fest steht, dass Designer und Forscher mit der zu entwickelnden Technik auch immer Facetten von Autonomie und Wohlergehen mit entwerfen und damit Entscheidungen und Praktiken beeinflussen. Daher ist es unmöglich, sich einer gewissen Mitverantwortung zu entziehen. Verbeek (2011) spricht vom Technikdesign als *„materializing morality"*. Es existieren bereits eine Vielzahl von Ansätzen und Instrumenten, die entwickelt wurden, um mögliche Auswirkungen von Technik zu antizipieren oder diskutierbar zu machen, wie beispielsweise szenario-basiertes oder Value-Sensitive Design (Friedman und Kuhn 2003). Die hier beschriebene Konfliktlage wird dadurch allerdings nur teilweise adressiert und ist im Feld AAL bisher noch ein weiterzuentwickelnder Bereich.

7.1.3. Einführungs- und Aneignungsaspekte

Die folgenden Unterkapitel diskutieren Einführungs- und Aneignungsaspekte, die innerhalb der drei Designfallstudien in unterschiedlicher Intensität erfolgten. Im Verständnis des Dreischritts der Designfallstudien haben bisher nur die Studien I und II alle Phasen durchlaufen, wobei der Schwerpunkt auch hier wieder auf der Studie I liegt, da in deren Rahmen alle drei Phasen (Vorstudie, Design, Evaluation) in idealtypischer Form durchlaufen wurden.

7.1.3.1. Einführungsprozesse

Die bisherigen Beschreibungen weisen bereits darauf hin, dass Einführungsprozesse von neuen Medien in die realen Lebens- und Arbeitsbereiche von älteren und/oder nicht technikaffinen Menschen bereits in der Vorstudie auf der Basis einer nachhaltigen Beziehungsgestaltung sowie eines sukzessiven Aufbaus eines gemeinsamen gedanklichen Möglichkeitsraums verankert werden müssen. Dies steht im Gegensatz zu gängigen User-Centered Design-Ansätzen (u.a. Lindsay et al. 2012, Barrett und Kirk 2000; Line und Hone 2004) die diese Ebene des gegenseitigen Lernens zwischen Designteam und Anwendergruppe bereits in der Rekrutierungsphase sowie auch der nachhaltigen Beziehungsgestaltung bisher nur wenig thematisieren.

Diese gemeinsame Gestaltung eines gedanklichen Möglichkeitsraums erstreckte sich in Studie II als ein fließender Übergang von der Erhebungsphase zur Prototypen-Einführung. In Studie III wurde offensichtlich, dass die Möglichkeit, bereits im Rahmen der Vorstudie unterschiedliche Geräte und Anwendungen in einem geschützten Rahmen explorieren zu können, ein wesentlicher Meilenstein ist, um im nächsten Schritt Technik in der häuslichen Umgebung zu testen. Hier kommt hinzu, dass insbesondere Kommunikationsanwendungen im Vordergrund stehen, die ja nur in einem Netzwerk sinnvoll zu nutzen sind. Daher war es wichtig, die gemeinsamen Treffen mit den Senioren in deren Clubraum auch unter der Perspektive durchzuführen, dass die späteren Living Lab-Beteiligten sich enger kennenlernen und damit eine möglicherweise vorhandene Scheu in der Kontaktaufnahme über das interaktive Fernsehen minimiert werden konnte.

Bezüglich der Schnittflächen der entwickelten Systeme in Studie I und II zum professionellen Arbeitsbereich kann festgestellt werden, dass das Designteam zu Beginn die organisationalen Besonderheiten, wie zunächst unsichtbare Hierarchien, aber auch die Technikferne und Skepsis der Mitarbeiter zu wenig beachtet hatte. In Studie II wurde deutlich, dass ein Zugang zu den Bewohnern dann erfolgreich sein kann, wenn das Personal selbst von den Maßnahmen überzeugt ist und sie sinnvoll findet. Hier waren zunächst wesentliche Hürden zu überwinden, die aber im Laufe des Projektes abgebaut werden konnten. Da offensichtlich geworden ist, dass die meisten Bewohner von der Technik dann profitieren, wenn sie sie mit einem Mitarbeiter gemeinsam nutzen können, z.B. in Form der audio-visuellen Unterstützung von Biographiearbeit und Erzählen, wurde als ein weiterer Schritt ein Schulungskonzept für die Mitarbeiter entwickelt, um ihnen zu helfen, ihre Medienkompetenzen und Möglichkeiten der Techniknutzung in ihrer Arbeit mit den Bewohnern zu erhöhen.

In beiden Studien wurden die Einführungsprozesse auch dadurch erschwert, dass zwar einerseits die Heimleiter für die Projekte aufgeschlossen waren und die Einführung und Exploration der Technik stark befürworteten; sie fungierten also als für uns notwendige Türöffner. Andererseits haben sich im „Übergabeprozess" von den Leitern zu den Mitarbeitern, die die Technik letztendlich nutzen sollten, zahlreiche Schwierigkeiten aufgetan. Gründe dafür waren hierarchische Probleme oder eine grundsätzliche Abneigung der Mitarbeiter gegenüber der Technik aufgrund ihrer Technikferne, sodass die Türöffner gleichzeitig auch „bottle necks" in die Praxis darstellten. Dieser Übergabeprozess in Organisationen von der Kontaktaufnahme und der Motivation für eine Teilnahme hin zu den Akteuren, die an der Basis sind, muss in Folgeprojekten genauer betrachtet werden. Die Hierarchieproblematik ist aus zahlreichen CSCW-Studien bereits bekannt, jedoch weist das vorliegende Forschungsfeld demgegenüber spezifische Besonderheiten auf. Da in den Projekten oft ältere Menschen im Zentrum stehen, die in ihrer Handlungs- und Entscheidungsfähigkeit unterschiedlich stark eingeschränkt sind, ist der Aufbau einer Kooperationsbeziehung zu deren Betreuungspersonen – Verwandte oder professionelle Pflegekräfte – essenziell, weil diese die Motivation von älteren Menschen zur Teilnahme an einem IT-Gestaltungsprojekt stark beeinflussen und Bedarfslagen mitdefinieren. In den Studien I und II wurden wir durch das Leitungspersonal an die Pflegenden auf den Stationen „übergeben" und somit waren nicht nur die Handlungsmöglichkeiten des Designteams, sondern auch jene der Bewohner vom Interesse und dem Engagement der Pflegenden abhängig.

7.1.3.2. Aneignungsprozesse

Ein alle drei Studien übergreifender Aspekt der Aneignung der Prototypen bzw. in Studie III der Aneignung der von uns ausgegebenen „off the shelf"-Geräte ist das aufgebaute Vertrauen und die starke Beziehungsgestaltung zwischen Designteam und Anwendungspartnern. Es hat sich erwiesen, dass eine starke Vertrauenskultur die Fehlertoleranz der Anwendungspartner in der Evaluationsphase erhöht. Dies ist ein wesentlicher Befund für Living Lab-Ansätze, in denen funktionsfähige und relativ stabile Prototypen ausgehändigt werden, damit die Nutzer diese vor dem Hintergrund ihrer Alltagspraxis testen können. Dennoch können immer unerwartete und nicht antizipierbare Systemfehlern auftreten. Diese können die Testphase sehr negativ beeinflussen. Während der Evaluationsphase im Haus Abendsonne im Rahmen der Studie I wurde das Interesse der zuständigen Pflegekraft an der Nutzung durch Systemfehler zum Beginn der Nutzungsphase gravierend minimiert. Vermutlich haben die anfänglichen Systemprobleme einen starken Einfluss auf die Art der Übergabe des Systems von der Pflegekraft an die technisch interessierten jungen Pflegehelfer gehabt. In diesem Fall bestand im Vorfeld nicht die Möglichkeit, ein engeres Vertrauensverhältnis zur Pflegekraft aufzubauen, was letztendlich eine beinahe völlige Abkehr der Pflegerin von dem System und dem gesamten Projekt zur Folge hatte. In anderen Evaluationssettings der Studie I traten sowohl zu Beginn als auch während der mehrwöchigen Testphase immer wieder Probleme mit dem System auf. Diese haben den Evaluationsverlauf jedoch nicht gefährdet wie im ersten Setting, da hier im Vorfeld mehrere Gespräche sowie die jederzeitige telefonische Erreichbarkeit des Designteams bei Fragen und Problemen den Nutzern eine zusätzliche Motivation gegeben hatten, nicht direkt zu verzagen und die Nutzung aufzugeben. Derselbe Effekt konnte auch bei der Nutzungsphase der Smartphones durch Senioren des Computerclubs in Studie III beobachtet werden sowie bei den Mitarbeitern im Altenheim im Studie II.

Die Betrachtung der Veränderungen der sozialen Praxis durch die IT-Artefakte in den Studien I und II zeigt jedoch auch, dass es notwendig ist, Designziele auch unter der Fragestellung zu reflektieren, welche sozialen Probleme durch Technik überhaupt lösbar sind.

In der Design Case Study I konnten die eingesetzten Prototypen eine Erleichterung im Pflegealltag bewirken, aber keinesfalls eine umfassende Lösung des vorliegenden Praxisproblems. So konnten Suchprozesse durch die Ortungstechnologie in einer stationären Einrichtung vereinfacht, aber nicht vollständig abgelöst werden. In der Familie hat die Technik dazu beigetragen, das Sicherheitsgefühl der Ehefrau zu erhöhen, wenn der demenzkranke Ehemann alleine spazieren geht. Auch die Nachvollziehbarkeit und Sichtbarmachung der abgelaufenen Wege des Mannes trug zu einem höheren Sicherheitsgefühl bei. Doch die grundsätzlichen ethisch-moralischen Probleme, die in der Ausübung der Kontrolle und stellvertretenden Deutung über einen anderen Menschen vorliegen, sowie Probleme in der Organisation des Familien- oder Stationsalltags mit einem Menschen mit Laufverhalten oder auch die Trauer und Resignation über den körperlichen und geistigen Abbau eines nahestehenden Menschen bleiben weiterhin bestehen.

So hat sich des Weiteren gezeigt, dass es im Falle der Demenzversorgung keinen eindeutigen Risikodiskurs gibt: Es geht meist nicht um die Entweder-oder-Frage: „Lassen wir den Patienten alleine laufen oder nicht?" Vielmehr fließen

7.1. Übergreifende Ergebnissichtung der Fallstudien 257

Zwischentöne und Nuancen in die Entscheidungsbegründungen mit ein. Zudem sind Risiken auch in einer holistischen Perspektive zu betrachten, denn deren Evaluation ist kulturell, sozial und situativ bedingt (vgl. Robinson 2008). Eine allumfassende Lösung ist daher selten möglich, aber eine kleine Erleichterung kann manchmal schon große Wirkungen zeigen.

Für das Redesign waren im Einzelnen folgende Aspekte wesentlich:

- Speicherung früherer Routen

Diese Funktionalität wurde von den Anwendern unterschiedlich beurteilt. Einerseits empfinden einige Pflegende eine längerfristige Speicherung von Positionsdaten als einen zu drastischen Eingriff in die Persönlichkeitsrechte der Demenzkranken. Andere bezeichnen demgegenüber diese Funktionalität als extrem hilfreich, um im Nachhinein ein besseres Gefühl dafür zu bekommen, was den Kranken dazu bewegt hat, von bekannten und regelmäßig genutzten Spaziergangsrouten abzuweichen. Dies wurde auch unter dem Gesichtspunkt als hilfreich angesehen, für eine kommende Suchaktion das Suchgebiet besser eingrenzen zu können. So wurde in zwei Evaluationssettings berichtet, dass die Technik über die Dokumentation von Bewegungsprofilen als Mediator fungierte, um ein besseres Verständnis für Bewegungsmotive der Kranken zu erhalten, die auf sprachlich-kommunikativem Weg nicht mehr zu erhalten sind. Zwar gibt die Technik nicht immer eine direkte Antwort auf die Frage, warum die Erkrankten von ihren gewohnten Routen abweichen, oder weshalb sie bestimmte Orte aufsuchen, aber sie bietet neue Ansätze, über mögliche Antworten zu reflektieren, oder bestehende Vermutungen besser eingrenzen zu können. Die Abbildung vergangener Routen kann so das Handeln der Erkrankten, das nicht mehr auf sprachlich-kommunikativer Ebene mitgeteilt werden kann, bedingt sichtbar machen. Dadurch können die Pflegenden in einzelnen Fällen besser für einen zukünftigen Sucheinsatz gerüstet sein.

- Kollaboratives Suchen:

Suchprozesse werden häufig von mehreren Personen gleichzeitig durchgeführt, von denen einer die Koordination übernimmt, insbesondere in stationären Kontexten. Die Koordination erfolgt per Telefon. Es hat sich erwiesen, dass es günstig für die Pflegenden wäre, wenn für den Zeitraum der Suche auch die Suchenden selbst getrackt werden könnten. Dies würde die Kommunikation und Koordination erleichtern. Hierbei würden allerdings wiederum neue Fragen zur Privatsphäre auftreten, welche aber seitens der Pflegekräfte als unproblematisch eingeschätzt wurden, sofern sie auf einen definierten Zeitraum des Sucheinsatzes begrenzt sind. Das Wohl des Kranken steht an dieser Stelle aus der Sicht der Pflegenden über dem Recht der Pflegekräfte auf Privatsphäre.

- Spezifizierungen des Sicherheitsbereichs zur Wahrung der Privatsphäre

Die Evaluation hat gezeigt, dass eine weitere Vertiefung von Abstufungskonzepten des Sicherheitsbereichs zur Wahrung der Privatsphäre der Demenzkranken notwendig ist. So wurde das Konzept der Maskierung des Sicherheitsbereichs als wirksam betrachtet. Darüber hinaus wurden weitere Anforderungen gestellt, die eine höhere Flexibilität im Umgang mit dem angelegten Sicherheitsbereich ermöglichen. So wurde eine Verknüpfung von zeitlichen Intervallen mit der räumlichen Eingrenzung von Aufenthaltsbereichen vorgeschlagen, die es ermöglicht, die Aufenthaltsbereiche je nach Tageszeit anzupassen. Beispielsweise könnten die Bereiche nachts enger gefasst werden als bei den Tagesspaziergängen der Kranken, weil dann meist zusätzlich andere Methoden des Aufpassens angewendet werden und die Personaldecke höher ist.

- Unterstützung zur besseren räumlichen Orientierung der Ortenden

Die Evaluation der mobilen Anwendung hat bestätigt, dass die Anzeige beider Positionen, die des Kranken sowie auch die der Pflegeperson, die die App nutzt, für die Orientierung der Pflegenden sehr hilfreich ist. Als zusätzliches Feature wurde eine Navigationsunterstützung gewünscht, die insbesondere ortsfremden Pflegekräften hilft, den Kranken auf kürzestem Wege zu erreichen.

Um mit dem das Heim umliegenden Gebiet besser vertraut zu werden und sich besser über die Umgebungsbereiche austauschen zu können, soll beim Redesign auch die Möglichkeit enthalten sein, eigene *„points of interest"* in der Karte anzulegen oder unter Rückgriff auf bestehende Portale lokale Geschäfte etc. in die Karte einzufügen.

7.1. Übergreifende Ergebnissichtung der Fallstudien 259

Des Weiteren ist es hilfreich zu wissen, mit welcher Geschwindigkeit sich der Patient fortbewegt. So kann man z.B. feststellen, ob er möglicherweise zu Fuß geht oder in einem Bus ist.

In Studie II zeigte die Evaluation, dass Technik in Form des Displays mit einfachen Anwendungen die Funktion einer Moderation für die Kontaktaufnahme zwischen Bewohnern untereinander sowie zu Besuchern übernehmen konnte. Besonders hervorzuheben ist die positive Wirkung des Displays und seiner Anwendungsmöglichkeiten, um die Spannungslage zwischen dem Wunsch nach Kontakt und der gleichzeitigen Angst vor Ablehnung abzuschwächen. Als ein handlungsentlastender „Mediator" fungiert das Display in der Eingangshalle, indem es den Bewohnern ermöglicht, bei der Betrachtung der Programme unverbindlich in Kontakt zu treten und ein Gespräch zu beginnen. Man kann nur kurz auf dem Spaziergang Halt machen und sich ein Kurzprogramm anschauen oder auch eine längerfristige Interaktion aufnehmen, und dies sowohl alleine als auch gemeinsam mit anderen Interessierten, die sich vor dem Display einfinden. So kommt dem Display eine legitimierende Funktion zu für die eigene Anwesenheit in der Halle und möglicherweise auch für die Aufnahme einer Unterhaltung über die gezeigten Inhalte mit anderen Personen vor Ort.

Auch die Bewohner-Mitarbeiter-Interaktion konnte positiv beeinflusst werden, indem gemeinsame, iterative Internetrecherchen eine tiefergehende Beschäftigung mit den Lebensthemen und -interessen der Bewohner befördert haben. Denn nicht nur für das Designteam war es essenziell, Ankerpunkte aus der Lebens- und Gedankenwelt der Bewohner zu eruieren. Dies ist ebenso wichtig für die tägliche Arbeit der Sozialarbeiter und Pflegenden, deren Basis gehaltvolle Gespräche mit den Bewohnern darstellen. Auch für die Pflegenden ist es häufig schwierig, bei sehr zurück gezogen lebenden und passiv agierenden Menschen solche Themen zu finden. Es finden Biographie-Sitzungen nun häufig vor dem Display statt – sowohl in Einzelsitzungen als auch mit mehreren Bewohnern gleichzeitig. Gefundene Informationen in Form von Bildern, Texten oder auch Audiodateien werden zurzeit in Form von Powerpoint-Präsentationen seitens des Personals gespeichert und gesammelt. Hier ergeben sich weitere Forschungsaufträge hinsichtlich der Gestaltung einer praktikableren Dokumentati-

260   Kapitel 7. Diskussion aller Fallstudien

onsumgebung. Allerdings treten auch neue Fragen im Hinblick auf Aspekte der Privatheitsphäre auf.

Es muss allerdings festgehalten werden, dass nicht alle Bewohner mit der neuen Technologie erreicht werden können und dass soziale Isolation und Barrieren in der Kontaktaufnahme auch durch das Display nicht vollständig gelöst werden können.

7.1.4. Methodische Überlegungen

Es ist mittlerweile *common sense*, dass Designarbeit für den Alltagsbereich im Gegensatz zu Arbeitsplatzanwendungen neue Designparadigmen erfordert (vgl. u.a. Crabtree et al. 2005). Wright und McCarthy (2004) schlagen hierzu vor, die Erfahrungen und Interaktionen in der Lebenswelt der prospektiven Nutzer stärker in den Vordergrund zu stellen. Ein anderer Ansatz wird von Gaver et al. (1999) verfolgt mit *„ludic"* bzw. *„playful design"*, das sich bereits in der Anforderungserhebung mit Methoden auseinandersetzt, die es den Anwendungspartnern ermöglichen, sich auf spielerische Weise mit ihrer Lebenswelt auseinanderzusetzen und z.B. mit „Cultural Probes", die Lust auf das Experimentieren machen sollen, ihren Alltag für die Forschung zu dokumentieren. Alle Ansätze verfolgen das Ziel, dem aus der Arbeitswelt vorherrschenden Effizienz-Paradigma neue Nutzungsziele und -optionen von neuen häuslichen Medien entgegenzustellen.

Aus einer Perspektive, die auf die frühen Participatory Design-Ziele im Utopia-Projekt (Blomberg und Henderson 1990; Kyng 1998) gerichtet ist, kritisieren Iversen et al. (2004) diese spielerisch ausgerichteten Forschungsansätze jedoch, da sie diese als zu wenig zielorientiert und gleichzeitig als zu wenig auf sinnstiftende Aktivitäten der Forschungspartner ausgerichtet sehen – und die damit nur bedingt geeignet sind, die für die prospektiven Nutzer signifikanten und subtilen Aspekte ihres Alltags gezielt zu erfahren und zu dokumentieren. Indem Iversen et al. (2004) die originären Ideen des Utopia-Projekts – Emanzipation, Demokratie und Produktqualität – als Stützen sehen, vor deren Hintergrund sie ihre eigenen Projekte bewerten, erscheint ihnen der *„ludic approach"* als ein zu schwacher Ansatz, um in Projekten mit Menschen, die technikfern und/oder in ihrer Selbständigkeit gefährdet sind, eine holistische und legitime Perspektive auf Lebenswelten einnehmen zu können.

Andere Forscher weisen in ihren Arbeiten in Projekten mit älteren Menschen darauf hin, dass spezifische Probleme und Barrieren vorliegen, für die neue Methoden entwickelt werden müssen. In der Umsetzung bleiben die Autoren allerdings recht vage oder produzieren von vornherein ein passives Altersbild, das sich in unserer Forschung nicht bestätigt hat (vgl. u.a. Coleman et al. 2010, Blythe et al. 2010, Massimi et al. 2007, Ijsselsteijn et al. 2007). Dies mag zu einem großen Anteil daran liegen, dass sie nur den situativen Kontext betrachtet und keine holistische Perspektive eingenommen haben.

Es ist daher sinnvoll, die von Iversen et al. (2004) mit Bezug auf Ehn (1993) diskutierten Grundzüge des Participatory Design heranzuziehen und für die vorliegende Domäne zu reflektieren.

Zu den Prämissen der Förderung von Demokratisierung und Emanzipation durch Participatory Design hat sich gezeigt, dass Fragen der Motivation von älteren Menschen, sich an Technikdesignprojekten zu beteiligen, bisher kaum thematisiert werden, d.h. die beschriebene Problematik des Zugangs zum Feld.

Welchen Stellenwert gesellschaftliche Institutionen (die Politik, öffentliche Diskurse, Medien) der Emanzipation, Teilhabe und Autonomie von älteren Menschen beimessen, basiert teilweise stark auf entsprechend herangezogenen Alter(n)stheorien: hier wechseln Bilder und Sichten je nach Fundierung als defizitorientierte Theorie des Alterns oder als Aktivitätstheorie bzw. als Lebenslaufperspektive. Hiervon sind Förderprogramme und auch die Ausgestaltung von Versorgungssystemen abhängig, z.B. die Gesundheitsökonomie, oder die praktische Umsetzung in Einrichtungen auf der Basis der genutzten Pflegeleitbilder.

In unserer dritten Fallstudie stellt sich u.a. die Frage, wie man z.B. bei älteren Frauen ein Bewusstsein schaffen kann, damit sie – entgegen eigener rollenspezifischer Einschätzungen – einen Handlungsspielraum erhalten und sie erkennen, dass es „erwünscht" ist, Ansprüche zu stellen (z.B. an die Nutzbarkeit neuer Medien zur Verfolgung eigener Interessen). Die Empirie hat viele weitere Beispiele zu historisch gefestigten Rollenstereotypen aufgezeigt, mit denen im Designprozess umgegangen werden muss.

Eine zusätzliche Hürde ist der Umstand, dass das Designziel darin besteht, Produkte zu gestalten, die zunächst sehr weit von der Alltagspraxis entfernt sind und deren Ideen und Technikvisionen die älteren Anwendungspartner schnell überfordern können. Das bedeutet, dass es wichtig ist, Ankerpunkte für Kriterien von Lebensqualität aus der Sicht der Beteiligten zu finden, die mittels neuer Medien gefördert werden könnten. Die Technik selbst muss dabei möglichst im Hintergrund stehen, als Mittel zum Zweck.

Das methodische Vorgehen ist aufgrund der beschriebenen Problematik multiperspektivisch und es muss ein Verständnis auf einer Metaebene entwickelt werden. Wir haben gesehen, dass wir als außenstehende Forscher Diskurse entflechten können, die von den Akteuren innerhalb des Feldes nicht unmittelbar wahrgenommen werden, wie z.B. das Vorhandensein von Konflikten durch konkurrierende Pflegetheorien in Studie I.. Im Gegensatz dazu sind die Fachkräfte selbst jeweils einer „Ideologie" in ihrem praktischen Tun verhaftet.

Bourdieus Praxistheorie kann hier helfen, die historisch geronnene Basis des relationalen Positionierens der Akteure sowie auch deren Selbstwahrnehmung von individuellen Handlungsspielräumen besser zu verstehen, d.h., es ist möglich, dekonstruktiv verschiedene Möglichkeiten darzustellen.

Allerdings ist der Schritt in die praktische Projektdurchführung dann problematisch, da diese Perspektive nicht dabei hilft,festzustellen, ob eine stellvertretende Deutung, die das Designteam durchführen muss, legitim ist oder nicht. Denn in den meisten Fällen in der Arbeit mit älteren Menschen ist es nicht möglich, durch das bloße Aufzeigen der Restriktionen, eigene Aktivitäten zu stimulieren, die die Situation verbessern.

Autonomie und soziale Teilhabe sind aber solange nur notwendige aber keine hinreichenden Leitbilder im Umgang mit älteren Menschen, solange es keine inhaltliche Füllung dessen gibt bzw. kein Instrumentarium, das diese Begriffe inhaltlich füllen könnte.

7.1. Übergreifende Ergebnissichtung der Fallstudien

Diese Lücke können beispielsweise sozialkonstruktivistische Praxiskonzepte füllen, (vgl. Freire 1971). Diese setzen an iterativen Verfahren an, die soziale Probleme nicht als vorgegeben erfassen, sondern als Konstruktionen. Empowerment wird hierbei als der Kern für Lernprozesse gesehen, damit stärkt das Lernen durch die Praxis die Autonomie.

Wenn Menschen nun an der Dekonstruktion der sozialen Probleme beteiligt werden, kann Autonomie gefördert werden, indem Maßnahmen an die Lebenswelt und Alltagspraxis angekoppelt sind. Damit muss der Blick auf die sozialen Konstruktionen im Problemlösungsprozess gerichtet werden, der im Prinzip aus zwei generalisierenden Richtungen geführt werden kann: als paternalistisches oder als partizipatives Modell.

Das paternalistische Modell nutzt Leitbilder wie Autonomie und soziale Teilhabe als Pauschallegitimationen für gestalterische oder interventionistische Maßnahmen. Dies ist ein häufig vorzufindendes Handlungsmuster in AAL-Diskursen. Das partizipative Modell versucht demgegenüber die Bevormundung durch Partizipation zu überwinden. Entsprechende sozioinformatische Ansätze finden sich in unterschiedlichen Forschungskonzepten wieder, wie z.B. in der Integrierten Organisations- und Technikentwicklung (OTE) (Rohde & Wulf 1995), in der Business Ethnographie (Stevens & Nett 2011) sowie im Konzept der Design Case Studies (Wulf et al. 2011). Die vorliegende Arbeit zeigt jedoch mit der besonderen Zielgruppe der älteren – und zumeist technikfernen Menschen – auf, dass dieses Ideal der vollständigen Partizipation nicht immer in Reinform erfolgen kann. Denn jede einzelne Intervention müsste im Prinzip zur Diskussion gestellt werden, was nicht praktikabel wäre. Es muss also auf eine machbare Verbindung beider Ansätze hinauslaufen. Dies kann über die Betrachtung des Einzelfalles erreicht werden, indem man Interventionen im Einzelfall auf ihre Legitimität überprüft. Damit können dann Verlaufsformen gefunden werden, mit denen so viel Beteiligung und Autonomie wie möglich erreicht werden kann.

In der Studie II haben wir die Problemlage überwinden können durch die Gestaltung eines offenen Angebots an die Bewohner in Form der Internettage. Das Ziel bestand darin, den gedanklichen Möglichkeitsraum der Bewohner (sowie des Personals) in Bezug auf die Nutzung neuer Medien zu erweitern und sie in kleinen Schritten an neue Medien und Medieninhalte heranzuführen. Dies erfolgte als eine besondere Form der Aktionsforschung paarweise vor dem PC, als schrittweises Fragen, Hinweisen, Explorieren und gemeinsames Lernen von Bewohnern und Mitgliedern des Designteams.

Durch diese gemeinsamen Aktivitäten konnten nicht nur Beschränkungen der Handlungsräume aufgezeigt, sondern diese im gemeinsamen Tun erweitert werden. Mit Bourdieu gesprochen, konnte der geronnene Habitus aufgebrochen werden.

In Studie III wurden diese Erkenntnisse übernommen und von Beginn an als sozio-technische Begleitmaßnahmen organisiert, die es den Clubteilnehmern, die neuen Medien bis dato eher zurückhaltend gegenüberstanden, sowie den Designteammitgliedern ermöglichten, einen gemeinsamen Handlungsraum aufzubauen und damit eine gemeinsame Erfahrungsbasis zu entwickeln. Es hat sich gezeigt, dass diese sozio-technischen Maßnahmen und die Bereitschaft des Designteams, sich über das herkömmliche Maß hinaus einzubringen, einen fruchtbaren Boden ausbilden konnte für den nächsten Schritt des Roll-outs der Technik in die Haushalte.

Ebenso hat in Studie I die Entwicklung gemeinsamer Lernprozesse auf der Basis einer hohen Interaktionsfrequenz die Nutzungsbereitschaft und damit die Fehlertoleranz der Nutzer positiv beeinflusst, die vorher kaum Kontakt zu neuen Medien hatten.

Wichtige soziale und sozio-technische Maßnahmen, die übergreifend in allen Projekten zum Tragen kamen, um Motivation und Bereitschaft zur Mitarbeit bei den älteren avisierten Anwendungspartnern zu erhalten, waren vertrauensbildende Maßnahmen. Dazu gehörte im ersten Schritt die Identifizierung von Fürsprechern, die eine Mittlerfunktion zwischen dem Designteam und den älteren Menschen einnehmen konnten und quasi einen Vertrauensvorschuss lieferten. Weiterhin hat es sich als günstig erwiesen, die erste Kontaktaufnahme an einen neutralen Ort zu verlagern und nicht direkt in die Privatsphäre der älteren Menschen einzudringen. Das Café in der Eingangshalle des Altenheims sowie die Gemeinschaftsräume des Computerclubs sowie des betreuten Wohnens haben sich hier als günstige räumliche Umgebungen erwiesen. Zusätzlich wurde deutlich, dass die Technikvisionen der Designer zunächst stark in den Hintergrund gestellt werden mussten, und soziale Aktivitäten im Vordergrund standen. So hat der „Eventcharakter" der Internet-Tage sowie die Frühstückssituation im betreuten Wohnen Unsicherheiten und Ängste überbrücken können und eine Kontaktaufnahme – jenseits von unbekannten und Ängste verursachenden möglichen Erwartungen der Designer – an die älteren Menschen ermöglicht. Dieser räumliche Kontext bot somit eine entlastende Funktion, die eine eher unverbindliche erste Annäherung an die Themen ermöglichte.

Eine weitere, bisher kaum thematisierte methodische Frage bezieht sich auf die Nachhaltigkeit von Forschung in realen Praxisumgebungen. Dies beinhaltet den Aspekt, dass die Menschen sich unter Umständen stark an die eingeführte Technologie während der Evaluationsphase gewöhnen können und eine Zurücknahme der technischen Komponenten eine starke Irritation der neu entwickelten Praxis zur Folge haben kann. Dies war in der Familie, die das Ortungssystem in Studie I evaluierte, der konkrete Fall. Für die Ehefrau wurde das System ein fester Bestandteil der Alltagspraxis, sodass sie es bedauerte, das System nach der Testphase wieder abgeben zu müssen. Ein möglicher Ausweg aus diesem Dilemma könnte die Nutzung von kostengünstigen Technologie-Komponenten für die Entwicklung sein, die bereits auf dem Markt existieren und dann nach der Testphase durch die Anwendungspartner angeschafft werden könnten. Dies ist aber nicht in jedem Fall möglich, wenn Entwicklungen sehr spezifisch erfolgen.

Ein zweiter Aspekt bezüglich der Nachhaltigkeit ist die Frage, wie bei festen Installationen oder zumindest längerfristigen über mehrere Monate bis Jahre in Testhaushalten verbleibenden, eine funktionierende Support- und Wartungsstruktur aufgebaut werden kann. Denn Ziel einer längerfristigen Umsetzung sollte auch die Übernahme von Hilfestellungen durch die Netzwerke der älteren Menschen sein, sodass das Designteam auf längere Sicht entlastet werden kann und Maßnahmen sich zudem finanziell selbst tragen.

7.2. Sensibilisierende Konzepte für das IT-Design für die alternde Gesellschaft

Dieses Kapitel beschreibt ausgewählte Querschnittsthemen der drei diskutierten Designfallstudien als „sensibilisierende Konzepte" in Anlehnung an Blumers (1954) programmatische Überlegungen zur Weiterentwicklung der Theorie- und damit Begriffsbildung in der Sozialwissenschaft zur Zeit der anti-positivistischen Wende (Flick 1995).

Dabei werden die zeitlich-vergleichenden Analysen auf der Basis der Arbeitsschritte im Rahmen der Designfallstudien im vorherigen Kapitel 4.1. und die nun folgenden konzeptionell-vergleichenden Querschnittsthemen als verschiedene Perspektiven auf denselben Datenpool verstanden. Erstere Perspektive ist stärker aus der Logik der Designfallstudien entwickelt, die letztere sucht nach ausgewählten sensibilisierenden Konzepten auf der Basis von Vergleichen für vorsichtige Angebote für Abstraktionen und die Übertragbarkeit von Ergebnissen. Insofern bezieht sich das Kapitel 4.2. stark auf die Ergebnisdarstellung in Kapitel 4.1. und die einzelnen Falldarstellungen des Kapitels 3.

7.2.1. Blumers Ansatz der Theoriebildung

Für die Reflexion dieses Forschungsproblems im Umgang mit der hohen Kontextualität der Forschungs- und Entwicklungsergebnisse und deren Dokumentation und Verfügbarmachung für die *scientific community*, aber auch für die Operationalisierbarkeit im Designprozess bietet Blumer mit dem Begriff der *sensitizing concepts* eine Analyserichtung, die hier ansetzen kann.

Blumer benutzt den Begriff aus programmatischer Intention, um den Theoriebildungs*prozess* hervorzuheben. Damit richtet er sich gegen die „der nomologisch-deduktiven Methode inhärente Tendenz zu Statik und Beharrung […], die in der Praxis dazu führen kann, mit unzulänglichen Konzepten das Signifikante […]" des zu untersuchenden Phänomens zu verfehlen und damit „[…]stattdessen obsolete Theoriemodelle zu verfestigen" (Strübing 2005:157).

> *Es geht ihm nicht so sehr um eine Plädoyer für die Wahl qualitativ anderer Konzepte, sondern um die Verwendung von Konzepten in einer Wiese [sic!], in der sie unsere Untersuchung der jeweiligen empirischen*

7.2. Sensibilisierende Konzepte für das IT-Design

> *Welt nicht auf eine ausschnitthafte Überprüfung des Ausmaßes beschränken, in dem bestimmte fix definierte Eigenschaften vorhanden oder nicht vorhanden sind. (Strübing 2005: 159)*

Diese Perspektive entwickelt er vor dem Hintergrund des von ihm formulierten symbolischen Interaktionismus, der im Kern darauf verweist, dass soziales Handeln stets auf der Basis von Bedeutungen geschieht, die die Akteure der Handlung zuweisen und durch die sie diese dem Handlungspartner sichtbar machen.

Daraus folgt, dass soziales Handeln und soziale Interaktionen nicht als determinierte Prozesse erfassbar sind, sondern dass „selbst strukturelle Stabilisierungen wie Institutionen, Organisationen, Klassen und Schichten ihre Stabilität nur aus ihrer kontinuierlichen Reproduktion im Handeln gewinnen." (a.a.O.) Diese Auffassung der sozialen Wirklichkeit bedeutet für die Theoriebildung schließlich, dass „jeder zu untersuchende Ausschnitt der empirischen Welt sich von jedem anderen nicht nur raum-zeitlich, sondern auch im Hinblick auf die dort verwendeten Bedeutungen und Objekte unterscheidet:" (a.a.O.)

> *I take it that the empirical world of our discipline is the natural social world of every-day experience. In this natural world every object of our consideration—whether a person, group, institution, practice or what not—has a distinctive, particular or unique character and lies in a context of a similar distinctive character. I think that it is this distinctive character of the empirical instance and of its setting which explains why our concepts are sensitizing and not definitive. In handling an empirical instance of a concept for purposes of study or analysis we do not, and apparently cannot meaningfully, confine our consideration of it strictly to what is covered by the abstract reference of the concept. We do not cleave aside what gives each instance its peculiar character and restrict ourselves to what it has in common with the other instances in the class covered by the concept. To the contrary, we seem forced to reach what is common by accepting and using what is distinctive to the given empirical instance. In other words, what is common (i.e. what the concept refers to) is expressed in a distinctive manner in each empirical instance and can be got at only by accepting and working through the distinctive expression (Blumer 1954: 7f.)*

Die Erfassung, Interpretation und Systematisierung sozialweltlicher Phänomene erfolgt nach Blumer in einem permanenten, gleichzeitigen Prozess der Datensammlung und Reflexion vor dem Hintergrund der Vorerfahrungen und Vorannahmen des Forschers[6]. Die Benennung von Forschungsergebnissen, die in diesem interaktiven Prozess generiert werden, erfolgt als *sensitizing concepts*, die im Verlauf der Forschung überarbeitet werden können, falls dies notwendig erscheint. So bilden sie die Brücke zwischen der empirischen, durch den Forscher wahrgenommenen Welt und seiner Reflexion, d.h. seiner Theorien, die sukzessive im Forschungsprozess entstehen. Dabei nimmt Blumer den Vorwurf vorweg, dass die Konzepte aufgrund ihrer angenommenen Vorläufigkeit immer vage blieben. Dies ist für ihn nicht der Fall, denn durch eine beständige Überarbeitung und Verfeinerung ist es für ihn theoretisch möglich, dass ein sensibilisierendes Konzept den Status einer allgemeinlogischen Theorie auf der Basis von fallübergreifenden Aussage erreichen kann (Strübing 2005):

> *Does it mean that our field is to remain forever in its present state of vagueness and to forego the possibilities of improving its concepts, its propositions, its theory and its knowledge? This is not implied. Sensitizing concepts can be tested, improved and refined. Their validity can be assayed through careful study of empirical instances which they are presumed to cover. Relevant features of such instances, which one finds not to be covered adequately by what the concept asserts and implies, become the means of revising the concept. To be true, this is more difficult with sensitizing concepts than with definitive concepts precisely because one must work with variable instead of fixed forms of expression. Such greater difficulty does not preclude progressive refinement of sensitizing concepts through careful and imaginative study of the stubborn world to which such concepts are addressed. (Blumer 1954:8)*

Nach Strübing ist Blumer allerdings weiterhin skeptisch, ob es in den Sozialwissenschaften letztlich möglich ist, definitive Konzepte zu erlangen (Strübing 2005:158).

---

[6] Hierbei zeigt sich die Nähe zu dem Blumer-Schüler Anselm Strauss, der diesen Prozess mit Barney Glaser zu dem Vorgehensmodell der Grounded Theory entwickelte (Glaser und Strauss 1967)).

7.2. Sensibilisierende Konzepte für das IT-Design

Da die Arbeit einen ersten Schritt auf eine vergleichende Analyse von Fallstudien im Feld „IT für die alternde Gesellschaft" verfolgt, sollten die am Ende aufgeführten Konzepte zunächst folgend mit Blumer verstanden werden:

> „[A sensitizing concept] gives the user a general sense of reference and guidance in approaching empirical instances. Whereas definite concepts provide prescriptions of what to see, sensitizing concepts merely suggest directions along which to look" (Blumer 1954:7).

In diesem Sinne sollten die Konzepte, die in dieser Arbeit entwickelt wurden, als Hinweise auf Phänomene, die bisher in der Designliteratur nicht beschrieben worden sind, erfasst werden und als Ausgangspunkte für weitere Studien im Feld „IT für die alternde Gesellschaft" weiter verfeinert oder ergänzt werden. Es ist anzustreben, letztendlich einen Korpus an sensibilisierenden Konzepten für die vorliegende Domäne zu entwickeln, die schließlich als in der *scientific community* anerkannte Begriffe Forschungsarbeiten zu systematisieren vermögen. Crabtree et al. (2005) beschreiben diesen Vorgang für den Bereich der computerunterstützten Arbeit durch die sukzessive Weiterentwicklung qualitativ hochwertiger Konzepte als bereits recht fortgeschritten mit Konzepten wie „*awareness*" oder „Routinen", die für neue Forschungsarbeiten immer wieder systematische Ausgangspunkte darstellen.

7.2.2. Bisherige Nutzung der Konzepte in der gestaltungsorientierten Literatur

Bevor die sensibilisierenden Konzepte als Querschnittsthemen der vorliegenden Design Case Studies beschrieben werden, wird zunächst die Nutzung von Blumers Theorieansatz in der Designliteratur diskutiert.

Überlegungen zur Frage, wie Ergebnisse von ethnographischen Arbeitsplatzstudien in Designprojekten bestmöglich operationalisiert und an die Systemdesigner in interdisziplinären Teams übergeben werden sollten, wurden im CSCW-Bereich von Beginn an durchgeführt. Hughes et al. (1992) führen hierzu als Feldforscher „*sensitizing*" bzw. „*alerting concepts*" als Quintessenz der Ergebnisse ihrer Ethnographien an, die den Designern helfen sollten ein besseres Verständnis für den Kontext zu erlangen.

In einem Vergleichspaper zu Ethnographie-basierten Designarbeiten in unterschiedlichen Projekten diskutieren Hughes et al. (1994) Vor- und Nachteile der bis dato noch relativ neu eingeführten Methode Ethnographie im Systemdesign. Dabei beschreiben sie es als eine Problematik für die Sammlung und Systematisierung von Forschungserkenntnissen, dass die Sozialwissenschaft im Gegensatz zu den Natur- und Ingenieurswissenschaften aufgrund ihres multiparadigmatischen Charakters nur äußerst schwierig einen „cumulative corpus of findings" (S. 436) produzieren könnte – wenn dies überhaupt möglich sei. Aufgrund der erst beginnenden Aufnahme von Feldstudien im CSCW-Bereich schlagen sie Designern und Feldforschern, die am Beginn einer Studie stehen, für die es noch keine Arbeitsplatzethnographien gibt, vor, sich auch an kulturanthropologischer Arbeitsforschung zu orientieren, deren Wissensbestände möglicherweise für die Sensibilisierung der eigenen Forschung zu nutzen sind. Das Problem an dieser Haltung zeigt sich allerdings darin, dass hierbei keine konkrete Designrelevanz gegeben ist.

Crabtree et al. (2005) nutzen mit Bezug auf Hughes et al. (1992) mittlerweile zur Verfügung stehende, allerdings selten von anderen Forschern mit dem Begriff „sensitizing concept" belegte Kernkonzepte, die zu diesem Zeitpunkt zu einem konzeptuellen Korpus in CSCW angewachsen waren. Crabtree et al. verfolgten hierbei die Intention, für die Exploration eines neues Anwendungsfeldes – das der mobilen Outdoorspiele –, Konzepte aus dem Arbeitsbereich, wie z.B. „routines", „distributed cognition" oder „working with constant interruption" zu nutzen, um damit einerseits ein besseres Verständnis für die Spielpraxis zu erlangen und andererseits die Übertragbarkeit von Konzepten des Arbeitskontextes auf andere Praxisfelder zu demonstrieren.

In einer Studie im Bereich des häuslichen *Ubiquitous Computing* aus dem Jahr 2003 (Crabtree et al. 2003) entwickeln die Autoren neue sensibilisierende Konzepte zur räumlichen Verteilung von Medien in Privathaushalten, um ein Verständnis dafür zu generieren, wie sich häusliche Lebensbereiche von Arbeitsplatzkontexten unterscheiden, „[...] in order that we might develop technologies that are appropriate to the setting" (S. 210). Ihre Studien in Privathaushalten würden im Speziellen darauf fokussiert sein,

> *[...] on what Edwards and Grinter [2001] [...] call, ... the stable and compelling routines of the home, rather than external factors, including the abilities of the technology itself. These routines are subtle,*

7.2. Sensibilisierende Konzepte für das IT-Design

complex, and ill-articulated, if they are articulated at all ... Only by grounding our designs in such realities of the home we will have a better chance to minimize, or at least predict, the effects of our technologies. (Crabtree et al. 2003: 210)

In diesem Aufsatz wird – im Gegensatz zu den anderen hier besprochenen – der Bedarf an und Wunsch nach einer Systematisierung von Forschungsergebnissen erwähnt: Hierbei geht es wiederum um die soziotechnische Schere zwischen (sozialwissenschaftlichen) Feldforschern und (technischen) Entwicklern bzw. Designern, für deren bessere Interaktion es geboten sei "to move beyond the particular studies of a small group of social scientists to provide conceptual and analytical tools that designers in general may employ" (S. 211). Später im Text argumentieren sie noch stärker für eine Systematisierung im Hinblick auf die Entwicklung einer Forschungsagenda für häusliche Ubicomp-Technologien:

Essentially, in just the same way that the concepts associated with the workplace (task, role, privacy and workflow, etc.) allowed researchers to develop research agendas within HCI and CSCW, then our concepts may be used to motivate and illuminate research questions in ubiquitous computing. (223)

Interessanterweise wird in keinem der genannten Forschungsaufsätze auf Blumer verwiesen; dies korrespondiert mit der nicht avisierten bzw. schwachen Ausprägung von Überlegungen zur Vergleichbarkeit und Systematisierung der Konzepte. Vermutlich ist dies auf die wissenschaftstheoretische Verortung der Autoren in der Ethnomethodologie innerhalb der „multiparadigmatischen" sozialwissenschaftlichen Bezüge in CSCW bzw. HCI zurückzuführen, die sich generell gegen eine theoretisierende Ausrichtung stellt.

Den Nutzen ihrer sensibilisierenden Konzepte sehen Crabtree et al. (2003) darin, dass sie in Folgeprojekten dazu genutzt werden können, ein besseres Verständnis für verschiedene Wohnformen – wie Privathaushalte und Pflegeheime – zu erlangen und insbesondere, um die Funktionalitäten von neuen Technologien zu bestimmen, wenn diese in den Häusern platziert werden („to determine the functionality to be provided by new technologies as they are placed in a number of homes." (224).

Im Vergleich mit den Ergebnissen der vorliegenden Designfallstudien hinsichtlich methodischer Entwicklungsbedarfe zeigen sich einige Unterschiede in der avisierten Nutzungserwartung der sensibilisierenden Konzepte Blumers über die genannten innersoziologischen methodischen Abgrenzungen hinaus.

So ist nachzuvollziehen, dass sowohl die bewährten Konzepte aus dem CSCW-Bereich als auch die Entwicklung neuer Konzepte als Analyseinstrumente für neue Anwendungsfelder einen Erkenntnisfortschritt mit sich gebracht haben. Allerdings bleiben die Umsetzungsschritte, die dem „informing for design", wie das Ziel in allen genannten Aufsätzen bestimmt wird, äußerst unklar. Wenn Crabtree et al. (2003) reklamieren, dass ihre aus der Feldstudie entwickelten Konzepte Funktionalitäten neuer Ubicomp-Technologien bestimmen oder mit Bezug auf Edwards und Grinter (2001) sogar die Effekte neuer Technologien voraussagen können, dann sind dies sehr große und vermutlich kaum einlösbare Anforderungen an analytische Konzepte, die im Rahmen von Vorstudien gewonnen wurden. Auch ist die Aussage, dass die Konzepte das Design für gänzlich verschiedene Wohnformen anleiten können, kaum nachvollziehbar. Insgesamt entsteht der Eindruck einer starken Inkongruenz dadurch, wie die Autoren die Konzepte im Designprozess verorten. Geht es darum, anderen Forschern einen Eindruck und ein besseres Verständnis für Praxiskontexte zu liefern und gleichzeitig konkrete Funktionalitäten der Technologie zu bestimmen? Hier stellt sich vor dem Hintergrund des Wissens um die Veränderungsprozesse der sozialen Praxis, die zwangsläufig immer auftreten mit einer Technologieeinführung – wie die vorliegenden Design Case Studies demonstriert haben –, die Frage, ob der gedankliche Ansatz der Autoren um Technikeinführungs- und Aneignungsprozesse ein praktikabler ist. In diesem Zusammenhang mutet auch das Postulat seltsam an, dass „[o]nly by grounding our designs in such realities of the home we will have a better chance to minimize, or at least predict, the effects of our technologies" (Crabtree et al. 2003: 210). Dieses Ziel ist kaum zu erreichen. Eher sollte reflektiert werden, mit welchen Ansätzen die Praxis in positivem Sinne verbessert werden kann, da Veränderungen zwangsläufig auftreten.

Im Rahmen dieser Arbeit wird das Verständnis der sensibilisierenden Konzepte als Weiterentwicklung zu den oben festgestellten Inkonsistenzen ausdifferenziert. In Verbindung mit dem Konzept der Design Case Studies von Wulf (2009) werden die sensibilisierenden Konzepte entlang der Idealphasen einer Design

Case Study mit drei verschiedenen Ansatzpunkten diskutiert. Zum einen werden analytische Konzepte bestimmt, die wesentliche Ergebnisse der Vorstudie festhalten. Zum anderen folgen gestaltungsorientierte Konzepte, die Ergebnisse hinsichtlich konkreter Designkonzepte liefern, aber auch Aspekte der Einbettung der Designpraxis in Restriktionen aus dem Praxisfeld verdeutlichen können, sofern sie Auswirkungen auf den konkreten Entwicklungsprozess von IT haben. Drittens werden methodische Konzepte bestimmt, die wichtige Hinweise für das gesamte Forschungsdesign und das Set-up des Forschungsprozesses aufzeigen. Diese drei verschiedenen Kategorien sensibilisierender Konzepte werden übergreifend auf die drei Fallstudien angewandt und sollen somit einen Beitrag zur Identifizierung von wesentlichen Querschnittsfragen zwischen Gestaltungsprojekten innerhalb einer Domäne leisten.

7.2.3. Sensibilisierende Konzepte für das Gestaltungsfeld „IT für die alternde Gesellschaft"

Die Formulierung der Querschnittsthemen als sensibilisierende Konzepte erfolgt aus dem bisher ausgearbeiteten Problemaufriss der IT-Gestaltung für die Entwicklungsdomäne der alternden Gesellschaft, der innerhalb der angewandten Informatik ähnliche methodische Herausforderungen aufzeigt analog der Diskussion über Theoriebildung in der Sozialwissenschaft. Die Nähe der Theorieentwicklungsdiskurse in den beiden Disziplinen erklärt sich aus den folgenden Gründen:

So wie in der Krise der Soziologie der 60-er Jahre mikrosoziologische Handlungstheorien gegenüber den großen Makrotheorien, wie z.B. dem Strukturfunktionalismus, zunehmend Raum einnehmen in der Fachdiskussion, weil deren Erklärungsmächtigkeit der sozialen Wirklichkeit stark bezweifelt wurde, vollziehen sich ähnliche Diskurse hinsichtlich der Designparadigmen und Theorieorientierungen innerhalb der angewandten Informatik. Als eine der frühen Vertreterinnen einer Hinwendung zu sozialen und kooperativen Elementen in der IT-Gestaltung ist insbesondere Lucy Suchman (1984) zu nennen, deren Arbeiten das Forschungsfeld Computer Supported Cooperative Work geprägt haben und die an den theoretischen Positionen der Sozialtheorie neuerer Ausrichtung anschlossen, u.a. ethnomethodologische, phänomenologische und hermeneutische Ansätze (vgl. Schmidt und Bannon 1992, Flick 1995).

Ein weiterer Impuls für die Hinwendung zur Mikroebene der Mensch-Technik-Interaktion erfolgt aus Richtung der Technik- und Wissenschaftsforschung der letzten Jahrzehnte, die einen „praxeologischen Blick" (Reckwitz 2003, 284) auf die Naturwissenschaften bzw. auf die soziale Konstruiertheit wissenschaftlicher Wissensproduktion gelenkt und damit auch die technischen Artefakte in einen neuen Diskussionszusammenhang gestellt hat:

> *[G]egen eine Reduktion von Dingen und Artefakten auf bloße 'erleichternde' Hilfsmittel und gegen eine Totalisierung von Technik als eine gesellschaftsdeterminierende, akulturelle Kraft wird in der praxeologischen Technikforschung das 'Reich der Dinge', die in den Alltag vom Konsum bis zur Organisation involviert sind, unter dem Aspekt ihres mit 'know how' ausgestatteten und veränderbaren Gebrauchs betrachtet. Die alltäglichen Artefakte der neueren Techniksoziologie werden damit in ihrer Abhängigkeit von den Wissensbeständen der Benutzer 'kulturalisiert', andererseits erscheint die Handlungspraxis 'materialisiert', abhängig von den Interaktionen mit nicht beliebig manipulierbaren Objekten. (Reckwitz 200:284f.)*

Diese Aussage trifft Reckwitz für den Bereich der Wissenschaftsforschung, sie kann jedoch in derselben Weise für das Feld „IT-Gestaltung für die alternde Gesellschaft" übernommen werden.

Diese Tendenz der Hinwendung zu mikroanalytischen und qualitativen Ausrichtungen ist mittlerweile in Teilen der angewandten Informatik anerkannt, wie z.B. in den Teildisziplinen CSCW, in der Sozioinformatik sowie partiell in Communities der HCI.. Damit steht im Zentrum des Forschungsinteresses die Nachzeichnung und das Verständnis für die Heterogenität und Vielfältigkeit sozialer Phänomene in natürlichen, soziokulturell konturierten Technikentwicklungs-, -aneignungs- und -nutzungsprozessen sowie die soziale Organisation und die Subtilitäten des Alltags durch handelnden Akteure (Fitzpatrick und Ellingsen 2012).

Auf der Basis des Selbstverständnisses der angewandten Informatik als eine Gestaltungswissenschaft steht eine konkretere Spezifizierung dieser Hinwendung zur Praxis noch aus im wissenschaftlichen Diskurs. Dafür müssen neue, eigene Forschungsparadigmen entstehen. Die vorliegende Arbeit versteht sich als Versuch auf diesem Wege.

7.2. Sensibilisierende Konzepte für das IT-Design

Für das engere AAL-Feld, das sich stärker an quantitativen Paradigmen und insbesondere gerontologischen, ausformulierten Theorien orientiert, kann dieser Paradigmenwandel bisher nicht in diesem Maße erkannt werden (Fitzpatrick et al. 2010, Östlund 2004). Diese bisher nur geringe Hinwendung zu einer bottom-up-Perspektive auf die empirische Lebenswelt der Zielgruppe mutet etwas seltsam an angesichts der Breite und Varianz der Zielgruppendefinition und der zu unterstützenden Praktiken:

> *Ambient Assisted Living bedeutet Leben in einer durch „intelligente" Technik unterstützten Umgebung, die sensibel und anpassungsfähig auf die Anwesenheit von Menschen und Objekten reagiert und dabei dem Menschen vielfältige Dienste leistet. Ziel ist es, die persönliche Freiheit und Autonomie über die Förderung und Unterstützung der Selbständigkeit zu erhalten, zu vergrößern und zu verlängern.*
>
> *Der Mensch in allen Lebenssituationen von Arbeit und Freizeit, insbesondere der allein lebende ältere Mensch und/oder Mensch mit Behinderung ist Adressat. Damit können AAL Systeme helfen, einigen der großen Herausforderungen für das deutsche Gesundheits- und Pflegewesen erfolgreich zu begegnen. (VDI 2007)*

Möglicherweise ist dies u.a. in der Problematik begründet, die die kleinräumige Forschung und Ansammlung von Mikrostudien, bzw. im vorliegenden Fall von Designfallstudien als ein besonderer Typus von Studien, für Fragen der Generalisierbarkeit und Übertragbarkeit der Forschungsergebnisse, sprich der

Theoriebildung, darstellt.

Daher stehen Technikforscher und Designer einer ähnlichen Aufgabe gegenüber wie Soziologen um Blumer in der amerikanischen Soziologie der 60-er Jahre. Analog zu der Problematik, neue Formen der Begriffsbildung zu finden, die zwischen Großtheorien – die für das Verständnis neuartiger, wenig bekannter Forschungsfelder nur unzureichend beitragen –, und Einzelergebnissen von qualitativen Fallstudien vermitteln können, stehen auch heutige Forscher und Designer vor einem Anwendungsfeld, das vermeintlich durch Alterstheorien zugänglich ist. In der konkreten Designpraxis zeigen sich jedoch schnell Probleme, die hohe Variabilität von Alltagspraktiken mit den bestehenden theoretischen Erklärungsangeboten ausreichend zu erfassen und letztlich Designentscheidungen treffen zu können. *Sensitizing concepts* werden daher auf der Basis eines iterativen, empirisch basierten Theoriegenerierungsprozesses als elastische Zwischenschritte des Erkenntnisprozesses aufgefasst, die Operationalisierungen in Designvorschläge transparent machen.

Die vorliegende Arbeit möchte für die Anwendung der sensibilisierenden Konzepte eine weitere konzeptuelle Differenzierung auf Basis des Ansatzes der Designfallstudien vorschlagen. Die Konzepte werden weiter spezifiziert in solche, die (1) das Verstehen und die Analyse von Praxiskontexten unterstützen, (2) Konzepte für die Artefaktgestaltung sowie für (3) die Prozessgestaltung.

7.2.3.1. Analyseebene

Soziale Teilhabe versus sozialer Rückzug

Die Überschrift „soziale Teilhabe versus sozialer Rückzug" weist auf die vielfältigen Spannungen in der sozialen Interaktion älterer Menschen hin, die zwischen den Polen des freiwilligen sozialen Rückzugs im Alter und der Gefahr vor „unfreiwilliger" sozialer Isolation mit zahlreichen empirischen Befunden angereichert werden konnte. Dazu zählen Spannungen zwischen dem Wunsch nach Anschluss und sozialer Teilhabe einerseits und verhindernden Faktoren, wie die Angst vor Stigmatisierung, andererseits. Weiterhin haben die Feldstudien erwiesen, das Selbstmarginalisierung und Rollenkonflikte sich auf den Erhalt und die Neugewinnung sozialer Kontakte negativ auswirken können. Weitere Aspekte erstrecken sich auf die Verschränkung bzw. gegenseitige Beeinflussung sozialer Probleme älterer Menschen mit denen ihrer Angehörigen. Sozialer Rückzug kann mit Resignation, gefühlter Ausweglosigkeit und empfundenen drastischen Reduzierungen der Handlungsspielräume einhergehen. Brüche in der Biographie, wie sie beim Umzug in eine andere Wohnumgebung auftreten, bringen wiederum besondere soziale Probleme mit sich, die sich auch auf individuelle und kollektive Orientierungen und entsprechende Verhaltensweisen auswirken. Insgesamt wurden hier starke Ambivalenzen festgestellt, die sich auch auf den Zugang zum Feld ausgewirkt haben. Dies ist meist verbunden mit der Gefahr einer Verstetigung von Disempowerment und Exklusion seitens der zugehenden Akteure, wie dies mit dem Beteiligungsparadox (Kümpers 2011) beschrieben wird. Das Beteiligungsparadox verweist auch auf eine beständig bestehende Gefahr paternalistischen Verhaltens seitens des Designteams. Ein umsichtiges Agieren und Offenheit für mögliche soziale Problemlagen, die nicht unmittelbar augenscheinlich sein müssen, sind daher von größter Relevanz.

Konstruierte Autonomien

Die Fallstudien haben über den Hinweis von Fitzpatrick et al. (2010) hinsichtlich einer notwendigen Perspektive auf gestufte Autonomiekonzepte („*dependent autonomies*") hinaus ein breiteres Bild aufspannen können bezüglich der Vielfältigkeit der Konstruktionen des Autonomie-Begriffs.

Der Begriff „konstruierte Autonomien" schließt das Konzept von Fitzpatrick mit ein, aber es gilt mehr zu beachten, als dass Autonomieaspekte sich im Zeitverlauf ändern können, z.B. durch zunehmende Pflegebedürftigkeit. Es hat sich gezeigt, dass der Umgang mit Autonomie einer bestimmten Dynamik unterliegt und stark situiert – und aus Einzelsichten auf der Basis professioneller Anforderungen und sozialisatorischer Erfahrungen – individuell konstruiert wird. Daher ist es von besonderer Relevanz, die Diversität von Perspektiven anzuerkennen, die durch die unterschiedlichen am Pflegeprozess beteiligten Akteure entsteht.

Dies gilt sowohl aus Sicht der Wunsch- und Bedürfnisformulierungen der älteren Menschen selbst als auch insbesondere seitens der Bezugspersonen – der Angehörigen und professionellen Pflegekräfte. In den Feldstudien traten häufig widersprüchliche Diskurslinien und Praktiken zu Tage, die starke Spannungen zwischen (pflege-) theoretischen Positionen und praktischen, häuslichen, organisationalen und sozialen Erfordernissen aufzeigten. Autonomie stellt somit keineswegs ein klar ausdefiniertes Konzept dar, das, wenn es gefährdet ist durch die Lebensumstände, mittels Technik einfach zu lösen wäre. Daher soll mit dem Begriff der „konstruierten Autonomien" auf den situierten Charakter individueller Einschätzungen und Bewertungen hingewiesen werden, den es im Einzelfall genau zu dekomponieren gilt, da Designentscheidungen je nach Positionierung signifikant beeinflusst werden.

Damit reicht es nicht aus, neuere Pflegemodelle als Grundlage für Designprojekte anzunehmen, wie dies z.B. Dahl und Holbø (2012) unter Bezugnahme auf Value-based Design-Ansätze (Friedman & Kuhn 2003) tun. Denn die Diskurse und Praktiken verlaufen keinesfalls eindeutig entlang pflegetheoretischer Entwicklungen, wie die Empirie aufgezeigt hat. Dies hat zur Folge, dass auch der Einsatz technischer Hilfsmittel höchst unterschiedlich bewertet wird. Daher ist eine dynamische Sicht auf autonomiebezogenen Praktiken und Diskurse notwendig.

7.2.3.2. Gestaltungsebene

Inklusives Interaktionsdesign

Mit dem Konzept „Inklusives Interaktionsdesign" soll der Hinweis darauf erfolgen, dass in der Interaktion die Interessen aller Stakeholder Berücksichtigung finden müssen.

Auf einer allgemeinen Ebene geht es darum, dass die einzelnen Akteure, die Interessen im Kontext der Nutzung der Technologien haben, in der Interaktionsgestaltung auch berücksichtigt werden. Das bedeutet konkret, dass man nicht nur ein rein funktionales Interface anbietet, sondern dass die Einzelinteressen der beteiligten Akteure rollengerecht dargestellt und mögliche daraus erwachsende Konflikte aufgelöst werden können.

Diese Perspektive ist insbesondere vor dem Hintergrund relevant, dass sich zunehmend neuartige interorganisationale Interaktionsformen ausbilden zwischen Stakeholdern aus stationären, professionellen und familiären Kontexten. Diesem Aspekt sollte im Interaktionsdesign Rechnung getragen werden in der Form, dass Entscheidungen darüber getroffen werden müssen, welche Konfigurationen noch verhandelbar sein müssen im späteren Nutzungskontext. Dafür bietet es sich an, Kommunikations- und Aushandlungskanäle in der Anwendung einzufügen. Für das Interaktionsdesign ist schließlich zu hinterfragten, welche Rollen welche Maskenansichten bekommen müssen, oder in welcher Form die Aushandlung von Konfigurationen zu ermöglichen ist.

Unter dem Aspekt der Anpassbarkeit wäre zu hinterfragen, wie eine Begründung bestimmter Konfigurationen eingefügt werden kann, um das technisch Machbare an den dezidierten Nutzungskontext anzupassen. Die genannte, große Rollendiversifizierung stellt weitere Anforderungen an die Anpassbarkeit von Systemen. So sollte nicht nur in der Designphase die Rollendiversifizierung

7.2. Sensibilisierende Konzepte für das IT-Design

adressiert werden, sondern auch die Möglichkeit der nachträglichen Konfiguration in der späteren Nutzungsphase gegeben sein.

Anpassbarkeit unter dem Gesichtspunkt Privatheit vs. *awareness* impliziert, dass entsprechende Konflikte zur Nutzungszeit flexibel auflösbar sein müssen im System. Es muss jeweils individuell spezifizierbar sein durch den Nutzer, welcher Grad an Überwachung aktuell benötigt wird.

In einer idealen Implementierung würde man sowohl den Beobachteten als auch den Beobachtern die Möglichkeit geben, ihre Interessen zu artikulieren und den Prozess des Aushandelns technisch zu unterstützt durchzuführen (Fuchs et al. 1996). Dies ist in den vorliegenden Anwendungsfeldern häufig nicht möglich. Insbesondere für das Feld der Demenzversorgung muss daher nach zusätzlichen Absicherungen für die Wahrung der Interessen von Demenzkranken gesucht werden. Denn wenn die Frage nach dem Nutzer einer Ortungstechnologie offengelassen wird bzw. ob dieser sich mit dem Konflikt „Privatheit vs. Awareness" auseinandergesetzt hat, dann kann dies zu einem weiteren Konflikt führen, nämlich der missbräuchlichen Nutzung. Hier könnte ein externer Kontrollkanal, der beispielsweise von Angehörigen von stationär lebenden Demenzkranken genutzt werden kann, Abhilfe schaffen.

Ein weiterer Aspekt des inklusiven Interaktionsdesigns hat sich in Studie II in Form eines „hinführenden Interaktionsdesigns" als erfolgreich erwiesen. Das Display wurde zu Beginn der Entwicklungsphase zunächst mit einfachen Interaktionsmöglichkeiten ausgestattet und dann schrittweise in der Komplexität erhöht um das volle Nutzungspotenzial der Technologie sukzessive erschließbar zu machen. So wurde konkret mit einer simplen Farbcodierung und einer Begrenzung von Auswahlmöglichkeiten die Aneignung des Eingabegeräts und der Anwendungen vereinfacht, indem die Schwelle zur Techniknutzung damit herabgesetzt wurde.

Design im Diskurs

Der Begriff des „Designs im Diskurs" soll die starke Verschränkung von Designtätigkeiten innerhalb des Diskursfelds verdeutlichen, in dem Technikdesign für ältere Menschen stattfindet. Diskurse sind aufgespannt in Förderrhetoriken,

Bildern des Alters und des Alterns, die gesellschaftlich produziert werden, z.B. über die Massenmedien, sich auf der Basis individueller Erfahrungen formieren und auch durch pflege- und medizinwissenschaftliche Theorieentwicklungen beeinflusst werden.

Dies hat zur Folge, dass technische Geräte und Funktionalitäten je nach Diskursorientierung und zugrunde gelegtem Leitbild völlig unterschiedlich bestimmt werden. Ein gutes Beispiel dafür ist die kontrovers beantwortete Frage, ob ein GPS-Ortungssystem eine freiheitsbeschränkende oder freiheitserweiternde Technologie ist, die nur in einem definierten Praxiskontext beantwortet werden kann. Und es schließt sich die Frage an, welches Leitbild für das Design angenommen wird.

Erschwert wird die Designaufgabe, wenn kognitive oder soziokulturelle Barrieren zu unseren avisierten Anwendungspartnern bestehen, sie also für uns „unzuverlässige Zeugen" sind. Dann ist der Designer abhängig von stellvertretenden Deutungen, die er teilweise auch selbst treffen muss. Häufig besteht eine Verschränkung von Wahrnehmungs-, Handlungs- und Wertzuweisungsprozessen zwischen den älteren Menschen und ihrem sozialen Umfeld, die nicht unhinterfragt in Designentscheidungen einfließen dürfen, sondern dekomponiert werden müssen. Dazu hilft eine erweiterte Perspektive auf Austauschprozesse zwischen dem Mikro-Umfeld der Anwendungspartner und der Makroebene, die in geronnenen Wahrnehmungs-, Verhaltens- und Beziehungsmustern und (Geschlechter-) Rollen wirkmächtig sind. Dies bedeutet, dass nicht nur die Techniklösungen partizipativ avisiert werden sollten, sondern bereits die Problemdefinitionen selbst.

„Design im Diskurs" soll schließlich darauf hinweisen, dass auch die Designer selbst ihre Vorstellungen über Bedürfnisse älterer Menschen und Designlösungen in einem Diskursfeld formieren, mit dem reflexiv umgegangen werden sollte. Um dies zu unterstützen, wäre es denkbar, Workshops als Sensibilisierungsmaßnahmen zu planen, in denen sich alle relevanten Stakeholder austauschen könnten. Auch wäre es denkbar, im Rahmen einer AAL-Qualifizierung den Umgang mit vorherrschenden Bildern über das Alter und Altern in Bezug auf die Designtätigkeit zu verbessern.

Auch in der üblicherweise vorherrschenden Konstellation von Projektpartnern und Aufgabenteilungen in Verbundprojekten erscheint Optimierungspotenzial. Die klassische Arbeitsteilung zwischen Technikpartnern und Sozial- bzw. Alternswissenschaftlern erfolgt meist sequenziell. Empirische Arbeitpakete werden üblicherweise den Sozial- bzw. Alternsforschern übergeben und die Ergebnisse werden an die Designer und Entwickler weitergeleitet, ohne dass längerfristige gemeinsame Arbeitsphasen durchgeführt werden. Die spätere administrative Betreuung der Projekte, auch in der Evaluationsphase, steht meist unter informatischer Durchführung. Dadurch findet häufig kein ausreichender Austausch statt. Es wäre daher wünschenswert, eine Spezialisierung als Teildisziplin der Informatik zu entwickeln, die sich an der Schnittstelle zur Alternsforschung mit der Operationalisierung von Alters- und Alternsbildern beschäftigt.

Relationale versus absolute Lösungen

Die Design Case Studies haben den Blick geöffnet für die Frage nach der jeweiligen Definition unserer Designziele und nach dem, was wir mit dem Technikeinsatz erreichen möchten bzw. können. Auch hier bestehen Besonderheiten der Zielgruppe, die genauer reflektiert werden müssen. Die Case Studies haben gezeigt, dass wir unsere Paradigmen überprüfen müssen, nach denen wir Technikentwicklung systematisieren. So wird deutlich, dass Technik in der Domäne „IT für die alternde Gesellschaft" häufig keine absolute Lösung darstellen kann für soziale Probleme oder Konflikte, sondern eher als relationale Lösung dabei helfen kann, bestehende Konfliktlinien zu verändern und damit partielle, individualisierte Erleichterungen zu bieten.

Suchman (2002) adressiert dieses vorliegende Problem der Konstruktion von Designrealitäten in ähnlicher Weise. Anstatt zu früh statische Designaufgaben zu lösen und den Anspruch zu erheben, einen Praxiskontext vollständig erfassen zu können, plädiert sie für „structured islands of customization" (S. 100) mit der Aufforderung, sich auch mit Lösungen zufriedenzugeben, die nur Teilbereiche eines Praxisproblems adressieren. Es geht ihr um den Hinweis darauf, eine Infrastruktur zu entwerfen, die eher kleinere Lösungen anstrebt als einen universellen Designentwurf.

Dieser Ansatz erscheint vor den Ergebnissen der Studie I als besonders bedeutsam. Denn in der Evaluation des Ortungssystems in der Familie C hat sich gezeigt, dass Funktionalitätsangebote, wie z.b. das Einzeichnen eines Sicherheitsbereichs, nicht genutzt wurden, obwohl dies die Sicherheit des Ehemanns auf seinen selbständigen Spaziergängen sicherlich immens erhöht hätte. Die Ehefrau hat dieses Angebot jedoch aus ethischen Gründen nicht angenommen, sondern sich mit der Option begnügt, hin und wieder einen Blick in das System werfen zu können, wenn ihre Unruhe besonders groß wurde. An dieser Stelle wird die Verschränkung von verschiedenen Problemfeldern besonders deutlich, nämlich das Sicherheitsproblem und das Problem im Umgang mit Autonomie und Würde des Ehemanns. Für die sozialen Effekte bot das System daher keine hinreichende Lösung. In der punktuellen Nutzung hat die Ehefrau das ethische Problem schließlich selbst gelöst. Obwohl objektiv immer noch gravierende Probleme in der Familie bestehen aufgrund der Demenzerkrankung des Ehemanns und Vaters, konnte das Ortungssystem doch partiell Erleichterung bieten.

Eine absolute Lösung hätte bedeutet, dass alle vorliegenden Problemkreise technisch adressiert werden. Am vorliegenden Beispiel wird jedoch deutlich, dass dies nicht möglich ist. Daher ist es sinnvoller, nach relativen Lösungen zu suchen, die zumindest die Konfliktlinien in der Praxis positiv zu verändern vermögen.

7.2.3.3. Methodenebene

Ankerpunkte

Die Konzepte auf der Methodenebene sind im vorliegenden Anwendungsfeld stark mit den beiden anderen Ebenen verbunden. Denn ohne das Auffinden von Ankerpunkten, d.h. Interessens- und Motivationsmomenten der Anwendungspartner, kommt unter Umständen kein Gespräch zustande. Dies hatte in allen Fallstudien zur Folge, dass die Grenzen der Vorstudie und der Entwicklung von Gestaltungsideen sowie methodischen Aspekten, wie Vertrauensaufbau und gegenseitiges Lernen stark ineinanderfließen. Ankerpunkte sind nicht per se vorhanden, insbesondere nicht für die Reflexion möglicher Technikdesigns. Ankerpunkte müssen daher meist in gemeinsamen Interaktionen von Designteam und

7.2. Sensibilisierende Konzepte für das IT-Design

Anwendungspartnern erforscht und aktiv entwickelt werden, wie dies im Aufbau eines gemeinsamen gedanklichen Möglichkeitsraums unter Heranziehung unterschiedlicher Maßnahmen erfolgte. Gemeinsame Handlungs- und Vorstellungsräume mit älteren und/oder nicht technikaffinen Menschen aufzubauen erfordert ein hohes Maß an Beteiligung seitens der Forscher, das aktiv in die Planung von Projekten aufgenommen und nicht als lästige Pflicht wahrgenommen werden sollte. Designteams müssen somit nicht nur Designarbeit leisten, sondern auch Kommunikationsarbeit. Wie kommuniziert man am besten, was das Produkt möglicherweise leisten kann? Oder wie befähigt man die Menschen, sich und ihre Bedürfnisse zu artikulieren? Diese Fragen nehmen im Feld „IT für ältere/technikferne Menschen" einen besonderen Stellenwert ein.

Das Ziel ist der Aufbau eines gemeinsamen gedanklichen Möglichkeitsraums. Hierbei reichte es allerdings nicht, lediglich ein paar Technikideen zu liefern, sondern es hat sich gezeigt, dass ein aktives „aufeinander zubewegen" notwendig ist, um Ankerpunkte aus dem Lebensalltag der Anwendungspartner zu finden, an die dann wiederum Technik gekoppelt werden kann. Diese findet man aber nur im gemeinsamen Handeln und in der Reflexion.

Darüber hinaus müssen Designteams auch ihr Fachwissen erweitern. In der Literatur wird beispielsweise darauf hingewiesen, dass die Altersunterschiede zwischen jungen Forschern und alten Menschen ein gravierendes Problem im gegenseitigen Verständnis der Alltagswelten bedeuten können. Insbesondere die Studie II zeigt, dass Vorurteile und Ressentiments in gemeinsamen, aktiven Begegnungen abgebaut werden können, wie im vorliegenden Fall durch die Internettage. Es wurde aber auch deutlich, dass durch die Forcierung von Erinnerungen mit audiovisuellen Quellen aus dem Internet nicht nur positive Situationen hervorgerufen werden können, wenn z.B. Biographiearbeit Trauer über Kriegserfahrungen hervorruft. Dies deutet darauf hin, dass zusätzliches Fachwissen angeeignet werden sollte über patientenorientierte Gesprächsführung, und dass eine hohe Sensibilität antrainiert werden muss, die eventuell durch eine stärkere Einbeziehung der Pflegekräfte erreicht werden kann. Viele ältere Menschen sind verwundbar und wir müssen sicherstellen, dass sie in Designprozessen und durch die Technik keinen Schaden erleiden. Dies könnte auch in Form von Sensibilisierungsworkshops in Projekte fest implementiert werden.

Vertrauen

Vertrauen hat sich auf mehreren Ebenen als wesentlicher Faktor erwiesen. Es wurde deutlich, dass ohne vertrauensbildende Maßnahmen zwischen dem Designteam und den Anwendungspartnern keine nachhaltige Beziehungsgestaltung möglich ist, ohne die wiederum keine längerfristige Projektkooperation absehbar ist.

Vertrauen zeigte sich aber auch als Wirkfaktor im Aufbrechen sozialer Barrieren, die in anfänglich bestehenden Selbstkonzepten der älteren Menschen in den Studien II und III verankert waren, wie das Vertrauen in die eigenen körperlichen und geistigen Kompetenzen, die mittels der Internettage gestärkt werden konnten. Zudem ist das Vertrauen von Pflegenden in die Kompetenzen ihrer Bewohner oder Patienten ein Faktor, der sich auf die gesamte Projektperformance auswirken kann. Eine vertrauensvolle Beziehung zum Designteam hat zudem den Verlauf der Evaluation der Prototypen in den Studien I und II positiv in der Erhöhung der Fehlertoleranz und der Nutzungsbereitschaft beeinflusst.

Insgesamt kann konstatiert werden, dass die Vorstudie in Beteiligungsprojekten im Feld „IT für die alternde Gesellschaft" stark um vertrauensbildende Maßnahmen erweitert werden muss, damit einerseits überhaupt ein Zugang zu der Lebenswelt älterer Menschen erreicht und andererseits eine längerfristige Kooperationsbereitschaft aufgebaut werden kann. Vertrauensbildende Maßnahmen sind mit der Findung und gemeinsamen Konstruktion von Ankerpunkten eng verbunden.

Nachhaltigkeit

Mit der intensiven Integration von Betroffenen in Designprozesse tritt ein gravierendes Problem auf in Form der Überführung der Projekte in nachhaltige Strukturen nach dem Projektende. Folgende Aspekte sind hier relevant:

- die über mehrere Monate, in vielen Fällen sogar über mehrere Jahre aufgebaute Vertrauensbeziehung zwischen Designteam und Anwendungspartnern, die in den vorliegenden Designfallstudien bereits zu Rollendifferenzierungen innerhalb der Stakeholder geführt hat, wie

7.2. Sensibilisierende Konzepte für das IT-Design

beispielsweise die Übernahme einer Beraterrolle von Forschern für ältere Projektteilnehmer im Computerclub.
- Die Veränderung der Alltagspraxis durch die eingebrachten Geräte, sowohl in den Vorstudien als auch während der Evaluation, die zu einem festen Bestandteil der Praxis geworden sind.

Sowohl die Auflösung der sozialen Beziehungen als auch die Rücknahme der Geräte kann dann mit starken Irritationen einhergehen, die sich negativ auf die Lebenswelten der Endnutzer auswirken können. Es müssen daher Wege gefunden werden, diese erwartbaren Irritationen zu vermeiden oder zu minimieren.

In den vorliegenden Studien wurden mehrere Ansätze verfolgt: einerseits wurde darauf geachtet, kostengünstige Technologiekomponenten zu verwenden, die in einer späteren Phase von den Nutzern selbst angeschafft werden können. Falls dies nicht möglich ist, sollte versucht werden, über eine Marktanalyse den Nutzern Hinweise zur Anschaffung eines ähnlichen Produktes zu liefern. Dies ist auch notwendig, wenn im Projekt ein Prototyp entwickelt wurde, der nicht in absehbarer Zeit zur Marktreife gelangen kann.

Andererseits ist es im Hinblick auf beraterische Tätigkeiten, Support und Aneignungsunterstützung günstig, bereits während des laufenden Projekts nach weiteren möglichen Unterstützern zu suchen und diese frühzeitig einzubinden, wie z.B. Kinder oder Enkel, die diese Rolle später übernehmen könnten.

7.2.3.4. Diskussion

Die sensibilisierenden Konzepte unterscheiden sich auf einer pragmatischen Ebene von Technikanforderungen (Requirements), da diese durch technische Referenzen unterlegt sind und der Nutzungskontext dadurch häufig nicht ausreichend einbezogen wird. Sensibilisierende Konzepte bieten demgegenüber eine Möglichkeit, Technikreferenzen stärker in den sozialen Kontext einzubetten. Als Erweiterung von Requirements, die bereits ein Vorverständnis von der Praxis formulieren, erlauben sensibilisierende Konzepte einen diskursiven Umgang mit den antizipierten Nutzungen. Die Begriffe, um die sich Konflikte oder Übereinstimmungen zeigen können, können schließlich für die Requirements bedeutsam sein. Daher unterscheiden sich sensibilisierende Konzepte von Requirements auf pragmatische Weise in einer unterschiedlichen Referenz der Praxisanforderungen insofern, als dass die sensibilisierenden Konzepte eine Zusammenfassung bedeutsamer Fragen der Nutzung adressieren. Somit besteht zwischen beiden kein logisch-deduktiver Zusammenhang, sondern ein gesellschaftlicher, in dem Techniknutzungen aufeinander bezogen werden. Sie unterscheiden sich damit weniger im Abstraktionsgrad der Beschreibung, sondern vielmehr in der Natur der Repräsentationskraft. So ermöglichen sensibilisierende Konzepte, die Genese von Konflikten, von gemeinsamen Konstruktionen und die Diskussion von Konflikten zu erkennen, zu beschreiben und zu verstehen und sie bieten ein Fundament für die Operationalisierung der Erkenntnisse in Designvorschläge.

Ein Verständnis von Requirements als die Spezifikationen eines Produkts und der sensibilisierenden Konzepte als die Identifikation des gesellschaftlichen Nutzungskontexts legt die Leseart nahe, die Konzepte in solchen Domänen als wichtig zu erachten, wo noch keine etablierten Technologien vorliegen – wie eben im Bereich der Technikgestaltung für die alternde Gesellschaft. Aber auch in Anwendungsfeldern, in denen Technik bereits etabliert ist, wie z.B. in der IT-unterstützten kooperativen Arbeit, wurde der Nutzen sensibilisierender Konzepte im Rahmen von Empirie-gestützten Designprozessen bereits erkannt. Hier haben sich mittlerweile Konzepte wie „periphere Awareness" als grundlegende Analyseinstrumente bewährt, wie im Kapitel 4.2.2. dargelegt wurde.

Die vorliegende Arbeit hat die Nutzung von sensibilisierenden Konzepten für Technikdesign in einer neuen Weise systematisiert, indem diese als übergreifende Analysekonzepte für den Vergleich von Designfallstudien ausgearbeitet wurden. An manchen Stellen erscheint diese Systematisierung in Analysekonzepte, Gestaltungskonzepte und Methoden-/Prozesskonzepte für die vorliegenden Designfallstudien noch nicht optimal und bedarf eventuell einer weiteren Spezifizierung. Denn es hat sich erwiesen, dass die heuristische Trennung an manchen Stellen übergreifende Aspekte, die sehr eng ineinander eingreifen, zu stark trennt. Beispielsweise wirken Designvorstellungen und Analyseperspektiven oft ineinander über, wenn für die Motivation von älteren Menschen zur Teilnahme an einem Designprojekt zunächst sehr klare Designideen kommuniziert werden müssen, um einen gemeinsamen gedanklichen Vorstellungsraum aufbauen zu können.

8. Schlussbetrachtung

Diese Arbeit hat sich mit aktuellen Designproblemen in der nutzer- und praxisbasierten IT-Gestaltung für die alternde Gesellschaft beschäftigt. Auf der Basis einer Auseinandersetzung mit derzeitigen Theorieansätzen sowie entlang der Darlegung von drei empiriebasierten Designfallstudien wurde ein konzeptueller Vorschlag erarbeitet, der als möglicher methodischer Lösungsansatz für bestehende Probleme des „socio-technical gap" (Dourish 2006) im adressierten Anwendungsbereich dienen mag.

Das Forschungsdesiderat der vorliegenden Arbeit bestand im Kern darin, eine besser fundierte Grundlage für methodische Entscheidungen in der Technik- und insbesondere Softwareentwicklung für die Anwendergruppe der älteren Menschen zu schaffen. Die duale Herangehensweise des Aufgreifens und Reflektierens aktueller Diskurse in der Alters- und Gesundheitsforschung auf der einen Seite, und einer der Aktionsforschung ähnlichen Betrachtung der Praxis dreier Technikentwicklungsprojekte auf der anderen Seite, hat Spannungen und Konfliktpotenziale aufgezeigt, deren Nichtbeachtung möglicherweise auch den nachhaltigen Erfolg mancher Ideen aus dem AAL-Bereich gefährdet hat.

Dabei sind die theoretischen und gelebten Konzepte zu Autonomie und sozialer Teilhabe im Alter im wissenschaftlichen Diskurs ebenso vielfältig und teilweise widersprüchlich wie sie einem auch in Alltagsdiskursen von Pflegenden, Angehörigen und Entwicklern begegnen. Technikforscher und -designer erschließen sich derartige „schwierige" Domänen durch praxis- und nutzerbasierte Gestaltungsansätze, müssen allerdings auch lernen, die angesprochenen Diskurse und auch die eigenen Erfahrungen mit der Praxis der Anwendungspartner abzugleichen und ihre Methoden entsprechen anzupassen. Sich auf die individuelle Praxis, auf Wertzuweisungen und Deutungsmuster von Menschen in realen Lebenskontexten einzulassen, kann daher sehr kompliziert sein, wenn es um die Umsetzung von Analyse- und Reflexionsergebnissen in Designanforderungen und schließlich in konkrete Funktionalitäten geht. Die besonderen Probleme dieser Umsetzung im IT-Design für die alternde Gesellschaft habe ich in dieser Arbeit beleuchtet.

In der Alters- und Pflegeforschung setzen sich zunehmend Konzepte durch, die den alternden Menschen nicht über seine gesundheitlichen Defizite definieren, sondern räumliche, soziale, umweltbezogene sowie Lebenslauf-spezifische Perspektiven einbeziehen. Auch die vorliegenden empirischen Untersuchungen haben gezeigt, dass sich in der Praxis der Anwendungsdomänen bei Pflegenden und Angehörigen durchaus sehr differenzierte Umgangsformen mit dem sich entwickelnden Abhängigkeitsverhältnis eines alternden Menschen gelebt werden.

Diese Tendenzen sollten auch für die Technikentwicklung stärker aufgegriffen werden. Für das verfolgte Forschungsziel einer Informationsgrundlage für methodische Entscheidungen in der Technikentwicklung für die alternde Gesellschaft ist sowohl die Strategie eines großen Theorieentwurfs fragwürdig als auch die Strategie einer Erweiterung der Menge publizierter Beispiele nicht hilfreich. Für ersteres reichen auch die umfangreichen hier dokumentierten Erfahrungen nicht aus, und letzteres ist für die Verwendung in Entscheidungsprozessen nur bedingt tauglich. Als ein Kompromiss wurde hier der Ansatz der „sensibilisierenden Konzepte" nach Blumer (1954) genutzt, um die Ergebnisse von drei Designfallstudien zu systematisieren und für konkrete Operationalisierungen im Design aufzubereiten. Es wurden Kernkonzepte für drei unterschiedliche Designbereiche entwickelt, und zwar solche für die Analyseebene, für die Gestaltungsebene sowie für die Methodenebene des IT-Designs für die alternde Gesellschaft.

Die Konzepte auf der Analyseebene fokussieren die sozialen Probleme im Alltag älterer Menschen zwischen dem Wunsch nach sozialer Teilhabe und dem Bedürfnis nach Rückzug und Abgrenzung. Die Beleuchtung von Autonomiefragen hat gezeigt, dass Autonomie nicht als statischer Begriff genutzt werden sollte, sondern eher als eine Reflexionsarena, die erst in der Praxis durch alle Beteiligten (Ärzte, Pflegemitarbeiter, Angehörige und Patienten) auskonstruiert und gelebt wird.

Die sensibilisierenden Konzepte auf der Gestaltungsebene betonen mit dem „Inklusiven Interaktionsdesign" die Vielfältigkeit und häufig vorliegende Widersprüchlichkeit von aktuellen und zukünftigen Nutzerrollen und Bedürfnissen. „Design im Diskurs" versteht sich als Forderung nach einer kritischen Reflektion der gesellschaftlichen, organisationalen und lokalen Diskurse, in die eine Technikentwicklung eingebunden ist, sowie als eine kritische Reflektion der oft vorzufindenden Arbeitsteilung zwischen den ‚Empirikern' und den ‚Entwicklern' in diesem Prozess. „Relationale versus absolute Lösungen" weist darauf hin, einen Problemkomplex nicht mit großem Aufwand vollständig behandeln, sondern in der pragmatischen Lösung von Teilproblemen eine hinreichende Flexibilität für eine erfolgreiche Aneignung neuer technischer Möglichkeiten zu offerieren.

Das Erfordernis der Anpassung der Designprozesse für und mit älteren Menschen und deren Netzwerken wurde sehr stark deutlich. Hier kristallisierten sich die wesentlichen Analyseergebnisse sowie mögliche Änderungsoptionen im sensibilisierenden Konzept der „Ankerpunkte", deren Setzung im Prozess Instrumente für den Aufbau eines gemeinsamen gedanklichen Möglichkeitsraums schafft. Des Weiteren im „Vertrauen", welches durch verschiedene Maßnahmen sowohl bezüglich der Selbstwahrnehmung der Betroffenen als auch hinsichtlich des erweiterten Praxiszusammenhanges aus Betroffenen, Angehörigen, Pflegepersonal und Entwicklern eine wesentliche Grundlage für Designprozesse darstellt. Überlegungen zur „Nachhaltigkeit" verweisen auf Maßnahmen im Designprozess, die die im Vergleich zu anderen Feldern gesteigerte Verletzlichkeit der Anwender und ihrer sozialen Beziehungen untereinander sowie die besondere Beziehung zwischen Anwenden und Unterstützungstechnologien und deren Entwicklern respektiert. Auch praxeologische Ansätze wie Designfallstudien dürfen keine negativen Spuren bei den Menschen hinterlassen, deren reale Alltagsumgebungen sie als Designobjekt thematisieren.

Die erarbeiteten Konzepte verstehen sich nicht als endgültig, sondern sind auf der Basis weiterer Designfallstudien zu ergänzen und zu verfeinern. Zudem ist davon auszugehen – nach Blumers (1954) Verständnis – dass sensibilisierende Konzepte generell als temporär angesehen werden sollten, da sie sich mit fortschreitendem gesellschaftlichem Wandel mit entwickeln werden. Die wachsende Präsenz von Computertechnologien wird mutmaßlich in den nächsten Jahren und Jahrzehnten Generationen von älteren Menschen hervorbringen, die bereits umfangreiche Erfahrungen in der Bedienung dieser Technologien mit sich bringen.

Tritt man noch einen Schritt zurück, so kann man auch überlegen, auf welche anderen Designkontexte die Erfahrungen übertragen werden könnten oder sollten, die man aktuell mit älteren Generationen macht. Die meisten Designprobleme, denen man sich im AAL-Bereich gestellt hat, enthalten Elemente der alltäglichen Lebensführung der Benutzer und ihrer Familien, und unterscheiden sich so deutlich von eher aufgaben- und zielorientierten Anwendungsdomänen, die man allgemein in der Arbeitswelt vorfindet, und für die die aktuell verwendeten Technikentwicklungsmethoden einmal gemacht wurden. Die Verwendung praxeologischer Konzeptualisierungen des Designprozesses mit ihren flexiblen, partizipativen Elementen wird der Natur der Anwendungsdomäne schon besser gerecht als z.B. ein klassisches Wasserfall-Modell, aber die hier vorgestellten sensibilisierenden Konzepte wirken auch darüber hinaus, um Kooperationsbereitschaft und Respekt aller Beteiligten vor der Praxis der „Anderen" sicherzustellen. Es ist vorstellbar, dass die sensibilisierenden Konzepte deshalb auch in weiteren Anwendungsdomänen greifen, in denen diese Dynamik besonders wichtig ist. Das kann den Bereich der Home-IT (z.B. Management von Unterhaltungselektronik oder Hausenergiesystemen) betreffen, oder Bereiche der Medizintechnik, in denen die Digitalisierung von Therapiewerkzeugen ebenfalls die alltägliche Lebensrealität der Anwender und ihres sozialen Umfeldes verändern wird.

Inwiefern die hier vorgestellten Konzepte für die „Alternde Gesellschaft" oder für andere Domänen verfeinert oder angepasst werden müssen, werden weitere Forschungen zeigen müssen.

9. Literatur

Abowd, G.D., G.R. Hayes, J.A. Kientz, L. Mamykina, E.D. Mynatt (2006): Challenges and Opportunities for Collaboration Technologies for Chronic Care Management. The Human-Computer Interaction Consortium (HCIC 2006). Fraser, Colorado, USA.

Argyris, C. (1985): Action Science, Concepts, Methods, and Skills for Research and Interviention, San Francisco: Jossey-Bass.

Atchley, R. C. (1999): Continuity and adaptation in aging: Creating positive experiences. Johns Hopkins University Press.

Bätz, K., Iber, G., Middel, K. (2002): Der Mensch im Alter: Einführung, Medien-Analysen, Text-und Bildmedien. Freiburg i.Br., 1976.

Ballinger, C., Payne, S. (2002): The Construction of the Risk of Falling Among and By Older People. Ageing and Society 22, 305–321 (2002).

Baltes, P. B., & Baltes, M. M. (1992): Gerontologie: Begriff, Herausforderung und Brennpunkte. In P.B. Baltes & J. Mittelstraß (Hrsg.), Zukunft des Alterns und gesellschaftliche Entwicklung. Akademie der Wissenschaften. Forschungsbericht 5 (S. 2–34). Berlin, New York: Walter de Gruyter.

Banse, G., Hauser, G. (2009): Kultur und Technik: Genese und Stand einer Forschungsinitiative, 2009, in Teorie vědy / Theory of Science, Vol 31, No 3-4 (2009), S. 131-152.

Barnes M. (2005): The same old process? Older people, participation and deliberation, in: Ageing & Society, 2005; 25: 245-259.

Barrett, J., Kirk, S. (2000): Running focus groups with elderly and disabled elderly participants, in: Appl. Ergonom. 31(6), 621-629 (2000).

Beck, E. E. (2002): Mediation, Non-Participation, and Technology in Care Giving Work, in: In Proceedings of PDC 2002, the Participatory Design Conference, Malmö, 23-25 June 2002 (Palo Alto CA, USA: Computer Professionals for Social Responsibility), S. 204-214.

Beck, S. (Hrsg.) (2009): alt sein - entwerfen, erfahren. Ethnografische Erkundungen in Lebenswelten alter Menschen. Panama Verlag (Berlin).

Becker, K. F.: Einleitung. In: ders. (Hg.) (1973): Älter - doch dabei!. 2. Aufl., Stuttgart, S. 11-15.

Beringer, R., Sixsmith, A., Campo, M., Brown, J., Mc Closkey, R. (2011): The "Acceptance" of Ambient Assisted Living: Developing an Alternate Methodology to This Limited Research Lens. In: Toward Useful Services for Elderly and People with Disabilities, hg. von. Bessam Abdulrazak, Sylvain Giroux, Bruno Bouchard, Hélène Pigot, und Mounir Mokhtari, 6719:161-167. Lecture Notes in Computer Science. Springer Berlin/Heidelberg.

Bick, M.; Kummer, T-F.; Rössig, W. (2008): Ambient Intelligence in Medical Enviroments and Devices. Qualitative Studie zu Nutzenpotentialen ambienter Technologien in Krankenhäuser. ESCP-EAP Working Paper Nr. 36, 2008.; Berlin: ESCP-EAP Europäische Wirtschaftshochschule.

Birnholtz, J., Gutwin, C. and Hawkey, K. (2007): Privacy in the open: how attention mediates awareness and privacy in open-plan offices. In: ACM GROUP (2007), S. 51-60.

Bleuel, H. P., Englbrecht, R., Garms-Homolova, V. (1976): Lebensaufgabe: Alter: Die Situation feststellen - Die Ursachen benennen - Alternativen erdenken - Modelle erfinden. Stuttgart.

Blomberg, J., Giacomi, J., Mosher, A., Swenton-Wall, P. (1993): Ethnographic field methods and their relation to design. In Participatory design: principles and practices, ed. Douglas Schuler and Aki Namioka. Hillsdale: Lawrence Erlbaum Associates.

Blumer, H. (1954): What's Wrong with Social Theory? in: American Sociological Review, 1954, S. 3-10.

Blythe, M. et al. (2010): Age and experience: ludic engagement in a residential care setting, in: Proceedings of the 8th ACM Conference on Designing Interactive Systems, ACM, S. 161-170.

BMBF/VDE Innovationspartnerschaft AAL (Hrsg.) (2012): Von eingebetteten zu soziotechnischen Systemen. Potenzial und Forschungsbedarf auf dem Gebiet der IT im AAL-Umfeld, 2012, o.O.

BMFSFJ (2010): Sechster Altenbericht zur Lage der älteren Generation, Berlin.

BMFSFJ (2002): Zweiter Altenbericht der Bundesregierung zur Lage der älteren Generation, Berlin.

Böhm, E. (2004): Psychobiographisches Pflegemodell. Maudrich Verlag (Wien, München, Bern). 3. Auflage.

Bourdieu, P. (1999): Die Regeln der Kunst. Genese und Struktur des literarischen Feldes. Frankfurt am Main.

Bourdieu, P. (1989): Antworten auf einige Einwände, in: Eder, Klaus (Hg.): Klassenlage, Lebensstil und kulturelle Praxis, Frankfurt am Main, S. 395- 410.

Bourdieu, P. (1982): Die feinen Unterschiede. Kritik der gesellschaftlichen Urteilskraft. Suhrkamp, Frankfurt am Main.

Bourdieu, P., Wacquant, L. (1996): Reflexive Anthropologie, Frankfurt am Main.

Bowen, Glenn A. (2006): Grounded Theory and Sensitizing Concepts, in: International Journal of Qualitative Methods 5 (3).

Braun, H. (1992): Alter als gesellschaftliche Herausforderung. Regensburg.

Briggs, P., Olivier, P. (2009): Film as Invisible Design: The example of the Biometric Daemon. Video Showcase CHI 2009, ACM Press (2009).

Budweg, S.; Lewkowicz, M.; Müller, S.; Schering, S. (2012): Fostering Social Interaction in AAL: Methodological reflections on the coupling of real household Living Lab and SmartHome approaches. In: Richter, A.; Müller, C.; Lewkowicz, M. und Budweg, S.: Special Issue on Ambient Assisted Living. i-com: Vol. 11, No. 3, S. 30-35.

Butler, R. N. (1969): Age-Ism: Another Form of Bigotry. The Gerontologist, 9, 1969, S. 243-246.

Campbell, F. K. (2009): Contours of ableism: The production of disability and abledness. Palgrave Macmillan.

Christensen, L.R., Grönvall, E. (2011): Challenges and Opportunities for Collaborative Technologies for Home Care Work. In the proceedings of CSCW 2011, the European Conference on Computer-Supported Cooperative Work 2011, Aarhus, Denmark, 24-28 September, 2011.

Clarkson, J. (2003): Inclusive design: design for the whole population, London.

Consolvo, S., P. Roessler, B. Shelton, A. LaMarca, B. Schilit, S. Bly (2004): Technology for care networks of elders, in: IEEE Pervasive Computing S. 22-29.

Costa, P. T., McCrae, R.R. (1980): Still stable after all these years: personality as a key to some issues in adulthood and old age, in: Life-span Development and Behavior 3, S. 65-102.

Coughlin, J.F. (2006): New Expectations from Older Users: Five Lessons for Product Design and Innovation in an Aging Marketplace. AgeLab, MIT, Cambridge.

Crabtree, A., Rodden, T., Benford, S. (2005): Moving with the times: IT research and the boundaries of CSCW. Comput. Supported Coop. Work 14, 3 (June 2005), S. 217-251.

Crabtree, A., Rodden, T., Hemmings, T., Benford, S. (2003): Finding a place for Ubicomp in the home. In: 5th International Conference on Ubiquitous Computing (2003).

Crabtree, A., T, Hemmings, Rodden, T. (2003): The Social Construction of Displays; Cordinate Displays and Ecologically Distributed Networks In K. O'Hara, et al (Eds.) In Public and situated displays: social and interactional aspects of shared. Netherlands: Kluwer, S. 170-190.

Crabtree, A., Hemmings, T., Rodden, T., et al. (2003): Designing with care: Adapting cultural probes to inform design in sensitive settings, in: Proc. OZCHI 2003, S. 4-13.

Cumming, E., Henry, W.E. (1961): Growing old: The process of disengagement. New York: Basic Books.

Dahl, Y., Holbø, K. (2012): Value biases of sensor-based assistive technology: case study of a GPS tracking system used in dementia care, in: Proceedings of the Designing Interactive Systems Conference (DIS '12). ACM, New York, NY, USA, S. 572-581.

Day, K. (2001): Constructing Masculinity and Women's Fear in Public Space in Irvine, California, in: Gender, Place and Culture 8 (2), S. 109-127.

Demiris, G. (2009): Independence and shared decision making: The role of smart home technology in empowering older adults, in: Engineering in Medicine and Biology Society, 2009. EMBC 2009. Annual International Conference of the IEEE, S. 6432-6436.

Demiris, G., Rantz, M., Aud, M., Marek, K., Tyrer, H., Skubic, M., Hussam, A. (2004): Older adults' attitudes towards and perceptions of ‚smart home' technologies: a pilot study, in: Medical Informatics and the Internet in Medicine 29 (2) (Juni), S. 87-94.

Dickinson, A., Newell, A.F., Smith, M.J., Hill, R.L. (2005): Introducing the Internet to the over-60s: Developing an email system for older novice computer users, in: Interacting with Computers 17, 6 (2005), S. 1-22.

Dickinson, A., Arnott, J.A., Prior, S. (2007): Methods for human-computer interaction research with older people, in: Behav. Inf. Technol. 26(4), S. 343-352.

Dickinson, A., Hill, R.L. (2007): Keeping in touch: Talking to older people about computers and communication, in: Educational Gerontology 33, S. 613-630.

Dourish, P. (2006): Implications for design, in Proc. ACM Conf. Human Factors in Computing Systems CHI' 06, S. 541-550.

Edwards, K., Grinter, R. (2001): At home with ubiquitous computing: seven challenges, in: Proc. UbiComp '01, Atlanta, Georgia: Springer, S. 256-272,

Ehn, P. (1993): Scandinavian Design: On Participation and Skill, in Schuler, D., Namioka, A.: Participatory Design: Principles and Practices, Lawrence Erlbaum Associates Publishers.

Ekeland, A. G., Bowes, A., Flottorp, S. (2012): Methodologies for assessing telemedicine: A systematic review of reviews, in: International Journal of Medical Informatics 81 (1) (Januar), S. 1-11.

Ecarius, Jutta (1996): Individualisierung und soziale Reproduktion im Lebensverlauf. Konzepte der Lebenslaufforschung, Opladen.

Ellul, J. (1962): The Technological Order, in: Technology and Culture 3, 394-422.

Feil, N. (2005): Validation. Ein Weg zum Verständnis verwirrter alter Menschen., Reinhardts Gerontologische Reihe, Bd.16, 8. Aufl.

Filipp, S.-H., Mayer, A.-K. (1999): Bilder des Alters. Altersstereotype und die Beziehung zwischen den Generationen. Stuttgart, Berlin und Köln: Kohlhammer.

Fischer, G. (2007): Meta-Design: Expanding Boundaries and Redistributing Control in Design, in:,Proceedings of the Interact'2007 Conference, Rio de Janeiro, Brazil, September, S. 193-206.

Fitzpatrick, G., Ellingsen. G. (2012): A Review of 25 Years of CSCW Research in Healthcare: Contributions, Challenges and Future Agendas, in: Computer Supported Cooperative Work (CSCW) (Juni 21).

Fitzpatrick, G., Balaam, M., Axelrod, L., Harris, E., McAllister, G., Hughes, AM., Burridge, J., Nind, T., Ricketts, I., Wilkinson, A., Mawson, S., Rennick Egglestone, S., Rodden, T., Probert Smith, P., Shublaq, N., Robertson, Z. (2010): Designing for Rehabilitation at Home, in: Proc. Workshop on Interactive Systems in Healthcare, Atlanta April (2010), S. 49 - 52.

Flick, U. (1995): Qualitative Sozialforschung. Theorie, Methoden, Anwendung in Psychologie und Sozialwissenschaften. Reinbek: Rowohlt.

Flick, U., Kardorff, E., von Steinke, I. (2000): Was ist qualitative Sozialforschung? Einleitung und Überblick, in: Dies. (Hrsg.): Qualitative Forschung. Ein Handbuch. Reinbek bei Hamburg, S. 13-29.

Flyvbjerg, B. (2001): Making Social Science Matter. Why Social Inquiry Fails and How it Can Succeed Again. Cambridge UK: Cambridge University Press.

Freire, P. (1973): Pädagogik der Unterdrückten. Bildung als Praxis der Freiheit. Reinbek: Hamburg.

Friedman, B. , Kahn, P. (2003): Human values, ethics and design, in: Jacko, J., Sears, A. (Hrsg.): The human computer interaction handbook, Mahwah, NJ: Lawrence Erlbaum and Associates, S. 1177-1201.

Fuchs, L., Sohlenkamp, M., Genau, A., Kahler, H., Pfeifer, A., Wulf, V. (1996): Transparenz in kooperativen Prozessen: Der Ereignisdienst in POLI-Team, in: Krcmar, H.; Lewe, H.; Schwabe, G. (Hrsg.): Herausforderung Telekooperation (Proceedings der DCSCW'96, 30.9. - 2.10.1996 in Stuttgart-Hohenheim), Springer, Berlin 1996, S. 3-16.

Gaver, B., Dunne, T., Pacenti, E. (1999): Design: Cultural probes, in: interactions 6, (1999), S. 21-29.

Geertz, C. (1983): Dichte Beschreibung. Beiträge zum Verstehen kultureller Systeme, Frankfurt a.M. 1983.

Gerok, W., Brandtstädter, J. (1992): Normales, krankhaftes und optimales Altern: Variations- und Modifikationsspielräume, in: Baltes, P. B., Mittelstraß, J. (Hrsg.): Zukunft des Alterns und gesellschaftliche Entwicklung (Akademie der Wissenschaften zu Berlin, Forschungsbericht 5), Berlin: de Gruyter, S. 356-385.

Glaser, B.G., Strauss, A. L. (1967): The Discovery of Grounded Theory. Strategies for Qualitative Research, New York.

Goffman, E., (1967): Interaction Rituals: Essays on face-toface behaviour (Indianapolis: Bobbs-Merrill).

Goffman, E. (1959): The Presentation of Self in Everyday Life. Anchor.

Goldsmith, M. (1996): Hearing the Voice of People with Dementia: Opportunities and Obstacles. London: Jessica Kingsley Publishers.

Graafmans, J. A. M., Taipale, V. (1998): Gerontechnology, A Sustainable Investment in the Future, in: Graafmans, J. A. M., Taipale, V., Charness, N. (Hrsg.), Gerontechnology. A Sustainable Investment in the Future, Amsterdam: IOS Press, S. 3-6.

Gregor, P., Newell, A.F., Zajicek, M. (2002): Designing for dynamic diversity: interfaces for older people, in: Proc. ASSETS 2002, ACM Press, S. 151-156.

Gregor, P., Newell, A.F. (2001): Designing for dynamic diversity: making accessible interfaces for older people, in: Proc. WUAUC 2001, ACM Press, S. 90-92.

Grönvall, E., Kyng, M. (2011): Beyond Utopia: reflections on participatory design in home-based healthcare with weak users, in: Proceedings of the 29th Annual European Conference on Cognitive Ergonomics (ECCE '11). ACM, New York, NY, USA, S. 189-196.

Harper, D. (2002): Talking about pictures: a case for photo elicitation, in: Visual Studies 17, 1, S. 13-26.

Harper, R., Randall, D., Smyth, N., Evans, C., Heledd, L., Moore, R. (2008): The past is a different place: they do things differently there, in: Proc. DIS 2008, ACM, S. 271-280.

Havighurst, R. J. (1968/1977): Ansichten über ein erfolgreiches Altern, in: Thomae, H., Lehr, U. (Hrsg.), Altern. Probleme und Tatsachen. Frankfurt a. M.: Akademische Verlagsgesellschaft, 2. Aufl., S. 567–571.

Hawthorn, D. (2007): Interface design and engagement with older adults, in: Behav. Inf. Technol. 26(4), 333-341.

Health Council of the Netherlands (2004): Advanced homecare technology: moral questions associated with an ethical ideal. Ethics and Health Monitoring Report 2004 no.4. The Hague: Health Council of the Netherlands.

Hess, J., Ogonowski, C. (2010): Steps toward a living lab for socialmedia concept evaluation and continuous user-involvement. in: Proceedings of the 8th international interactive conference on Interactive TV&Video (EuroITV '10). ACM, New York, NY, USA, S. 171-174.

Hillebrandt, F. (1999): Die Habitus-Feld-Theorie als Beitrag zur Mikro-Makro-Problematik in der Soziologie- aus der Sicht des Feldbegriffs, Working-Papers zur Modellierung sozialer Organisationsformen in der Sozionik, WP 2, Hamburg 1999, S. 1-23, online verfügbar unter URL: http://www.tu-harburg.de/tbg/Deutsch/Projekte/Sozionik2/WP2.pdf (Letzter Zugriff 22.12.2012).

Höpflinger, F. (1994): Frauen im Alter – Alter der Frauen, Zürich: Seismo Verlag.

Hörning, K. H. (1985): Technik und Symbol. Ein Beitrag zur Soziologie alltäglichen Technikumgangs, in: Soziale Welt 36, S. 185-207.

Hoffmann-Riem, C. (1980): Die Sozialforschung einer interpretativen Soziologie – Der Datengewinn. Kölner Zeitschrift für Soziologie und Sozialpsychologie, 32, S. 339-372.

Hook, J., Green, D., McCarthy, J., Taylor, S., Wright, P., Olivier, P. (2011): A VJ Centered Exploration of Expressive Interaction, in Proc. CHI 2011, ACM Press, S. 1265-1274.

Hudson, S. E., Smith, I. (1996): Techniques for addressing fundamental privacy and disruption tradeoffs in awareness support systems, in: ACM CSCW (1996), S. 248-257.

Hughes, H., King, V., Rodden, T., Andersen, H. (1994): Moving out from the control room: ethnography in system design, in: Proceedings of the 1994 ACM conference on Computer supported cooperative work (CSCW '94). ACM, New York, NY, USA, S. 429-439.

Hughes, J.A., D. Randall, Shapiro, D. (1992): Faltering from ethnography to design, in: Proceedings of the 1992 ACM Conference on Computer Supported Cooperative Work. Toronto: ACM Press, S. 115-122.

Iversen, O. S., Kanstrup, A. M., Graves Petersen, M. (2004): A visit to the 'new utopia': revitalizing democracy, emancipation and quality in co-operative design. in: Proceedings of the third Nordic conference on Human-computer interaction (NordiCHI '04). ACM, New York, NY, USA, S. 171-179.

Jakobs, E.-M., Lehnen, K., Ziefle, M. (2008): Alter und Technik: Studie zu Technikkonzepten, Techniknutzung und Technikbewertung älterer Menschen, Apprimus Verlag, Aachen.

Janssen, J.-P. (2001): Lebensstil und Gesundheitsförderung – Was ist zu erreichen? Kiel 2001.

Kaufmann, F. X. (2003): Varianten des Wohlfahrtsstaats. Frankfurt/M: Suhrkamp.

Kelle, U. (1996): Die Bedeutung theoretischen Vorwissens in der Methodologie der Grounded Theory. In Rainer Strobl & Andreas Böttger (Hrsg.), Wahre Geschichten? Zur Theorie und Praxis qualitativer Interviews (S.23-48). Baden Baden: Nomos.

Kensing, F., Blomberg, J. (1998): Participatory Design: Issues and Concerns, in: Journal of Computer Supported Cooperative Work 7, S.167-185.

Keyani, P., Hsieh, G., Mutlu, B., Easterday, M., Forlizzi, J. (2005): DanceAlong: Supporting positive social exchange and exercise for the elderly through dance, in: Ext. Abstracts CHI 2005, ACM Press (2005), 1541-1544.

King, S., Forlizzi, J. (2007): Slow messaging: Intimate communications for couples living at a distance, in: Proc. DPPI 2007, ACM Press (2007), S. 451-454.

Kitwood, T. (2000): Der person-zentrierte Ansatz im Umgang mit verwirrten Menschen. Huber, Bern (orig.: Dementia reconsidered. The person comes first. Open University Press, Buckingham 1997).

Kruse, A., Heuft, G., Re, S., Schulz-Nieswandt, F. (2007): Gesundheit im Alter. Robert Koch-Institut (Hrsg.), Berlin: Mercedes-Druck.

Kruse, A. (1987): Kompetenzerhaltung, Kompetenzsteigerung und Kompetenzwiedergewinnung im Alter, in: Kruse, A., Lehr, U., Rott, C. (Hrsg.), Gerontologie. Eine interdisziplinäre Wissenschaft. Beiträge zur I. Gerontologische Woche Heidelberg, 9.6. – 13.6.1986. München: Bayerischer Monatsspiegel Verlagsgesellschaft, S. 343–412.

Kruse, A. (1996): Alltagspraktische uns sozioemotionale Kompetenz, in: Baltes, M., Montada, L. (Hrsg.): Produktives Leben im Alter Frankfurt/M.: Campus, 290-322.

Kruse, A., Schmitt, E. (2004): Differenzielle Psychologie des Alterns, in: Pawlik, K. (Hrsg.), Enzyklopädie der Psychologie – Angewandte Differenzielle Psychologie, Göttingen: Hogrefe, S. 533-571.

Kruse, A., Wahl, H.-W. (2010): Zukunft Altern. Individuelle und gesellschaftliche Weichenstellungen. Heidelberg: Spektrum Akademischer Verlag.

Kirchmair, R.: Bedürfnisse und Anforderungen der Best Agers an IT-Produkte, in: Kimpeler, S., Baier, E. (Hrsg.): IT-basierte Produkte und

Dienste für ältere Menschen – Nutzeranforderungen und Techniktrends, Tagungsband zur FAZIT Fachtagung "Best Agers" in der Informationsgesellschaft, Karlsruhe 2006, Fraunhofer IRB-Verlag, S. 31-42.

Kümpers, S. (2011): Nicht nur für uns, sondern mit uns! Partizipation als Erfolgsfaktor der Gesundheitsförderung im Alter, in: Gesundheit Berlin-Brandenburg (Hrsg.), Den Alltag im Stadtteil bewegen – Potenziale der Bewegungsförderung im Alter, S. 13-22.

Landau, R., Auslander, G.K., Werner, S., Shoval, N., Heinik, J. (2010): Families' and Professional Caregivers' Views of Using Advanced Technology to Track People With Dementia, in: Qual Health Res (2010); 20.

Landau, R., Werner, S., Auslander, G.K., Shoval, N., Heinik, J. (2009): Attitudes of Family and Professional Care-Givers towards the Use of GPS for Tracking Patients with Dementia: An Exploratory Study, in: Br J Soc Work 39, 4 (2009), S. 670-692.

Lawton, M. P. (1989): Environmental proactivity in older people, in: Bengtson, V. L., Schaie, K. W. (Hrsg..), The Course of Later Life, New York: Springer, S. 15-23.

Lawton, M. P., Nahemow, L. (1973): Ecology and the aging process, in: Eisdorfer, C., Lawton, M. P. (Hrsg.), The psychology of adult development and aging,. Washington, DC: American Psychological Association, S. 619-674.

Lehr, U. (1964): Positive und negative Einstellungen zu einzelnen Lebensaltern. Vita Humana, 7, 1964, 201-227.

Lehr, U. (1987): Psychologie des Alterns. 6., erweiterte Auflage, Heidelberg 1987.

Lehr, U., Minnemann, E. (1987): Veränderungen von Quantität und Qualität sozialer Kontakte vom 7. bis 9. Lebensjahrzehnt, in: Lehr, U„Thomae, H. (Hrsg.), Formen seelischen Alterns. Ergebnisse der Bonner Gerontologischen Längsschnittstudie, Stuttgart: Enke, S. 80-91.

Lehr, U. (2007): Psychologie des Alterns (11., korr. Aufl.). Wiebelsheim: Quelle & Meyer.

Lewin, K. (1946): Action Research and Minority Problems, in: Journal of Social Issues, Vol.2, Issue 4, 34-46.

Li, L.W., McLaughlin, S.J. (2011): Caregiver Confidence: Does It Predict Changes in Disability Among Elderly Home Care Recipients? The Gerontologist (2011).

Lindenberger. U. (2002): Erwachsenenalter und Alter. In Oerter, R., Montada, L. (Hrsg.), Entwicklungspsychologie, Weinheim: Beltz, 5. Aufl., S. 350-391.

Lindley, S.E., Harper, R., Sellen, A. (2008): Designing for elders: Exploring the complexity of relationships in later life, in: Proc. HCI 2008, BCS (2008), S. 77-86.

Lindley, S. E., Harper, R., Sellen, A. (2009): Desiring to be in touch in a changing communications landscape: attitudes of older adults, in: Proceedings of the 27th international conference on Human factors in computing systems (CHI '09). ACM, New York, NY, USA, S. 1693-1702.

Lindley, S.E., Randall, D., Sharrock, W., Glancy, M., Smyth, N., Harper, R. (2009): Narrative, memory and practice: tensions and choices in the use of a digital artifact, in: Proc. British HCI, (2009), S. 1-9.

Lindsay, S., Brittain, K., Jackson, D., Ladha, C., Ladha, K., Olivier, P. (2012a): Empathy, Participatory Design and People with Dementia, in: Proc. CHI 2012, ACM Press (2012), S. 521-530.

Lindsay, S., Jackson, D., Schofield, G., Olivier, P. (2012b): Engaging older people using participatory design, in: Proc. CHI 2012, ACM Press (2012), S. 1199-1208.

Lines, L., Hone, K.S. (2004): Eliciting user requirements with older adults: lessons from the design of an interactive domestic alarm system, in: Univ. Access Inf. Soc. 3, S. 141-148.

Loewy, E. (1996): Textbook of Healthcare Ethics, New York: Plenum.

Lowy, L. (1981): Soziale Arbeit mit älteren Menschen: Ein Lehrbuch. Freiburg i.Br., 1981.

Mahmood, A.,Yamamoto, T., Lee, M., Steggell, C. (2008): Perceptions and Use of Gerotechnology: Implications for Aging in Place, in: Journal of Housing For the Elderly 22 (1-2), S. 104-126.

Mambrey, P., Mark, G., Pankoke-Babatz, U. (1998): User Advocacy in Participatory Design: Designer's Experiences with a New Communication Channel, in: CSCW: The Journal of Collaborative Computing (Kluwer Academic Publishers, Dordrecht, NL), 7, S. 291-313.

Martin, M., Kliegel, M. (2008): Psychologische Grundlagen der Gerontologie, Stuttgart: Kohlhammer.

Massimi, M., Baecker, R. (2006): Participatory design process with older users, in: Proc. UbiComp2006 Workshop on future media.

Meese, A. (2005): Praxissondierung und theoretische Reflexion zu Versuchen intergenerationeller Didaktik. Lernen im Austausch der Generationen, in: DIE Magazin II/2005, S. 37-39.

Miyajima, A., Itoh, Y., Itoh, M., Watanabe, T. (2005): "Tsunagari-kan" communication: Design of a new telecommunication environment and a field test with family members living apart, in: International Journal of Human-Computer Interaction 19, 2 (2005), S. 253-276.

Mollenkopf, H., Schakib-Ekbatan, Karin, Oswald, Frank und Langer, Nadine (2005): Technische Unterstützung zur Erhaltung von Lebensqualität im Wohnbereich bei Demenz. Ergebnisse einer Literatur-Recherche (Forschungsberichte aus dem DZFA – Nr. 19, April 2005)

Mollenkopf, H., Fozard, J. L. (2004): Technology and the Good Life: Challenges for Current and Future Generations of Aging People, in: Wahl, H.-W., Scheidt, R., Windley, P. (Hrsg.), Aging in context: Sociophysical environments (Annual Review of Gerontology and Geriatrics, Vol. 23, 2003) New York: Springer Publishing, S. 250-279.

Mollenkopf, H., Oswald, F., Wahl, H.-W. (1999): Alte Menschen in ihrer Umwelt: „Drinnen" und „Draußen" heute und morgen. In Wahl, H.-W., Mollenkopf, H., Oswald, F. (Hrsg.), Alte Menschen in ihrer Umwelt, Opladen/Wiesbaden: Westdeutscher Verlag, S. 219-238.

Morris, D.B. (2000): Krankheit und Kultur. Plädoyer für ein neues Körperverständnis.

Morris, M.E. (2005): Social networks as health feedback displays, in: IEEE Internet Computing 9, 2, S. 253-276.

Morris, M., Lundell, J., Dishman, E., Needham, B. (2003): New Perspectives on Ubiquitous Computing from Ethnographic Study of Elders with Cognitive Decline, in: UbiComp 2003: Ubiquitous Computing. Springer Berlin/ Heidelberg, S. 227-242.

Müller, C., Neufeldt, C., Randall, D., Wulf, V. (2012a): ICT-Development in Residential Care Settings: Sensitizing Design to the Life Circumstances of the Residents of a Care Home, in: Proc. CHI '12, May 05 - 10 2012, Austin, TX, USA.

Müller, C., Kötteritzsch, A., Budweg, S. (2012b): Technologische Komponenten von heute als Aushandlungsartefakte für neue Kompositionen von morgen – Erfahrungen und Ergebnisse aus dem AAL-Projekt FoSIBLE, in: VDE 2012: 5. Dt. AAL-Kongress, 24.-25.01.2012.

Müller-Hergl, C. (2000): Demenz zwischen Angst und Wohlbefinden: Positive Personenarbeit und das Verfahren des Dementia Care Mapping, in: Tackenberg, P., Abt-Zegelin, A. (Hrsg.), Demenz und Pflege, Frankfurt am Main: Mabuse-Verlag GmbH, S. 248-262.

Muller, M. (2003): Participatory design: the third space in human computer interaction, in: Jacko, J.A., Sears, A. (Hrsg..), The Human Computer Interaction Handbook, Lawrence Erlbaum Associates, London, S. 1051-1068.

Muller, M. (1993): PICTIVE: Democratizing the dynamics of the design session. Lawrence Erlbaum.

Mynatt, E.D., J. Rowan, S. Craighill,Jacobs, A. (2001): Digital family portraits: supporting peace of mind for extended family members, in: Proceedings of the SIGCHI conference on Human factors in computing systems. ACM, Seattle, Washington, United States.

Naegele, G. (2004): Soziale Dienste für ältere Menschen, in: Kruse, A., Martin, M. (Hrsg.), Enzyklopädie der Gerontologie. Bern: Huber, S. 449-461.

NESTA (2009): Preparing for Ageing. NESTA, London.

Neustaedter, C., Elliot, K., Greenberg, S. (2006): Interpersonal awareness in the domestic realm, in: Proc. OzCHI 2006, ACM Press, S.15-22.

Newell, A., Arnott, J., Carmichael, A., Morgan, M. (2007): Methodologies for involving older adults in the design process, in: Proceedings of the 4th international conference on Universal access in human computer interaction: coping with diversity, Beijing, China, S. 982-989.

Newell, A., Carmichael, A., Morgan, M., Dickinson, A. (2006): The use of theatre in requirements gathering and usability studies, in: Interacting with Computers 18, 5, S. 996-1011.

Newell, A.F., Gregor, P. (1999): Extra-Ordinary Human-Machine Interaction: What can be Learned from People with Disabilities? Cognition, Technology & Work 1, 2, S. 78-85.

Östlund, B. (2004): Social science research on technology and the elderly – does it exist? Science Studies Vol. 17, No. 2, S. 45-63.

Oswald, F. (1996): Hier bin ich zu Hause. Zur Bedeutung des Wohnens: Eine empirische Studie mit gesunden und gehbeeinträchtigten Älteren. Regensburg: S. Roderer Verlag.

Pankoke E. (2002): Freies Engagement, zivile Kompetenz, soziales Kapital. Forderung und Förderung aktivierender Netzwerke und Lernprozesse, in: Enquete-Kommission „Zukunft des Bürgerschaftlichen Engagements" des Deutschen Bundestages, editor. Bürgerschaftliches Engagement und Zivilgesellschaft Opladen: Leske + Budrich, S. 73-87.

Park, J., Blythe, M., Monk, A.,, Grayson, D. (2006): Sharable digital TV: relating ethnography to design through un-useless product suggestions, in: Proc. CHI' 06, S. 1199-1204.

Parsons, T. (1951): The social system, London.

Petrakou, A. (2007): Exploring cooperation through a binder: A context for IT tools in elderly care at home, in: Proc. ECSCW'07: The Tenth European Conference on Computer Supported Cooperative Work, 24-28 September 2007, Limerick, Ireland, S. 271-290.

Pipek, V. , Wulf, V. (2009): Infrastructuring: Towards an integrated perspective on the design and use of Information technology. JAIS, 2009. 10(5): S. 447-473.

Piper, A. M., Campbell, R., Hollan, J.D. (2010): Exploring the accessibility and appeal of surface computing for older adult health care support, in: Proceedings of the SIGCHI Conference on Human Factors in Computing Systems (CHI '10). ACM, New York, NY, USA, S. 907-916.

Podtschaske, B., Glende, S.; Nedopil, C. (2010): Nutzerabhängige Innovationsbarrieren im Bereich altersgerechter Assistenzsysteme, 1. Studie im Rahmen der AAL-Begleitforschung des Bundesministeriums für Bildung und Forschung. Abschlussbericht. Online verfügbar unter: http://www.aal-deutsch-land.de/deutschland/dokumente/Abschlussbericht%20AAL-Nutzerstudie_Final.pdf (20.07.2012)

Raijmaker, B., Gaver, W.W., Bishay, J. (2006): Design Documentaries: Inspiring Design Research Through Documentary Film, in: Proc. DIS 2006, ACM Press (2006), S. 229-238.

Reckwitz, A. (2003): Grundelemente einer Theorie sozialer Praktiken: Eine sozialtheoretische Perspektive, in: Zeitschrift für Soziologie, Jg. 32, H. 4, 2003, S. 282-301.

Rice, M., Carmichael, A. (2011): Factors facilitating or impeding older adults' creative contributions in the collaborative design of a novel DTV-based application, in: Universal Access in the Information Society 2011, S. 1-15.

Roberts, S. (2009): The Fictions, Facts and Future of Older People and Technology. ILC-UK.

Robichaud, L., Durand, P.J., Bédard, R., Ouellet, J.-P (2006): Quality of life indicators in long term care: Opinions of elderly residents and their families., in: Canadian Journal of Occupational Therapy 73, 4, S. 245-251.

Robinson, L., Hutchings, D., Corner, L., Finch, J., Hughes, J., Brittain, K., et al. (2007): Balancing rights and risks: Conflicting perspectives in the management of wandering in dementia, in: Health, Risk & Society (2007), 9, S. 389-406.

Rode, J. A. (2011): Reflexivity in digital anthropology, in: CHI 2011, S. 123-132.

Rohde, M. (2007): Integrated organization and technology development (OTD) and the impact of socio-cultural concepts: a CSCW perspective. http://rudar.ruc.dk /handle/1800/3112 (15.10.2011)

Rohde, M., Wulf, V. (2011): Aktuelles Schlagwort: Sozio-Informatik, Informatik Spektrum (INSK) 34(2), S. 210-213.

Rohde, M., G. Stevens, P. Brödner, Wulf, V. (2009): Towards a paradigmatic shift in IS: designing for social practice. In: Proc. of DESRIST '09, ACM.

Ropohl, G. (1999): Allgemeine Technologie. Eine Systemtheorie der Technik. München, Wien: Verlag Carl Hanser.

Rosowsky, E. (2005): Ageism and Professional Training in Aging: Who Will Be There To Help? In: Generations 29, 3 (2005), S. 55-58.

Sacks, H. (1992): Lectures on Conversation: Volumes I and II. Oxford: Blackwell.

Saup, W. (1993): Alter und Umwelt. Eine Einführung in die Ökologische Gerontologie. Stuttgart: Kohlhammer.

Schaefer, S., Huxhold, O., Lindenberger, U. (2006): Healthy mind in healthy body? A review of sensorimotor-cognitive interdependencies in old age, in: European Review of Aging and Physical Activity, 3.

Schäffer, Burkhard (2007): Generationsspezifische Medienpraxiskulturen und Macht, in: Fromme, J., Schäffer, B. (Hrsg.), Medien – Macht – Gesellschaft, Wiesbaden, S. 155-167.

Schäffer, Burkhard (2003): Generation: Ein Konzept für die Erwachsenenbildung, in: Nittel, D., Seitter, W. (Hrsg.), Die Bildung des Erwachsenen, Bielefeld, S. 71-94.

Schmidt, K.; Bannon, L. (1992): "Taking CSCW seriously", in: Computer Supported Cooperative Work 1 (1), S. 7-40.

Schütz, A. (1974): Der sinnhafte Aufbau der sozialen Welt, Frankfurt.

Shield, R. R., Aronson, S. M. (2003): Aging in Today's World. Conversations between and Anthropologist and a Physician, New York.

Shura, R., Siders, R.A., Dannefer, D. (2011): Culture Change in Long-term Care: Participatory Action Research and the Role of the Resident, in: The Gerontologist 51, 2 (2011), S. 212-225.

Silverstein, N. M., Flaherty, G., Tobin, T. S. (2006): Dementia and Wandering Behavior, Springer Publishing Company, M 3.

Simic, Andrei (1982): Aging in the United States: Achieving new Understanding through foreign Eyes, in: Kolker, A., Ahmed, P. I. (Hrsg..), Aging. New York, S. 43-64.

Sowarka, Doris (2000): Merkmale der Lebensqualität in Pflegeeinrichtungen, in: Hildegard Entzian et al. (Hrsg.), Soziale Gerontologie, Frankfurt, S. 69-82.

Star, S. L., Ruhleder, K. (1994): Steps towards an ecology of infrastructure: complex problems in design and access for large-scale collaborative systems, in: Proceedings of the 1994 ACM conference on Computer supported cooperative work (CSCW '94). ACM, New York, NY, USA, S. 253-264.

Stevens, G., Nett, B. (2009): Business ethnography as a research method to support evolutionary design, in: Navigationen 2009, 9(2).

Strauss, A.L., Corbin, J.M. (1990): Basics of qualitative research. Grounded theory procedures and techniques, Newbury Park, Calif.: SAGE.

Strübing, Jörg (2008): Grounded theory. Zur sozialtheoretischen und epistemologischen Fundierung des Verfahrens der empirisch begründeten Theoriebildung. 2., überarb. und erw. Aufl. Wiesbaden: VS Verlag.

Strübing, J. (2005): Pragmatistische Wissenschafts- und Technikforschung. Theorie und Methode. Frankfurt/Main: Campus.

Suchman, L. A. (1987): Plans and Situated Actions: The Problem of Human-Machine Communication. Cambridge University Press.

Suchman, Lucy (2002): Located accountabilities in technology production, in: Scandinavian Journal of Information Systems: Vol. 14, Iss. 2, Article 7.

Svensson, M.S., Sokoler, T. (2008): Ticket-to-talk-television: designing for the circumstantial nature of everyday social interaction, in: Proc. NordiCHI 2008, ACM, S. 334-343.

Taylor, A. S., Swan, L. (2005): Artful systems in the home, in: Proc. ACM Conf. Human Factors in Computing Systems CHI' 05, (Portland, OR), S. 641-650. New York: ACM.

T.E.A.M. Studie "Die unterschätzte Generation", Frankfurt am Main, 2004 (TEAM), zit. in: Kirchmair, R.: Bedürfnisse und Anforderungen der Best Agers an IT-Produkte, in: Kimpeler, S., Baier, E. (Hrsg.): IT-basierte Produkte und Dienste für ältere Menschen – Nutzeranforderungen und Techniktrends, Tagungsband zur FAZIT Fachtagung "Best Agers" in der Informationsgesellschaft, Karlsruhe 2006, Fraunhofer IRB-Verlag, S. 31-42.

Timonen, V., O'Dwyer, C. (2009): Living in Institutional Care: Residents' Experiences and Coping Strategies, in: Social Work in Health Care 48, (2009), S. 597-613.

Thomae, H. (1959): Entwicklungsbegriff und Entwicklungstheorie, in: Ders. (Hrsg.), Handbuch der Psychologie, Band 3: Entwicklungspsychologie (3-20). Göttingen: Hogrefe.

Thomae, H. (1983): Alternsstile und Alternsschicksale. Ein Beitrag zur differentiellen Gerontologie, Bern: Huber.

Thomas, W.H. (1996): Life Worth Living: How Someone You Love Can Still Enjoy Life in a Nursing Home - The Eden Alternative in Action. Vanderwyk & Burnham.

Tokarsti, W. (1993): Lebensstile: Ein brauchbarer Ansatz für die Analyse des Altersstrukturwandels? In: Naegele, G., Tews, H. G. (Hrsg.), Lebenslagen im Strukturwandel des Alters, Opladen.

Tsai, J., Kelley, P., Drielsma, P., Cranor, L., Hong, J., Sadeh, N. (2009): Who's Viewed You? The Impact of Feedback in a mobile location Sharing System, in: Proceedings of CHI (2009).

Turner, P., Turner, S., van de Walle, G. (2007): How older people account for their experiences with interactive technology, in: Behaviour and Information Technology 26, 4 (2007), S. 287-296.

Van Maanen, J. (1998): Tales of the Field; On Writing Ethnography. Chicago: Chicago UP.

Verbeek, P. (2011): Moralizing technology: Understanding and designing the morality of things, University Of Chicago Press.

Vines, J., Blythe, M., Lindsay, S., Dunphy, P., Monk, A., Olivier,P. (2012): Questionable concepts: critique as resource for designing with eighty somethings, in: Proceedings of the SIGCHI Conference on Human Factors in Computing Systems (CHI '12). ACM, New York, NY, USA, S. 1169-1178.

Voss, A., Hartswood, M., Procter, R., Rouncefield, M., Slack, R.S., Büscher. M. (2008): Configuring User-Designer Relations: Interdisciplinary Perspectives, Springer Publishing Company, Incorporated.

Wahl H.-W., Oswald F. (1998): Eine ökopsychologische Analyse der Kompetenz im höheren Lebensalter: Das Beispiel Sehbeeinträchtigung, in: Kruse, A. (Hrsg.), Psychosoziale Gerontologie. Bd. II. Intervention, Göttingen: Hogrefe, S. 13-37.

Waterworth, E. L., Waterworth, J. A., Peter, C. , Ballesteros, S. (2012): Seniors in charge of ICT innovation, in: Proceedings of the 5th International Conference on PErvasive Technologies Related to Assistive Environments (PETRA '12). ACM, New York, NY, USA, , Article 42.

Wetzstein, V. (2005): Alzheimer-Demenz. Perspektiven einer integrativen Demenz-Ethik, in: Zeitschrift für medizinische Ethik 51 (2005), S. 27-40.

Wiley, J. Sung, J., Abowd, G. (2006): The Message Center: Enhancing elder communication, in: Ext. Abstracts CHI 2006, ACM Press (2006), S. 1523-1528.

Willi, J., Heim, E. (1986): Psychosoziale Medizin. Gesundheit und Krankheit in bio-psycho-sozialer Sicht. Bd. 2, Klinik und Praxis. Berlin: Springer.

Wittenberg-Lyles, E., D.P. Oliver, G. Demiris, P. Baldwin (2010): The ACTive Intervention in Hospice Interdisciplinary Team Meetings: Exploring Family Caregiver and Hospice Team Communication, in: Journal of Computer-Mediated Communication 15(3), S. 465-481.

Whitney, G., Keith, S. (2009): Bridging the gap between young designers and older users, in: The good, the bad and the challenging: the user and the future of information and communication technologies, Conference proceedings COST Action 298 "Participation in the Broadband Society". ABS Center, Koper, Slovenia, online verfügbar unter: http://www.abs-center.si/gbccd/ papers/P046.pdf (20.02.2013)

Wright, P.C., McCarthy, J. (2004): Technology as Experience. MIT Press, 2004.

Wulf, V. (2009): Theorien sozialer Praktiken zur Fundierung der Wirtschaftsinformatik, in: Becker, J., Krcmar, H., Niehaves, B. (Hrsg.): Wissenschaftstheorie und gestaltungsorientierte Wirtschaftsinformatik, Springer, S. 211–224.

Wulf, V. und Hartmann, A. (1994): The Ambivalence of Network Visibility in an Organizational Context, in: Clement, A., Kolm, P., Wagner, I. (Hrsg.), Networking: Connecting Workers In and Between Organizations, North-Holland, Amsterdam, 1994, S. 143-152.

Wulf, V., Rohde, M. (1995): Towards an integrated organization and technology development, in: Proc. of DIS'95, 1995.

Wulf, V., Rohde, M., Pipek, V., Stevens, G. (2011): Engaging with Practices: Design Case Studies as a Research Framenwork in CSCW, Conference on Computer Supported Cooperative Work, S. 505-512.

Zehender, L. (2007): Das Bedürfnis nach Autonomie und Anerkennung – eine Herausforderung für die institutionelle Altenbetreuung?, in: Österreichische Pflegezeitschrift 10/2007, S. 12-17.

Online-Quellen

AAL Magazin 2010:

http://www.aal-magazin.de/uploads/media/AALmagazin_Ausgabe_01.2010.pdf (20.10.2012)

Bauer Media Group 2007: http://www.bauermedia.de/uploads/ media/VA_PK_2007_Best_Age_02.pdf (20.09.2012)

Bioethikkommission beim Bundeskanzleramt Österreich (2009): Assistive Technologien - Ethische Aspekte der Entwicklung und des Einsatzes Assistiver Technologien. Stellungnahme der Bioethikkommission beim Bundeskanzleramt 13. Juli 2009, Wien 2009, www.bka.gv.at/bioethics (20.07.2012)

BMBF 2012: Bundesministerium für Bildung und Forschung, Ambient Assisted Living. Assistenzsysteme im Dienste des älteren Menschen, www.aal-deutschland.de (20.07.2012)

BMJ: Betreuungsrecht 2009: http://www.bmj.de/SharedDocs/Downloads/ DE/broschueren_fuer_warenkorb/DE/Das_Betreuungsrecht.pdf?_bl ob=publicationFile (22.12.2012)

Bohlmeijer, E. Reminiscence and depression in later life (Dissertation) 2007. http://dare.ubvu.vu.nl/bitstream/ 1871/12886/2/proefschrift_reminiscence _and_depression_in_later_life.pdf (15.12.2012)

Deutsche Alzheimer Gesellschaft 2003: http://www.deutsche-alzheimer.de/index.php?id=116 (22.12.2012)

Evangelische Gesellschaft 2010: http://www.alzheimer-bw.de/fileadmin/ AGBW_Medien/Dokumente/Guenther_Schwarz/Rechtliche_Regelun gen_Stand_03_2010_01.pdf (22.12.2012)

Independent Panel Group, Interim Evaluation of the Ambient Assisted Living Joint Programme, December 2010, online abrufbar http://ec.europa.eu/ information_society/activities/einclusion/docs/aal/interim_evaluation_r eport.pdf (23.07.2012)

Münchner Kreis e. V., EICT GmbH, Siemens AG, Deutsche Telekom AG, TNS Infratest GmbH, Zweites Deutsches Fernsehen (Hrsg.) (2012): Zukunftsbilder der digitalen Welt – Nutzerperspektiven im internationalen Vergleich, Dezember 2011, http://www.muenchner-kreis.de/pdfs/Delphi/2011_Zukunftsbilder _der_digitalen_Welt.pdf (20.07.2012)

Dggg-online.de: http://www.dggg-online.de/aktuelles/pdf/201112_DGGG_ Positionspapier_Druckversion.pdf

Empfehlungen der Expertenkommission Ziele in der Altenpolitik: Bildungschancen schaffen, Bildungschancen nutzen. Bildung älterer Menschen im Kontext einer Lebenslaufperspektive, 2007 Online verfügbar unter:

http://www.bertelsmann-stiftung.de/bst/de/media/xcms_bst_dms_21939_21940 _2.pdf. (20.07.2012)

Georgieff, P. (2008): Ambient Assisted Living - Marktpotenziale IT-unterstützter Pflege für ein selbstbestimmtes Altern. MFG Stiftung Baden-Württemberg, Oktober 2008. http://www.fazit-forschung.de/fileadmin/_fazit- forschung/downloads/FAZIT- Schriftenreihe_Band_ 17.pdf (20.10.2012)

Kimpler, S., Baier, E. (Hrsg.), Tagungsband zur FAZIT Fachtagung. „Best Agers" in der Informationsgesellschaft. Aufrufbar: http://w.mfginnovation.de/fileadmin/ _fazit-forschung/downloads/fachtagung_lt1_gesamttext.pdf, (03.11.2012)

Richter, J.: Fragen zur Kultur in der Pflege und Betreuung desorientierter alter Menschen, Internetbeitrag der Alzheimer Gesellschaft Sachsen e.V.; http://alzheimergesellschaft-sachsen.de/index.htm?/berichte/kultur_in_pflege.htm (20.11.2012)

Seniorenpolitik-aktuell (2010): http://www.seniorenpolitik-aktuell.de/wp-content/uploads/2010/06/Studie-Altern-als-globale-Herausforderung.pdf (20.07.2012)

VDI/VDE Innovation + Technik und Bundesministerium für Bildung und Forschung (2009): Ambient Assisted Living. Stand Oktober 2009. http://www.aal- deutschland.de/ (20.03.2012)

VDI 2007: http://www1.vde.com/NR/rdonlyres/F05031A0-AFFE-4245-846D-BF9970E222BF/25250/AALText_PK_Medica2007.pdf

Witzel, A. (2000): Das problemzentrierte Interview [25 Absätze]. Forum Qualitative Sozialforschung / Forum: Qualitative Social Research, 1(1), Art. 22, http://nbn-resolving.de/urn:nbn:de:0114-fqs0001228. (20.10.2012)

Woznak, D. (2011): Adaptationsprozesse im Alter. Die Bedeutung individueller und infrastruktureller Ressourcen für das Wohlbefinden im hohen Alter, Heidelberg, Dissertation. http://archiv.ub.uni-heidelberg.de/ volltextser-ver/volltexte/2011/12170/pdf/wozniak_dissertation_final_online.pdf (Letzter Zugriff 26.07.2012)

SCHRIFTEN ZU KOOPERATIONS- UND MEDIENSYSTEMEN

Herausgegeben von Prof. Dr. Volker Wulf, Siegen, Prof. Dr. Jörg Haake, Hagen, Prof. Dr. Thomas Herrmann, Bochum, Prof. Dr. Helmut Krcmar, München, Prof. Dr. Johann Schlichter, München, Prof. Dr. Gerhard Schwabe, Zürich, und Prof. Dr.-Ing. Jürgen Ziegler, Duisburg

Band 31
Jan Marco Leimeister, Helmut Krcmar, Michael Koch und Kathrin Möslein (Hrsg.)
Gemeinschaftsgestützte Innovationsentwicklung für Softwareunternehmen
Lohmar – Köln 2011 ♦ 452 S. ♦ € 69,- (D) ♦ ISBN 978-3-8441-0092-1

Band 32
Ayşegül Doğangün
Adaptive Awareness-Assistenten – Entwicklung und empirische Untersuchung der Wirksamkeit
Lohmar – Köln 2012 ♦ 268 S. ♦ € 57,- (D) ♦ ISBN 978-3-8441-0187-4

Band 33
Fan Bai
Collaboration Support for the Distributed Development of Ontologies
Lohmar – Köln 2013 ♦ 140 S. ♦ € 43,- (D) ♦ ISBN 978-3-8441-0228-4

Band 34
Joachim Hafkesbrink und Karen Shire (Hrsg.)
Flexibilität und Stabilität in der Verlags- und Medienbranche – Konzepte beidhändiger Unternehmensstrategien
Lohmar – Köln 2013 ♦ 388 S. ♦ € 65,- (D) ♦ ISBN 978-3-8441-0240-6

Band 35
Claudia Müller
Praxisbasiertes Technologiedesign für die alternde Gesellschaft – Zwischen gesellschaftlichen Leitbildern und ihrer Operationalisierung im Design
Lohmar – Köln 2014 ♦ 336 S. ♦ € 63,- (D) ♦ ISBN 978-3-8441-0331-1